Christian H. Schuster, Deniz Üster (Hrsg.)

Lobbying in der Praxis:
Strategien und Instrumente für Verbände

Über die Autoren

Christian H. Schuster ist Gründer und Geschäftsführer der Agentur adverb. Sie unterstützt Bundes- und Landesverbände bei der internen und externen Kommunikation. Zuvor arbeitete er für Abgeordnete im Deutschen Bundestag, in der PA-/PR-Agentur fischerAppelt Kommunikation GmbH und beriet unterschiedliche Parteien in Bundestags- und Landtagswahlkämpfen. Er ist Herausgeber des Servicemagazins „Der Verbandsstratege". Zudem führt er das IFK Berlin – Institut für Kommunikation und ist Leiter des DPRG-Bundesarbeitskreises Verbandskommunikation. Außerdem arbeitet er als Lehrbeauftragter/Dozent zum Thema Interessenvermittlung an der DHBW, HWR/HTW und der Universität Hohenheim.

Deniz Üster ist Diplom-Politologe und seit 2012 Mitarbeiter der Agentur adverb. Dort berät er Verbände und NGOs auf den Themengebieten Lobbying sowie Presse- und Öffentlichkeitsarbeit. Zuvor studierte er Politikwissenschaft in Berlin und im europäischen Ausland. Außerdem publiziert er seit 2010 als freier Journalist (The New Federalist, Der Verbandsstratege) zu europapolitischen Themen und Herausforderungen der Interessenvertretung.

Die Deutsche Bibliothek – CIP-Einheitsaufnahme

Christian H. Schuster, Deniz Üster (Hrsg.) (2015): Lobbying in der Praxis: Strategien und Instrumente für Verbände. polisphere library, Berlin/München/Brüssel.

ISBN 978-3-945145-01-2

© polisphere – think tank for political consulting
Alle Rechte vorbehalten

Trotz sorgfältiger inhaltlicher Kontrolle übernehmen die Herausgeber keine Haftung/Gewähr für die Richtigkeit, Vollständigkeit, Verfügbarkeit und Aktualität der gemachten Angaben/Leistungen.

Alle nachfolgenden auf Personengruppen bezogenen Formulierungen verstehen sich als geschlechtsneutral.

Printed in Germany

Redaktion: Christian H. Schuster, Deniz Üster
Redaktionelle Mitarbeit: Christian Hengstermann, Johanna Specker, Fried-Heye Weinert
Lektorat: Petra Thoms
Umschlaggestaltung/Grafiken: Severine Koch, Alina Patzig

Herstellung: Digital Print Group, Nürnberg

Inhaltsverzeichnis

Vorwort 11

I. Einleitung
I.1 Über Lobbying 15
I.2 Über Transparenz 17

II. Grundlagen des politischen Systems
II.1 Politisches System 21
    II.1.2 Policy Cycle 21
    II.1.3 Gesetzgebungsprozess 25
        II.1.3.1 Gesetzesinitiativen 27
        II.1.3.2 Erste Lesung (Beratung) 27
            II.1.3.2.1 Ausschüsse 28
            II.1.3.2.2 Öffentliche Anhörung von Experten 28
        II.1.3.3 Zweite Lesung (Aussprache) 29
        II.1.3.4 Dritte Lesung (Abstimmung) 29
    II.1.4 Exkurs: Einflussmöglichkeiten 30
    II.1.5 Rolle der Verwaltung in der Politik 33

II.2 Politiker 34
    II.2.1 Mandat 34
    II.2.2 Alltag eines Abgeordneten 35
    II.2.3 Aufgaben und Pflichten eines Abgeordneten 36
    II.2.4 Erwartungen eines Abgeordneten an professionelle Verbandsvertreter 38
    II.2.5 Faktoren für die erfolgreiche Zusammenarbeit mit einem Abgeordneten 38

III. Grundlagen der Interessenvertretung
III.1 Büro Berlin 43
    III.1.1 Budgetierung 44
    III.1.2 Parlamentszugang 44

III.2 Exkurs: Büro Brüssel 46
    III.2.1 Parlamentszugang 47

IV. Wie Interessenvertretung betrieben wird
IV.1 Identifizieren von Themen und Stakeholdern 51
    IV.1.1 Umfeldanalyse 52
        IV.1.1.1 Issue-Management 54
        IV.1.1.2 Stakeholder-Analyse 60

IV.2 Ansprache und das Management von Stakeholdern 66
  IV.2.1 Adressatennetzwerk 67
    IV.2.1.1 Bundesregierung 68
    IV.2.1.2 Ministerien 69
      IV.2.1.2.1 Leitungsebene 69
      IV.2.1.2.2 Arbeitsebene 70
    IV.2.1.3 Spiegelreferate im Bundeskanzleramt 74
    IV.2.1.4 Abgeordnete des Bundestages 74
      IV.2.1.4.1 Abgeordnete als Ausschussmitglieder 74
      IV.2.1.4.2 Abgeordnete der Regierungsfraktionen 78
      IV.2.1.4.3 Abgeordnete der Oppositionsfraktionen 78
    IV.2.1.5 Arbeitsebene in Abgeordnetenbüros 79
    IV.2.1.6 Arbeitsebene der Fraktionen 79
    IV.2.1.7 Verwaltung des Bundestages 79
    IV.2.1.8 Parteien 80
    IV.2.1.9 Bundesrat 80
  IV.2.2 Arbeitsnetzwerk 81
    IV.2.2.1 Verbandsrepräsentanz 81
    IV.2.2.2 Journalisten 82
    IV.2.2.3 Agenturen 82
    IV.2.2.4 Externe Berater 82
  IV.2.3 Unterstützernetzwerk 83
    IV.2.3.1 Verbände 83
    IV.2.3.2 Wissenschaftliche Institutionen 83
  IV.2.4 Kontaktdatenbanken 83
  IV.2.5 Networking und Kontaktpflege auf anderen Veranstaltungen 84

IV.3 Strategie und Möglichkeiten der Einflussnahme 86
  IV.3.1 Präventives Lobbying 87
  IV.3.2 Proaktives Lobbying 89
  IV.3.3 Reaktives Lobbying 90
    IV.3.3.1 Planungsphase eines Gesetzes 90
    IV.3.3.2 Referentenentwurf 92
    IV.3.3.3 Kabinettsentwurf 94
    IV.3.3.4 Weiterleitung des Gesetzesentwurfs an den Bundestag 95
    IV.3.3.5 Erste Lesung 96
    IV.3.3.6 Arbeit in den Ausschüssen 97
    IV.3.3.7 Zweite und dritte Lesung (Aussprache und Abstimmung) 97
    IV.3.3.8 Weiterleitung des beschlossenen Gesetzes an den Bundesrat 98

IV.3.3.9 Aufrufung des Vermittlungsausschusses 99

IV.4 Maßnahmen und Instrumente der Interessenvertretung 100
    IV.4.1 Gespräche 100
        IV.4.1.1 Generelle Vorbereitung von Gesprächen 101
        IV.4.1.2 Telefonate 101
        IV.4.1.3 Fachgespräche 102
        IV.4.1.4 Hintergrundgespräche 102
        IV.4.1.5 Hinweise für die Wahl des Ortes für Gespräche 103

    IV.4.2 Schriftliche Kommunikation 104
        IV.4.2.1 Briefe 104
        IV.4.2.2 Faxe 105
        IV.4.2.3 E-Mails 105

    IV.4.3 Politische Dokumente 106
        IV.4.3.1 Stellungnahmen 106
        IV.4.3.2 Positionspapiere 107

    IV.4.4 Veranstaltungen 108
        IV.4.4.1 Parlamentarische Abende 109
        IV.4.4.2 Podiumsdiskussionen 110
        IV.4.4.3 Andere Veranstaltungsformate 111

    IV.4.5 Maßnahmen im Parlament 111
        IV.4.5.1 Parlamentarisches Fragerecht 112
        IV.4.5.2 Anträge 114
        IV.4.5.3 Öffentliche Anhörungen 116

    IV.4.6 Finanzielle Maßnahmen 116
        IV.4.6.1 Geschenke 117
        IV.4.6.2 Honorare 117
        IV.4.6.3 Parteispenden und Sponsoring 117

    IV.4.7 Öffentliche Instrumente 118
        IV.4.7.1 Pressemitteilungen 118
        IV.4.7.2 Pressekonferenzen 119
        IV.4.7.3 Interviews 120
        IV.4.7.4 Fachartikel 120
        IV.4.7.5 Studien und Gutachten 121
        IV.4.7.6 Branchen- und Mitgliederbefragungen 122

IV.4.7.7 PR-Kampagnen 122
IV.4.7.8 Grassroots-Campaigning 123
IV.4.7.9 CSR: Herausforderungen und Chancen 125

IV.5 Interne Kommunikation 127

IV.6 Krisenkommunikation 130

V. Wie Interessenvertretung evaluiert wird
V.1 Evaluation von Interessenvertretung 137

VI. Beispiele aus der Praxis

Bundesverband der Energie- und Wasserwirtschaft e. V. 145
Energiewende
Andreas Kuhlmann, Geschäftsbereichsleiter Strategie und Politik

| ⚒ Industrieverband | 🏛 Energie, Wasser | 👤 Bund, Öffentlichkeit | 👥 k. A. |

Verband der Deutschen Holzwerkstoffindustrie e. V. 149
HolzProKlima
Dr. Peter Sauerwein, Geschäftsführer

| ⚒ Industrieverband | 🏛 Umwelt, Energie | 👤 Bund, Öffentlichkeit | 👥 4 (1) |

Hauptverband der Deutschen Bauindustrie e. V. 155
Gesetz zur Bekämpfung von Zahlungsverzug
René Hagemann-Miksits, Geschäftsführer Koordinierung und Politik

| ⚒ Wirtschafts- und Arbeitgeberverband | 🏛 Rechtspolitik | 👤 Bund | 👥 47 (2) |

Bundesverband der Pharmazeutischen Industrie e. V. 161
Arzneimittelmarktneuordnungsgesetz
Sebastian Hofmann, Leiter Geschäftsfeld Gesundheitspolitik

| ⚒ Industrieverband | 🏛 Gesundheitsversorgung | 👤 Bund | 👥 33 (2) |

Deutscher Franchise-Verband e. V. 165
Altersvorsorgepflicht für Selbstständige
Torben Leif Brodersen, Geschäftsführer

| ⚒ Handelsverband | 🏛 Arbeit, Soziales | 👤 Bund, Öffentlichkeit | 👥 7 (2) |

Inhaltsverzeichnis 7

Bundesvereinigung City- und Stadtmarketing Deutschland e. V. 171
Tarifreform der GEMA
Jürgen Block, Geschäftsführer
- Berufsverband   - Urheberrecht   - Mitglieder,   - 3 (1)
                                     Öffentlichkeit

Verband Deutscher Zeitschriftenverleger e. V. 177
Leistungsschutzrecht – eine symbolische Zielerreichung
Peter Klotzki, Geschäftsführer Kommunikation
- Wirtschafts-,   - Urheberrecht   - Medienszene,   - 25 (2,5)
  Arbeitgeber- und   Öffentlichkeit,
  Kommunikations-   Bund
  verband

Bundesverband Deutscher Stiftungen e. V. 183
Gesetz zur weiteren Stärkung des bürgerschaftlichen Engagements
Dr. Hedda Hoffmann-Steudner, Mitglied der Geschäftsleitung, Leitung Justiziariat
- Stiftungsverband   - Gemeinnützigkeit, Recht   - Bund   - 58 (3)

Deutsches Kinderhilfswerk e. V. 189
Novellierung des Baugesetzbuches
Dominik Bär, Referent für Kinderpolitik
- Sozialverband   - Bauwesen   - Bund,   - 21 (3)
                                 Öffentlichkeit

Arbeiter-Samariter-Bund e. V. 195
Notfallsanitätergesetz
Gudrun Schattschneider, Leiterin der Hauptstadtrepräsentanz
- Sozialverband   - Gesundheitsversorgung   - Bund,   - k. A.
                                              Öffentlichkeit

Deutscher Verkehrssicherheitsrat e. V. 201
Reform des Verkehrszentralregisters
Heiko Hilken, Referent Public Affairs, Politik und Recht
- Interessenverband   - Verkehr,   - Bund,   - 47 (4)
                        Straßenverkehrs-   Öffentlichkeit
                        sicherheit

Bundesverband CarSharing e. V. 207
Schaffung einer einheitl. Rechtsgrundlage für CarSharing-Stellplätze im öffentl. Straßenraum
Willi Loose, Geschäftsführer

    Industrieverband   Verkehr   Bund,   3 (1)
               Kommunen,
               Öffentlichkeit

Allianz pro Schiene e. V. 213
Widerstand gegen den Gigaliner
Dirk Flege, Geschäftsführer

    Interessenverband   Verkehr   Bund, Länder,   9 (2)
               Öffentlichkeit

Vereinigung Cockpit e. V. 219
Flugdienst- und Ruhezeiten für Piloten
Bastian Roet, Leiter Hauptstadtrepräsentanz Berlin

    Berufsverband   Verkehr,   EU, Bund,   24 (1)
          Luftverkehrssicherheit   Öffentlichkeit

World Vision Deutschland e. V. 225
Kleinkindergesundheit
Nathalie Huguet, Leiterin des Berliner Büros

    christliches Hilfswerk   entwicklungspolitische   Bund,   167 (5)
          Anwaltschaftsarbeit   Öffentlichkeit

Pro Rauchfrei e. V. – Lobby der Nichtraucher 231
Volksentscheid zum Nichtraucherschutz in Bayern
Siegfried Ermer, Vorsitzender Pro Rauchfrei e. V.

    Interessenverband   Gesundheit,   Länder,   N.N. (1)
          Grundrechte   Öffentlichkeit

Verband Deutscher Privatschulverbände e. V. 237
Kampagne zur Bundestagswahl 2013
Florian Becker, stellv. Bundesgeschäftsführer und Pressesprecher
Ellen Jacob, Referentin

    Berufsverband   Bildungswesen   Bund,   5 (4)
               Öffentlichkeit

Inhaltsverzeichnis

Allianz der öffentlichen Wasserwirtschaft e. V. 241
Umsetzung einer EU-Richtlinie in deutsches Recht
Christa Hecht, Geschäftsführerin

| Interessenverband | Wasserwirtschaft, Umwelt | EU, Bund, Länder, Öffentlichkeit | 4 (1) |

Bundesverband der obst-, gemüse- und kartoffelverarbeitenden Industrie e. V. 247
EU-Verordnung zu Lebensmittelzusatzstoffen
Werner Koch, Geschäftsführer

| Industrieverband | Lebensmittelsicherheit, Lebensmittelrecht | EU | 7 (1) |

WWF Deutschland 253
EU-Fischereigesetz
Alois Vedder, Leiter Policy beim WWF Deutschland

| Naturschutzverband | Naturschutz | EU, Öffentlichkeit | 145 (4) |

Transparency International Deutschland e. V. 259
UN-Konvention gegen Korruption (UNCAC)
Dr. Christian Humborg, Geschäftsführer

| Antikorruptionsorganisation | Korruption | Bund, Öffentlichkeit | 6 (2) |

Literatur 267

 Verbandsart/Organisationsart

 Politikfeld

 Adressat

 Mitarbeiter Geschäftsstelle (Mitarbeiter politische Kommunikation)

Vorwort

Das Image der Interessenvertreter in Verbänden ist eine Katastrophe. Interessenvertreter leiden unter Vereinfachungen auf Stammtischniveau und übertriebenen Vorurteilen. In der Öffentlichkeit, der in zunehmenden Maße, aber zu Unrecht nachgesagt wird, sie sei politikverdrossen, hat sich im Laufe der Jahre ein Bild im Kopf festgesetzt, dass die Realität polemischer nicht umschreiben kann: Die allmächtigen Verbände diktieren Politikern die Gesetze, sagen, wo es langgeht, und bestimmen zudem auch die Berichterstattung in den Medien. Dem ist ganz und gar nicht so: Denn es sind gerade die Medien, die bedauerlicherweise ein negatives Bild von Interessenvertretern in die Öffentlichkeit tragen, ohne Wert darauf zu legen, eine ausgeglichene Berichterstattung zu gewährleisten. Anstatt, unter Berücksichtigung von negativen und positiven Aspekten, ein vorurteilsfreies Bild zu zeichnen, wird Interessenvertretung von den Medien auf diese Weise zu einem fast diabolischen Gegenspieler der Demokratie erhöht. Die gleichen Medien sind es auch, die der Öffentlichkeit bescheinigen, das Interesse an Politik zu verlieren. Die Begründung fällt ihnen leicht: Sie begründen das eine mit dem anderen. Schuld trägt also der politisch aktive Verband. Manche Journalisten – wie die taz-Chefredakteurin Ines Pohl – fordern gar zum Schutz der Demokratie nicht weniger als das Ende des Lobbyismus.[1] Spätestens diese maßlose Forderung müsste das deutsche Vereins- und Verbandsleben in Mark und Bein erschüttern. Denn jeder dritte Deutsche lässt seine Interessen kostenpflichtig in Brüssel, Bund, Ländern und Kommunen vertreten. Allein Automobilclubs, Gewerkschaften und Berufsverbände kommen auf über 30 Millionen Mitglieder. Die Deutschen wollen, dass ihre Positionen, ihre Anliegen und ihre Interessen Gehör finden. Aber wie kommt es dann zu diesem Gefälle? Warum ist das Bild vom Lobbyismus und seinen Vertretern in der Öffentlichkeit derart in Schieflage geraten? Die Antwort ist ernüchternd: Es sind nicht nur die Medien, die ihre Sichtweise in die Öffentlichkeit tragen. Es sind vor allem die Interessenvertreter, denen der Stolz fehlt, für das, was sie jeden Tag leisten, auch in der Öffentlichkeit einzustehen. Dabei haben gerade die Interessenvertreter genug Gründe, stolz zu sein.

Verbände vertreten Menschen!

Das Ziel eines jeden politischen Wettstreiters ist die Meinungsführerschaft. Der Weg dorthin gelingt durch den Zusammenschluss mit vielen. Durch das gemeinsame bürgerschaftliche Engagement wurden in Deutschland einzigartige Projekte realisiert und durchgesetzt. Lobbyismus ist nichts anderes, als die Interessen einer Organisation zu vertreten und durchzusetzen zu versuchen. Interessenvertreter haben den Auftrag, Menschen zu vertreten. Sie sollen die individuellen Sorgen, Nöte und Handlungsnotwendigkeiten ins politische Berlin tragen. Hierzu suchen sie den persönlichen Kontakt in einem diskreten Umfeld. Denn Glaubwürdigkeit setzt Professionalität, Vertrauen und Diskretion voraus. Und genau deshalb, weil dieser Kontakt persönlich ist, findet die Arbeit nicht in den Schlagzeilen der Zeitungen statt.

---

[1] Vgl. Pohl (2012), aber auch Leif/Speth (2006).

Verbände verschaffen Gehör!
Es gibt zahlreiche Menschen und Organisationen, die nicht mit dem politischen Apparat vertraut sind. Sofern überhaupt bekannt, ist die Geschäftsordnung des Bundestages für Otto Normalbürger ein Buch mit sieben Siegeln. Deswegen verschaffen Interessenvertreter auch diesen Individualinteressen durch ihren Auftrag Gehör. Denn auch Organisationen, die sich keine Lobbyabteilung leisten können, wie kleine Unternehmen, Berufs- oder Sozialverbände, brauchen den gleichen Zugang ins Parlament wie Großkonzerne. Interessenvertreter am Regierungssitz helfen ihnen dabei.

Verbände vermitteln Fachwissen!
Referenten und politische Entscheider wollen nicht im Elfenbeinturm leben. Sie wollen wissen, welche Folgen ihr Handeln haben wird. Deswegen hören sie bei der Erstellung von Gesetzen unterschiedliche Experten, Interessenvertreter und Betroffene an. Denn nur sie verfügen über ein enormes Praxiswissen, Erfahrungen und Fakten, um auf mögliche Risiken und Gefahren von Gesetzesvorhaben hinzuweisen. Politiker brauchen Lobbyisten.

Verbände sind die Speerspitze des Pluralismus!
Interessenvertreter lieben es zu streiten, leidenschaftlich zu diskutieren, um dann im Wettstreit der Meinungen die besten Argumente zu platzieren. Demokratie lebt vom Meinungsaustausch, und Meinungsaustausch lebt von Personen, die diese Meinungen vertreten. Sie dienen dem Ausgleich im politischen System, organisieren Mehrheiten und schaffen Kompromisse. Staaten, die sich dem Pluralismus verschließen, gibt es auch heute noch zur Genüge. Und wie jeder weiß, hat auch Deutschland seine eigene Erfahrung mit eingeschränkter Meinungsfreiheit. Demokraten stehen also in der Verantwortung, den Meinungsaustausch so weit zu fördern, wie es geht. Lobbyisten sind ein Garant dafür.

Verbände bilden die fünfte Gewalt!
Politisch aktive Organisationen kontrollieren sich im harten Wettbewerb um die Meinungsführerschaft gegenseitig. Genau das hat den Lobbyismus zur fünften Gewalt in Deutschland gemacht. Denn neben den drei staatlichen Gewalten – Exekutive, Legislative, Judikative – und der medialen vierten Gewalt hat sich die öffentliche Meinung in Form von Interessenvertretern als sachliches und mahnendes Korrektiv etabliert. Und sie ist genügsam, sie muss sich nicht auf den Titelseiten wiederfinden – ihr reicht die diskrete, erfolgreiche Einflussnahme.

Verbände sind nicht nur Teil unseres politischen Systems, sie sind das Rückgrat unserer Demokratie. Ohne Interessenvertreter wären die Einflussmöglichkeiten auf die Politik zwischen den Wahlen nicht nur eingeschränkt, sondern schlichtweg nicht mehr vorhanden. Der Lobbyismus aus Verbänden verdient eine Aufwertung in Deutschland: Also, Brust raus! Und Kopf hoch, ihr Lobbyisten da draußen!

Berlin im Juli 2014

Christian H. Schuster
Deniz Üster

I. Einleitung

Einleitung

I.1 Über Lobbying

Klassischerweise beginnen die meisten Bücher, die den Anspruch haben zu erläutern, wie Lobbying funktioniert, mit einer Herleitung des Lobbying-Begriffs. Wir aber sind überzeugt davon, dass Sie als thematisch interessierter Leser bereits wissen, dass es sich bei dem Begriff Lobby tatsächlich um eine Vorhalle handelt, in der die Interessenvertreter der Industrie um das Ende des 19. Jahrhunderts versuchten, die gewählten US-Volksvertreter von ihren Anliegen zu überzeugen, während sich diese auf dem Weg in den Kongress befanden.

So und ähnlich hat Interessenvertretung im 19. Jahrhundert funktioniert und damit den Grundstein für das moderne Lobbying unserer Zeit gelegt. Natürlich muss betont werden, dass im 19. Jahrhundert die Vertretung von Interessen nicht ansatzweise so institutionalisiert und gleichzeitig so offen für die breite Gesellschaft gewesen ist, wie es heute der Fall ist. In Hinblick auf die klassischen Wurzeln des Lobbyings hat sich im Vergleich zu heute nicht nur die Art der Interessenvertretung verändert, sondern es hat sich vor allem auch die Gesellschaft gewandelt, die der Politik und dementsprechend auch dem modernen Lobbying ihr Leben einhaucht. Aus dem Industrie-Lobbyismus des 19. Jahrhunderts ist somit heutzutage auch ein Instrument zur Vertretung von Bürgerinteressen geworden.

Heutzutage ist Lobbying bzw. Interessenvertretung in jedem demokratischen Staat allgegenwärtig, vor allem um den Adressaten einer politischen Entscheidung die Möglichkeit zu geben, sich in den politischen Prozess einzubringen.[2] Es lässt sich sogar sagen, dass zumindest in der repräsentativen Demokratie die Freiheit eines jeden besteht, seine Interessen zu vertreten oder vertreten zu lassen. So wird Lobbying heutzutage betrieben von gemeinnützigen Umwelt- und Verbraucherverbänden, gewinnorientierten Unternehmen und deren Verbänden, von Nichtregierungsorganisationen, von gesellschaftlichen Gruppen mit individuellen Anliegen, von wirtschaftlich übergeordneten Zusammenschlüssen, von zeitlich begrenzten Bündnissen und vielen mehr.

Lobbying ist fester Bestandteil der demokratischen Kultur. Neben dem offensichtlichen Ziel von Lobbyismus, durch Zugang zur Politik entweder Entscheidungen zu beeinflussen oder den eigenen Willen durchzusetzen, gehört es ebenso zu den Aufgaben von modernem Lobbying, in dem immer komplexer werdenden Feld zwischen Gesellschaft, Wirtschaft und Politik zu vermitteln. Interessenvertreter müssen einiges mehr leisten, als lediglich ihren Standpunkt deutlich zu machen. Denn längst ist Lobbying keine Einbahnstraße mehr. Ähnlich wie Parteien den Bürgern ermöglichen, aktiv am politischen Geschehen teilzuhaben, sind es Interessenvertreter, die eine Rückkopplung der Politik zu Gesellschaft und Wirtschaft sicherstellen.[3] Und das ist bei Weitem nicht alles, was heutzutage zu den Aufgaben eines Interessenvertreters gehört. Er ist auch dafür verantwortlich, den vom Volk gewählten Vertretern mit fachlicher Expertise zur Seite zu stehen. Denn die Entscheidungsträger aus der Politik sind in der Regel keine Experten, sondern sind genau wie ihre Wähler darauf angewiesen, Informati-

---

[2] Vgl. Prenzel (2007), S. 11.
[3] Vgl. Schwaneck/Schuster/Üster (2012), S. 12 ff.

onen und Sachverstand vermittelt zu bekommen. Gerade in der heutigen Welt, in der nahezu alle Bereiche bis ins Detail durch Gesetze reguliert werden, ist der Sachverstand der von den entsprechenden Gesetzen Betroffenen überaus gefragt, denn was nützt eine Regulierung bzw. ein Gesetz, das jeglicher Realitätsnähe entbehrt und einer anerkannten, bewährten Praxis im schlechtesten Fall sogar widerspricht. Durch die Arbeit von Interessenvertretern wird sichergestellt, dass dem Regulierungsbedürfnis ein Korrektiv des Sachverstandes zur Seite gestellt und damit die Berücksichtigung gesamtgesellschaftlicher Interessen gewahrt wird.[4]

Nun könnte aus der vorangegangenen Formulierung leicht abgeleitet werden, dass ein jeder Lobbyist für das gesellschaftliche Gemeinwohl eintritt. Doch die Entscheidung, die allen Menschen in einem Land gleichermaßen hilft und nützt, gibt es nicht. So kann das Interesse eines Lobbyisten bzw. das seiner Auftraggeber durchaus dem Interesse anderer widersprechen.

In der politischen Arena buhlen viele Kämpfer um die Vorherrschaft und die Gunst der gewählten Demokraten. Dabei haben sie nicht alle die gleiche Ausgangslage. Zwar begegnen sich die verschiedenen Interessengruppen in derselben Arena, doch bedeutet dies nicht zwangsläufig, dass sie sich auch auf Augenhöhe begegnen. Beispielsweise können sich finanzstarke Akteure auf eine andere Weise positionieren, als es einer Vielzahl von Verbänden, Nichtregierungsorganisationen oder spontanen Aktionsbündnissen möglich ist. Und ein großer, wohlklingender Name ist nicht immer von Vorteil, denn auch politische Entscheider fühlen sich – aufgrund ihrer politischen Ausrichtung – mal eher dem kleinen und mal dem großen Spieler näher.

---

[4] Vgl. Vondenhoff/Busch-Janser (2008), S. 18.

I.2 Über Transparenz

Eine Auseinandersetzung mit dem, was Lobbyismus ist und was mit Lobbying erreicht werden kann, ist nicht möglich, ohne auch über die vorhandenen Schattenseiten der Branche sowie mögliche Lösungsansätze zu sprechen.

Das Bild von zwei Männern im dunklen Anzug, bei dem der eine dem anderen einen Aktenkoffer mit zweifelhaftem Inhalt überreicht, ist noch immer ein gängiges Bild im Kopf vieler Menschen, wenn sie zum Thema Lobbyismus befragt werden. Auch im Europa der 90er-Jahre finden sich zahlreiche Beispiele, die als Beleg für diese Sichtweise herhalten können. Aber auch heutzutage werden wir immer noch Zeugen solcher Machenschaften, die mit Lobbying in dem Sinn, wie wir es für richtig und wichtig erachten, rein gar nichts zu tun haben. Zwar sind die Situationen nicht so subtil, dass sie auf Anhieb für eine breite Öffentlichkeit ersichtlich wären, wie beispielsweise die Übergabe eines Aktenkoffers mit zweifelhaftem Inhalt. Dennoch gibt es diese Situationen heutzutage weiterhin. Organisationen wie Transparency International e. V. oder LobbyControl e. V. dokumentieren und beklagen regelmäßig intransparente und fragwürdige Einflussnahme seitens von Interessengruppen auf die Politik. Die breite gesellschaftliche Akzeptanz von Interessenvertretung leidet darunter enorm.

Der Präsident des Deutschen Bundestages a. D. Wolfgang Thierse ist dennoch der Meinung, dass Lobbyismus nicht per se unanständig ist. Er betont zu Recht, wie übrigens viele andere Abgeordnete auch, dass Gesetze ohne das Fachwissen von Verbänden, Gewerkschaften, Kirchen, Unternehmen etc. kaum zustande kommen könnten. Allerdings ist auch er sich des Konfliktpotenzials bewusst, das eine intransparente Einflussnahme in manchen Fällen darstellt, und fordert daher neben einem verbindlichen Lobbyregister eine Verpflichtung offenzulegen, aus welcher Feder Gesetzesentwürfe konkret stammen.[5]

So reiht sich auch der ehemalige Bundestagspräsident in die lange Schlange derjenigen ein, die erwarten, dass Transparenz das einzige Mittel ist, der kritischen Wahrnehmung von Lobbyismus entgegenzutreten und darüber hinaus der breiten Öffentlichkeit zu vermitteln, dass Lobbying bzw. Interessenvertretung ein modernes Bürgerrecht ist. Transparenz in den Anliegen und Interessen der wirtschaftlichen und gesellschaftlichen Akteure, Transparenz in der Ansprache von politischen Entscheidungsträgern, Transparenz in der Finanzierung von Kampagnen, aber auch Transparenz seitens der Politiker sollen dazu führen, dass Lobbyismus seitens der Gesellschaft endlich vollständig akzeptiert wird.

Doch gilt es bei der Debatte um Transparenz im Lobbying vor allem eins zu bedenken: Transparenz ist per se keine Tugend! Denn was nützt ein verbindliches Lobbyregister, wenn politische Entscheidungsträger und von gesetzlichen Regelungen betroffene wirtschaftliche oder auch gesellschaftliche Gruppen dennoch versuchen, an einem solchen vorbei ein optimales Ergebnis für sich zu erzielen? Was bringt eine Offenlegungsverpflichtung, die möglicherweise

---

[5] Vgl. Thierse (2013), o. S.

nur dazu führt, dass bei der nächsten Gesetzesinitiative der externe Verfasser des Gesetzesentwurfs neutrales Briefpapier ohne seine eigenen Daten im Briefkopf benutzt?

Transparenz allein kann an politischen Prozessen nicht viel ändern. Die Debatte muss erweitert werden um tatsächliche Tugenden, wie beispielsweise Moral und Anstand. Die Transparenz könnte dann als eine Art Sekundärtugend herhalten, die es ermöglicht, die eigentlichen Tugenden zu überwachen.

II. Grundlagen des politischen Systems

II.1 Politisches System

Um erfolgreiches Lobbying betreiben zu können, ist es Voraussetzung, das politische System und die Funktionsweise der Gesetzgebung zu kennen und zu verstehen. Die Kenntnis dieser Prozesse ist die unverzichtbare Grundlage dafür, die für die eigenen Interessen relevanten Politiker, Abgeordneten und Amtsträger zu identifizieren und den richtigen Zeitpunkt für die Anwendung von Instrumenten des Lobbyings festzulegen zu können.

Dabei darf jedoch nicht außer Acht gelassen werden, dass Politik bzw. der Prozess der Gesetzgebung an sich als ein weitestgehend unstrukturierter sozialer Prozess aufgefasst werden muss, der aber innerhalb eines spezifischen verfassungsrechtlichen Rahmens und damit unter den Bedingungen einer vorhandenen Ordnung stattfindet.[6] Der vollständige Prozess der Gesetzgebung konzentriert sich nicht nur auf den parlamentarischen Akt, sondern hat in der Regel seinen Ursprung in der Gesellschaft. Dies hat zur Folge, dass ein nicht zu vernachlässigender Teil dessen, was das jeweilige Gesetzesvorhaben ausmacht, im Vorfeld unter Beteiligung der betroffenen Öffentlichkeit bzw. Fachöffentlichkeit geregelt wird. Die informelle politische Kommunikation kann daher auch in gewisser Weise als eine Art Vorstufe zur formellen politischen Kommunikation betrachtet werden.[7] Deshalb sollte einem Interessenvertreter immer bewusst sein, je früher er für seinen Verband relevante Themen in der Gesellschaft identifizieren kann, desto größer ist die Chance, den Prozess der Gesetzgebung schon im informellen Stadium in der (Fach-)Öffentlichkeit zu begleiten und im Idealfall im eigenen Sinne steuern zu können.

II.1.2 Policy Cycle

Bevor daher der formelle Teil der Gesetzgebung beschrieben wird, soll ein Überblick über den gesamten Prozess von der Problem- bzw. Interessenartikulation bis hin zur Verabschiedung eines Gesetzes gegeben werden. In der Politikwissenschaft wird zur Darstellung dieses Prozesses das Modell des *Policy Cycle* genutzt. Denn im Gegensatz zu Modellen aus der politischen Soziologie steht bei diesem Modell das politisch-administrative System mit seinen Akteuren (Regierung, Parlament, politische Verwaltung) im Mittelpunkt und stellt zudem auch die zuvor angesprochenen Phasen innerhalb der Öffentlichkeit bzw. Fachöffentlichkeit dar. Ebenfalls eignet sich dieses Modell hervorragend dazu aufzuzeigen, dass es für Verbandsvertreter bereits in der vorparlamentarischen Phase gilt, Kommunikationschancen zu erkennen.

---

[6] Vgl. Jarren/Dongens (2006), S. 197.
[7] Vgl. ebd., S. 199.

Abbildung: Policy Cycle – Die sechs Phasen der Gesetzgebung

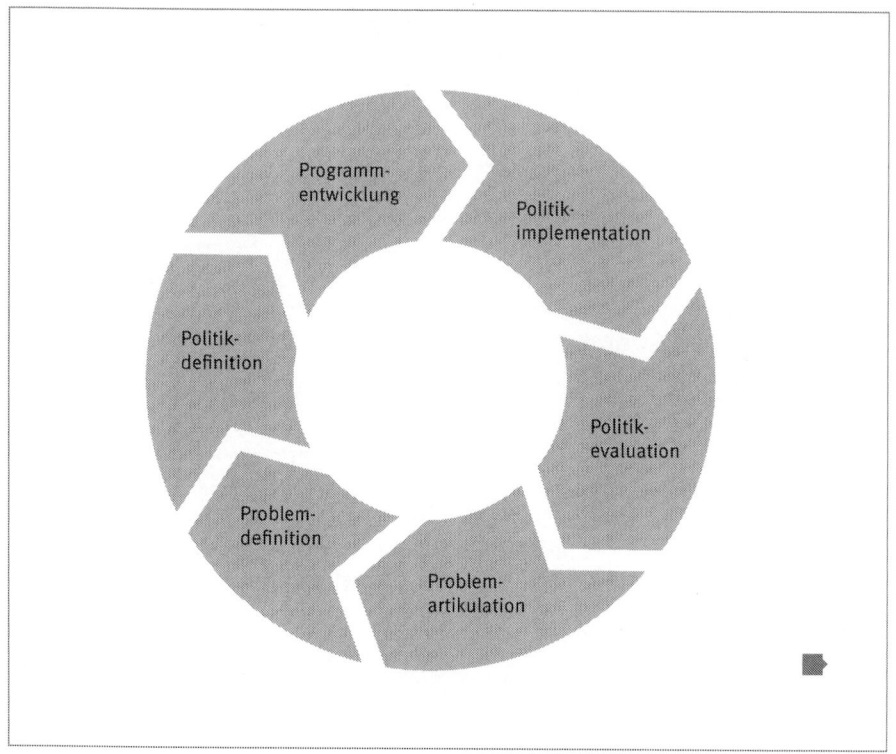

Quelle: IFK Berlin

Problemartikulation

In der Phase der Problemartikulation formulieren gesellschaftliche Gruppen Interessen, die sie befriedigt wissen möchten. Ob diese Interessen überhaupt als politisch relevant angesehen werden und ob ihnen dadurch der Schritt in die nächste Phase gelingt, hängt von verschiedenen Faktoren ab. Zunächst wird das artikulierte Interesse von den initialisierenden Gesellschaftsgruppen in die Öffentlichkeit getragen. Bereits zu diesem Zeitpunkt ist es möglich, dass andere, vom Thema ebenfalls betroffene Akteure aufmerksam werden und sich einer Position anschließen bzw. eine neue Position in die Diskussion einbringen und somit zu einer Erweiterung der öffentlichen Aufmerksamkeit beitragen. Eine besondere Bedeutung kommt in dieser Phase den Medien zu. Denn sie entscheiden mit ihrer Berichterstattung bzw. der ausbleibenden Berichterstattung darüber, ob ein Thema öffentliche bzw. politische Relevanz erlangen kann. Auf diese Weise wirken die Medien als eine Art Filter, die eine Vorauswahl an Themen treffen und an einen breiteren Teil der Öffentlichkeit weitergeben. Entscheiden sich die Medien für eine Berichterstattung zu dem entsprechenden Thema, fungieren sie sodann auch gleichzeitig als Verstärker (Multiplikator). Die verstärkte mediale Präsenz eines Themas in der Öffentlichkeit führt in der Regel dazu, dass auch die Politik in die

Debatte einsteigt. Die von dem Thema betroffenen Politiker werden sich, sofern sie einen politischen Vorteil für sich sehen, zu Wort melden und wenn möglich versuchen, das Thema zu besetzen, um sich öffentlich oder parteiintern zu profilieren.[8]

Problemdefinition

In der Phase der Problemdefinition geht es darum, das Interesse sachlich und sozial zu begründen. Die Positionen der am Thema beteiligten Akteure, die zuvor in der Phase der Problemartikulation publik gemacht wurden, müssen nun derart fundiert formuliert werden, dass diese – oder zumindest bestimmte Elemente davon – in ein konkretes politisches Problem übersetzt werden können. Ebenfalls muss die Voraussetzung erfüllt werden, dass ein Problem über Ursachen und Verursacher bzw. ein Interesse über Betroffene und (Aus-)Wirkung verfügt, damit es politisch relevant wird. Außerdem muss es möglich sein, Probleme und Interessen direkt an politische Akteure zu adressieren. Darüber hinaus muss das Ziel auch erreichbar sein, d. h. das Problem lösbar und das Interesse durchsetzbar. Die Phase der Problemdefinition spielt sich dabei weitestgehend in der Öffentlichkeit ab, sei es durch die Medien, die dem Thema durch Berichterstattung Relevanz verleihen, oder aber durch die politischen Parteien, die danach streben, die Deutungshoheit über das Thema zu gewinnen und so in der Öffentlichkeit davon zu profitieren.[9]

Politikdefinition

Die Phase der Politikdefinition beschreibt das Übergehen des Interesses aus der allgemeinen Öffentlichkeit in die politische Fachöffentlichkeit. Durch die Erfüllung der zuvor in der Problemdefinition aufgeführten Kriterien ist aus einem Thema inzwischen ein anerkanntes politisches Problem bzw. Interesse geworden. Neben den Parteien befassen sich in dieser Phase vor allem betroffene Verbände und sonstige teilhabende Interessenvertretungen mit dem Thema. Dies bedeutet, dass die zuvor genannten Akteure intern ihre Standpunkte entwickeln, welche in der Regel stark abhängig davon sind, welchen Nutzen der jeweilige Akteur sich von dem Thema verspricht. Partei- und Verbandstage werden veranstaltet, um – sofern nötig – die Meinung der Mitglieder zu erfragen, wissenschaftliche Expertisen, Studien und Gutachten werden erstellt, um über mögliche Auswirkungen informiert zu sein, kurzum: Das Thema wird eingehend von den verschiedenen Akteuren bewertet.[10]

Programmentwicklung

Die Phase der Programmentwicklung umfasst schließlich den vorparlamentarischen sowie den parlamentarischen Gesetzgebungsprozess. Diese Phase wird von politischen Institutionen, deren in den jeweiligen Geschäftsordnungen festgelegten Regeln und ihren Akteuren bestimmt. Das bedeutet, dass z. B. die Regierung bzw. die Regierungsfraktion sich inzwischen dazu entschieden hat, das bestehende Problem durch eine Regelung zu lösen, und einen Gesetzesentwurf erarbeitet. Dies macht sie jedoch nicht selber, sondern beauftragt damit die betroffenen Ministerien. In dieser vorparlamentarischen Phase werden die wesentlichen Eckpunkte des Gesetzesvorhabens von den Fachreferenten der Ministerien ausgear-

---

[8] Vgl. Jarren/Dongens (2006), S. 207.
[9] Vgl. ebd., S. 208.
[10] Vgl. ebd., S. 209.

beitet. Bei der Ausarbeitung des Referentenentwurfs greifen die Ministerien auf den Sachverstand von externen Wissensträgern wie beispielsweise Verbänden und anderen Experten zurück. Nachdem das Kabinett den Referentenentwurf gebilligt hat, geht dieser in den parlamentarischen Gesetzgebungsprozess über. Konkret bedeutet dies, dass die einzelnen Fraktionen sowie die beteiligten Ausschüsse sich mit der Gesetzesvorlage befassen und die Details ausarbeiten. Eine besondere Stellung nehmen in dieser Phase wieder Verbände und andere Interessengruppen (z. B. NGOs, Bürgerinitiativen) ein. Durch Experten-Hearings, Gutachten etc. bringen sie ihre Standpunkte in die Fraktionen und Ausschüsse ein und sichern so die Beteiligung der (betroffenen) Öffentlichkeit. Denn letztendlich muss gewährleistet sein, dass das zu entwickelnde Programm auch tatsächlich umzusetzen ist. Für Verbände und anderweitig organisierte gesellschaftliche Interessen ist diese Phase, die sowohl den vorparlamentarischen als auch den parlamentarischen Prozess der Gesetzgebung umfasst, zentral, um durch Lobbyarbeit Einfluss auf die Ausgestaltung des konkreten Gesetzes zu nehmen. Allerdings bedarf es dazu der grundsätzlichen Voraussetzung seitens der Politik sowie der Verwaltung in den Ministerien, als für das Thema relevanter Ansprechpartner zu gelten.

Politikimplementation
In der Phase der Politikimplementation hat das inzwischen von den Parlamenten verabschiedete Gesetz den politischen Raum verlassen. Die Implementation der neuen gesetzlichen Bestimmungen oder Verordnungen ist Sache der Verwaltung. Von neuen Gesetzen Betroffene werden über (Fach-)Medien informiert und das Gesetz tritt schließlich in Kraft.

Politikevaluation
Die Evaluation eines Gesetzes kann dazu führen, dass der Kreislauf des *Policy Cycle* von vorne beginnt und erneut eine Problemartikulation stattfinden muss. Dies kann der Fall sein, wenn sich herausstellt, dass die umgesetzte Lösung eines Problems bzw. die Befriedigung eines Interesses nicht planmäßig funktioniert oder außerplanmäßige Umstände dazu führen, dass neue Probleme entstehen.

Wie mithilfe des Policy Cycle gezeigt werden konnte, ist ein Gesetzgebungsprozess weitaus umfangreicher, als auf den ersten Blick deutlich wird, und durchläuft dabei verschiedene Phasen, die geprägt sind von der Beteiligung unterschiedlicher Akteure. In Hinblick auf konkrete Lobbyarbeit kommt der Phase der Programmentwicklung eine besondere Bedeutung zu, denn hier werden die konkreten Eckpunkte eines Gesetzes beschlossen. Für jeden Verbandsvertreter ist es daher zentral, sowohl die vorparlamentarischen als auch die parlamentarischen Prozesse (samt allen nötigen Geschäftsordnungen, Verfahrenswege etc.) zu kennen, um die vorhandenen Möglichkeiten der Einflussnahme im eigenen Sinne optimal nutzen zu können.

Die Geschäftsordnung des Bundestages, übersichtlich nach Verfahrensweisen, Aufgaben und Pflichten sortiert, ist zu finden unter:
- http://www.bundestag.de/bundestag/aufgaben/rechtsgrundlagen/go_btg/index.html

Die Druckversion der Geschäftsordnung des Bundestages ist zu finden unter:
- https://www.btg-bestellservice.de/pdf/10080000.pdf

II.1.3 Gesetzgebungsprozess

Auf Bundesebene sind für die Gesetzgebung der Bundestag sowie der Bundesrat zuständig. Dabei beschließt der Bundestag die Gesetze, woraufhin diese dem Bundesrat überstellt werden, der diesen zustimmen kann oder aber innerhalb von drei Wochen den Vermittlungsausschuss anrufen muss.[11] Der Vermittlungsausschuss wird zu gleichen Anteilen von Bundestag und Bundesrat besetzt. Er soll eine Konsensfindung ermöglichen, wenn der Bundesrat dem vom Bundestag beschlossenen Gesetz nicht zustimmt. Konkrete Vorschläge zur Abänderung des betroffenen Gesetzes können mit einfacher Mehrheit ausgesprochen werden. Da diesen Änderungen vom Bundestag aber wiederum zugestimmt werden muss, finden in der Praxis vor allem die Vorschläge Berücksichtigung, die im Vermittlungsausschuss nahezu einstimmig getroffen werden. Ist der Vermittlungsausschuss nicht in der Lage, zwischen den beiden Institutionen Übereinstimmung zu erzielen, gibt es abhängig von der Art des Gesetzes zwei Möglichkeiten des weiteren Verlaufs:

Einspruchsgesetz
Handelt es sich um ein Einspruchsgesetz, hat der Bundesrat erneut die Möglichkeit, dem Gesetz zuzustimmen oder ein weiteres Mal Einspruch einzulegen. Der Bundestag hat dann die Möglichkeit, den Einspruch zu überstimmen und damit das Gesetz dennoch in Kraft treten zu lassen. Wurde zuvor der Einspruch im Bundesrat mit einfacher Mehrheit erwirkt, bedarf es im Bundestag der absoluten Mehrheit seiner Mitglieder, um das Gesetz zu beschließen. Geht der Einspruch im Bundesrat von einer Zweidrittelmehrheit aus, bedarf es im Bundestag ebenfalls einer Zweidrittelmehrheit, um das Gesetz dennoch beschließen zu können.

Zustimmungsgesetz
Handelt es sich um ein Zustimmungsgesetz, kann der Bundesrat mit einfacher Mehrheit das Gesetz ablehnen. Der Bundestag hat – außer den Verhandlungsmöglichkeiten innerhalb des Vermittlungsausschusses – keine Möglichkeit, die Entscheidung des Bundesrates zu überstimmen. Zustimmungsgesetze sind Gesetze, die die Rechte der Länder in besonderer Weise berühren, verfassungsändernden Charakter haben oder völkerrechtliche Verträge darstellen.

Deutlich wird, dass auch der Bundesrat im Gesetzgebungsprozess je nach Thema eine wichtige Rolle spielen kann und bei eventuellen Lobbying-Prozessen nicht unberücksichtigt bleiben sollte.

---
[11] Vgl. Schubert/Klein (2011), o. S.

Abbildung: Gesetzgebungsprozess auf Bundesebene

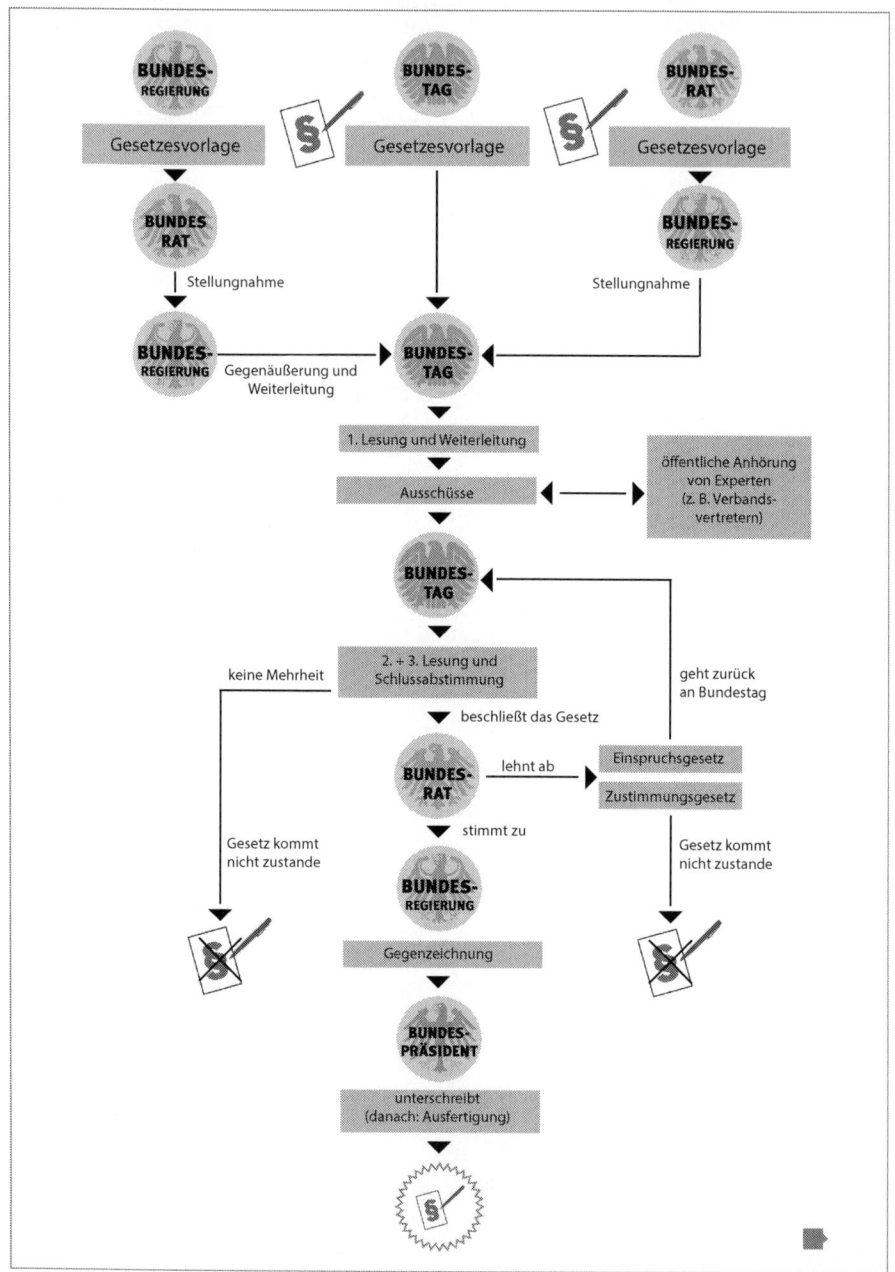

Quelle: IFK Berlin

Der hier visualisierte Überblick über den formellen Gesetzgebungsprozess macht die einzelnen Stationen einer Gesetzesinitiative innerhalb dieser Phase deutlich. Die einzelnen Stationen im Überblick:[12]

II.1.3.1 Gesetzesinitiativen

Gesetzesinitiativen können entweder von der Bundesregierung, dem Bundesrat oder einer Fraktion bzw. einer Gruppe von Abgeordneten des Bundestages (die mindestens aus fünf Prozent der Mitglieder des Bundestages bestehen muss)[13] gestartet werden. Sie alle haben das Initiativrecht, Gesetzesentwürfe beim Bundestag einzubringen. Der Geschäftsordnung des Bundestages folgend werden Gesetzesentwürfe, die das Parlament erreichen, von diesem Zeitpunkt an als *Vorlagen* geführt, die als Verhandlungsgegenstand auf die Tagesordnung des Bundestages gesetzt werden. Für Vorlagen gilt zudem, dass sie mit einer kurzen Begründung versehen sein müssen.

Die meisten Gesetzesinitiativen gehen dabei von der Bundesregierung aus. So handelte es sich beispielsweise in der 17. Wahlperiode (2009–2013) bei 484 von insgesamt 844 Gesetzesinitiativen um Regierungsvorlagen. Lediglich 278 Gesetzesinitiativen gingen auf den Bundestag und nur 82 Initiativen auf den Bundesrat zurück.[14]

Dieses deutliche Übergewicht der von der Bundesregierung ausgehenden Gesetzesinitiativen liegt in dem umfangreichen bürokratischen Apparat begründet, der der Bundesregierung in Form von Ministerien und deren Verwaltungen zu Verfügung steht und der aufgrund seiner Ressourcen dazu in der Lage ist, komplexe Problem- bzw. Interessengegenstände so zu formulieren, dass aus diesen entscheidungsreife Gesetzesvorlagen entstehen.

Dazu kommt, dass Gesetzesinitiativen, die aus der Mitte des Bundestages eingebracht werden, in der Regel eine geringere Chance haben, letztendlich auch vom Parlament angenommen zu werden. Sie werden daher vor allem dafür eingesetzt, politische Forderungen der Oppositionsparteien zu kommunizieren.

II.1.3.2 Erste Lesung (Beratung)

Nachdem der Gesetzesentwurf auf die Tagesordnung des Bundestages gesetzt und aufgerufen wurde, findet während der ersten Lesung eine allgemeine Aussprache nur dann statt, wenn der Ältestenrat, der verantwortlich für Termine und Tagesordnungen jeder Sitzung des Bundestages ist, dies empfiehlt oder mindestens fünf Prozent der Abgeordneten eine allgemeine Aussprache verlangen. Findet eine Aussprache statt, so werden lediglich Grundzüge wie Notwendigkeit und Zielsetzung der Gesetzesinitiative besprochen. Sachanträge dürfen zu diesem Zeitpunkt nicht gestellt werden.

---

[12] Vgl. Linn/Sobolewski (2013), S. 86 ff.
[13] Eine Fraktion kann auch aus weniger als fünf Prozent der MdBs bestehen. Die Anerkennung als Fraktion bedarf jedoch der Zustimmung des Bundestages. Vgl. Deutscher Bundestag (2013a), S. 57, § 76, Deutscher Bundestag (2013a): S. 22, § 10.
[14] Vgl. Deutscher Bundestag – Referat Parlamentsdokumentation (2013), S. 1.

Am Ende der ersten Lesung wird der Gesetzesentwurf auf Grundlage der Empfehlungen des Ältestenrates an einen oder mehrere Ausschüsse verwiesen. Ausschüsse haben die Aufgabe, die Gesetzesentwürfe fachlich zu prüfen und soweit notwendig anzupassen. Wird die Zuständigkeit mehrerer Ausschüsse bejaht, so erhält ein Ausschuss die Federführung.[15] Innerhalb der Ausschüsse findet auch die öffentliche Anhörung von (Verbands-)Experten statt.

II.1.3.2.1 Ausschüsse

Ausschüsse werden zu Beginn einer Wahlperiode gebildet und bestehen während dieser Zeit kontinuierlich. Dabei kann der Bundestag weitestgehend selber entscheiden, welche Ausschüsse gebildet werden. Ausnahmen bilden die Ausschüsse, die vom Grundgesetz vorgeschrieben werden oder die durch gesetzliche Formulierungen gesetzt sind. Verfassungsrechtlich verankert sind lediglich der Petitionsausschuss, der Verteidigungsausschuss, der Ausschuss für EU-Angelegenheiten sowie der für Auswärtige Angelegenheiten. Gewöhnlich werden parallel zu allen Bundesministerien auch entsprechende Ausschüsse im Bundestag gebildet. Um bestimmte Politikbereiche zu akzentuieren, hat das Parlament die Möglichkeit, darüber hinausgehende Ausschüsse einzuberufen. Eine Besonderheit bildet in diesem Zusammenhang die Möglichkeit des Bundestages, einen Untersuchungsausschuss einzuberufen. Dieser hat die Untersuchung von Sachverhalten zur Aufgabe, deren Aufklärung im öffentlichen Interesse liegt.

Besetzt werden die Ausschüsse von den Fraktionen, wobei die Abgeordneten ihre Wünsche dazu äußern können, in welchen Ausschüssen sie arbeiten wollen.[16] Ihre Zusammensetzung entspricht dem Kräfteverhältnis der Fraktionen im Parlament. Insgesamt umfassen die Ausschüsse in der aktuellen Legislaturperiode zwischen 13 und 41 Mitglieder. In den Ausschüssen manifestiert sich das arbeitsteilige Parlament. Denn die Ausschüsse übernehmen die Detailarbeit, indem sie sich mit dem durch den Gesetzesentwurf betroffenen Sachverhalt auseinandersetzen. Auf diese Weise treffen die Standpunkte und Meinungen der einzelnen Fraktionen aufeinander, die zuvor oder auch parallel in Arbeitsgruppen, Arbeitskreisen oder überfraktionellen Unterausschüssen erarbeitet wurden. Auch besteht für die Ausschüsse die Möglichkeit, fachliche Expertise im Rahmen ihrer Beratungen einzuholen. Zu öffentlichen Anhörungen können dazu die verschiedenen Fraktionen unterschiedliche Experten einladen, die vor dem Ausschuss sprechen dürfen.

II.1.3.2.2 Öffentliche Anhörung von Experten

Artikel 77 Abs. 1 des Grundgesetzes besagt, dass die Bundesgesetze vom Bundestag beschlossen werden. Als Vorbereitung hierfür wird der Öffentlichkeit in Form von Verbänden und anderweitig organisierten gesellschaftlichen Interessen die Möglichkeit gegeben, bei öffentlichen Anhörungen, sogenannten Hearings, zum Gesetzesentwurf Stellung zu beziehen und so auch ihre eigenen Interessen deutlich zu machen. Neben der Beteiligung betroffener Akteure der Gesellschaft am Gesetzgebungsverfahren ist es für die von den Fraktionen ent-

---

[15] Auf relevante Unterschiede zwischen dem federführenden und den mitberatenden Ausschüssen wird im Kapitel *IV.3 Strategie und Möglichkeiten der Einflussnahme* eingegangen.
[16] Innerhalb der Fraktionen werden die Plätze in den Ausschüssen meist nach den Wünschen der Abgeordneten unter Berücksichtigung des Prinzips der Seniorität vergeben.

sandten Mitglieder der Ausschüsse essenziell, die Standpunkte der Experten zu hören, um sich ein umfassendes Bild des dem Gesetzesentwurf zugrunde liegenden Sachverhalts machen zu können.

> Die konkreten Bedingungen in Hinblick auf das öffentliche Anhören von Experten im Rahmen von Ausschusssitzungen sind in § 70 der Geschäftsordnung des Bundestages geregelt.

II.1.3.3 Zweite Lesung (Aussprache)

Nachdem alle öffentlichen Anhörungen beendet sind und die Beratungen des Ausschusses bzw. im Fall der Beteiligung mehrerer Ausschüsse die des federführenden Ausschusses abgeschlossen sind, legt dieser einen schriftlichen Bericht über Verlauf und Ergebnisse der Beratungen vor. Die Beschlussempfehlung dieses Berichts bildet die Grundlage für die zweite Lesung im Plenum des Bundestages.

Bevor es zur Aussprache im Bundestag kommt, wird die Beschlussempfehlung allen Abgeordneten zugestellt, sodass diese auf die anstehende Aussprache und die darauf folgende Abstimmung vorbereitet sind. Der zweiten Lesung geht in der Regel eine Fraktionssitzung voraus, in der die Position der Fraktion festgelegt wird.

Der allgemeinen Aussprache in der zweiten Lesung kann eine detaillierte Aussprache über sämtliche Bestimmungen des Gesetzesentwurfs folgen. Während der Aussprache ist jedes Mitglied des Bundestages dazu berechtigt, Änderungsanträge zu stellen, die direkt im Plenum behandelt werden. Kommt es dazu, dass Änderungen angenommen werden, muss zunächst die neue Fassung des Gesetzesentwurfs gedruckt und wiederum an alle Abgeordneten verteilt werden. Dieses Verfahren kann jedoch abgekürzt werden, indem eine Zweidrittelmehrheit der anwesenden Parlamentarier dafür stimmt. Werden keine Änderungsanträge gestellt bzw. ist das Verfahren der Änderungsanträge abgeschlossen, wird über jede selbstständige Bestimmung des Gesetzesentwurfs abgestimmt.

II.1.3.4 Dritte Lesung (Abstimmung)

Die dritte Lesung folgt in der Regel direkt auf die zweite Lesung. Eine Ausnahme bildet der Fall, in dem Änderungsanträge gestellt wurden, eine Zweidrittelmehrheit für die Abkürzung des Verfahrens jedoch nicht zustande gekommen ist. In diesem Fall muss die dritte Lesung auf eine neue Tagesordnung gesetzt werden. Dies ist jedoch der Ausnahmefall.

Eine allgemeine Aussprache findet in der Regel in der dritten Lesung nicht statt, es sei denn, dass eine allgemeine Aussprache nicht bereits in der zweiten Lesung stattgefunden hat und der Ältestenrat oder fünf Prozent der Mitglieder des Bundestages dies fordern. Ebenso können auch während der dritten Lesung Änderungsanträge gestellt werden, jedoch dürfen diese sich nur noch auf die Änderungen beziehen, die in der zweiten Lesung beschlossen wurden. Dazu kommt, dass nun mindestens fünf Prozent einen solchen Änderungsantrag unterstützen müssen. Das Einbringen von Änderungsanträgen einzelner Abgeordneter ist zu diesem Zeitpunkt nicht mehr zulässig. Auch ist es möglich, dass der für den Gesetzesentwurf zuständige Ausschuss aufgrund der durch den Bundestag eingebrachten Änderungen vorschlägt, den Gesetzesentwurf erneut in einer zweiten Lesung zu behandeln.

Nach Beendigung der dritten Lesung kommt es zur abschließenden Abstimmung. Die Schlussabstimmung über Gesetzesentwürfe findet entweder durch Aufstehen bzw. Sitzenbleiben der Abgeordneten oder als namentliche Abstimmung statt, sofern dies zur Eröffnung der Abstimmung von einer Fraktion oder von anwesenden fünf vom Hundert der Mitglieder des Bundestages verlangt wurde.[17]

Ist sich der Sitzungsvorstand über das Ergebnis der Abstimmung nicht einig, wird die Abstimmung per Hammelsprung wiederholt: Die Abgeordneten verlassen dann den Saal und werden bei der Rückkehr durch eine von drei Türen (Ja – Nein – Enthaltung) gezählt.[18]

Der Bundestag ist beschlussfähig, wenn mindestens die Hälfte der Abgeordneten anwesend ist. Zur Verabschiedung der meisten Gesetze reicht eine einfache Mehrheit der anwesenden Abgeordneten aus, während verfassungsändernde Gesetze eine Zweidrittelmehrheit aller Mitglieder des Bundestages erfordern.

Ist der Gesetzesentwurf vom Parlament angenommen, wird dieser an den Bundesrat weitergeleitet. Für den Bundestag ist die Arbeit an der Gesetzesinitiative hier beendet, sofern der Bundesrat nicht seine Zustimmung verweigert. Je nach Art des Gesetzes (Zustimmungsgesetz/Einspruchsgesetz) setzen dann die zuvor bereits beschriebenen Prozesswege ein.

II.1.4 Exkurs: Einflussmöglichkeiten

So ausführlich die zuvor angestellte Betrachtung auch gewesen sein mag, es bleibt dennoch etwas Entscheidendes außen vor. Ein Gesetzesentwurf bzw. eine Gesetzesinitiative, egal ob sie von der Bundesregierung, einer Gruppe von Abgeordneten oder dem Bundesrat eingebracht wurde, hat vor dem tatsächlichen Beginn des in der Öffentlichkeit nachvollziehbaren formellen Gesetzgebungsprozesses mit der ersten Lesung bereits einen langen Weg hinter sich. Diese Tatsache lässt sich am besten durch den Vergleich mit einem Eisberg erläutern, bei dem die Spitze aus dem Wasser ragt, der erheblich größere Teil jedoch unter Wasser liegt. Ähnlich dem Eisberg ist der formelle Teil des Gesetzgebungsverfahrens in zwei Bereiche geteilt. Der eine Bereich, die Spitze des Eisbergs, ist sichtbar, während der andere – weitaus größere – Bereich unsichtbar unter der Wasseroberfläche liegt. In Bezug auf das Gesetzgebungsverfahren bedeutet dies, dass der sichtbare Bereich, also das, was im öffentlichen Raum wahrzunehmen ist, mit der ersten Lesung des Gesetzentwurfs im Parlament beginnt und bis zur Annahme bzw. Ablehnung des Gesetzes durch das Parlament reicht. Der weitaus größere Bereich jedoch, der unterhalb der Wasseroberfläche – und somit außerhalb der öffentlichen Wahrnehmung – liegt, beginnt zeitlich gesehen bereits viel früher und ist von erheblicher Bedeutung für den ersten Gesetzesentwurf. Der Gesetzesentwurf, der durch

---

[17] Vgl. Deutscher Bundestag (2013a), § 48, § 49, § 52.
[18] Vgl. ebd., § 51.

die erste Lesung im Bundestag quasi die Wasseroberfläche durchbricht und auf diese Weise in den öffentlichen Raum gelangt, ist in der Regel zu diesem Zeitpunkt bereits durch vielfältige Einflüsse geformt worden.

Abbildung: Eisbergmodell

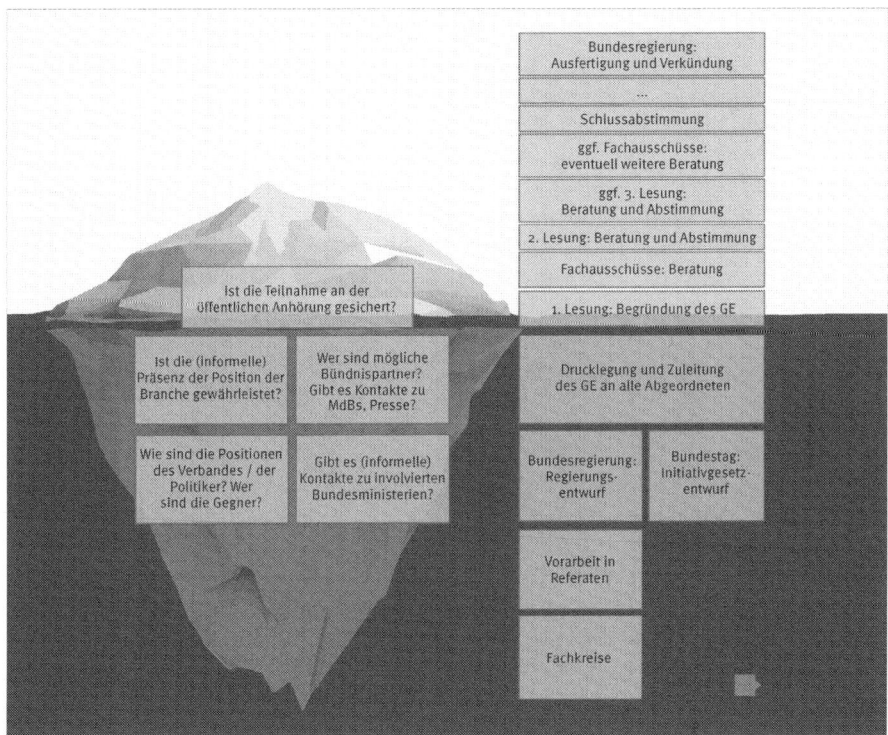

Quelle: IFK Berlin

Die Einflüsse, die damit gemeint sind, sind zweierlei Natur. Zum einen benötigt ein Gesetz bzw. die Initiative dazu immer auch eine gesellschaftliche Grundlage. Das bedeutet, dass innerhalb der Gesellschaft oder der Fachöffentlichkeit eine Debatte zu einem bestimmten Sachverhalt geführt wird, die das Bedürfnis hervorbringt, diesen Sachverhalt rechtlich (anders) zu regeln. Zwar hat dieser Teil nicht direkt etwas mit dem anschließenden formellen Gesetzgebungsverfahren zu tun, jedoch kann bereits zu diesem Zeitpunkt durch Verbände, Interessenvertreter oder gesellschaftliche Gruppen ein Klima erzeugt werden, das die weitere Entwicklung des Themas entscheidend bestimmt. Auf diese Weise kann frühzeitig (und noch bevor das Thema in der politisch-administrativen Gestaltungsphase gelandet ist) Einfluss genommen werden. Dazu bedarf es jedoch seitens derjenigen, die auf diese Weise Einfluss ausüben möchten, eines funktionierenden Scanning- und Monitoring-Systems.

> Im Kapitel *IV.3.3 Reaktives Lobbying* wird ausführlich erläutert, wie es um die Einflussmöglichkeiten in den unterschiedlichen Phasen der Gesetzgebung steht. Dabei werden auch mögliche Maßnahmen und Instrumente vorgestellt.

Von besonderer Bedeutung in Hinblick auf das zuvor erläuterte Eisbergmodell ist jedoch das, was zeitlich unmittelbar vor der ersten Lesung stattfindet. Denn ist erst einmal die Entscheidung gefallen, einen Sachverhalt rechtlich regeln zu wollen, setzt ein schwer zu stoppender Prozess ein. Wie bereits erwähnt, hat ein Großteil der Gesetzesinitiativen ihren Ursprung bei der Bundesregierung. Entschließt sich also die Bundesregierung, einen Entwurf zu einem Gesetz anzufertigen, beauftragt sie damit das zuständige Bundesministerium bzw. die zuständigen Bundesministerien, von denen wiederum eines die Federführung übernimmt. Das zuständige Ministerium wiederum betraut das für den Sachverhalt innerhalb der eigenen Verwaltung zuständige Referat. In Abstimmung mit eventuell anderen beteiligten Ministerien bzw. deren Referaten und auch den Spiegelreferaten im Bundeskanzleramt wird dann ein erster Entwurf ausgearbeitet. Dieser Entwurf wird auch *Referentenentwurf* genannt. Das Besondere an diesem Referentenentwurf ist, dass in diesen bereits der Sachverstand und die Praxiserfahrung der von der geplanten Regelung betroffenen Spitzenverbände und Organisationen mit einfließen.

Denn auch der zuständige Fachreferent im Ministerium orientiert sich bei seiner Arbeit an Informationen und Stellungnahmen sowie an Gesprächen, die er mit Praxisvertretern von Spitzenverbänden und anderen Organisationen führt. Der Referentenentwurf berücksichtigt darüber hinaus auch unabhängige wissenschaftliche Expertise sowie den Sachverstand der Länder. Dadurch wird sichergestellt, dass je nach Art des Gesetzes (Zustimmungsgesetz/Einspruchsgesetz) auch der Bundesrat zur Genüge berücksichtigt wird.

Bei Gesetzesinitiativen, die ein starkes öffentliches Interesse hervorrufen, werden, um frühzeitig die Reaktionen von Öffentlichkeit sowie betroffenen Verbänden und Organisationen zu testen, *Eckpunktepapiere* durch die verantwortlichen Minister oder unter Umständen auch andere politische Führungspersonen veröffentlicht. Durch die Reaktionen können so, wenn nötig, bereits zu einem sehr frühen Zeitpunkt, noch bevor der Gesetzesentwurf überhaupt in die formelle Phase der Gesetzgebung übergeht, Schwachstellen und potenzielle Widerstände ausgemacht werden.[19]

Sind aus Sicht der zuständigen Fachreferenten so weit alle nötigen Standpunkte berücksichtigt worden, geht der Entwurf vom Fachreferenten über den Referatsleiter und den Abteilungsleiter zum Minister. Dieser regelt die Abstimmung des Entwurfs mit den anderen Ministerien sowie deren Spiegelreferaten im Bundeskanzleramt, die möglicherweise durch die Regelungen betroffen sein könnten. Die sogenannte *Ressortabstimmung* muss dabei nicht allein von Sachzwängen geleitet sein, sondern es können auch parteipolitische Interessen

---

[19] Vgl. Vondenhoff/Busch-Janser (2008), S. 123.

dazu führen, dass Entwürfe in ihrer ursprünglichen Form nicht akzeptiert werden und in der Folge geändert werden müssen.[20]

Ist die Phase der Ressortabstimmung abgeschlossen, geht der Referentenentwurf als Kabinettsvorlage zur Abstimmung ins Kabinett. Stimmt das Kabinett der Kabinettsvorlage zu, leitet der Bundeskanzler den Kabinettsentwurf dem Bundesrat zu. Dieser erhält sechs Wochen Zeit für eine Stellungnahme. Erst danach wird der Gesetzesentwurf der Bundesregierung samt Stellungnahme des Bundesrates und Gegenäußerung der Bundesregierung an die Abgeordneten des Bundestages weitergegeben. In Hinblick auf das zuvor eingeführte Modell des Eisbergs bedeutet dies, dass spätestens an dieser Stelle der sichtbare Bereich des Gesetzgebungsverfahrens beginnt, wobei die richtungsweisenden Entscheidungen bereits getroffen wurden.

II.1.5 Rolle der Verwaltung in der Politik

Die Verwaltung, zu der alle Institutionen und Einrichtungen der ausführenden Gewalt, also auch die Bundes- und Landesministerien gehören, nimmt eine besondere Stellung im Gesetzgebungsverfahren ein. Sie ist dazu angehalten, die Vorgaben der Politik zu erfüllen, und ist dabei nicht an parteipolitische Bestimmungen und Ausrichtungen gebunden. Die Verwaltung erledigt ihre Arbeit überparteilich und neutral. Ihrem Selbstverständnis nach vertritt sie das Gemeinwohl.[21]

Interessant ist in diesem Zusammenhang, dass es innerhalb von Verwaltungen klare Strukturen und stark formalisierte Entscheidungsprozesse gibt. Für die Arbeit von Interessenvertretern ist all dies höchst beachtenswert, insofern sie die Verfahrenswege und Entscheidungsprozesse sowie die daran beteiligten Personen kennen. Bei der täglichen Arbeit sind gerade die Referats- und Abteilungsebenen stark auf fachliche Expertise von *außen* angewiesen, sodass Verbände und andere Interessenvertreter gerade in der Informationsphase eine beachtliche Rolle spielen.

Wie Verbandsvertreter die richtigen Ansprechpartner in der Verwaltung und speziell in den Ministerien ausfindig machen und ansprechen können, wird ausführlich im Kapitel *IV.2 Ansprache und das Management von Stakeholdern* erläutert.

---

[20] Vgl. Vondenhoff/Busch-Janser (2008), S. 123.
[21] Vgl. Prenzel (2007), S. 56.

II.2 Politiker

Um Lobbyarbeit erfolgreich gestalten zu können, ist es nicht nur entscheidend, das politische System, seine Funktionsweisen und insbesondere das Gesetzgebungsverfahren mit all seinen Ausprägungen zu kennen, es ist mindestens genauso wichtig, nachvollziehen zu können, wie Abgeordnete ihren Arbeitsalltag gestalten und welchen Zwängen sie im Rahmen ihres Mandats unterliegen.

> Die rechtlichen Grundlagen, nach denen sich Mitglieder des Bundestages zu verhalten haben, sind in der Geschäftsordnung des Bundestages zu finden:
> - http://www.bundestag.de/bundestag/aufgaben/rechtsgrundlagen/go_btg/index.html

II.2.1 Mandat

Bundestagsabgeordnete sind zunächst Personen, die vom wahlberechtigten Volk für eine Dauer von vier Jahren in allgemeiner, unmittelbarer, freier, gleicher und geheimer Wahl gewählt werden. Als Bundestagsabgeordnete sind sie Vertreter des gesamten Volkes und in ihren Entscheidungen weder an Aufträge noch an Weisungen der Wähler, der eigenen Partei oder der eigenen Fraktion gebunden, sondern nur ihrem eigenen Gewissen unterworfen. Dieses sogenannte *freie Mandat* ist prinzipiell im Grundgesetz verankert, dennoch wird es in der Realität durch die Fraktionsdisziplin eingeschränkt. Zwar gibt es keinen rechtlichen Zwang für die Abgeordneten, sich der Fraktionsdisziplin zu beugen, jedoch ist es aus Sicht der innerparteilichen Demokratie und der damit verbundenen demokratischen Willensbildung ein probates Mittel der Disziplinierung. Sie begründen die auf diese Weise stattfindende Eingrenzung des freien Mandats vor allem durch das in Art. 21 GG festgeschriebene Mitwirkungsrecht der Parteien an der politischen Willensbildung.

Die Zwänge, denen Abgeordnete in diesem Fall unterliegen, können sehr verschieden sein: Grundsätzlich haben die Fraktionen im Bundestag ein Interesse daran, gleichermaßen nach innen wie nach außen Einigkeit und Stärke zu demonstrieren, um im Parlament die eigenen Ziele durchsetzen zu können. Widersetzt sich ein Abgeordneter der Fraktionsdisziplin und somit einem innerparteilich demokratisch gefassten Beschluss, läuft er Gefahr, dass er die Solidarität seiner Parteikollegen verliert. Dies kann für den sich mehrfach widersetzenden Abgeordneten insbesondere dazu führen, dass dieser angestrebte Posten (z. B. in einem Ausschuss, innerhalb der Fraktion oder möglicherweise sogar angestrebte höhere Ämter) nicht bekommt, da ihm die Fraktion die Unterstützung versagt. So bewegt sich das Mandat der Bundestagsabgeordneten, trotz Verankerung der freien Entscheidung auf Grundlage des eigenen Gewissens im Grundgesetz, in einem innerparteilichen Spannungsfeld von Geben und Nehmen. Dennoch ist es nicht mit einem imperativen Mandat gleichzusetzen, das den Inhaber an die Vorgaben derjenigen, die er vertritt, bindet. Mitglieder des Bundesrates hingegen verfügen nicht über ein freies Mandat. Sie sind, ähnlich dem zuvor angesprochenen imperativen Mandat, an die Weisungen ihrer jeweiligen Landesregierungen gebunden.

Grundsätzlich gibt es zwei Arten von Mandaten, die bei Bundestagswahlen vergeben werden. Das Direktmandat erhält derjenige Kandidat, der innerhalb seines Wahlkreises die relative Mehrheit an Wählerstimmen auf sich vereint. Der sogenannte Direktkandidat vertritt seinen Wahlkreis und zieht automatisch in den Bundestag ein. Mindestens 299 Mandate werden auf diese Weise vergeben.[22] Die übrigen 299 Mandate werden durch das Listenmandat vergeben. Der Wähler entscheidet sich in diesem Fall mit seiner Zweitstimme für eine zuvor von einer Partei aufgestellte Liste. Die Plätze auf der Wahlliste besetzt die Partei nach eigenen Vorstellungen und gewöhnlich auf Grundlage von innerparteilichen Entscheidungsprozessen. Listenmandate zielen somit – mehr als Direktmandate, die in der Regel stärker den Interessen des eigenen Wahlkreises verpflichtet sind – darauf ab, das politische Konzept der entsprechenden Partei zu vertreten. Die unterschiedliche Motivation der Abgeordneten sollte einem Lobbyisten grundsätzlich bekannt sein, denn aus ihr lassen sich möglicherweise relevante Anknüpfungspunkte für eigene Themen oder Interessen ableiten.

II.2.2 Alltag eines Abgeordneten

Der Abgeordnete verfügt gewöhnlich über zwei Büros: sein Abgeordnetenbüro in unmittelbarer Nähe zum Parlament sowie sein Bürgerbüro im Wahlkreis. Zwischen diesen beiden pendelt er zwischen den jährlich ca. 22 Sitzungswochen des Bundestages hin und her. In beiden Büros übernehmen meist mehrere Mitarbeiter eine Vielzahl an Aufgaben, die von dem Abgeordneten allein nicht zu bewältigen wären.

Das Wahlkreisbüro besteht gewöhnlich aus einem Wahlkreismitarbeiter oder einer Schreibkraft. Es dient vornehmlich dazu, den Kontakt zu den Wählern des eigenen Wahlkreises zu organisieren und über deren Interessen informiert zu sein.

Das Büro im Bundestag besteht in der Regel aus wissenschaftlichen Mitarbeitern sowie möglicherweise studentischen Aushilfskräften und Praktikanten. Manche Abgeordneten verfügen zudem über eine Büroleitung sowie ein eigenes Sekretariat. Die Mitarbeiter eines Bundestagsabgeordneten nehmen neben ihren fachlich bezogenen Aufgaben auch die Funktion eines Gatekeepers ein. Das bedeutet, dass sie entscheiden, welche Informationen an den Abgeordneten weitergeleitet werden, und auch letztlich darüber bestimmen, welche Personen Zugang zum Abgeordneten bekommen. Dabei sind sie zwar an grundsätzliche Vorgaben des Abgeordneten gebunden, üben jedoch durch den ihnen zustehenden Ermessensspielraum eine nicht zu unterschätzende Macht aus.[23]

Der Abgeordnete selbst ist zeitlich überhaupt nicht in der Lage, eine Vorauswahl an relevanten Informationen oder Personen zu treffen: Sein Tagesablauf während der Sitzungswochen ist eng getaktet. Verbandsvertreter sollten sich daher mit den Aufgaben und Pflichten sowie den Tagesabläufen der Abgeordneten, die sie ansprechen wollen, vertraut machen. Es kann

---

[22] Zu den 299 Mandaten, die direkt vergeben werden, können je nach Wahlausgang noch sogenannte Überhangmandate dazukommen. Überhangmandate entstehen, wenn eine Partei mehr Direktmandate im Wahlkreis durch die Erststimme gewinnt, als ihr nach dem Ergebnis der Verhältniswahl (Zweitstimme) zustehen würden.
[23] Vgl. Schwaneck/Schuster/Üster (2012), S. 5.

von Vorteil sein, günstige von ungünstigen Zeitpunkten unterscheiden zu können, um das Gespräch mit dem Abgeordneten bzw. seinen Mitarbeitern zu suchen. Zumindest hilft es aber dabei, nachvollziehen zu können, dass die Absage eines zuvor vereinbarten Termins nicht zwangsweise der Sache oder der Person selbst, sondern in der Regel einem aus allen Nähten platzenden Terminkalender geschuldet ist. Viele Abgeordnete geben auf ihrer Website Einblicke in die Abläufe ihrer Sitzungswochen. Aus diesen ist meist einfach herauszulesen, in welchen Gremien, Ausschüssen oder Parlamentskreisen sie aktiv sind und welchen Pflichten sie darüber hinaus noch nachkommen müssen.

Wie Interessenvertreter am besten Kontakt mit Abgeordneten aufnehmen und wie sich diese Kontakte langfristig pflegen lassen, wird ausführlich im Kapitel *IV.2 Ansprache und das Management von Stakeholdern* dargestellt.

Tabelle: Alltag eines Abgeordneten in einer Sitzungswoche

	Montag	Dienstag	Mittwoch	Donnerstag	Freitag
09:00 – 11:00	Ankunft aus WK/ Bürobesprechung	Arbeitsgruppen	Ausschüsse	Plenardebatten/ Bürozeit	Plenardebatten
11:00 – 13:00	Bürozeit/ Telefonate	Parlamentskreise			
13:00 – 15:00		Landesgruppenvorstand	Regierungsbefragung/ Fragestunde/ Aktuelle Stunde		
15:00 – 17:00	Fraktionsvorstand	Fraktionssitzung			
17:00 – 19:00			Parlamentarischer Beirat		Abreise zum Wahlkreis
19:00 – 21:00	Landesgruppe	Parlamentarischer Abend	Abendveranstaltung/ Termine	Abendveranstaltung/ Termine	Abendveranstaltung/ Termine

Quelle: eigene Darstellung nach MdB Daniela Ludwig, CSU, http://www.daniela-ludwig.de/alltag.html (03.2014)

II.2.3 Aufgaben und Pflichten eines Abgeordneten

Die Aufgaben und Pflichten werden dem Abgeordneten nicht en détail vorgeschrieben, sondern ergeben sich aus der Geschäftsordnung des Bundestages: „Jedes Mitglied des Bundestages folgt bei Reden, Handlungen, Abstimmungen und Wahlen seiner Überzeugung und seinem Gewissen."[24] Die Geschäftsordnung des Bundestages verpflichtet den Abgeordneten weiterhin, an der Arbeit des Parlaments teilzunehmen.[25] Die alltäglichen Routinen im Rahmen der Parlamentsarbeit können stark von Abgeordnetem zu Abgeordnetem variieren. Grundsätzlich hängt sie von verschiedenen Faktoren ab, wie beispielsweise seiner parlamentarischen Erfahrung, seiner Position in der fraktionsinternen Hierarchie, seiner fachlichen Qualifikation oder gar davon, ob er ein Listen- oder ein Direktmandat von den Wählern erhalten hat, wobei ein Direktmandat innerhalb der Fraktionen in der Regel eine höhere Gewichtung erfährt.

Generell lassen sich aber vier Hauptaufgaben zusammenfassen, an denen alle Abgeordneten beteiligt sind. Zum einen stimmen alle Abgeordneten (i. d. R. einmalig) über den Bundeskanzler ab (Wahlfunktion). Zum anderen beraten und beschließen alle Abgeordneten Gesetze (Gesetzgebungsfunktion). Der Großteil dieser Arbeit findet in den (Fach-)Ausschüssen statt. Darüber hinaus kontrollieren die Abgeordneten die Arbeit der Regierung (Kontrollfunktion). Diese Aufgabe obliegt in erster Linie den Oppositionsparteien, beschränkt sich formal jedoch nicht auf diese, sodass auch Mitglieder der Regierungspartei theoretisch von den Möglichkeiten der Kontrollfunktion Gebrauch machen können. Die Kontrollfunktion ermöglicht den Fraktionen, die Arbeit der Bundesregierung zu hinterfragen. Die Bundesregierung ist dazu verpflichtet, auf die mündlichen und schriftlichen Anfragen der Fraktionen zu antworten.

Außerdem ermöglicht die Kontrollfunktion die Einsetzung von Untersuchungsausschüssen sowie die Prüfung des Haushaltsplans. Schließlich haben alle Abgeordneten die Möglichkeit, aktuelle politische Probleme in den Bundestag einzubringen (Artikulationsfunktion). An diese vier zentralen Aufgaben sind praktisch alle weiteren Tätigkeiten eines Abgeordneten angegliedert.

Zu diesen Tätigkeiten zählt beispielsweise, dass sich ein Abgeordneter mit Bürgern oder aber auch anderen Mandatsträgern (z. B. Bürgermeistern, Landräten etc.) aus seinem Wahlkreis trifft und Gespräche mit ihnen führt. Auf diese Weise informiert er sich über lokale Probleme und Angelegenheiten. Für deren Lösung setzt sich der Abgeordnete auf Bundes- oder regionaler bzw. Landesebene ein. Ersteres geschieht, indem er zunächst von der Artikulationsfunktion oder aber auch der Kontrollfunktion Gebrauch macht. Über die Gesetzgebungsfunktion und die Einhaltung der nötigen Kriterien, um eine Gesetzesinitiative zu starten, ist er auch in der Lage, eigene Gesetzesinitiativen ins Parlament einzubringen und die Lösung der Probleme auf diese Weise voranzutreiben. Der gestaltende Einfluss auf regionaler bzw. Landesebene ist eher symbolischer bzw. vermittelnder Natur, indem der Abgeordnete öffentlich Stellung bezieht oder Gespräche führt.

Durch Hintergrundgespräche mit Verbands- oder anderen Interessenvertretern will der Abgeordnete über Sachverhalte aufgeklärt werden und mehr über die möglichen Auswirkungen von geplanten Gesetzgebungsverfahren erfahren. Durch die ihm zur Verfügung gestellten

---

[24] Vgl. Deutscher Bundestag (2013a), § 13.
[25] Vgl. ebd., § 13.

Informationen hat der Abgeordnete wiederum die Möglichkeit, von der Artikulationsfunktion oder aber auch der Kontrollfunktion Gebrauch zu machen. Bei bereits laufenden Gesetzgebungsverfahren, bei denen der Abgeordnete Mitglied des entsprechenden Ausschusses ist, ist dieser zudem auf klare Einschätzungen der Auswirkungen des geplanten Gesetzes angewiesen. Diese Informationen zusammenzutragen gehört genauso zum Tätigkeitsbereich eines Abgeordneten wie auch der Kontakt zu seinem Wahlkreis.

II.2.4 Erwartungen eines Abgeordneten an professionelle Verbandsvertreter

Das Zusammentragen von relevanten Informationen hinsichtlich geplanter oder laufender Gesetzgebungsverfahren ist für Abgeordnete ein sehr zentraler Gegenstand ihrer täglichen Arbeit. Daher sind sie auf die Informationen angewiesen, die von *außen* an sie herangetragen werden. Politische Entscheidungsträger nehmen dabei nicht ungefiltert (wie angesprochen – hier greift der Gatekeeper ein) sämtliche Informationen auf, die sie bekommen. Zudem haben sie klare Erwartungshaltungen an professionelle Zuarbeit durch Verbandsvertreter.

Prinzipiell wird vorausgesetzt, dass der Gesprächspartner Kenntnis darüber besitzt, welche Zuständigkeiten und welche Handlungsspielräume der Abgeordnete hat. Auch die Prozesse und die Abläufe, denen der jeweilige Abgeordnete unterworfen ist, müssen den Interessenvertretern unbedingt bekannt sein. Der Abgeordnete erwartet zudem, dass der jeweilige Informationsgeber in seinem Fach über genaue Kenntnisse des Sachverhalts und seiner Zusammenhänge verfügt und diese mit Zahlen, Fakten und Hintergründen präzise belegen kann. Abgeordnete setzen voraus, dass eine klare Einschätzung von möglichen Auswirkungen auf ehrlichen und emotionslosen Informationen beruht. Darüber hinaus erwartet der Parlamentarier, dass der Verbandsvertreter seine Interessen auch politisch einordnen und ihm idealerweise Argumentationsbausteine für die politische Debatte liefern kann, die nicht auf Anhieb einem Verbandsvertreter zugeordnet werden können. Selbstverständlich ist für den Abgeordneten die vollkommene Offenlegung aller Auftraggeber, Intentionen und Ziele.[26]

II.2.5 Faktoren für die erfolgreiche Zusammenarbeit mit einem Abgeordneten

Politiker sind selbstständig denkende und meist sehr analytische Menschen, die genau abwägen und prüfen, welche Themenpatenschaften sie übernehmen und für welche Standpunkte sie eintreten wollen. Werden seine Entscheidungsparameter beachtet, gelingt es schnell, den Abgeordneten von den Positionen des Verbandes zu überzeugen.

1. Grundvoraussetzung: Positivität

„Was habe ich davon?" Diese Frage wird sich der Abgeordnete stellen, den die Ansprache eines Verbandsvertreters erreicht. Er wird über das Anliegen nachdenken, sofern er darin etwas Positives erkennen kann – und zwar vor allem für sich. Aber Achtung, positiv ist nicht

---

[26] Vgl. Köppl (2003), S. 93 f.

gleich positiv. Hier gilt es vor allem, im Sinne der bisherigen Handlungen des anzusprechenden Abgeordneten sowie der entsprechenden Parteiwerte zu denken.

2. Bezug zum Wahlkreis
Sind Unternehmen und/oder Personen aus dem Wahlkreis des Abgeordneten betroffen? Kann diese Frage mit Ja beantwortet werden, steigt die Wahrscheinlichkeit, den Abgeordneten für das eigene Anliegen zu gewinnen. Idealerweise lassen sich die Folgen und Auswirkungen genau beziffern oder mit konkreten Schicksalen belegen.

3. Leicht verdaulich
Trockene, langweilige und unlösbare Probleme interessieren selten einen Abgeordneten. Um den Erfolg einer Ansprache zu erhöhen, sollte das eigene Anliegen das „gewisse Etwas" besitzen, und das muss sofort erkennbar sein. Verbandsvertreter sind absolute Experten in ihren Themengebieten. Dem Fachpolitiker werden sich Fachbegriffe, Zahlen, Fakten und Hintergründe nicht sofort erschließen. Um ihn für die entsprechende Thematik zu interessieren, empfiehlt es sich, das Anliegen möglichst leicht verständlich und transportierbar darzustellen. Es gilt, auf Sprache und Formulierungen zu achten.

4. Die Dramaturgie des Themas
Idealerweise hat das Thema eine gewisse Aktualität oder der Standpunkt liefert neue Argumente/Facetten. Wenn mit dem Anliegen Emotionen geweckt werden können, stehen die Chancen nicht schlecht, den Abgeordneten für sich zu gewinnen, denn dieser wiederum gewinnt die garantierte Aufmerksamkeit der Öffentlichkeit – ein Pluspunkt für beide Seiten.

Das Anliegen sollte steigerungsfähig sein. Ähnlich dem Theater kann auf diese Weise eine Spannungskurve aufgebaut werden, was dazu führt, dass die Bedeutsamkeit des Themas steigt.

5. Realismus
Die typischen Problemfelder und Streitigkeiten der Politik zu kennen hilft, das eigene Anliegen in ein politisches Problem zu übersetzen. Denn nur dann besteht die Chance auf einen Platz in der politischen Tagesordnung. Dabei spielt auch die Lösbarkeit eine wichtige Rolle. Dieser größere Rahmen ist unerlässlich für den Erfolg einer Ansprache.

6. Aus Politischem Persönliches machen
Das Ziel einer Ansprache ist es, dass sich der Abgeordnete mit der Sache identifizieren kann. Durch die Exklusivität des Themas (niemand zuvor hat sich des Themas angenommen), die Nähe zum Fachbereich (Zuständigkeit), den Bezug des Mandatsträgers selbst (gesellschaftliches Engagement) sowie den Bezug zu relevanten Parteitagsbeschlüssen ist es möglich, den Abgeordneten als Paten für das eigene Anliegen zu gewinnen.

> Was ansonsten im Umgang mit Abgeordneten zu beachten ist und welche Fehler zu vermeiden sind, wird im Kapitel *IV.2 Ansprache und das Management von Stakeholdern* erläutert.

III. Grundlagen der Interessenvertretung

III.1 Büro Berlin

Entscheidend für die politische Interessenwahrnehmung ist das Auftreten. Neben der fachlichen Expertise und der persönlichen Ausstrahlung kann die prominente Adresse (mit der richtigen Postleitzahl) hilfreich sein, um die Parlaments- und Politiknähe zu unterstreichen. Selbst in Zeiten direkter E-Mail-Kommunikation und Videotelefonie kann ein zufälliges Treffen im Restaurant oder am Spreebogen ein Funken für Folgekommunikation mit politischen Akteuren sein. Auch die Einladung ins Abgeordnetenbüro ist wahrscheinlicher, wenn der Eingeladene sein Büro auf der anderen Straßenseite hat.

Um bei den verschiedenen Veranstaltungen im politischen Berlin präsent zu sein, lohnt es sich, einen zentralen, verkehrsgünstigen Standort zu haben. Die sogenannte Berliner Republik zeichnet sich durch ein räumliches und personelles Gedränge aus, welches sich überspitzt formuliert als ein Raumschiff oder eine Käseglocke charakterisieren lässt, wo sich tendenziell Köpfe und Themen um sich selbst drehen.[27]

Kurze Wege und zahlreiche Kontaktmöglichkeiten können ein kleiner, aber entscheidender Vorteil für Interessenvertreter im politischen Betrieb sein, wenn sich Verbandsvertreter entsprechend bei Frühstücksdialogen, Ausschussanhörung am Nachmittag und bei Abendempfängen positionieren können.

In naher Umgebung zu den jeweiligen Ministerien lassen sich entsprechende Unternehmensniederlassungen, Agenturen, Kanzleien oder andere politische Dienstleister verorten. Eine zunehmende Ausdifferenzierung und Spezialisierung in der politischen Beratung zeigt sich in Rechtsanwaltskanzleien, die auf bestimmte Politikfelder spezialisiert sind, oder Public-Affairs-Agenturen, die als externe Berater in der politischen Kommunikationspraxis engagiert werden.

Die Hauptaufgaben von Verbänden und Unternehmensrepräsentanzen in Berlin bestehen in der Kontaktpflege und der Informationsgenerierung im politischen Raum.[28] Die Lobbying-Büros differenzieren sich in der inhaltlichen, personellen und finanziellen Ausrichtung. Hinter einer Adresse in 10117 Berlin kann sich ein kleines Ein-Personen-Büro oder ein repräsentatives Gebäude verbergen. Je nach politischer Zielsetzung, Selbstverständnis und institutionellen Bedingungen sind die Ansprüche unterschiedlich. Die Standorte besitzen ferner eine interne Dienstleistungsfunktion, die ähnlich der eines Korrespondenten ist, der aus dem politischen Betrieb über aktuelle Themen und Entwicklungen berichtet und diese in die Öffentlichkeit kommuniziert.

Dieses Geflecht an Akteuren tummelt sich zwischen Friedrichstraße und Luisenstraße sowie der Reinhardtstraße und Unter den Linden.

---

[27] Vgl. Bruns (2007), S. 8.
[28] Vgl. Olfe-Kräutlein (2012), S. 161.

III.1.1 Budgetierung

Repräsentanzen und Büros in den politischen Zentren haben einen höheren Preis als in nicht politischen Zentren, was die Miete, Ausstattung und möglicherweise auch Gehälter betrifft.

Seit dem Regierungsumzug nach Berlin haben die Mietpreise im Berliner Regierungsviertel kräftig zugelegt und könnten noch weiter zunehmen, da eine weitere Ansiedlung politischer Player im Regierungsviertel anzunehmen ist.

Hinter der Überlegung, eine Verbandsrepräsentanz in Berlin zu eröffnen, steckt jedoch eine äußerst schwierige wirtschaftliche Berechnung. Der politische Mehrwert, der durch die Präsenz vor Ort in Berlin erreicht wird, lässt sich nicht eins zu eins in Zahlen umrechnen. Es gilt jedoch zu bedenken, dass auch Verbände, die kein Büro im direkten Umfeld der politischen Entscheider haben, Kosten haben. Verfügen Institutionen nicht über eine Berliner Adresse, muss dementsprechend der Posten für eventuelle Reisekosten höher angesetzt werden.

Für kleinere Verbände kann es sich auch lohnen, sich mit anderen Verbänden ein Büro zu teilen. Bei langfristiger Betrachtung kann eine entsprechende Adresse in Berlin zudem hilfreich sein, um Mitarbeiter zu werben, die aus dem politischen Betrieb kommen und ihr eigenes Netzwerk in die Verbandsarbeit einbringen.

III.1.2 Parlamentszugang

Unabhängig von dem eigenen Büro in Berlin sollte sich jeder Verband um einen Hausausweis beim Bundestag bemühen. Denn dieser bringt gleich mehrere Vorteile für Verbandsvertreter mit: Nicht nur, dass Abgeordnete und Bedienstete direkt vor Ort angetroffen werden können, auch der Zugang zum Parlament und ausgewählten Ministerien wird erheblich erleichtert, da Anmeldungen und Sicherheitschecks auf ein Minimum reduziert werden.

Bevor Verbandsvertreter aber Zugang zum Deutschen Bundestag erlangen, müssen sich diese zwingend registrieren. Der Hintergrund ist, dass durch eine von jedem einsehbare Liste ein gewisses Maß an Transparenz gegenüber der Öffentlichkeit geschaffen wird. Ersichtlich werden aus der Liste neben grundsätzlichen Informationen über den Verband wie Name und Sitz, Vorstand und Geschäftsführung auch solche Informationen, die verdeutlichen, in welchem Interessenbereich der Verband agiert und wie viele Mitglieder er hat. Ebenfalls sind alle Personen eines Verbandes aufgeführt, die Zugang zum Bundestag haben.

Beim Deutschen Bundestag wird diese Liste offiziell „Öffentliche Liste über die beim Bundestag registrierten Verbände und deren Vertreter" genannt, sie ist aber auch unter dem Namen „Lobbyliste" bekannt. Derzeit sind 2.158 Verbände auf dieser Liste aufgeführt.[29] Aufgenommen werden lediglich überregionale Verbände. Einzelunternehmen oder gar Einzelpersonen sowie Organisationen, deren Interessenvertretung bereits auf überregionaler Basis erfolgt, haben nicht die Möglichkeit, sich auf dieser Liste zu registrieren. Auch werden Körperschaften, Stiftungen und Anstalten des öffentlichen Rechts und deren Dachorganisatio-

---

[29] Stand: 14.02.2014

nen nicht eingetragen. Generell ist die Registrierung für Verbände freiwillig, jedoch ist sie Voraussetzung für die Bereitstellung eines Hausausweises. In ihrer ursprünglichen Fassung von 1972, dem Jahr, in dem diese Liste im Deutschen Bundestag eingeführt wurde, war festgelegt, dass eine Registrierung Voraussetzung für die Teilnahme an Anhörungen bei Gesetzgebungsverfahren ist. Jedoch wurde diese Regelung kurze Zeit später (1979) wieder außer Kraft gesetzt. Leider glauben einige Verbandsvertreter noch immer, dass eben eine solche Registrierung nötig sei, um an Anhörungen teilnehmen zu können. Generell zu beachten ist auch, dass sich aus der Eintragung in die Liste an sich kein Recht auf einen Hausausweis ableiten lässt. Kritiker behaupten daher, dass sich aus der Eintragung in die Verbändeliste kein Vorteil ableiten lasse. Die Verbände, die sich ungeachtet dieser Kritik in die Liste eintragen, leisten aber zumindest einen wichtigen Beitrag zur Transparenz im politischen Betrieb, die in der gesellschaftlichen Meinung immer mehr an Stellenwert gewinnt.

Das Meldeformular, die aktuelle Fassung der öffentlichen Liste registrierter Verbände sowie weitere Informationen, die benötigt werden, um sich in diese Liste einzutragen:
- http://www.bundestag.de/dokumente/lobbyliste/index.html

III.2 Exkurs: Büro Brüssel

Manches politische Interesse benötigt aber auch eine über Berlin hinausgehende Strategie. Das politische Mehrebenensystem bedarf einer interessenpolitischen Strategie auf den verschiedenen Ebenen, um Interessen und Informationen in den politischen Prozess einspeisen zu können. Vor allem in der Wirtschaftspolitik, aber zunehmend auch in vielen anderen Bereichen der nationalen Gesetzgebung sind die Entscheidungen der Europäischen Union maßgeblich. Eine Intervention in Berlin kommt dann zu spät, denn der Prozess der Umsetzung von Rechtsnormen der Europäischen Union in nationales Recht kann in der Regel nicht mehr entscheidend beeinflusst werden.

Für Verbände und Unternehmen kann ein Büro in Brüssel dagegen Abhilfe schaffen, indem man ein Ohr direkt am politischen Entscheidungsprozess hat. Wie auch auf nationaler Ebene gilt: Je früher die Kommunikation bei diesem Prozess stattfindet, desto höher ist die Möglichkeit der Mitgestaltung. Gerade die großen Unternehmen haben eigene Repräsentanzen in Brüssel errichtet, um mit Spitzenbeamten der Kommission oder führenden Parlamentariern Einschätzungen und Entwicklungen auszutauschen.

Verbandsvertreter genießen als fachkundige Berater in Brüssel eine höhere Wertschätzung, da sie als Vermittler der Interessen zwischen europapolitischen Gremien und den nationalen Fachöffentlichkeiten agieren. Die strategische Absprache zwischen Verbänden und Unternehmen kann sich bei einem gemeinsamen, klar definierten Interesse in einer kommunikativ abgestimmten Kooperation äußern. Sprich: Ein gemeinsames politisches Ziel wird von verschiedenen Verbänden gemeinsam in taktischer Absprache in Angriff genommen.

Ähnlich wie im politischen Berlin gilt daher, dass Netzwerken und Präsenz zeigen wichtig ist. Denn gerade in Brüssel ist für effektives Lobbying ein dichtes Netzwerk an Kontakten nötig, um nicht ausschließlich auf die offiziellen Veröffentlichungen der EU-Gremien angewiesen zu sein.[30]

Um die Verbandsinteressen auf europäischer Ebene zu positionieren und Informationen über die EU-Politik und die Positionen anderer Akteure zu generieren, sind viele Verbände Mitglieder in europäischen Verbänden.[31] Bei konkreten thematischen Anliegen oder allgemeinen Monitoring-Aufgaben greifen Verbände auf dieser Ebene oft gezielt auf Public-Affairs-Agenturen zurück.

Allerdings führt eine heterogene Mitgliederstruktur zu schwierigen Konsensfindungen zwischen verschiedenen Interessen, sodass mitunter eine effektive Interessenvertretung dadurch gar gehemmt wird. Daher dienen europäische Verbände oft eher als Forum der Abstimmung als einer konkreten Interessenvertretung.[32]

---

[30] Vgl. Lösche (2007), S.90.
[31] Vgl. Eising (2007), S. 516.
[32] Vgl. ebd., S. 517.

III.2.1 Parlamentszugang

Für Verbände, die auf europäischer Ebene agieren, ist es in Betracht zu ziehen, sich im sogenannten Transparenzregister einzutragen. Dieses gibt es in seiner derzeitigen Form seit dem Jahr 2011. Es gilt samt Verhaltenskodex sowohl für das Europäische Parlament als auch für die EU-Kommission. Zwar ist dieses Transparenzregister freiwillig, jedoch ist eine Eintragung Bedingung für einen Hausausweis, der einen vereinfachten Zugang zum Parlament verspricht – quasi als Anreiz zur Registrierung. Derzeit sind rund 6.205 Interessengruppen registriert.[33] Neben den Angaben, die auch bei der Eintragung in die Liste beim Deutschen Bundestag gemacht werden müssen, sind im Transparenzregister der Europäischen Union besonders auch finanzielle Angaben zu machen. Vor allem der jährliche Gesamtumsatz aus der Lobbyarbeit oder aber optional die Angabe einer Größenklasse, in der sich der Betrag bewegt, sind verpflichtend. Auch müssen, im Fall von Anwaltskanzleien oder Agenturen, bestimmte Informationen zu Klienten bzw. Kunden und deren relativem Anteil am Gesamtumsatz gemacht werden. Geregelt werden die Eintragungen des Transparenzregisters durch den dazugehörigen Verhaltenskodex, dem sich diejenigen unterwerfen, die sich eintragen. Eine Verpflichtung, sich einzutragen, gibt es jedoch nicht. Auch die Sanktionsmechanismen für unvollständige oder nicht wahrheitsgemäße Angaben sind eher als schwach zu bewerten, was wiederum unter Kritikern für Ärger sorgt. Diese bemängeln, dass sich viele namhafte Unternehmen, Agenturen und Kanzleien der Transparenzidee widersetzen, indem sie sich entweder überhaupt nicht oder unter Eintragung unsachgemäßer Angaben registrieren würden. Allerdings kann im Fall von unsachgemäßen Angaben das Transparenzregister-Sekretariat formellen Beschwerden nachgehen, bei denen unter Einbeziehung der betroffenen Akteure die sachgemäße Angabe durchgesetzt wird.[34]

Natürlich ist es im Endeffekt jedem Verband selbst überlassen zu entscheiden, auf welche Art und Weise er Lobbying betreiben möchte und ob er dazu einen Parlamentszugang benötigt. Langfristig ist aber davon auszugehen, dass die Transparenzdebatte weiter anhält und sich so der Druck auf alle beteiligten Akteure erhöhen wird. Diese Entwicklung ist durchaus zu begrüßen, da sie sowohl Chancengleichheit beim Zugang zu politischen Entscheidungsträgern fördert als auch die Legitimität der eigenen (Verbands-)Anliegen in der Gesellschaft erhöht.

> Sämtliche Informationen zum Transparenzregister und zum Verhaltenskodex der Europäischen Union, die Möglichkeit, sich in das freiwillige Transparenzregister einzutragen, sowie weitere Informationen zum Thema:
> - http://ec.europa.eu/transparencyregister/info/homePage.do

---

[33] Stand: 03.02.2014
[34] Vgl. Europäisches Parlament / Europäische Kommission (2013), S. 9 f.

IV. Wie Interessenvertretung betrieben wird

IV.1 Identifizieren von Themen und Stakeholdern

Interessenvertreter von wirtschaftlichen oder gesellschaftlichen Verbänden, Berufsvereinigungen oder Unternehmen haben im Wesentlichen zwei zentrale Aufgaben: Zum einen müssen sie Informationen über geplante oder sich in der Umsetzung befindende und für die eigenen Interessen relevante politische Handlungen des Gesetzgebers (Entscheidungen) sowie über eventuell relevante öffentliche Themen und Anliegen (Issues) beschaffen. Zum anderen müssen sie versuchen, auf diese Einfluss zu nehmen. In Hinblick auf den Gesetzgeber bedeutet dies, auf geplantes oder bestehendes staatliches Handeln einzuwirken und im Resultat das staatliche Handeln im Sinne der eigenen Interessen zu beeinflussen. Bezüglich relevanter Themen oder Anliegen, die im öffentlichen Raum bestehen oder sich in diesem entwickeln können, bedeutet dies, frühzeitig zu reagieren, um der öffentlichen Meinung adäquat zu begegnen. Bevor ein Interessenvertreter jedoch überhaupt auf den Gesetzgeber einwirken oder Gruppen und Personen in der Öffentlichkeit begegnen kann, muss er die mittelbar und unmittelbar betroffenen Akteure bzw. Stakeholder identifizieren, die das eigene Handeln beeinflussen können oder vom eigenen Handeln beeinflusst werden.

Issues ergeben sich aus der Konsequenz des Zusammentreffens einer Organisation (z. B. eines Verbandes) und des Gesetzgebers bzw. der Öffentlichkeit. In diesem Zusammenhang können Issues Ansprüche, Probleme, Themen, Entscheidungen, Wertvorstellungen etc. sein, die in zunehmender Form an eine Organisation herangetragen werden und die für deren Handlungsspielräume von zentraler Bedeutung sind. Betroffene/involvierte Stakeholder können – abhängig vom Issue – klar abgrenzbare Interessengruppen wie beispielsweise Parteien, Behörden, Organisationen, Verbände, Unternehmen oder aber auch lose Bündnisse aus Teilen der Öffentlichkeit oder in bestimmten Fällen auch Einzelpersonen sein.

Ein stetiger Abgleich der vorhandenen Informationen mit den eigenen Zielen hilft dabei, wertvolle von weniger wertvollen Informationen zu trennen sowie themenbezogene Befürworter und Gegner zu identifizieren. Dabei geht es allerdings um weit mehr als um das subjektive Einschätzen von relevanten Issues und Stakeholdern. Es geht um die tatsächliche Relevanz eines Issues bzw. eines Stakeholders. Um diese zweifelsfrei erkennen zu können, ist es daher nötig, sich analytischer Techniken zu bedienen. Die umfassendste Möglichkeit dazu bietet der aus der Unternehmenskommunikation stammende Ansatz der Umfeldanalyse, der die zwei zentralen Bereiche des Issue-Managements und der Stakeholder-Analyse zusammenfasst. In seiner Funktion geht dieser Ansatz weit darüber hinaus, lediglich das klassische Gesetzgebungs-Monitoring zu betreiben, schließt dieses aber gleichzeitig tief gehend mit ein.

Abbildung: Umfeldanalyse

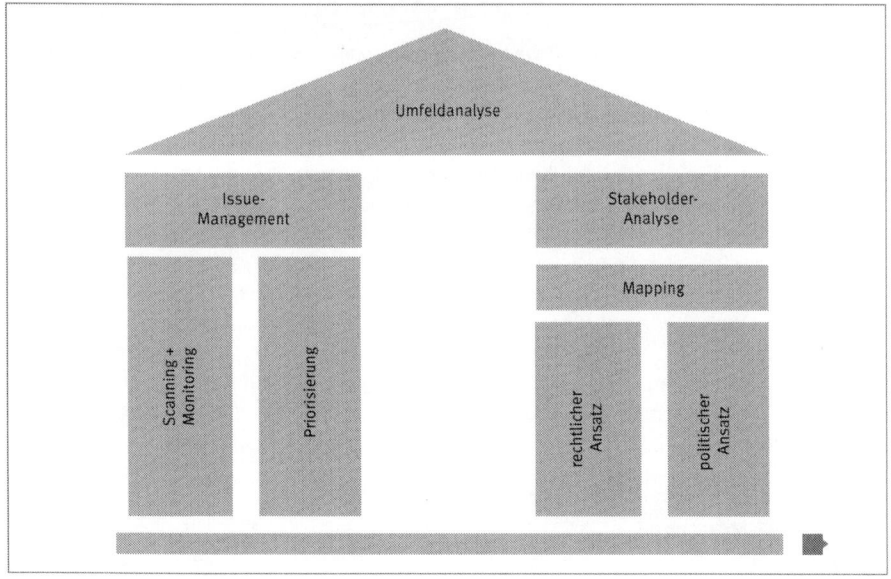

Quelle: IFK Berlin

IV.1.1 Die Umfeldanalyse

Der aus der Unternehmenskommunikation stammende Ansatz der Umfeldanalyse (in der Managementliteratur auch „arena analysis" genannt[35]) ist darauf ausgerichtet, das für ein Unternehmen relevante Umfeld bestmöglich zu analysieren und auf Grundlage der zustande kommenden vielfältigen Informationen eine Art Landkarte zu schaffen, die sicheres Navigieren auf dem Terrain ermöglicht.[36] Vorangestellt ist dieser Herangehensweise der Gedanke, dass ein umfassendes Informationsmanagement proaktives Steuern von politischen und gesellschaftlichen Diskussionen ermöglicht, um im Idealfall Regulierungen (z. B. Gesetze) überflüssig zu machen und gesellschaftlichen Eskalationen von politischen Themen vorzubeugen. Dabei beschränkt sich die Umfeldanalyse in ihrer Funktionsweise nicht nur auf Unternehmen, sondern bietet mit geringen Modifikationen auch Verbänden die Möglichkeit, ihr Umfeld zu analysieren und dafür zu sorgen, dass sie sich optimal in diesem positionieren können. Eine erste Übersicht über das, was die Umfeldanalyse leisten kann, bietet die nachfolgende Tabelle.

---

[35] Vgl. Althaus, Marco/Geffken, Michael/Rawe, Sven (2005), S. 12 ff.
[36] Vgl. Köppl (2003), S. 41.

Tabelle: Möglichkeiten der Umfeldanalyse

Kernfrage	Als Vorbereitung zu klären (analysieren)	Für die Umsetzung zu klären (organisieren)
1. Wer agiert?	Verband (intern)	Organisation optimieren
2. Warum?	Risiken und Chancen	Strategieauswahl treffen
3. Wofür?	Handlungsspielräume	Bestimmung der Ziele und Forderungen
4. Gegenüber wem?	Relevante Akteure/Stakeholder im Umfeld definieren	Kontaktaufbau, Beziehungen herstellen
5. Wo?	Relevanter Bereich	Koalitionen formen
6. An welchem Inhalt?	Issues, Entscheidungen	Verhandeln, Abgleich
7. Wann?	Zeitachse und Entwicklung	Terminierung
8. Wie?	Methoden, Techniken	Lobbying etc.
9. Mit welchem Ergebnis?	Prozesse evaluieren	Learnings ableiten

Quelle: nach Köppl (2003), S. 43

Für die Ausübung von Einfluss im entsprechenden Themenfeld, sei es im Raum staatlichen Handelns oder im öffentlichen Raum, ist die Beantwortung dieser Fragen grundlegend. Das bedeutet, dass die Umfeldanalyse in jedem Fall vor der Umsetzung jeglicher kommunikativer und strategischer Maßnahmen durchzuführen ist. Die Ergebnisse, die erzielt werden können, wenn diese Arbeitsweise kontinuierlich angewendet wird, unterscheidet letztendlich professionelles von amateurhaftem Auftreten im politischen Umfeld.[37] Zwar ist zu beachten, dass diese Analyseform sehr zeit- und ressourcenintensiv ist, doch resultieren im Idealfall aus dieser Vorgehensweise qualitativ hochwertige Informationen, die es ermöglichen, die entscheidenden Faktoren auf objektiver Grundlage zu bewerten und dadurch den eigenen Handlungsspielraum optimal abzuwägen. Durch diese Handhabung wird erreicht, dass zu jeder Zeit klar ist, welche Strategie den eigenen Interessen zugrunde gelegt werden muss und welche Instrumente sich anbieten, um seinen Anspruch zu verdeutlichen. Die nachfolgende Tabelle gibt eine Vorstellung darüber, wie unterschiedlich sich Handlungsspielräume verhalten können und welche generellen Strategien in den einzelnen Bereichen verfolgt werden müssen.

---

[37] Vgl. Köppl (2003), S. 42.

Tabelle: Bestimmung der Handlungsspielräume auf Grundlage einer Umfeldanalyse

Ist das Umfeld ... bedeutet das für den Handlungsspielraum im Bereich ...	günstig	ungünstig	unbestimmbar
Strategie	Status quo halten	Situation verändern	Einzelne Faktoren beeinflussen
Stakeholder-Management	Unterstützung sichern	Unentschiedene ansprechen; Gegner weiter trennen	Verhandeln; Argumentation durch Information
Issue-Management	Thema vorantreiben; andere Themen blockieren	Issue verändern; Verluste kompensieren	Issue zum Positiven verändern
Beeinflussung der Entscheidungsfindung	Tempo steigern	Verzögern	Abwarten
Management des Umfelds (Grenzen)	Innerhalb der Grenzen halten	Umfeld erweitern, Grenzen ausdehnen	Abwarten

Quelle: Köppl (2003), S. 45

Wie bereits angedeutet, bedient sich die Umfeldanalyse verschiedener Techniken, die aus der Kommunikationswissenschaft stammen. Die beiden zentralen Analysemethoden sind das Issue-Management und die Stakeholder-Analyse. Das Issue-Management hilft dabei, Issues zu erkennen und systematisch Informationen zu diesen zu sammeln. Die Stakeholder-Analyse ermöglicht die Identifizierung mittelbar und unmittelbar betroffener Akteure. Zusammengefasst entsteht auf diese Weise eine umfassende Entscheidungsgrundlage für jegliche Lobbying-Aktivitäten.

IV.1.1.1 Issue-Management

Nur wer gut informiert ist und im Optimalfall sogar früher als andere über Informationen verfügen kann, wird sich langfristig und erfolgreich im politischen Raum etablieren können. Informationen sind dabei nicht nur Grundlage für Entscheidungen, sondern sie sind auch die Währung der Politik: Nicht selten ergeben sich neue, für einen Lobbyisten bis dato unbekannte Informationen aus einem Informationsaustausch mit anderen Wissensträgern.[38] Die Gewinnung von Informationen – egal ob im Raum staatlichen Handelns oder in der Öffentlichkeit – sollte stets einem klaren Konzept folgen. Voraussetzung dafür ist es, dass der Lobbyist die für seine Interessen relevanten Politikbereiche bzw. Issues sowie die davon betroffenen Akteure bzw. Stakeholder identifizieren und auf Grundlage dessen die zu beobachtenden Themen präzise auswählen kann. Dabei sollten die Themenbereiche durchaus breit

---

[38] Vgl. Vondenhoff/Busch-Janser (2008), S. 33.

angelegt werden – alles, was in irgendeiner Form in Bezug zum eigenen Verband oder der Branche steht, sollte zunächst zusammengetragen werden.

Zunächst muss ein Lobbyist sehr genau Bescheid wissen über das, was innerhalb des von ihm vertretenen Verbandes an Themen, Interessen und Zielen präsent ist oder in Zukunft präsent wird. Dazu bietet sich zunächst ein regelmäßiger Austausch mit den Führungskräften (Mitgliedern) an. Nicht umsonst sind Lobbyisten in der Regel direkt der Geschäftsführung unterstellt, denn an dieser Stelle fließen alle relevanten Informationen und Interessen zusammen. Auch regelmäßige Gespräche mit Gremien und Vertretern aller Fachgebiete eines Verbandes helfen dabei, Interessen zu identifizieren und auf dieser Grundlage Themenbereiche auszuwählen, in denen Informationen zu relevanten Issues gesammelt werden können.

Ist diese Voraussetzung erfüllt, folgt der Prozess der Informationsbeschaffung. Dieser lässt sich generell in drei Phasen unterteilen, wobei die einzelnen Phasen nicht als getrennte Abläufe zu verstehen sind, sondern sich in der Praxis zu einem Arbeitsprozess verbinden.[39]

Am Beginn dieses Prozesses stehen die breit angelegte Sichtung und Gewinnung von Informationen (Scanning und Monitoring). Darauf folgt die eigentliche Auswahl der für das eigene Anliegen relevanten Themen aus dem zuvor angelegten Informations-Pool (Selektion). Zuletzt werden die gefilterten Informationen nach ihrer Relevanz für das eigene Anliegen sortiert (Priorisierung).[40]

Scanning und Monitoring
Scanning bezeichnet die permanente und breit gefächerte Informationssuche und Beobachtung des politischen und gesellschaftlichen Umfelds in Hinblick auf relevante Themen für den Verband. Dabei sollten alle möglichen Informationsquellen berücksichtigt werden, auch wenn sie auf den ersten Blick nicht unbedingt als solche identifiziert werden können.

Monitoring bezeichnet die gezielte Beobachtung eines für den Verband relevanten Issues. Das heißt, dass im Gegensatz zum breit gefächerten Scanning lediglich ein spezielles Issue in der gesellschaftlichen und politischen Debatte verfolgt wird. Im Grunde entspricht der Prozess der Informationsgewinnung dem des Scannings. Monitoring bezieht sich aber im Gegensatz zum Scanning immer auf konkrete Issues und betrifft in der Regel bereits identifizierte Themenfelder. Der Fokus der Betrachtung liegt daher verstärkt darauf, Veränderungen im Detail aufmerksam zu verfolgen, also welche Akteure vor welchem Hintergrund, in welcher Tonalität und mit welcher Regelmäßigkeit das Issue besprechen.[41]

Ein belastbares Netzwerk innerhalb der Parteien und der Arbeitsebene der Ministerien ist daher eine Grundvoraussetzung, um über Themen informiert zu sein, die auf dem Sprung auf die politische Agenda stehen. Auch Parteitage und andere Parteiveranstaltungen können darüber Aufschluss geben, welche Themen innerhalb einer Partei gerade präsent sind. Wird

---
[39] Vgl. Bender/Reulecke (2004), S. 36.
[40] Vgl. ebd., S. 36.
[41] Vgl. ebd., S. 37.

der eigene Verband zudem als ernst zu nehmender Gesprächspartner anerkannt, besteht vielleicht sogar die Möglichkeit, innerhalb von einzelnen relevanten Führungskräften und von den Fachausschüssen der Parteien als Experte zu dem Thema angehört zu werden. Durch die Weitergabe von fundierten Fakten und die Erläuterung von negativen Auswirkungen lässt sich so im Idealfall einer unerwünschten Entwicklung vorbeugen.

Die breit gefächerte Informationssuche (Scanning) beginnt bei der für den Verband relevanten nationalen Politik auf Bundes- und wenn nötig auch auf Landesebene. Dabei sollte die Arbeit der Ministerialbürokratien genauso berücksichtigt werden wie die der Parlamente (z. B. Tagesordnungen) und der Parteien (z. B. Koalitionsverträge). Ebenso von nicht zu unterschätzender Bedeutung ist die Beobachtung der Politik der Europäischen Union mit ihren Generaldirektionen und Dienststellen. Plenarsitzungen, Anhörungen, Fragestunden – die meisten parlamentarischen Debatten können auch vor Ort von der Besuchertribüne verfolgt werden. Viele Informationen zu den Sitzungen dieser Institutionen sind aber oft auch auf den entsprechenden Internetseiten zu finden. So informieren sowohl Bundestag, Bundesrat (sowie die Länderparlamente) als auch die Europäische Union detailliert über Tagesordnungen, stellen Drucksachen bereit und ermöglichen zeitnah den Einblick in Plenarprotokolle. Allerdings sollte sich jeder Lobbyist im Klaren sein: Wird ein Thema bereits im Parlament behandelt, ist es meistens viel zu spät für die Ausübung von Einfluss im Sinne des eigenen Interesses.

> Debatten des Bundestages können auch über den Livestream des Parlamentsfernsehens im Internet verfolgt werden. Auch ältere Debatten stehen hier zum Herunterladen bereit.
> - http://www.bundestag.de/Mediathek/parlamentstv/index.html

Neben der Beobachtung der institutionellen Prozesse ist daher ein Blick auf nicht institutionelle Informationsquellen und Entwicklungen essenziell. Es zahlt sich aus, auch politische Diskussionen, Vorträge sowie Veranstaltungen (z. B. Parteiveranstaltungen, Verbandstreffen, Fachtagungen, Konferenzen, Parlamentarische Abende etc.) zu besuchen. Denn Themen, die hier diskutiert werden, könnten schon morgen auf der politischen Agenda stehen und für den eigenen Verband relevant werden. Gleichzeitig kann hier das Netzwerk gestärkt werden.

> Beobachtet werden sollten auch die relevanten nicht institutionellen Akteure. Dazu zählen z. B. themenverwandte Verbände, NGOs, Bürgerorganisationen, Aktionsbündnisse etc.

Möglichst früh über politische Vorhaben informiert zu sein ist essenziell, denn je früher diese in Erfahrung gebracht werden können, desto größer ist die Chance, auf sie einwirken zu können. Daher gehört auch das Nutzen von persönlichen Kontaktnetzwerken und informellen Gesprächen (z. B. mit Abgeordneten, Parteifunktionären, Journalisten etc.) zu den Instrumenten des Scannings bzw. des Monitorings (mehr dazu im Kapitel *IV.1.1.1 Stakeholder-Analyse* sowie im Kapitel *IV.2 Ansprache und das Management von Stakeholdern*).

Darüber hinaus sollten die klassischen Presseerzeugnisse, TV und Rundfunk, das Internet sowie speziell die sozialen Netzwerke im Internet beobachtet werden. Für eine umfassende Informationsgewinnung und eine quantitative Gewichtung verschiedener Themen bietet sich dabei eine Medienresonanzanalyse an. Diese umfasst die sorgfältige Auswertung von Medien aller Art und ermöglicht das Erkennen von Themenschwerpunkten und Tendenzen der öffentlichen Meinung.

Das Internet an sich und speziell seine Kommunikationsplattformen (wie z. B. Twitter) und die sozialen Netzwerke (wie z. B. Facebook) bieten im Vergleich zu den klassischen Medien den Vorteil, dass sie es ermöglichen, in Echtzeit einen Überblick über das aktuelle Meinungsspektrum zu liefern. Inzwischen gibt es im Internet eine Vielzahl an kostenfreien und kostenpflichtigen Analyse-Tools, die es ermöglichen, nach bestimmten Inhalten zu suchen und so festzustellen, wie die öffentliche Meinung zu bestimmten Sachverhalten ist.

Analysetools und andere Möglichkeiten, die öffentliche Meinung im Internet zu verfolgen		
Google News Alerts	Google Alerts sind E-Mail-Benachrichtigungen über die neuesten relevanten Google-Ergebnisse (z. B. Websites, Nachrichten) für die Suchanfragen, die Sie angeben.	www.google.de/alerts
Hootsuite	Social Media Dashboard zur Verwaltung und Auswertung sozialer Netzwerke	https://hootsuite.com
Presseverteiler anderer Organisationen	Presseverteiler bieten Informationen aus erster Hand zu einer bestimmten Branche / einem bestimmten Thema etc.	Die meisten Organisationen bieten auf ihrer Webseite die Möglichkeit an, sich selbstständig in die Presseverteiler einzutragen.

Dass sich bei einem solch breit angelegten Beobachtungsprozess viele Issues und eine Menge an Informationen ansammeln, liegt auf der Hand. So wandelt sich auch der Anspruch an den modernen Lobbyisten, der zwar nach wie vor darauf angewiesen ist, Informationen zu sammeln, noch mehr aber darauf achten muss, die tatsächlich relevanten Issues von den weniger wichtigen Issues zu trennen sowie die Dringlichkeit der ausgewählten Issues richtig einzuordnen. Es geht dabei um die frühzeitige Erkennung von Inhalten, Sachverhalten oder auch Problemen – zusammengefasst *Issues* – und die Bereitstellung möglichst fundierter Handlungsoptionen für den Verband. Nur auf diese Weise werden die Voraussetzungen dafür geschaffen, proaktiv in relevanten politischen und gesellschaftlichen Debatten informiert und argumentationsfähig zu sein. Die folgende Grafik gewährt einen Einblick in den Verlauf eines Issues und macht deutlich, warum es sich lohnt, eine solch umfassende Informationsgewinnung zu betreiben.

Abbildung: Verlauf eines Issues, Handlungsspielraum und Kosten der Bewältigung

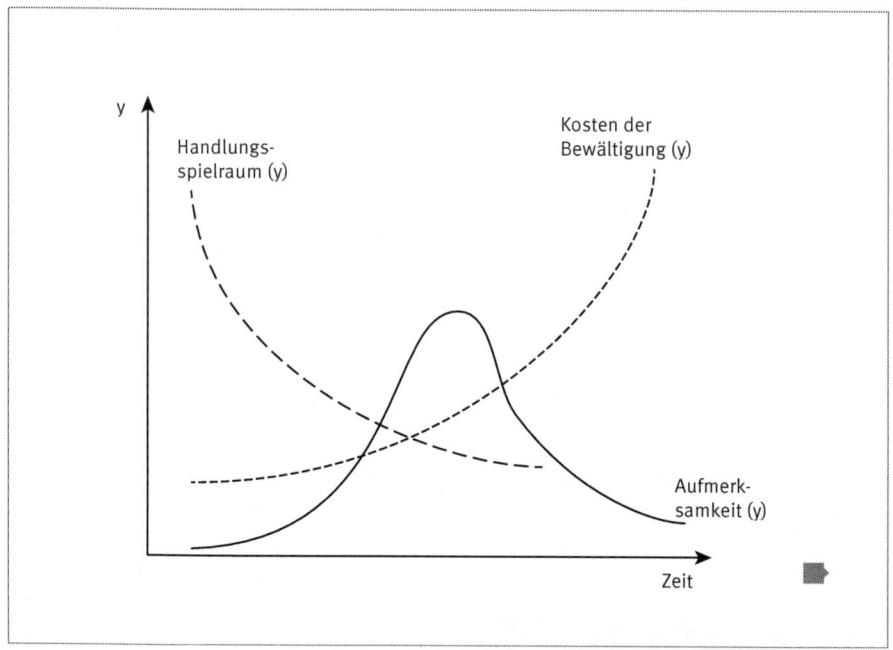

Quelle: eigene Darstellung nach Liebl (2000), S. 22

Selektion

Dem Identifizieren von Issues im politischen und gesellschaftlichen Umfeld folgt die eigentliche Auswahl der für das eigene Anliegen relevanten Themen aus dem zuvor angelegten Informations-Pool. Denn grundsätzlich gilt: Nicht alle identifizierten Themen sind für das eigene Anliegen von gleicher Bedeutung. Darüber hinaus ist es nahezu unmöglich, sich auf alle identifizierten Themen gleichermaßen zu fokussieren, denn in der Regel fehlen dazu die nötigen Ressourcen. Daher ist es besonders wichtig, ein Analyseraster zu etablieren, das gestützt auf eine subjektive Wahrnehmung dabei hilft, die richtigen Themen (Issues) auszuwählen, um sich intensiver mit diesen auseinandersetzen zu können. Ein solches Analyseraster sollte im Idealfall alle für den Verband relevanten politischen Indikatoren berücksichtigen. Eine allgemeine Aufzählung von Kriterien, die es zu berücksichtigen gilt, ist nicht möglich, da diese immer durch die spezifischen Interessen des Verbandes vorgegeben werden.[42] Eine erste Hilfestellung kann aber sein festzustellen, ob ein Thema lediglich den eigenen Verband betrifft (hohe Relevanz), die gesamte Branche, in der sich der Verband bewegt (mittlere Relevanz), oder aber ob es sich um ein generelles Thema (geringe Relevanz) handelt.[43] Bewusst sollten dabei nicht nur die Themenbereiche aufmerksam beobachtet werden, die einen direkten Bezug zu den eigenen Interessen aufweisen. Denn oft gibt es Issues in The-

---

[42] Vgl. Bender/Reulecke (2004), S. 39.
[43] Vgl. Vondenhoff/Busch-Janser (2008), S. 51.

menbereichen, die den eigenen Verband zwar nur unmittelbar betreffen, deren Auswirkungen auf die Interessen des eigenen Verbandes aber vorhanden und deswegen unbedingt zu berücksichtigen sind.

Priorisierung

Der Selektion der relevanten Themen folgt in einem nächsten Schritt die Priorisierung. Diese erfolgt vor allem auf Grundlage der Feststellung des Handlungsbedarfs. Je dringlicher in Hinblick auf den zeitlichen Rahmen ein Issue ist, desto höher ist es zu priorisieren. Darüber hinaus gibt es aber weitere Faktoren, die bei der Priorisierung von Themen zu berücksichtigen sind. Einen hervorragenden Priorisierungsprozess, dem in seiner Vollständigkeit nichts hinzuzufügen ist, bieten Bender und Reulecke (2004) an. Der stetige Priorisierungsprozess, den sie beschreiben, stützt sich auf fünf Faktoren:

Zunächst gilt es, die *Relevanz* eines Themas entlang den spezifischen Interessen des Verbandes zu bestimmen. Danach wird die *Dringlichkeit* anhand des zeitlichen Rahmens des Themas bestimmt. Der nächste Schritt im Priorisierungsprozess bezieht sich auf das mögliche *Risiko* eines Themas. Das Risiko wird bestimmt durch ein Worst-Case-Szenario für die eigene politische Reputation. Ähnlich verhält es sich mit den *Chancen* eines Themas. Die Chancen werden bestimmt durch ein Best-Case-Szenario für die eigene politische Reputation. Zuletzt wird abgeschätzt, wie es um die *Beeinflussbarkeit* des Themas bestellt ist. Dabei wird nach den realistischen Chancen der Möglichkeit der Einflussnahme und der politischen Durchsetzung der eigenen Interessen gefragt.

Werden alle relevanten Themen auf diese Weise priorisiert, ergibt sich am Ende eine Liste von Issues, bei der einwandfrei zu erkennen ist, an welcher Stelle die vorhandenen Ressourcen des Verbandes konzentriert werden müssen und wie das weitere Vorgehen bzw. die weitere Strategie ausgerichtet werden muss.

Auf keinen Fall darf aber der Fehler gemacht werden, dass nach der Phase der Selektion und der Phase der Priorisierung das Scanning und das Monitoring vernachlässigt werden. Denn hier gilt: Nach dem Prozess ist vor dem Prozess.

Checkliste Issue-Management

- Recherche von relevanten Issues, Zielen und Interessen innerhalb des Verbandes
- Identifizierung relevanter Ansprechpartner (Träger von Fachwissen) innerhalb des Verbandes und Einbeziehung in den Prozess des Issue-Managements
- Bestimmung von relevanten Themen(-bereichen), die durch Scanning abgedeckt werden
- Bestimmung von konkreten Issues, die durch Monitoring abgedeckt werden müssen
- Auswahl von Informationsquellen
  (direkte Kontakte zu politischen Entscheidungsträgern nutzen)
- Selektion und Priorisierung relevanter Themen und Issues
- Konzentration der Ressourcen und Ausrichtung des weiteren Vorgehens

IV.1.1.2 Stakeholder-Analyse

Neben dem Issue-Management ist die Stakeholder-Analyse der zweite entscheidende Schritt für professionelles und erfolgreiches Lobbying. Die Stakeholder-Analyse ermöglicht die Identifizierung aller am Issue mittelbar und unmittelbar beteiligten Akteure im gesellschaftlichen sowie im politischen Umfeld. Neben dem Identifizieren relevanter Akteure ermöglicht die Stakeholder-Analyse auch, diese hinsichtlich der Tragweite ihres Einflusses auf das Issue einzuordnen. Voraussetzung ist jedoch, ähnlich wie bereits beim Issue-Management, dass der Lobbyist sehr genau Bescheid weiß über das, was innerhalb des von ihm vertretenen Verbandes an Themen, Interessen und Zielen präsent ist oder in Zukunft präsent wird, um so den erweiterten Kreis eventueller Stakeholder festzulegen.

Der Prozess der Stakeholder-Analyse verläuft dabei in zwei Schritten: In einem ersten Schritt werden alle potenziellen Stakeholder für das Issue identifiziert. Bei dem sogenannten Mapping werden alle Stakeholder aufgelistet, die in irgendeiner Form an dem Thema beteiligt sein könnten. Diese Auflistung kann sehr umfangreich werden, denn hier sind Vertreter aus Parteien, Verbänden, Organisationen, Unternehmen, Medien, Wissenschaft oder auch Einzelpersonen berücksichtigt, die potenziell ihre eigenen Interessen durch das Thema berührt sehen oder als Multiplikator (key opinion leader) eine besondere Funktion haben. In einem zweiten Schritt erfolgt die sogenannte Mapping-Analyse der identifizierten Stakeholder anhand von Kriterien wie z. B. „aktiv/passiv", „stark/schwach", „den eigenen Zielen aufgeschlossen/neutral/ablehnend gegenüberstehend" etc. Ziel dieser Analyse ist es, die Macht der Stakeholder zu bestimmen, um deren Einflusspotenzial sichtbar zu machen.[44] Ähnlich wie beim Issue-Management lassen sich die Arbeitsschritte aber nicht eindeutig voneinander abgrenzen, sondern verbinden sich in der Praxis zu einem Arbeitsschritt.

Idealerweise werden für die wesentlichen Stakeholder durch eine anschließende Betroffenheitsanalyse auch die Ziele, Wünsche und Strategien dieser besonders relevanten Akteure offengelegt. Denn nur wer die potenziellen Förderer und Gegner sehr gut kennt, hat die Möglichkeit, fördernde Chancen zu nutzen und bremsende Risiken durch kommunikative Maßnahmen abzuwehren.

Mapping
Das Mapping dient, wie bereits angesprochen, der Identifizierung aller am Thema beteiligten Stakeholder. Viele Verbandslobbyisten verlassen sich hierbei auf ihr Gedächtnis oder ihr Adressbuch und tragen auf diese Weise alle eventuellen Stakeholder zusammen. Ein solch weitestgehend unstrukturierter Ansatz mag vielleicht beim täglichen Geschäft auf dem Berliner Parkett noch funktionieren, jedoch bedarf es gerade in turbulenten Zeiten oder gar bei kommunikativen Krisen eines Ansatzes, der das Mapping strukturiert und es auch Dritten (Vorgesetzten, Kollegen etc.) ermöglicht, das Feld der Stakeholder einzusehen und zu verstehen.[45] Je nach Neigung bietet es sich daher an, themenspezifische Excel-Tabellen oder Schaubilder zu erstellen, die einen geordneten Überblick über alle Stakeholder ermöglichen.

---

[44] Vgl. Köppl (2003), S. 44.
[45] Vgl. Schuster (2011), S. 5.

Excel-Tabellen: systematisch und informativ
Excel-Tabellen bieten die Möglichkeit, übersichtlich alle betroffenen Stakeholder aufzulisten. Dabei lassen sich die einzelnen Datenblätter nutzen, um die Stakeholder zu sortieren und zu kategorisieren. Sortiert nach Bundestag und Bundesrat, Bundes- und Landesministerien, Vertretern anderer Verbände, NGOs, Medien, Meinungsführern etc., können auf diese Weise einzelne Stakeholder aufgeführt werden. Neben Namen, Position und Kontaktmöglichkeiten können auch Informationen über Standpunkte, Treffen oder Ähnliches vermerkt werden. Das Sortieren einer solchen Liste mithilfe von Kennzahlen und Farbfeldern ermöglicht dann zu einem späteren Zeitpunkt das schnelle Erkennen von Befürwortern und Gegnern.

Exkurs: Recht und Unrecht – Datenschutz bei Personendatenbanken

Dr. Andreas Freitag, FPS Rechtsanwälte & Notare, mit den Schwerpunkten IT-/Datenschutzrecht, erklärt einige wichtige Grundsätze, die bei der Erstellung von Personendatenbanken für interne Verbandsarbeit zu beachten sind.

1. Datensammlung zum Vereinszweck: Personenbezogene Daten (Meinungen, Vorhaben) von Vertretern der Behörden und anderer Organisationen dürfen nur gesammelt werden, soweit sie erforderlich sind, um den satzungsmäßigen Vereinszweck sinnvoll und effektiv verfolgen zu können (Förderung der Mitgliederinteressen). Es muss sich um von der Rechtsordnung gebilligte Interessen handeln, was i. d. R. zutreffen wird.
2. Infos aus „erster Hand": Die Informationen müssen dem Verein von der betreffenden Person selbst mitgeteilt oder von ihr autorisiert sein (öffentliche Interviews, Presseerklärungen, Äußerungen z. B. in Ausschüssen etc.). Sachfremde Informationen dürfen nicht gespeichert werden. Die Richtigkeit von Drittinformationen muss ggf. durch Nachfrage beim Betroffenen überprüft werden.
3. Unzulässige Speicherung: Bei überwiegenden Interessen des Betroffenen (z. B. bei einem Meinungswechsel) ist die Speicherung unzulässig.

Schaubilder: Prägnant und anschaulich
Auch Schaubilder bieten die Möglichkeit, die betroffenen Stakeholder übersichtlich zu erfassen. Diese (in PowerPoint oder an Pinnwänden) selbst erstellten Übersichten eignen sich vor allem dazu, den aktuellen Stand eines Prozesses zu erfassen und bildlich darzustellen. Somit gehen Schaubilder bereits einen Schritt weiter, als die beteiligten Stakeholder lediglich aufzulisten. Um eine solche Zuordnung zu ermöglichen, bedarf es in der Regel aber weiterer Informationen, die erst durch die noch durchzuführende Mapping-Analyse zu sammeln sind. Mithilfe von schriftlichen und grafischen Elementen lassen sich dann aber Personen und Sachverhalte in Beziehung zueinander setzen.[46]

Mapping-Analyse in Verbänden
Der aus der Unternehmenskommunikation stammende Ansatz der Stakeholder-Analyse unterscheidet grundsätzlich zwischen primären und sekundären Stakeholdern. Dabei werden

---

[46] Vgl. Jona/Üster (2012), S. 111 ff.

alle Akteure, die in einer geschäftlichen Beziehung zu einem Unternehmen stehen, also die primären Stakeholder, dem sogenannten Transaktionsumfeld zugeordnet (z. B. Auftraggeber, Mitarbeiter, Eigentümer, Banken etc.). Alle weiteren Akteure, die nicht über eine direkte Verbindung zum Unternehmen verfügen und die keine (Markt-)Macht besitzen, denen dafür aber andere Möglichkeiten der Einflussnahme offenstehen, werden als sekundäre Stakeholder bezeichnet und dem sogenannten Kontextumfeld zugeordnet. Dazu zählen auch die Politik, die Medien oder andere Interessenvertretungen, wie z. B. Verbände oder Ähnliches.[47]

Für Verbände bietet es sich an, die Mapping-Analyse nach anderen Gesichtspunkten durchzuführen. Denn Verbände agieren stärker im Kontextumfeld als im Transaktionsumfeld, wobei Letzteres dennoch berücksichtigt werden muss. Die nun im Folgenden aufgezeigte Variante der Mapping-Analyse beansprucht, diesem Umstand gerecht zu werden.

Auch für Verbandslobbyisten gibt es zwei entscheidende Ebenen, auf denen die Stakeholder an einem bestimmten Thema zu identifizieren sind. Zum einen ist dies die Ebene, auf der die rein formale Entscheidungsgewalt zu finden ist. Zum anderen ist es die Ebene, auf der der tatsächliche Machtzusammenhang widergespiegelt wird.[48]

Der *rechtliche Ansatz* der Mapping-Analyse konzentriert sich dabei vor allem auf staatliche Akteure mit formaler Entscheidungsgewalt. Relevant sind in diesem Fall Amtsträger, wie beispielsweise der Bundeskanzler oder auch die Minister sowie die Abgeordneten der Regierungs- und Oppositionsparteien. Bei zustimmungspflichtigen Gesetzen zählen ebenso die Mitglieder des Bundesrates zu dieser Gruppe von Stakeholdern, die durch den rechtlichen Ansatz erfasst werden. Von diesen Stakeholdern geht sämtliche formale Entscheidungsgewalt im politischen System aus. Eine erste Analyse auf Grundlage des rechtlichen Ansatzes könnte dementsprechend folgendermaßen aussehen:

---

[47] Vgl. Köppl (2003), S. 47.
[48] Vgl. Bender/Reulecke (2004), S. 45.

Abbildung: Identifizierung und Hierarchisierung von Stakeholdern beim rechtlichen Ansatz

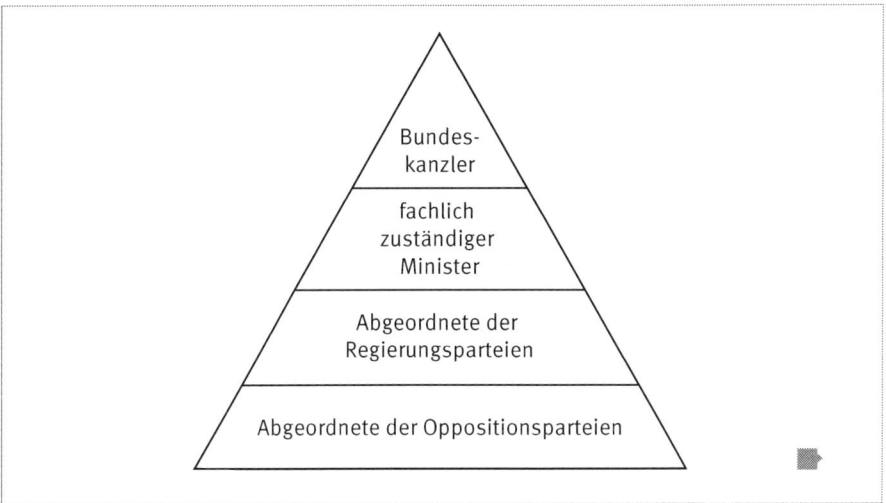

Quelle: eigene Darstellung nach Bender/Reulecke (2004), S. 44 f.

Auch wenn die Darstellung im vorliegenden Fall sehr reduziert und vereinfacht daherkommt, ist es insbesondere bei komplexen Gesetzgebungsverfahren unerlässlich, die formalen Entscheidungsträger im Blick zu haben.

Informationen dazu, wie die praktische Suche nach formalen Entscheidungsträgern auf Grundlage des rechtlichen Ansatzes zu gestalten ist, finden sich im Kapitel *IV.2 Ansprache und das Management von Stakeholdern*.

Die zweite Ebene, auf der die Stakeholder an einem Issue zu identifizieren sind, ist die Ebene des tatsächlichen Machtzusammenhangs.[49] Denn neben den formalen Entscheidungsträgern und -hierarchien gibt es eine Reihe von Akteuren, die maßgeblich an einem Entscheidungsprozess beteiligt sein können, die vom zuvor betrachteten rechtlichen Ansatz aber nicht berücksichtigt werden. Bender und Reulecke (2004) schlagen daher die Erweiterung der Mapping-Analyse um eine politische Komponente vor.

Der *politische Ansatz* ermöglicht es, den Blick über die formalen Entscheidungsträger und -hierarchien hinaus sowohl auf mögliche politische als auch auf gesellschaftliche Stakeholder zu richten. Gemeint sind damit vor allem Verbände, Medien und Kommunikationsagenturen, aber auch die Meinungsführer sowie die Fachpolitiker innerhalb der Fraktionen, die Arbeitsebene der Ministerien, die Spiegelreferate im Bundeskanzleramt, die Referenten und Mitarbeiter der Abgeordneten sowie die der Fraktionen. Außerdem umfasst der „politische

---

[49] Vgl. Bender/Reulecke (2004), S. 45.

Ansatz" auch die Arbeitsebene des Bundestages sowie die der Parteien, deren politische Zielsetzung für die zugehörigen Fraktionen im Bundestag entscheidend ist.

Den Stakeholdern, die vom „politischen Ansatz" erfasst werden, steht zwar kein formales Entscheidungsrecht zu, jedoch kann der Einfluss, der durch diese Stakeholder ausgeübt werden kann, wesentlich höher sein als der tatsächliche Einfluss eines formalen Entscheidungsträgers. Auch bei diesem Ansatz gilt es, die entsprechenden Ansprechpartner zu identifizieren und sich der Hierarchie unter diesen Stakeholdern und deren unmittelbarer Einflussmöglichkeiten bewusst zu werden.

Abbildung: Identifizierung und Hierarchisierung von Stakeholdern beim politischen Ansatz

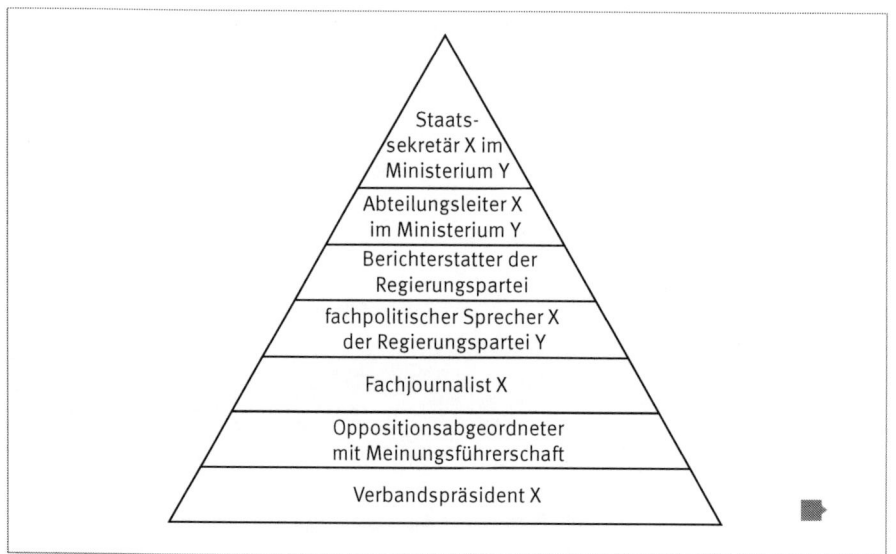

Quelle: eigene Darstellung nach Bender/Reulecke (2004), S. 45

Die Anwendung des politischen Ansatzes innerhalb der Stakeholder-Analyse setzt voraus, dass der Lobbyist alle relevanten Stakeholder, die Einfluss auf die formellen Entscheidungsträger haben, identifizieren kann. Dies verlangt dem Lobbyisten zum einen neben dem Wissen über die formale Staatsorganisation eine tiefere Kenntnis über den institutionellen und verwaltungstechnischen Aufbau der beteiligten Ministerien ab. Zum anderen muss der Lobbyist den entsprechenden Themenbereich so gut kennen, dass er Fachpolitiker innerhalb der Fraktionen sowie Meinungsführer innerhalb der betroffenen Branche und der Öffentlichkeit sowie deren Kommunikationswege identifizieren kann. Wesentlich und nicht zu unterschätzen ist auch der Kontakt zu den Medien bzw. zu einzelnen Fachjournalisten, die durch ihre Berichterstattung die öffentliche Meinung beeinflussen und so indirekt Einfluss auf formelle Entscheidungsträger ausüben können.

Wie Interessenvertretung betrieben wird 65

> Informationen dazu, wie die praktische Suche nach informellen Entscheidungsträgern auf Grundlage des politischen Ansatzes zu gestalten ist, finden sich im Kapitel *IV.2 Ansprache und das Management von Stakeholdern*.

Eine Betroffenheitsanalyse hilft im Anschluss dabei, einzelne besonders relevante Stakeholder besser einschätzen zu können. Dabei wird ermittelt, welche expliziten Interessen der betroffene Stakeholder verfolgt, wie dieser den eigenen Interessen gegenübersteht (positiv/negativ) und welche politische und gesellschaftliche Bedeutung und Macht von ihm ausgeht.

Für jedes Thema bzw. jedes Issue muss sich der Lobbyist die für ihn relevanten Stakeholder stets individuell zusammenstellen. Die Ansprache dieser Stakeholder folgt in der Regel einem bestimmten Muster und unterscheidet sich von Fall zu Fall kaum. Wenn sich der Lobbyist aber erst zu dem Zeitpunkt, wenn es darum geht, ein Thema zu besetzen bzw. ein Issue zu klären, damit auseinandersetzt, zu welchen Akteuren respektive Stakeholdern Kontakt hergestellt werden muss, ist es meist zu spät.

Checkliste Stakeholder-Analyse

- Identifizierung von relevanten Issues, Zielen und Interessen innerhalb des Verbandes
- Identifizierung aller potenziellen Stakeholder am konkreten Issue/Thema (Mapping)
- Kategorisierung der Stakeholder nach zuvor festgelegten Kriterien und Bestimmung des Einflusspotenzials (Mapping-Analyse)
- Durchführung einer Betroffenheitsanalyse, potenzielle Förderer bzw. Partner (Chancen) und Gegner (Risiken)
- Ansprache der relevanten Stakeholder (sowohl Förderer bzw. Partner als auch Gegner)

Neben den zentralen Aufgaben der Informationsbeschaffung zu Issues und Stakeholdern und der Einflussnahme auf diese im Sinne der eigenen Interessen hat ein Lobbyist daher noch weitere Aufgaben. Diese sind unmittelbar mit den zuvor erläuterten Aufgaben verzahnt und erleichtern im Idealfall die Arbeit des Lobbyisten erheblich. Gemeint sind vor allem der gezielte Aufbau und die kontinuierliche Pflege eines belastbaren Kontaktnetzwerkes. Den Interessen des eigenen Verbandes bzw. der eigenen Stakeholder gerecht zu werden, setzt im Sinne des Issue-Managements voraus, Konfliktpotenziale und Kooperationsmöglichkeiten frühzeitig zu erkennen und mit den beteiligten Stakeholdern rechtzeitig Gespräche zu führen. Als Resultat entsteht auf diese Weise ein belastbares und umfangreiches Netzwerk im relevanten politischen und gesellschaftlichen Umfeld, auf das zurückgegriffen werden kann, wenn es nötig wird. Der Aufbau und die Pflege eines solchen Netzwerkes werden im folgenden Kapitel näher betrachtet und ausführlich erläutert.

IV.2 Ansprache und das Management von Stakeholdern

„Ein Netzwerk ist ein Geflecht von sozialen, wirtschaftlichen und/oder politischen Beziehungen, das mehr oder weniger auf Kontinuität angelegt ist und auf Freiwilligkeit und Gegenseitigkeit beruht. Innerhalb eines Netzwerkes unterhalten oder streben Personen oder Organisationen Beziehungen zu anderen Personen oder Organisationen an, mit dem Ziel der Kooperation, der Unterstützung und/oder des Austauschs."[50]

Der Aufbau eines Netzwerkes ist für die tägliche Arbeit jedes Lobbyisten zentral. Denn nur durch bestehende Netzwerke wird gewährleistet, dass eine schnelle und direkte Informationsweitergabe funktioniert. Die schnelle und direkte Informationsgewinnung ist für den Lobbyisten wiederum die Voraussetzung dafür, frühzeitig im politischen Raum agieren zu können, rechtzeitig auf politische Entwicklungen reagieren sowie letztendlich auch auf politische Prozesse Einfluss nehmen zu können. Netzwerke liefern aber nicht nur Informationen, sondern sie verlangen auch welche. Darüber hinaus erfüllen Netzwerke noch zwei weitere zentrale Funktionen: Zum einen dient das Netzwerk dazu, Informationen einzuspeisen, um dadurch direkt bzw. indirekt Einfluss auf politische Prozesse nehmen zu können. Zum anderen dient das Netzwerk dazu, seine Verbündeten zu sammeln, um gleiche Ziele gemeinsam zu erreichen. Es ist möglich und zudem in der Praxis sehr wahrscheinlich, dass innerhalb eines Netzwerkes die verschiedenen Akteure mehr als eine Funktion erfüllen und dementsprechend je nach Situation unterschiedliche Positionen beziehen: Adressaten von Informationen können gleichzeitig Informanten wie Unterstützer oder aber in einer anderen Sache sogar Gegner oder Konkurrenten sein.[51]

Ein belastbares Netzwerk aufzubauen nimmt viel Zeit, meist mehrere Jahre, sowie sehr viel Engagement in Anspruch. Generell ist es für einen Verbandsvertreter essenziell, Kontakte auf Vorrat zu knüpfen, damit diese etabliert sind, wenn sie benötigt werden. Wie bereits im Kapitel zuvor erwähnt, muss sich ein Interessenvertreter aber gleichermaßen für jedes neue Thema bzw. für jedes neue Issue die für ihn relevanten Kontakte bzw. Stakeholder stets neu zusammensuchen. Denn in jedem Fall gilt es zu prüfen, ob das bestehende Netzwerk ausreicht oder ob es erweitert werden muss. In der Regel gilt, dass bei jedem neuen Thema bzw. jedem neuen relevanten Issue das eigene Netzwerk erweitert werden muss.

Dabei ist es im Grunde genommen egal, ob es um den Aufbau eines neuen Kontaktnetzes oder die Erweiterung eines bestehenden Netzwerkes geht: Die Ansprache von neuen Zielgruppen und relevanten Personen sollte systematisch und nicht nach dem Prinzip Zufall ablaufen. Dies erfordert eine strategische Vorbereitung seitens des Verbandsvertreters, der sich seiner Interessen und Ziele bewusst sein muss, bevor er mit der Recherche nach Zielgruppen und relevanten Personen innerhalb derselben beginnt.

---

[50] Vgl. Nohlen (2001), S. 322.
[51] Vgl. Vondenhoff/Busch-Janser (2008), S. 63 f.

Wie bereits angesprochen wurde, findet die Suche nach den relevanten Stakeholdern, sei es für den Aufbau oder die Erweiterung eines Netzwerkes, auf zwei Ebenen statt. Zum einen müssen dem rechtlichen Ansatz folgend die formalen Entscheidungsträger (Amtsträger und Abgeordnete), deren Hierarchie untereinander und die damit verbundene Entscheidungsgewalt im politischen System festgestellt werden. Zum anderen müssen nach dem politischen Ansatz die Stakeholder identifiziert und angesprochen werden, die zwar über keine formelle Entscheidungsgewalt im Sinne staatlichen Handelns verfügen, jedoch maßgeblich am Entscheidungsprozess beteiligt sein können (z. B. Referenten etc.).

Auf beiden Ebenen müssen Kommunikations- und Entscheidungswege erfasst werden, um die für das eigene Interesse relevanten Stakeholder ausfindig machen zu können. Kontakte zu der Ebene der Stakeholder, die über den politischen Ansatz identifiziert werden, sind in vielen Fällen wichtiger als die Beziehungen zu den Top-Entscheidern der formellen Ebene, die über den rein rechtlichen Ansatz identifiziert werden können. Denn Informations- und Entscheidungszusammenhänge werden am besten von denjenigen überblickt, die für deren Vorbereitung sowie deren Ausarbeitung zuständig sind (Stakeholder „politischer Ansatz").

Im Folgenden werden sowohl formelle als auch informelle Stakeholder im politischen wie im gesellschaftlichen Raum entlang von drei Arten von Netzwerken vorgestellt. Die Unterteilung in ein Adressatennetz zur Einspeisung von Informationen, ein Arbeitsnetz zur Informationsgewinnung sowie ein Unterstützernetz, in dem sich die Verbündeten sammeln, ist dabei lediglich analytisch bedingt und spiegelt nicht die Praxis wider, in der diese Netzwerke keineswegs voneinander abgeschottet sind, sondern sich weitestgehend überschneiden.[52] Dabei wird ausführlich erläutert, wie relevante Stakeholder identifiziert werden können, welche Bedeutung und Funktion die einzelnen Stakeholder haben und wie die ideale Kontaktaufnahme gestaltet werden kann.

IV.2.1 Adressatennetzwerk

Das Adressatennetzwerk dient dem Interessenvertreter in erster Linie dazu, Informationen einzuspeisen, um dadurch direkt bzw. indirekt Einfluss auf politische Entscheidungsprozesse nehmen zu können. Die Gruppe derer, die zu diesem Netzwerk gehören, ist relativ umfangreich, schließt sie doch den gesamten politischen Apparat inklusive seiner Verwaltung mit ein. Die Beteiligung einer großen Anzahl von Stakeholdern sollte Interessenvertreter jedoch nicht abschrecken, ganz im Gegenteil sollten diese die hohe Anzahl von Adressaten im politischen Umfeld als Chance wahrnehmen, um an allen zugänglichen Stellen mit den eigenen Interessen und Anliegen anzusetzen.

Der erste Schritt, um einen Überblick zu bekommen, welche Adressaten es im politischen Umfeld gibt, besteht darin, die Entscheidungsstrukturen innerhalb des Adressatennetzwerkes zu analysieren. An dieser Stelle macht es Sinn, an das Eisbergmodell zu erinnern. Denn davon ausgehend wird deutlich, dass es nicht ausreicht, lediglich die politischen Entschei-

---

[52] Vgl. Vondenhoff/Busch-Janser (2008), S. 63 f.

dungsträger anzusprechen, die „oberhalb der Wasseroberfläche" agieren, sondern vor allem auch die, die „unterhalb der Wasseroberfläche" tätig sind. Dem Weg eines Gesetzesentwurfs folgend, werden nachstehend alle Entscheidungsträger im politischen Raum vorgestellt, die in irgendeiner Form an der Entstehung einer Gesetzesvorlage (Referentenentwurf, Kabinettsentwurf etc.) beteiligt sein könnten und somit zu potenziellen Adressaten eines jeden Verbandsvertreters werden.

IV.2.1.1 Bundesregierung

Da die meisten Gesetzesinitiativen von der Bundesregierung ausgehen, erscheint es auf den ersten Blick sinnvoll, die Mitglieder des Kabinetts als relevante Adressaten der eigenen Interessen und Anliegen zu identifizieren. Zwar schadet es keineswegs, sich über die Standpunkte der Kabinettsmitglieder (im Rahmen des Scannings) zu informieren und im Zweifelsfall auch deren Kontaktdaten zur Hand zu haben. Aber wer glaubt, dass der überschaubare Kreis an Entscheidungsträgern innerhalb der Regierung die alleinige Verantwortung für den Inhalt sämtlicher Gesetzesinitiativen trägt, liegt falsch. Ebenso wer meint, dass die Bundesminister ihre Ressorts vollkommen eigenständig steuern können. Vielmehr besteht die Aufgabe der Minister darin, ihre Ressorts im Rahmen der vom Bundeskanzler vorgegebenen politischen Richtlinien (Richtlinienkompetenz) zu verwalten (Ressortkompetenz) und grundsätzliche Entscheidungen im Kabinett mit den anderen Ministerien abzustimmen (Kollegialprinzip).[53] Nach außen treten die Minister als Sprachrohr ihrer Ressorts auf, während sie nach innen vor allem die politische Leitungsebene, bestehend aus beamteten und parlamentarischen Staatssekretären, des ministerialen Verwaltungsapparates anleiten.

> Die Website der Bundesregierung (www.bundesregierung.de) gibt einen Überblick über Köpfe und Schwerpunktthemen. Ebenso sind dort auch die Kontaktdaten der einzelnen Ministerien zu finden. Vor der Kontaktaufnahme zum Ministerbüro sollten Interessenvertreter noch einmal in sich gehen und sich über die zuvor erläuterten Umstände bewusst sein und prüfen, ob sie wirklich den Bundesminister direkt behelligen wollen. Natürlich schadet es niemals, ein Mitglied der Bundesregierung als Unterstützer in der Sache zur Seite stehen zu haben. Dennoch ist in der Regel nicht zu erwarten, dass ein Minister fachspezifische Inhalte, die von außen an ihn herangetragen werden, in ein Gesetzgebungsverfahren einbringen kann.

Nichtsdestotrotz steht es jedem Verbandsvertreter offen, mit den Ministern seiner Wahl in Kontakt zu treten. Grundsätzlich gilt es dabei, ähnlich wie bei Parlamentsabgeordneten, die Erwartungshaltung des Ministers zu antizipieren: Es wird vorausgesetzt, dass der Gesprächspartner Kenntnis darüber hat, welche Zuständigkeiten und welche Handlungsspielräume dieser hat. Auch die Prozesse und die Abläufe, denen der jeweilige Minister unterworfen ist, werden als bekannt vorausgesetzt.

> Das Kabinett tagt i. d. R. mittwochs vor Sitzungswochen. Tagesordnungen sowie aktuelle Informationen des Bundespresseamtes sind über cvd.bundesregierung.de einsehbar. Auf diesen Seiten ist eine Registrierung notwendig.

---

[53] Vgl. Bender/Reulecke (2004), S. 47.

IV.2.1.2 Ministerien

Die Ministerien nehmen innerhalb des Adressatennetzwerkes eine besonders exponierte Stellung ein. Sie sind verantwortlich für die inhaltliche Ausarbeitung der meisten Gesetzesinitiativen. Dabei gilt es aber zunächst, innerhalb des Ministeriums zwischen der Leitungs- und der Arbeitsebene zu unterscheiden. Die Leitungsebene untersteht direkt dem jeweiligen Minister und besteht aus mindestens einem beamteten und einem parlamentarischen Staatssekretär. Der Besetzung der Posten der Leitungsebene gehen gewöhnlich parteipolitische Überlegungen voraus.

Abbildung: Organigramm eines Bundesministeriums (verkürzte Darstellung)

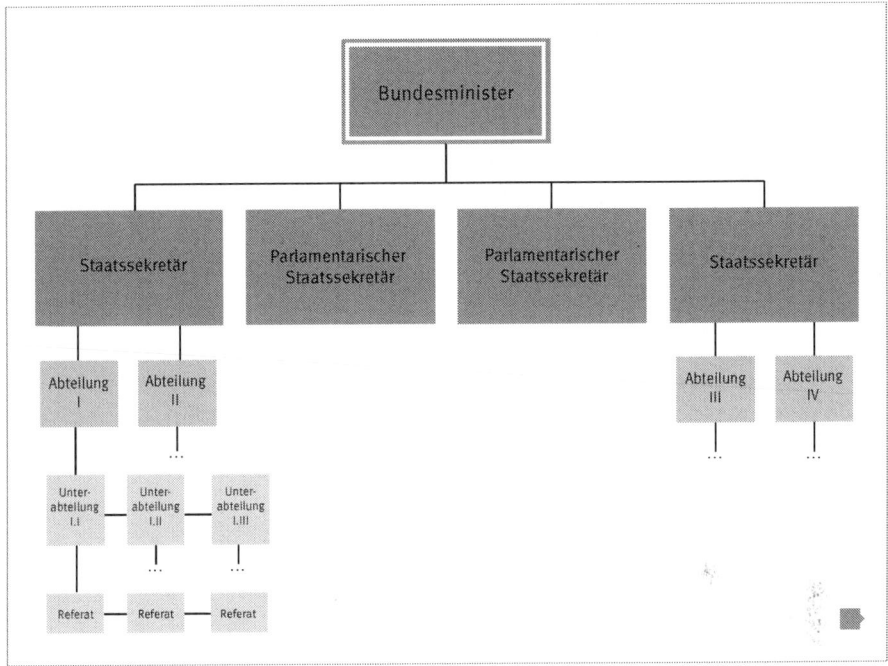

Quelle: IFK Berlin

IV.2.1.2.1 Leitungsebene

Beamtete Staatssekretäre tragen die Verantwortung dafür, dass die Leistungsfähigkeit der Behörde gewährleistet ist und die Arbeit des Ministeriums nach den Richtlinien des Ministers erledigt wird. Sie sind gegenüber den anderen Mitarbeitern im Ministerium weisungsbefugt und vertreten bei wichtigen Aufgaben innerhalb des Ministeriums den Minister. Sie fungieren somit als Verbindung zwischen Politik (Minister) und Administration (Behörde). Beamtete Staatssekretäre sind als ranghöchste Beamten ihrer Behörde unabhängig von Amtsdauer und Parteizugehörigkeit des jeweiligen Ministers. Sie können jedoch, beispielsweise bei einem Regierungswechsel, vom Minister in den einstweiligen Ruhestand versetzt werden bzw. auf Lebenszeit dazu ernannt werden.

Parlamentarische Staatssekretäre unterstützen in erster Linie den Minister bei der Erfüllung seiner politischen Aufgaben. Sie sind keine Beamten, sondern müssen Mitglied des Bundestages sein. Sie pflegen insbesondere die Beziehungen zum Bundestag, zum Bundesrat sowie zu deren Ausschüssen, zu den Bundestagsfraktionen und deren Arbeitskreisen sowie zu den politischen Parteien. Der parlamentarische Staatssekretär ist zwar dazu befähigt, den Minister bei zuvor genannten Institutionen und Einrichtungen zu vertreten, mit einer eigenständigen Exekutivfunktion ist er jedoch nicht ausgestattet. Auf diese Weise nimmt er vor allem außerhalb des Verwaltungsapparates in Verbindung mit anderen politischen Akteuren eine wichtige kommunikative Stellung ein.

Die Einflussmöglichkeiten der parlamentarischen Staatssekretäre innerhalb der jeweiligen Behörden sind daher stark von der Unterstützung des Ministers abhängig. Werden ihm ausdrücklich bestimmte Abteilungen bzw. Referate zugewiesen, so kann er als verlängerter Arm des Ministers innerhalb der Behörde fungieren. Auf diese Weise können auch parlamentarische Staatssekretäre Verantwortung für thematisch besonders wichtige Abteilungen/ Referate übernehmen.

> Um die Staatssekretäre zu identifizieren, reicht meist ein Blick auf die Website des entsprechenden Ministeriums. Dort sind Informationen zu allen Staatssekretären zu finden. Die Ansprache der Staatssekretäre sollte ähnlich gestaltet werden wie die Ansprache eines Ministers.

IV.2.1.2.2 Arbeitsebene

Der Aufbau der Ministerien folgt den Regeln der Bürokratie, die arbeitsteilig und streng hierarchisch geregelt ist. Die Entscheidungswege wie auch die Kommunikationswege innerhalb des Ministeriums sind entsprechend stark reglementiert und müssen seitens der Verbandsvertreter bei jeder beabsichtigten Kontaktaufnahme bedacht werden.

Die oberste Gliederungseinheit innerhalb der Arbeitsebenen bilden die Abteilungen. Ihnen untergeordnet sind die Unterabteilungen. Die Unterabteilungen wiederum bestehen in der Regel aus mehreren Referaten. Thematisch verbundene Referate werden hier zusammengefasst, um eine bessere Koordination einzelner Sachthemen zu ermöglichen. Referate bilden somit die organisatorische Grundeinheit innerhalb der Ministerien. Hier findet die tatsächliche inhaltliche Arbeit statt.

Die Leiter der Abteilungen (Ministerialdirektoren) sowie die Leiter der Unterabteilungen (Ministerialdirigenten) sind gewöhnlich politische Beamte, ähnlich wie es der beamtete Staatssekretär ist. Sie genießen das sogenannte *besondere Vertrauen des Ministers* und können somit jederzeit in den einstweiligen Ruhestand versetzt werden, was bei Regierungswechseln häufig der Fall ist, da die Minister diese Positionen mit Vertrauten aus den eigenen Reihen besetzen.[54]

---

[54] Vgl. Priddat (2009), S. 36.

Die Ministerialdirektoren sind in erster Linie die fachlichen Ansprechpartner des Ministers, der beamteten sowie der parlamentarischen Staatssekretäre und verantworten die Arbeit der ihnen unterstellten Unterabteilungen. Die Unterabteilungen wiederum bilden die wahre Spitze der Arbeitsebene und werden geführt von den Unterabteilungsleitern. Ihre Aufgabe besteht in der Führung und Planung des Arbeitsablaufes innerhalb der ihnen unterstellten Unterabteilung und der darin gegliederten Referate. Die Referate werden geführt von den Referatsleitern, welche in der Regel Ministerialräte (Beamte des höheren Dienstes der Verwaltung) sind. Sie verantworten innerhalb des Referats alle sach- und personalbezogenen Leitungs- und Führungsaufgaben und berichten an den entsprechenden Unterabteilungsleiter. Innerhalb der Referate wird die fachliche Arbeit von Referenten (höherer Dienst) und Sachbearbeitern (gehobener oder mittlerer Dienst) erledigt.

Die Referatsleiter, obwohl am unteren Ende der Hierarchie innerhalb des Verwaltungsapparates angesiedelt, üben vergleichsweise hohen Einfluss auf sämtliche Angelegenheiten aus, die in ihren Zuständigkeitsbereich fallen. Sie geben erste Einschätzungen ab, die über die Vorgesetzten bis zum Minister weitergegeben werden, und verantworten den Informationsfluss *nach oben*. Sie verantworten auch die Referentenentwürfe, die innerhalb ihres Referates erarbeitet werden, und sie entscheiden, welche Anliegen, die von *außen* als fachlich relevant vorgetragen werden, bei entsprechenden Entwürfen mit einbezogen werden. Außerdem sind die Referatsleiter politisch unabhängig. Das bedeutet, dass sie aufgrund ihrer Fachkenntnisse und nicht aufgrund einer bestimmten Parteizugehörigkeit in die Position des Referatsleiters gekommen sind. Für die Vermittlung von Sachverhalten durch Verbandsvertreter stellt dies eine erhebliche Erleichterung ihrer Arbeit dar, da parteipolitische Orientierungen nicht berücksichtigt werden müssen, sondern die Fakten auf neutraler Ebene bewertet werden.

> Aufgrund der exponierten Stellung im Gesetzgebungsverfahren muss die Arbeitsebene der Ministerien daher unbedingt in die Arbeit von Verbandsvertretern mit einbezogen werden. Hier gilt: Je weiter unten in der Hierarchie der Arbeitsebene die eigenen Anliegen und Interessen eingebracht werden können, desto größer ist die Chance, dass diese auch berücksichtigt werden. Auch muss Verbandsvertretern bewusst sein, dass ein Kompromiss mit anderen Stakeholdern, die ebenfalls versuchen, ihre Interessen und Anliegen auf der Arbeitsebene zu platzieren, eine bessere Ausgangsposition schafft, als wenn erst später innerhalb des formellen Gesetzgebungsprozesses im Parlament versucht wird, Einfluss auszuüben. Die Änderungen, die zu diesem Zeitpunkt noch erreicht werden können, sind im Vergleich zu dem, was zuvor auf der Arbeitsebene erreicht werden kann, nur minimal.

Organigramme bzw. Organisationspläne ermöglichen es, einzelne Abteilungen, Unterabteilungen und Referate zu identifizieren sowie die Hierarchie innerhalb des Ministeriums nachzuvollziehen. Die Organigramme bzw. die Organisationspläne der Ministerien finden sich auf deren Internetseiten. Da aus diesen in der Regel aber nicht hervorgeht, welche Personen konkret zuständig sind, müssen diese weitergehend recherchiert werden (z. B. über die Telefonzentrale, Aktenverteilungspläne etc.). Je nach Ministerium sind diese Informationen leichter oder schwerer zu finden. Das Bundesministerium des Inneren beispielsweise ermöglicht auf seinen Internetseiten einen schnellen Überblick über alle Führungskräfte bis hinunter zur Ebene der Referatsleiter samt Kontaktmöglichkeiten. Die Führungskräfte der Arbeitsebene des Bundesministeriums der Verteidigung auszumachen erfordert hingegen ein wenig Geduld und Einfallsreichtum: Hier sind die Führungskräfte und deren Kontaktmöglichkeiten beispielsweise in einer Broschüre („Das Ministerium stellt sich vor") versteckt, die erst einmal gefunden und heruntergeladen werden muss.

> Eine Möglichkeit, abseits des Internets diese Kontakte zu recherchieren, bietet auch das folgende Buch, das aufgrund seines Umfangs und seiner Aktualität zu den Standardwerken auf diesem Gebiet gehört:
> - OECKL. Taschenbuch des Öffentlichen Lebens Deutschland. (Aktuelle Ausgabe: 2014)

Sind die relevanten Ansprechpartner auf der Arbeitsebene erst einmal recherchiert, ist die direkte Ansprache in der Regel relativ problemlos. Zu beachten ist dabei vor allem die Hierarchie innerhalb der Ministerien. Neben den Abteilungs- und Unterabteilungsleitern, die unbedingt aus eben erwähnten Hierarchiegründen bei der Ansprache nicht vernachlässigt werden sollten, stehen vor allem die Referatsleiter sowie die Referenten und Sachbearbeiter im Fokus einer möglichen Ansprache. Bei der Ansprache dieser Personen kann auch auf möglicherweise bereits bestehende Kontakte zu fachlich verantwortlichen Abgeordneten zurückgegriffen werden. Insbesondere empfiehlt es sich, den Kontakt mit den fachpolitischen Sprechern der Fraktion zu suchen, die auch den entsprechenden Minister stellt. In der Regel haben diese eine besonders enge Verbindung zur Arbeitsebene im Ministerium, da die Regierungsfraktion(en) ihre Meinung eng mit der des Ministeriums abstimmt, um ein einheitliches Auftreten in der Öffentlichkeit zu gewährleisten.[55]

---

[55] Vgl. Bender/Reulecke (2004), S. 50.

Tabelle: Amtsbezeichnungen und Abkürzungen der Amtsbezeichnungen in Bundesministerien

Amtsbezeichnung	Abkürzung(en)	Anrede (schriftlich)
Bundesminister	BM	Sehr geehrte Frau Bundesministerin Sehr geehrter Herr Bundesminister
Parlamentarischer Staatssekretär	Pst/PSts	Sehr geehrte Frau Parlamentarische Staatssekretärin Sehr geehrter Herr Parlamentarischer Staatssekretär
Staatssekretär	StS/Sts	Sehr geehrte Frau Staatssekretärin Sehr geehrter Herr Staatssekretär
Ministerialdirektor	MinDir/MD/MDir	
Ministerialdirigent	MinDirig/MDirig/Mdgt/MDg	
Ministerialrat	MinR/MR	
Regierungsdirektor	RDir/RD	
Oberregierungsrat	ORR	
Regierungsrat	RR	
Regierungsoberamtsrat	ROAR	Sehr geehrte Frau [Nachname] Sehr geehrter Herr [Nachname]
Regierungsamtsrat	RAR	
Regierungsamtsmann	RA	
Regierungsoberinspektor	RI	
Regierungsamtsinspektor	RAI	
Regierungshauptsekretär	RHS	
Regierungsobersekretär	ROS	
Regierungssekretär	RS	

Quelle: IFK Berlin

Unterhalb der Ebene des Staatssekretärs müssen keine Besonderheiten bei der schriftlichen Anrede beachtet werden. Der Titel (z. B. Ministerialdirektor) muss lediglich in der Anschrift aufgeführt werden. Für die Ansprache ist ein „Sehr geehrte/r Frau/Herr [Nachname]" völlig ausreichend.

IV.2.1.3 Spiegelreferate im Bundeskanzleramt

Vor dem Hintergrund der zuvor erläuterten Adressaten im Umfeld der Bundesregierung wird an dieser Stelle auch auf die Funktion der sogenannten Spiegelreferate im Bundeskanzleramt eingegangen. Die Spiegelreferate im Bundeskanzleramt haben zum einen die Aufgabe, die Arbeit der Bundesministerien zu begleiten sowie zum anderen dadurch dem Bundeskanzler eine Verfolgung von deren Arbeit mit dem Ziel eines reibungslosen Informationsflusses zu ermöglichen. Die herauszustellende Besonderheit der Spiegelreferate liegt darin, dass sämtliche Vorhaben der Ministerien hier bekannt sind (oder zumindest bekannt sein sollten) und von hier aus koordiniert werden. Gibt es unter den Ministerien Unstimmigkeiten darüber, welches Haus die Federführung bei einem bestimmten Anliegen innehat, entscheidet dies das Kabinett.

Die innere Struktur der Spiegelreferate entspricht weitestgehend der der Ministerien. Auf diese Weise gibt es auch innerhalb des Bundeskanzleramtes Abteilungs- und Unterabteilungsleiter sowie Referatsleiter, Referenten und Sachbearbeiter.

IV.2.1.4 Abgeordnete des Bundestages

Die Aufgaben und Pflichten der Abgeordneten des Bundestages wurden bereits ausführlich im Kapitel *II.2 Politiker* erläutert. Wie die relevanten (Fach-)Politiker identifiziert werden und wie die Kontaktaufnahme zu diesen gestaltet werden kann, wird im Folgenden erläutert.

Generell gilt, dass eine willkürliche Kontaktaufnahme zu Bundestagsabgeordneten nicht sinnvoll ist. Daher sollten Interessenvertreter immer, ausgehend von dem Thema ihres Anliegens, bei der Suche nach passenden Gesprächspartnern innerhalb des Parlamentes vorgehen. Um herauszufinden, welche Abgeordneten für welche Themen zuständig sind, bieten sich zunächst die Internetseiten der Bundestagsfraktionen an. Innerhalb der Fraktionen gibt es für jedes (vorhandene) Thema in der Regel mehrere verantwortliche Abgeordnete sowie einen für das Thema verantwortlichen Sprecher. Insbesondere der Sprecher verfügt über Sachkenntnis des Themas und ist in der Lage, von außen an ihn herangetragene Informationen in den Fraktionssitzungen auf die Tagesordnung zu bringen. Gewöhnlich sind die Sprecher auch Mitglieder der entsprechenden Ausschüsse und übernehmen dort zentrale Aufgaben (z. B. Obleute oder Berichterstatter). Die Ausschüsse sind es auch, nach denen sich Verbandsvertreter bei der Auswahl ihrer Ansprechpartner richten sollten. Dabei gilt zu beachten, dass nicht zwangsläufig alle Ausschussmitglieder gleichermaßen mit allen Themen vertraut sind.

IV.2.1.4.1 Abgeordnete als Ausschussmitglieder

Innerhalb der Ausschüsse werden konkrete Gesetzgebungsvorhaben unter Einbeziehung der Abgeordneten aller Fraktionen beraten. Jeder Ausschuss besteht aus einem Vorsitzenden, einem Stellvertreter sowie einer bestimmten Anzahl von Mitgliedern, die wiederum je einen Stellvertreter haben. Die Anzahl der Mitglieder variiert von Ausschuss zu Ausschuss und richtet sich nach dem zu erwartenden Arbeitsumfang. Die Besetzung der Ausschüsse erfolgt entsprechend dem Kräfteverhältnis im Plenum.

Ist der für das eigene Anliegen relevante Ausschuss identifiziert, ist es ein Leichtes, über die Internetseiten des Bundestages die entsprechenden Mitglieder zu identifizieren. Besonderes Augenmerk sollte dabei auf den Vorsitzenden des Ausschusses, die Obleute sowie den (oder die) Berichterstatter gerichtet werden.

Dem Vorsitzenden obliegt gemeinsam mit den Obleuten die Entscheidungsgewalt über die Tagesordnung. Eine Änderung der Tagesordnung kann durch eine Mehrheit der Ausschussmitglieder beschlossen werden. Eine Erweiterung der Tagesordnung um Themen, die der Vorsitzende nicht aufführt, ist nur möglich, wenn nicht eine Fraktion oder ein Drittel der Ausschussmitglieder diesem Vorhaben widerspricht. Der Vorsitzende eines Ausschusses bleibt in der Regel für die gesamte Dauer einer Legislaturperiode im Amt.

Die Obleute sind in den einzelnen Ausschüssen die Hauptansprechpartner ihrer jeweiligen Fraktionsführung. Somit gibt es je Ausschuss und je Fraktion einen Obmann. Sie bestimmen bei Ausschussberatungen den Kurs der Fraktion entscheidend mit, indem sie die Interessen der Fraktion formulieren. In Situationen der Unstimmigkeit zwischen den Fraktionen sind sie es, die festgefahrene Debatten wieder in Gang bringen. Innerhalb der Fraktionen genießen sie ein hohes Ansehen, da sie stets einen guten Überblick über die Arbeit in ihrem Ausschuss haben. Außerdem stimmen sie die vom Vorsitzenden verantwortete Tagesordnung ab und sind entscheidend an der Planung der Beratungen innerhalb des Ausschusses beteiligt. Genau wie der Vorsitzende bleiben die Obleute der Fraktionen für die gesamte Dauer der Legislaturperiode im Amt. Ausnahmen bestätigen hier die Regel.

Der Berichterstatter ist dafür zuständig, dem Bundestag über die Arbeit des Ausschusses zu berichten bzw. im konkreten Fall von Gesetzesvorlagen den Bundestag ausführlich über die Beratungen und die Ergebnisse aufzuklären. Dazu zählen neben der Beschlussempfehlung mit Begründung des (federführenden) Ausschusses gegebenenfalls die Ansicht der in der Abstimmung unterlegenen Minderheit sowie die Stellungnahmen weiterer beteiligter Ausschüsse. Ist die zu beratende Vorlage im Ausschuss strittig (was oft der Fall ist), werden in der Regel mehrere Berichterstatter berufen. In manchen Ausschüssen wird je ein Berichterstatter aus der Regierungsmehrheit und der Opposition benannt, bei einigen Vorlagen sogar einer aus jeder Fraktion. So kann es dazu kommen, dass bei der späteren Berichterstattung im Plenum verschiedene Sichtweisen im Sinne der Fraktionshaltung dargelegt werden. Der Berichterstatter bleibt nur so lange im Amt, bis das Thema im Ausschuss abgeschlossen ist. Das bedeutet, dass für jedes neue Thema ein neuer Berichterstatter im Ausschuss berufen wird. Dies hat zum Hintergrund, dass der Berichterstatter in der Regel aus dem Kreis der Fachleute stammt und dementsprechend themenbezogen von der entsprechenden Fraktion vorgeschlagen wird.

Darüber hinaus kommt dem Berichterstatter im Ausschuss eine zentrale Rolle zu: Vor der ersten Beratung eines Themas im Ausschuss berät der (jeweilige) Berichterstatter die entsprechende Argumentation in seiner Fraktionsarbeitsgruppe. Auf diese Weise trägt der jeweilige Berichterstatter entscheidend dazu bei, das Meinungsbild seiner Fraktion im Ausschuss zu platzieren. Ein frühzeitiger Austausch unter den jeweiligen Berichterstattern der Fraktionen kann hilfreich sein, streitige Punkte im Vorfeld der Ausschussberatungen auszuräumen. Im Allgemeinen sind es auch die Berichterstatter, die Änderungsvorschläge zu Vorlagen einbringen und die der anderen Fraktionen beurteilen. Dadurch haben sie, insbesondere durch die ihnen im Vorfeld zugesprochene Themenkompetenz, enormen Einfluss auf die Ausschussmitglieder der eigenen Fraktion, die aber in ihrem Abstimmungsverhalten nicht an die Meinung des Berichterstatters gebunden sind. In der Praxis verlassen sich aber die Ausschussmitglieder der jeweiligen Fraktionen auf ihren Berichterstatter.[56]

> Die zuständigen Berichterstatter der Fraktionen sind für Lobbyisten die wichtigsten Ansprechpartner im Bundestag. Die inhaltliche Ausrichtung der Partei sollte bei der Ansprache berücksichtig werden. Es empfiehlt sich, inhaltlich nahestehende Abgeordnete anders anzusprechen als Abgeordnete, die tendenziell dem anderen Lager zuzuordnen sind.

In der Regel gilt für Verbandsvertreter aber, dass unter den zuvor genannten Voraussetzungen zu allen Mitgliedern eines relevanten Ausschusses der Kontakt gesucht werden sollte. In dem Fall, dass mehrere Ausschüsse an einem konkreten Gesetzgebungsverfahren beteiligt sind, muss zudem abgewogen werden, in welchem Ausschuss das eigene Anliegen möglicherweise besser verstanden wird, wodurch man bessere Chancen hat, Einfluss im eigenen Sinne zu nehmen. Zwar sollte generell das Hauptaugenmerk auf den federführenden Ausschuss gelegt werden, dennoch ist es auch möglich, die abschließende Beschlussempfehlung des federführenden Ausschusses über Stellungnahmen der beteiligten Ausschüsse zu beeinflussen.

Die richtige Kontaktaufnahme zu Abgeordneten

Sind die relevanten Abgeordneten erst einmal identifiziert, bestehen die nächsten Schritte darin, sie anzusprechen und für das eigene Anliegen zu sensibilisieren. Dabei muss bedacht werden, dass Abgeordnete nicht nur einen sehr engen Terminkalender haben, sondern Tag für Tag, vor allem während der Sitzungswochen, mit einer Vielzahl von verschiedenen Anliegen konfrontiert werden. Verbandsvertreter sollten sich darauf einstellen, dass sie möglicherweise nicht zeitnah angehört werden können bzw. dass Termine kurzfristig abgesagt werden. Termine abseits der Sitzungswochen, möglicherweise sogar im Wahlkreis des Abgeordneten, erhöhen die Chancen, einen Termin zu bekommen. Wird ein Termin dennoch abgesagt, sollte dies nicht als Anlass genommen werden zu denken, der Abgeordnete sei an einem Gespräch nicht interessiert. Vielmehr müssen Verbandsvertreter sich darüber bewusst sein, dass Abgeordnete ihre Kontakte nach eigenen Interessen priorisieren.

Bei mehreren relevanten Ansprechpartnern im Parlament sollte seitens des Verbandsvertreters unbedingt darauf geachtet werden, dass ebenfalls eine Art Priorisierung der Abgeordneten vorgenommen wird. So wäre es im konkreten Fall eines Gesetzgebungsverfahrens beispielsweise wichtiger, zunächst mit dem relevanten Ausschussvorsitzenden, den Obleuten und dem Berichterstatter zu sprechen als mit den anderen Mitgliedern des Ausschusses. Auf diese Weise wird das eigene Anliegen, sofern es als relevant erachtet wird, schneller transportiert und erfährt unter den anderen Mitgliedern des Ausschusses eine höhere Beachtung.

---

[56] Vgl. Dach (1989), S. 1121 f.

Generell gilt bei der Kontaktaufnahme zu Abgeordneten, dass nichts gegen eine direkte Ansprache einzuwenden ist. Allerdings sollten für die verschiedenen Wege der Ansprache bestimmte Formalitäten beachtet werden.

Der direkte Kontakt per Telefon zu den Mitarbeitern und Referenten eines Abgeordneten ist in der Regel unkompliziert. Erforderliche Kontaktdaten finden sich meist leicht zugänglich über die Websites der Abgeordneten. Es ist üblich, dass sich neue Verbandsvertreter bei relevanten Abgeordneten vorstellen und um ein informelles Kennenlernen bitten. Zu beachten ist dabei, dass bereits im Vorfeld eines solchen Termins ein konkreter Gesprächsgegenstand kommuniziert werden sollte. Denn für den Abgeordneten steigt die Relevanz des Termins durch den Nutzen, den er daraus für sich ableiten kann. Lässt sich aus dem Gesprächsthema erkennen, dass damit für den Abgeordneten ein Informationsgewinn einhergeht, steigen die Chancen auf einen zeitnahen Termin. Gleichzeitig wird zumindest oberflächlich der Eindruck aus dem Weg geräumt, es handele sich lediglich um einen Kennenlerntermin.

Auch die Kontaktaufnahme per Anschreiben ist eine gute Möglichkeit, um die Aufmerksamkeit des Abgeordneten zu erlangen. Allerdings sollten Interessenvertreter sich auch hier bewusst darüber sein, dass zunächst die Mitarbeiter des Abgeordneten die Post sichten und eine Vorauswahl treffen und entscheiden, was letztendlich auf dem Tisch des Abgeordneten landet. Die Mitarbeiter werden auf diese Weise zu Gatekeepern, die zwar mit einem Ermessensspielraum ausgestattet sind, letztlich aber nur die Vorgaben ihres Vorgesetzten umsetzen. Aufgrund der hohen Arbeitsbelastung der Abgeordneten ist damit zu rechnen, dass auch hier zunächst nach politischem Gewicht des Absenders sowie nach fachlicher Nähe zur Arbeit des Abgeordneten sortiert wird.

Der Inhalt des Anschreibens sollte immer einem klaren Muster folgen. Das AIDA-Modell fasst die grundlegenden Intentionen eines Anschreibens zusammen: Zum einen soll das Anschreiben Aufmerksamkeit erzeugen (Attention), zum andern soll es Interesse am Absender wecken (Interest), weiterhin soll es den Wunsch eines Treffens entstehen lassen (Desire) sowie zu guter Letzt Aktivität in Form einer Einladung auslösen (Action).[57]

Eine Befragung von über 100 Abgeordnetenbüros ergab, dass Verbände, Gewerkschaften und NGOs damit rechnen müssen, dass in vielen Büros etwa 50 bis 75 Prozent ihrer Anschreiben aussortiert werden. Noch schlechter ist die Situation für Unternehmen. Um dieser Quote entgegenzuwirken, bietet es sich unter anderem an, klare Erwartungshaltungen gegenüber dem MdB zu formulieren. Auch wird in den Abgeordnetenbüros vorausgesetzt, dass ein eindeutiger Bezug des Anschreibens entweder zum fachpolitischen Tätigkeitsbereich oder zum regionalen bzw. persönlichen Umfeld des MdBs vorliegt. Auch die Nichtberücksichtigung von formalen Aspekten (Anrede, Titel, Rechtschreibung, Zeichensetzung) kann zur Aussortierung eines Anschreibens führen.

---

[57] Vgl. Rosenstiel (1969), S. 236 f., Meffert/Burmann/Kirchgeorg (2008), S. 703 ff.

> **Weitergehende Informationen zur Kontaktaufnahme zu Abgeordneten:**
> - Stefan Schwaneck / Christian H. Schuster / Deniz Üster (2012): Lobbying in der Praxis: Die erfolgreiche Kontaktaufnahme.

Des Weiteren gilt es, bei der Kontaktaufnahme zu beachten, dass es durchaus Unterschiede in der Ansprache von Abgeordneten der Regierungsfraktionen und der Oppositionsfraktionen gibt. Gerade was die Ausrichtung der Inhalte von Gesprächen oder Anschreiben angeht, gilt es, einige Umstände zu beachten.

IV.2.1.4.2 Abgeordnete der Regierungsfraktionen

Die Mitglieder der Regierungsfraktionen orientieren sich bei ihrer Arbeit stets an dem Machbaren.[58] Die eigenen Anliegen bzw. die eigenen Interessen zum konkreten politischen Vorhaben sollten daher in einem Rahmen formuliert werden, der aus Sicht der Abgeordneten sinnvoll umzusetzen ist. Überhöhte Forderungen sind daher fehl am Platz. Verbandsvertreter sollten sich des Rahmens, in dem sie Forderungen stellen, bewusst sein und diesen nicht unnötig strapazieren. Es gilt: Besser es wird ein Dialog geführt, an dessen Ende zumindest teilweise die eigenen Interessen durch ein Gesetzgebungsverfahren berücksichtigt werden, als dass durch überhöhte Forderungen eine Gesprächsgrundlage völlig zerstört wird und die eigenen Interessen keinerlei Berücksichtigung erfahren. Insbesondere ist darauf zu achten, dass nicht durch überhöhte Forderungen zu einem bestimmten Sachverhalt langfristig die generelle Chance verspielt wird, als seriöser Ansprechpartner wahrgenommen zu werden.

IV.2.1.4.3 Abgeordnete der Oppositionsfraktionen

Die Mitglieder der Oppositionsfraktionen üben neben der auch ihnen zustehenden Gesetzgebungsfunktion vor allem die Kontrollfunktion im Parlament aus. Das heißt, dass die Abgeordneten der Oppositionsfraktionen der Arbeit der Regierung sowie der Regierungsfraktionen durchaus kritisch gegenüberstehen. Sie sind daher generell offen für Kritik an der Arbeit der Regierung bzw. der Regierungsfraktionen seitens von Verbandsvertretern, da sie diese in der politischen Arena unter Umständen zu ihren Gunsten nutzen können. Auf diese Weise lassen sich auch über die Abgeordneten der Oppositionsparteien zugespitzte Inhalte und auch Gegenpositionen in die parlamentarische Debatte einführen. Zwar kann dadurch in bestimmten Debatten Druck auf die relevanten Entscheidungsträger ausgeübt werden. Jedoch gilt es zu beachten, dass auch die Abgeordneten der Regierungsparteien sowie Mitglieder der Regierung dieses „Spiel über Bande" kennen und Verbandsvertreter damit durchaus Gefahr laufen, sich als Ansprechpartner für diese Akteure dauerhaft zu disqualifizieren. Bei der Ansprache von Oppositionspolitikern sollte daher immer zuvor bedacht werden, welche Auswirkungen sich durch zugespitzte Inhalte, Gegenpositionen oder die Weitergabe von Informationen ergeben.[59] Generell sollte nicht außer Acht gelassen werden, dass die Oppositionsparteien von heute bei der nächsten Wahl die Regierungsverantwortung übernehmen könnten.

---

[58] Vgl. Bender/Reulecke (2004), S. 53.
[59] Vgl. ebd., S. 53 f.

IV.2.1.5 Arbeitsebene in Abgeordnetenbüros

Innerhalb des Adressatennetzwerkes kommt einer weiteren Gruppe eine herausragende Bedeutung zu. Dies ist die Gruppe der Mitarbeiter und der Referenten der Abgeordneten. Neben ihrer bereits beschriebenen Gatekeeper-Funktion können sie teilweise weitreichende Kompetenzen im Büro des Abgeordneten haben. Die Tätigkeitsbereiche werden dabei durch den Abgeordneten bestimmt und können sehr unterschiedlich ausfallen. So ist es möglich, dass die Mitarbeiter und Referenten vorwiegend mit organisatorischen und verwaltungstechnischen Aufgaben betraut werden. Allerdings ist es auch möglich, dass Mitarbeiter und Referenten mit weitreichenden Kompetenzen ausgestattet sind und selbstständig bestimmte Themen für den Abgeordneten vorbereiten, Hintergrundgespräche führen, Reden verfassen, parlamentarische Initiativen oder auch die Ausschussarbeit vorbereiten. Ist dies der Fall, sollte auch der Austausch mit den Mitarbeitern und Referenten gesucht werden. Ebenso wie die Abgeordneten sind sie auf Informationen angewiesen und sind in der Position, diese für den Abgeordneten aufzuarbeiten.

> In der Regel stehen die Namen, Aufgabenfelder und Kontaktdaten auf den Internetseiten der Abgeordneten.

IV.2.1.6 Arbeitsebene der Fraktionen

Von Interesse sind auch die Referenten der Fraktionen. Fraktionsreferenten sind grundsätzlich für mehrere Abgeordnete tätig. Dadurch und aufgrund ihrer Aufgaben haben sie naturgemäß weitreichende Einflussmöglichkeiten und sind, wenn auch nur mittelbar, nah dran an den Entscheidungsprozessen. Zu ihren Aufgaben zählt unter anderem die Vorbereitung von Arbeitsgruppen und -kreisen sowie von Fraktions- und Ausschusssitzungen. Zudem begleiten sie die Abgeordneten in sämtliche dieser Gremien, wodurch sie teilweise besser in den Informationsfluss eingebunden sind, als es manche Abgeordnete sein könnten. Durch ihre weitreichende Mitwirkung am Kommunikationsprozess innerhalb der Fraktion sind sie für die Abgeordneten wichtige Ansprechpartner. Im besten Fall treten sie als eine Art politischer Berater für die Abgeordneten auf.[60]

> Kontakt zu den Fraktionsreferenten lässt sich über das Fraktionsbüro herstellen. Die Kontaktdaten der Fraktionsbüros lassen sich über die Internetseiten der entsprechenden Fraktionen ermitteln. In der Regel sind die einzelnen Fraktionsreferenten auf den Internetseiten aber nicht aufgeführt.

IV.2.1.7 Verwaltung des Bundestages

Innerhalb des Bundestages können auch unter den Mitarbeitern der Verwaltung wertvolle Kontakte ausgemacht werden. So ermöglichen gute Kontakte zu den wissenschaftlichen Diensten des Bundetages objektive und nicht in irgendeiner Form parteipolitisch eingefärbte Informationen.[61]

---

[60] Vgl. Püschner (2009), o. S.
[61] Vgl. Bender/Reulecke (2004), S. 60.

Arbeitsebene der Ausschüsse

Unter die Verwaltung des Bundestages fallen auch die Stäbe der Ausschüsse. Die Ausschusssekretariate unterstützen die Arbeit der Ausschüsse in fachlicher und organisatorischer Hinsicht und sind zudem in Person der Leiterin des Ausschusssekretariats für die Einhaltung der Geschäftsordnung während der Ausschusssitzungen verantwortlich. Insbesondere aber unterstützen sie den Vorsitzenden, die Obleute sowie den Berichterstatter bei der Wahrnehmung ihrer jeweiligen Aufgaben. Organisatorisch bedeutet dies beispielsweise, dass die Ausschusssekretariate die Einladung externer Sachverständiger vornehmen und Protokolle zu den Sitzungen anfertigen. Von besonderem Interesse ist aber vor allem die inhaltliche Arbeit der Ausschusssekretariate. Mit der Vorbereitung der Tagesordnungen, auf Grundlage der Wünsche und Informationen aus den unterschiedlichen Fraktionen, kommt den Ausschusssekretariaten eine zentrale Aufgabe zu, was sie für Verbandsvertreter interessant macht.

> Die Sekretariate sind meist an das Abgeordnetenbüro des Ausschussvorsitzenden angegliedert.

IV.2.1.8 Parteien

Zum Adressatennetzwerk gehören ebenso die Parteien außerhalb der Parlamente. Die Arbeit der Parteien bildet die Ausgangslage für die Arbeit der Fraktionen im Bundestag. Vor allem wenn es um grundsätzliche Positionierungen aus Sicht des Verbandes geht, die nicht in einem unmittelbaren Zusammenhang mit bevorstehenden Gesetzgebungsverfahren stehen, bietet sich der Kontakt zu den Parteien an. Denn die Inhalte des Parteiprogramms werden in den (Führungs-)Gremien erarbeitet und auf Parteitagen verabschiedet.

Die Parteitage aller Parteien bieten dabei für Verbandsvertreter die beste Möglichkeit, um mit Mitgliedern der Partei aus allen Ebenen (auch mit Politikern der entsprechenden Bundestagfraktion) in Kontakt zu treten. Es besteht zudem in der Regel die Möglichkeit, sich auf den Parteitagen mit einem eigenen Stand zu präsentieren. Allein durch die Anwesenheit auf den Parteitagen signalisieren Verbandsvertreter Interesse an der Arbeit der Partei. Dabei sollte darauf geachtet werden, dass möglichst die Parteitage aller Parteien besucht werden, um eine parteipolitische Neutralität zu wahren.[62]

Über die Internetseiten der Parteien sind in der Regel alle nötigen Informationen zu finden. Sowohl Mitglieder einzelner parteiinterner Gremien als auch Termine von Parteitagen und sonstigen Veranstaltungen sind dort aufgeführt.

IV.2.1.9 Bundesrat

Auch die Mitglieder des Bundesrates sollten als wichtige Gesprächspartner wahrgenommen werden. Ihre Einflussmöglichkeiten sind zwar in der Regel beschränkt, gerade wenn es sich um Gesetzgebungsverfahren handelt, bei denen sie lediglich Einspruch erheben können – denn dies wird in der Regel nur bei sehr konträrer Haltung gemacht. Bei Zustimmungsgesetzen rücken sie deutlich in den Fokus von Verbandsvertretern, die ihre Interessen von den

---

[62] Vgl. Vondenhoff/Busch-Janser (2008), S. 101 f.

Entscheidungen des Bundestages nicht genügend berücksichtigt fühlen. Hier gilt es, die Mehrheitsverhältnisse im Bundesrat zu betrachten: Besteht die Mehrheit des Bundesrates auch aus der die Regierung stellenden Partei, sinkt in der Regel die Chance, das Gesetzesvorhaben zu diesem Zeitpunkt noch scheitern zu lassen. Haben hingegen die Parteien, welche im Bundestag in der Opposition sind, die Mehrheit im Bundesrat, steigen die Chancen, da mit diesem Mittel die Arbeit der Regierungsparteien in der Öffentlichkeit diskreditiert werden kann. Allerdings sind auch in diesem Fall die Interessen der Landesvertreter maßgeblich. Denn sind die Interessen der Landesvertreter bereits berücksichtigt worden, wird es wesentlich schwerer, sie davon zu überzeugen, gegen das Gesetzesvorhaben zu stimmen.

Die Landesvertreter im Bundesrat sind Ministerpräsidenten und Minister der Bundesländer bzw. Bürgermeister und Senatoren der Stadtstaaten. Zu den Mitgliedern des Bundesrates können zudem Staatssekretäre zählen, soweit sie Kabinettsrang genießen. Das Votum der Landesregierungen bei Abstimmungen muss einheitlich sein, d. h., dass sich die Landesregierungen vor Abstimmungen darüber einigen müssen, wie sie abstimmen werden.

Weisungen für die Abstimmungen kann nur die jeweilige Landesregierung beschließen. Weder der Ministerpräsident als Inhaber einer landesrechtlichen Richtlinienkompetenz noch der Landtag sind dazu nach dem Grundgesetz befugt.[63]

IV.2.2 Arbeitsnetzwerk

Arbeitsnetzwerke liefern in erster Linie relevante Informationen für die Arbeit eines Verbandsvertreters. Wie bereits in der Erläuterung zur analytischen Dreiteilung des Netzwerkes deutlich gemacht wurde, können Arbeitsnetzwerke aber auch dazu genutzt werden, Informationen einzuspeisen und in Umlauf zu bringen.

Das Arbeitsnetzwerk eines Verbandsvertreters ist in der Regel relativ breit angelegt und kann neben (Fach-)Journalisten genauso Agenturen, Anwaltskanzleien, externe Berater sowie die eigene Verbandsrepräsentanz samt internen Justiziaren und Pressereferenten umfassen.[64]

IV.2.2.1 Verbandsrepräsentanz

Je nach Größe und Ressourcen des Verbandes ist es möglich, dass der Verbandsvertreter bei seiner Arbeit von Fachreferenten sowie Justiziaren unterstützt wird und sich eng mit den Pressereferenten abstimmt. Die Zuarbeit, die von den verschiedenen internen Experten geleistet wird, kann den Verbandsvertreter essenziell bei seiner Arbeit unterstützen.

Fachreferenten liefern fundierte Zahlen und Fakten zu Gesetzesinitiativen. Sie erarbeiten Expertisen und schaffen auf diese Weise die Grundlage für eine argumentative Auseinandersetzung mit dem Sachverhalt.

---

[63] Vgl. Bundesrat (2013), o. S.
[64] Vgl. Bender/Reulecke (2004), S. 145 ff.

Hauseigene Justiziare sind beispielsweise in der Lage, die juristischen Folgen von komplexen Gesetzgebungsverfahren und deren Auswirkungen für den Verband zu analysieren. Außerdem können sie die Interessen und Anliegen des Verbandes in die Sprache von Gesetzesvorhaben übersetzen, was die Arbeit des Verbandsvertreters gegenüber den Abgeordneten bzw. den Mitgliedern der verschiedenen Arbeitsebenen enorm erleichtern kann.

Durch die Arbeit eines Pressereferenten kann beispielsweise gezielt die Meinung des eigenen Verbandes in die Öffentlichkeit vermittelt werden. Gerade in Hinblick auf die Wahrnehmung durch politische Akteure, die dem Verband kritisch gegenüberstehen, kann auf diese Weise eine höhere Akzeptanz erreicht werden. Außerdem fallen auch die Medienbeobachtung bzw. das Themen-Monitoring, wie es bereits im Kapitel *IV.1.1.1 Issue-Management* vorgestellt wurde, zumindest zu Teilen in den Aufgabenbereich eines Pressereferenten.

Da viele Verbände keine hauseigenen Justiziare beschäftigen, sind sie vor allem bei der Implementierung von juristischen Feinheiten auf die Arbeit von Anwaltskanzleien angewiesen.

IV.2.2.2 Journalisten
Insbesondere Fachjournalisten sind gewöhnlich sehr gut über politische Prozesse informiert. Gelingt es, diese in das eigene Netzwerk einzubinden, lassen sich über sie wertvolle Informationen erhalten sowie bei Bedarf öffentlichkeitswirksame Meldungen veröffentlichen. Dabei ist der Umgang mit Journalisten in der Regel von Geben und Nehmen geprägt. Relevante Fachjournalisten sind vor allem auf den Veranstaltungen der Bundespressekonferenz zu finden.[65]

IV.2.2.3 Agenturen
Agenturen bieten ein breites Angebot an Dienstleistungen rund um den Politikbetrieb in Berlin an. Für Verbandsvertreter bietet es sich abhängig von den eigenen Ressourcen an, bestimmte Aufgaben an spezialisierte Public-Affairs-Agenturen auszulagern. Gerade Agenturen in Berlin sind es gewohnt, von Monitoring, Scanning bis hin zur Erstellung von Positionspapieren oder Vorbereitung von Hintergrundgesprächen alles umzusetzen. Es empfiehlt sich, Agenturen den Zuschlag zu geben, die vielseitige Erfahrungen aus der Verbandskommunikation mitbringen bzw. auf Verbände spezialisiert sind, da sie besondere (auch verbandsinterne) politische Bedeutungen besser einschätzen können.

IV.2.2.4 Externe Berater
In bestimmten Fällen ist es für Verbandsvertreter ratsam, sich von einem erfahrenen Spezialisten beraten zu lassen. Dabei kann es sich um ehemalige Regierungsmitglieder, Minister, Abgeordnete der Parlamente oder aber auch Mitarbeiter der unterschiedlichen Arbeitsebenen handeln. Insbesondere die Netzwerke, die diese externen Berater mitbringen, können von großer Bedeutung für die Umsetzung bestimmter Anliegen und Interessen sein. Auch hier sollten vor allem Dienstleister angefragt werden.

---

[65] Vgl. Vondenhoff/Busch-Janser (2008), S. 107 f.

IV.2.3 Unterstützernetzwerk

Das Unterstützernetzwerk dient dazu, seine Verbündeten zu sammeln, um gleiche Ziele gemeinsam zu erreichen. Denn Gesetzesinitiativen betreffen meist mehr als nur einen einzelnen Verband, einen Teil der Gesellschaft oder gar nur ein Unternehmen. Daher bietet es sich für Verbandsvertreter an, sich darüber zu informieren, welche anderen Akteure beispielsweise auch von einem anstehenden Gesetzesvorhaben betroffen sein werden und welche Positionen diese Akteure dabei einnehmen werden.

IV.2.3.1 Verbände

Im Lobbyregister des Deutschen Bundestages sind derzeitig 2.163 Verbände registriert.[66] Die Mehrzahl der Verbände ist dabei weder direkt in Berlin ansässig noch haben die meisten Verbände überhaupt die Ressourcen, um Lobbyarbeit in Berlin zu betreiben. Dennoch ist es möglich, durch Allianzen mit anderen Verbänden, insbesondere mit den Spitzenverbänden der Wirtschaft, schlagkräftige Verbindungen zu schaffen. Der Vorteil von Verbänden gegenüber einzelnen Unternehmen zeigt sich vor allem in den Anhörungen zu den Gesetzgebungsverfahren. Hier genießen Verbände in der Regel einen guten Ruf, da ihre Positionen auf die Meinungen der Mitglieder zurückzuführen sind, für die der Verband spricht.

> Die stetig aktualisierte Lobbyliste des Deutschen Bundestages ist zu finden unter:
> - http://www.bundestag.de/dokumente/lobbyliste/lobbylisteaktuell.pdf

IV.2.3.2 Wissenschaftliche Institutionen

Die Zusammenarbeit mit wissenschaftlichen Institutionen, wie z. B. dem Institut für Wirtschaftsforschung (ifo), dem Wissenschaftszentrum Berlin für Sozialforschung (WZB) oder vergleichbaren Einrichtungen, kann die eigenen Positionen sowohl in der Öffentlichkeit als auch gegenüber der Politik stärken. Insbesondere wenn Studien, Umfragen, Gutachten oder sonstige Untersuchungen die eigenen Positionen unterstreichen oder der gegnerischen Position widersprechen, ist die Beteiligung bzw. die Kooperation mit wissenschaftlichen Institutionen ein Gewinn für den Verband.

IV.2.4 Kontaktdatenbanken

Um einen Überblick über das eigene Netzwerk zu behalten, ist es unerlässlich, die Kontakte systematisch in einer Datenbank zu pflegen und diese regelmäßig auf ihre Aktualität zu überprüfen. Die Aktualisierungsintervalle sollten dabei nicht zu groß angesetzt werden, denn auch abseits von Wahlen finden Personalwechsel auf der politischen Ebene statt. Dabei gilt es, sämtliche zuvor beschriebenen Akteure stetig zu beobachten.

---

[66] Stand: 19.03.2014

> Einen aktuellen Überblick über Personalwechsel bieten verschiedene Websites und kostenlose Newsletter, z. B.:
> - http://www.pressesprecher.com/sprecherszene
> - http://www.politik-kommunikation.de/personalwechsel
> - http://www.verbaende.com/presse/personalia.php

Die Vielzahl an Kontakten macht es zudem erforderlich, sich ein System anzulegen, das dabei hilft, sich an einzelne Akteure zu erinnern. Beim Austausch von Visitenkarten bietet es sich beispielsweise an, zusätzliche Informationen direkt auf der Rückseite zu notieren. Dies können Informationen darüber sein, zu welchem Zeitpunkt und zu welchem Anlass ein neuer Kontakt geknüpft wurde. Diese Informationen helfen später dabei, Anknüpfungspunkte für ein Gespräch zu finden. Auch Informationen wie Geburtstage oder Vorlieben des Gesprächspartners können dabei hilfreich sein.

Natürlich lassen sich auch soziale Netzwerke wie Xing oder LinkedIn nutzen, um sich mit Personen zu vernetzen. Zudem sollten diese niemals ausschließlich genutzt werden, da lange nicht alle relevanten Akteure hier auch zu finden sind. Außerdem neigen viele Personen innerhalb von sozialen Netzwerken dazu, lediglich Kontakte zu sammeln, diese aber nicht zu pflegen. Soziale Netzwerke bieten sich daher nur als zusätzliche Möglichkeit im Kontaktmanagement an. Auch sollte niemals der Erstkontakt über soziale Netzwerke angebahnt werden – dies ist unüblich.

IV.2.5 Networking und Kontaktpflege auf anderen Veranstaltungen

Neben dem Aufbau eines Netzwerkes ist die Pflege von bestehenden Kontakten ein zentraler Bestandteil der täglichen Arbeit von Verbandsvertretern. Egal ob es darum geht, neue Kontakte zu knüpfen oder bestehende zu pflegen, bietet es sich an, auf den zahlreichen mal mehr, mal weniger politischen Veranstaltungen Präsenz zu zeigen und das Gespräch mit politischen Entscheidern, Kollegen und Kontrahenten zu suchen. Denn neben den vielfältigen Kontaktmöglichkeiten bieten solche Veranstaltungen den Vorteil, dass dort abseits des Tagesgeschäfts ein ungezwungener Informationsaustausch stattfinden kann.

> Auf den Berliner Politikbetrieb spezialisierte Veranstaltungskalender helfen dabei, einen Überblick über das breite Angebot an täglichen Veranstaltungen zu bewahren und für den Verband relevante Termine zu identifizieren.
> - Politik & Kommunikation   http://www.politik-kommunikation.de/termine
> - Berliner Termindienst   http://www.webershandwick.de/content?id=termindienst
> - Pressesprecher   http://www.pressesprecher.com/termine
> - dpa Jahreskalender   http://www.dpa.de/dpa-Termine.571.0.html

Checkliste Kontaktmanagement

- Kontinuierliche Interessen und langfristige Ziele definieren
- Analytische Dreiteilung in Adressatennetzwerk, Arbeitsnetzwerk und Unterstützernetzwerk bei der Suche nach potenziell relevanten Akteuren im Hinterkopf behalten, jedoch bei der Kategorisierung bedenken, dass diese Netzwerkarten sich in aller Regel überschneiden
  - Adressatennetzwerk:
    - Identifizierung aller formellen Entscheidungsträger (rechtlicher Ansatz)
      - Richtige Kontaktaufnahme beachten
    - Identifizierung aller informellen Entscheidungsträger (politischer Ansatz)
      - Organigramme, Organisationspläne, Verzeichnisse etc. nutzen
  - Arbeitsnetzwerk:
    - Potenziell relevante externe sowie interne Akteure berücksichtigen
  - Unterstützernetzwerk:
    - Potenziell verbündete Akteure identifizieren
- Frühzeitige Kontaktaufnahme zu allen relevanten Akteuren
- Anlegen einer regelmäßig zu aktualisierenden Kontaktdatenbank
- Kontaktpflege über Teilnahme an relevanten Veranstaltungen

IV.3 Strategie und Möglichkeiten der Einflussnahme

Die Wahl der richtigen Strategie bildet die Grundlage für erfolgreiches Lobbying. Dass überhaupt einer bestimmten Strategie gefolgt werden sollte, liegt auf der Hand, denn unkontrolliertes und nicht ausreichend geplantes Handeln kann im Zweifelsfall mehr Schaden anrichten als Nutzen bringen. Deswegen hat die Strategie entscheidenden Einfluss auf die Auswahl der Ansprechpartner; sie bestimmt die Wahl sowie den Zeitpunkt der einzusetzenden Instrumente.

Die Wahl der richtigen Strategie ist dabei immer abhängig von einem klar definierten Ziel und Vorstellungen. Um diese zu definieren, helfen die klassischen W-Fragen:

- Was will ich konkret erreichen?
  (Änderung/Verhinderung/Initiierung welches Gesetzes / welcher Verordnung?)
- Wer kann/muss mir helfen, das Ziel zu erreichen?
  (Eigene und fremde Ressourcen)
- Wie kann ich dieses Ziel erreichen?
  (Instrumente)
- Wer sind die für mich relevanten Akteure und Ansprechpartner?
  (Land/Bund/EU; Ministerien/Regierungen/Oppositionen/Parteien)
- Wann ist es sinnvoll, den Gesprächspartner zu kontaktieren bzw. auf die Positionen des Verbandes aufmerksam zu machen?
  (Gesetzgebungsprozess)

Ein Teil dieser Fragen lässt sich mithilfe der zuvor vorgestellten Umfeldanalyse beantworten: So hilft beispielsweise das Issue-Management dabei, relevante Issues frühzeitig zu identifizieren. Die Stakeholder-Analyse ermöglicht, das Feld der beteiligten Akteure zu bestimmen.

Die SWOT-Analyse[67] bietet an dieser Stelle eine weitere Möglichkeit. Sie hilft dabei, die eigenen Stärken, Schwächen, Chancen und mögliche Schwierigkeiten gegenüberzustellen und daraus abzuleiten, welche Strategie am geeignetsten erscheint, die eigenen Interessen durchzusetzen. Im Idealfall sollte bereits im Vorfeld feststehen, ob sich der eigene Verband als defensiver oder offensiver Akteur positioniert. Diese Entscheidung ist natürlich auch immer abhängig von den eigenen Zielen.

Egal für welche Analyseform sich entschieden wird, grundsätzlich lassen sich drei verschiedene Arten von Zielen und damit verbundenen Strategien (Präventives Lobbying, Proaktives Lobbying, Reaktives Lobbying) in Hinblick auf geplante und laufende Gesetzgebungsverfahren durch die Regierung unterscheiden.[68]

---

[67] Analyse von internen Faktoren (**S**trengths [Stärken], **W**eaknesses [Schwächen]) und externen Faktoren (**O**pportunities [Chancen], **T**hreats [Gefahren]) sowie Darstellung in einer vierteiligen Matrix.
[68] Vgl. Bender/Reulecke (2004), S. 117.

Tabelle: Arten des Lobbyismus

Art	Ziel	Herausforderung	Zielgruppe
Präventives Lobbying	Gesetzgeberische Tätigkeiten verhindern bzw. bereits im Vorfeld beeinflussen	Vermeidung von öffentlicher Aufmerksamkeit	Personen der Arbeitsebene relevanter Ministerien (besteht kein Zugang zu diesen, dann auch Mitglieder der Oppositionsfraktionen)
Proaktives Lobbying	Ein bestimmtes Thema auf der Agenda des Gesetzgebers platzieren, obwohl dieser bis dahin für ein solches Vorhaben keine Notwendigkeit erkennen konnte	Aufmerksamkeit der politischen Entscheidungsträger auf ein bestimmtes Thema lenken	Relevante politische Entscheidungsträger (zeigen diese kein Interesse, dann auch über Einbeziehung und Mobilisation der Öffentlichkeit)
Reaktives Lobbying	Bereits angestoßene oder in Vorbereitung befindliche Gesetzgebungsprozesse durch Einbringen eigener Positionen merklich verändern oder im Extremfall sogar verhindern	Einbeziehung einer Vielzahl von politischen Akteuren auf verschiedenen Ebenen zu unterschiedlichen Zeitpunkten sowie ggf. der Öffentlichkeit	Abhängig von der Phase, die der bereits angestoßene oder in Vorbereitung befindliche Gesetzgebungsprozess durchläuft

Quelle: IFK Berlin

IV.3.1 Präventives Lobbying

Präventives Lobbying zielt darauf ab, gesetzgeberische Tätigkeiten, die den Interessen des eigenen Verbandes schaden, zu verhindern oder zumindest bereits im Vorfeld durch eigene Impulse zu beeinflussen, bevor der Gesetzgeber aktiv wird und eine konkrete Gesetzesinitiative startet.

Konkret geht es darum, für den Verband relevante Issues und mögliche negative Auswirkungen durch staatliche Regulierung frühzeitig zu erkennen und zu verhindern, dass diese überhaupt auf der politischen Agenda landen. Denn generell gilt: Gelangt ein Thema auf die politische Agenda, haben bereits verschiedene Akteure Einfluss auf die weitere Entwicklung genommen und es wird nahezu unmöglich, das Thema aus der Öffentlichkeit fernzuhalten. Die Strategie des präventiven Lobbying setzt daher zu einem sehr viel früheren Zeitpunkt an, als es bei den anderen Strategien der Fall ist.

Dem Monitoring von für den eigenen Verband relevanten Themen kommt daher eine besondere Bedeutung zu. Nur durch das frühzeitige Erkennen von Issues lassen sich deren Auswirkungen verhindern. Dafür muss der Monitoring-Prozess so ausgerichtet sein, dass dieser vor allem bis in die Bereiche vordringt, wo die gedankliche und programmatische Vorarbeit von Gesetzesinitiativen stattfindet. Obwohl die meisten Gesetzesinitiativen von der Regierung initiiert werden, ist es in der Regel nicht der Ort, an dem sie im Vorfeld diskutiert und vorbereitet werden. Dies ist gewöhnlich Aufgabe der im Hintergrund agierenden Regierungsparteien und Ministerialbürokratien.

> Wie zielgerichtetes Monitoring betrieben wird, wird im Kapitel *IV.1.1.1 Issue-Management* eingehend beschrieben.

Das präventive Lobbying setzt weiterhin vor allem auf *leise und direkte* Instrumente. Die Einbeziehung der Öffentlichkeit zu diesem Zeitpunkt ist in der Regel eher kontraproduktiv. Erreicht ein relevantes Thema erst einmal die Öffentlichkeit, ist die weitere Entwicklung schwer vorauszusagen. In dieser Phase eignen sich daher vor allem Einzelgespräche mit Personen der Arbeitsebene relevanter Ministerien.

Besteht zu diesen Akteuren jedoch kein Zugang oder sind die Informationen (was wahrscheinlicher ist) unzureichend, besteht weiterhin die Möglichkeit, auch das Gespräch mit Mitgliedern der Oppositionsfraktionen zu führen. Dabei liegt der Fokus darauf, dem Gesprächspartner thematische und inhaltliche Hinweise darauf zu geben, welche Gesetzesinitiativen die Regierung plant bzw. langfristig möglicherweise auf der Agenda hat.

Abgeordnete der Opposition sind für solche Informationen gewöhnlich sehr offen, da diese ihnen ermöglichen, ihrer Kontrollfunktion gegenüber dem Parlament nachzukommen. Aufgrund der ihnen zugetragenen Informationen werden die Oppositionsabgeordneten in aller Regel von ihrem Interpellationsrecht (Fragerecht im Plenum) oder ihrem Recht, Anträge einzubringen, Gebrauch machen und die Regierung dadurch auffordern, sich zu einem Thema zu äußern. Damit wird das Thema öffentlich(er) gespielt. Fragen, die im Rahmen der Interpellationsrechte gestellt werden, müssen von der Regierung beantwortet werden. Das Gleiche gilt für Anträge, die zwar überwiegend abgelehnt werden, denen jedoch eine Debatte im Plenum vorausgeht, bei der die Regierung gezwungen wird, Stellung zu beziehen.

Die Antworten auf die Fragen sowie die Inhalte der Debatte und die Abstimmungsergebnisse finden sich dann später in den offiziellen Drucksachen des Parlaments und sind für alle Interessierten, also auch für die Gegenseite, öffentlich einsehbar. Auf diese Weise gelingt es auch ohne direkten Lobbyisten-Zugang zu Regierungsmitgliedern oder zur ministerialen Arbeitsebene, Informationen darüber zu erlangen, welche Fakten und geplanten Gesetzesvorhaben auf der Agenda der Bundesregierung stehen und wie diese durch die Regierung bewertet werden.

> Fragen an die Bundesregierung müssen überaus konkret formuliert sein, da ansonsten die Gefahr besteht, dass sich die Regierung mit vagen Antworten aus der Affäre zieht. Bei der Formulierung sollten Interessenvertreter proaktiv ihr Wissen anbieten. Ähnliches gilt für Anträge. Abgeordnete der Opposition sind gewöhnlich nicht abgeneigt, Formulierungshilfen von Verbandsvertretern zu nutzen, um ihrer Kontrollfunktion nachzukommen. Im Kapitel *IV.4.5 Maßnahmen im Parlament* wird auf solche möglichen Maßnahmen eingegangen.

Die Informationen, die auf diese Weise erlangt werden, sind jedoch nur ein erster Schritt auf dem Weg des präventiven Lobbyings. Sie müssen im weiteren Verlauf dazu genutzt werden, den politischen Entscheidungsträgern Alternativen aufzuzeigen und sie davon zu überzeugen, dass bei den von ihnen geplanten Vorhaben nicht alle relevanten Informationen Berücksichtigung gefunden haben. Erst wenn diese Eingaben bei den relevanten Akteuren auf Interesse stoßen, hat die Strategie des präventiven Lobbyings eine Chance auf Erfolg.

IV.3.2 Proaktives Lobbying

Proaktives Lobbying zielt darauf ab, ein bestimmtes Thema auf der Agenda des Gesetzgebers zu platzieren, obwohl dieser bis dahin für ein solches Vorhaben keine Notwendigkeit erkennen konnte. Dabei geht es zunächst darum, den Gesetzgeber überhaupt auf die Thematik aufmerksam zu machen. Gleichzeitig muss bei den politischen Entscheidungsträgern das Bewusstsein geschaffen werden, dass ein Handlungsbedarf besteht und dass der eigene Verband mit seinem Sachverstand einen wertvollen Beitrag zu einer erfolgreichen Regulierung/Neuordnung liefern kann.[69]

Die Herausforderung des proaktiven Lobbyings besteht somit zunächst darin, die Aufmerksamkeit der politischen Entscheidungsträger auf ein bestimmtes Thema zu lenken. Grundsätzlich gibt es dafür zwei Möglichkeiten:

Die erste Möglichkeit besteht darin, den Weg über die Öffentlichkeit zu suchen und durch eine Kampagne, beispielsweise eine Grassroots-Kampagne, die sich direkt an die Politik wendet, Aufmerksamkeit zu erzeugen. Diese offensive Taktik birgt jedoch die Gefahr, dass auch andere Akteure sich zu Wort melden und möglicherweise die Meinungshoheit an sich reißen. Zudem ist es denkbar, dass der durch eine solche Taktik erzeugte Handlungsdruck bei den politischen Entscheidungsträgern der Regierungsfraktion nicht positiv aufgenommen wird, da diese sich eventuell in die Enge gedrängt fühlen. Eine mögliche Konsequenz davon könnte beispielsweise sein, dass die Ausgangslage für weitergehende Gespräche zwischen Mitgliedern der Regierung sowie der Regierungsfraktionen und dem die Öffentlichkeit einbindenden Verband nicht optimal ist.

Um dies zu vermeiden, bietet sich eine zweite Möglichkeit an, die möglichst berücksichtigt werden sollte, bevor die Öffentlichkeit mit einbezogen wird. Dabei handelt es sich um das direkte Gespräch mit den relevanten politischen Entscheidungsträgern. Zum einen wird so vermieden, dass ebenso andere betroffene Akteure frühzeitig auf das Thema aufmerksam werden und sich in die Debatte einbringen. Zum anderen führt das direkte Vortragen von relevanten Themen im Gegensatz zu der Vermittlung der Themen über die Öffentlichkeit zu weniger potenziellen Konflikten mit den politischen Entscheidungsträgern, da kein öffentlicher Handlungs- und Rechtfertigungsdruck erzeugt wird.

---

[69] Vgl. Bender/Reulecke (2004), S. 120 f.

Adressaten sind bei diesem Vorgehen in erster Linie die Mitglieder der Regierung sowie der Regierungsfraktionen. Insbesondere sind Gespräche zu führen mit den verantwortlichen Fachpolitikern sowie möglichen Multiplikatoren innerhalb der Fraktion. Auf jeden Fall muss in den Gesprächen die Relevanz des Themas für den Adressaten herausgestellt werden. Nicht unterschätzt werden sollte dabei der Nutzen, der auch für den Adressaten besteht, wenn dieser sich mit dem Thema in der Öffentlichkeit profilieren kann. Der Tenor des Gesprächs sollte daher darauf liegen, diesen Nutzen für beide Seiten auch deutlich herauszustellen.

Gespräche sind zweifellos das effizienteste Mittel für die Kommunikation mit politischen Entscheidungsträgern. Insbesondere bei einer Lobbying-Strategie, die auf eine proaktive Haltung der Verbandsvertreter setzt, sind direkte Gespräche das stärkste Instrument. Wie diese eingefädelt und optimal vorbereitet werden, wird im Kapitel *IV.4.1 Gespräche* erläutert.

Ist die erste Phase erfolgreich gemeistert und stößt das Anliegen bei den politischen Entscheidungsträgern auf offene Ohren, sodass eine Gesetzesinitiative angestoßen werden konnte, gilt es, den Gesetzgebungsprozess weiterhin aktiv zu begleiten. Die zu ergreifenden Maßnahmen und zu nutzenden Instrumente entsprechen dabei denen, die auch in den unterschiedlichen Phasen des Gesetzgebungsprozesses beim reaktiven Lobbying angewendet werden. Diese werden im Folgenden vorgestellt.

IV.3.3 Reaktives Lobbying

Reaktives Lobbying wird in der Regel dann betrieben, wenn durch präventives Lobbying nichts erreicht werden konnte bzw. wenn es für diese Art von Lobbying bereits zu spät ist. Ähnlich dem proaktiven Lobbying ist die Voraussetzung für reaktives Lobbying ein existierender Handlungswunsch bzw. -druck für den eigenen Verband. Reaktives Lobbying zielt aber im Gegensatz zu aktivem Lobbying darauf ab, bereits angestoßene oder in der Vorbereitung befindliche Gesetzgebungsprozesse durch Einbringen eigener Positionen merklich zu verändern oder im Extremfall sogar zu verhindern. Reaktives Lobbying kann dementsprechend mithilfe verschiedener Instrumente zu unterschiedlichen Zeitpunkten innerhalb des Gesetzgebungsprozesses ansetzen. Wie bereits erwähnt, sind es die gleichen Instrumente, die auch das proaktive Lobbying verwendet.

Anhand der Phasen und Stationen, die bereits im Kapitel *II.1 Politisches System* im Zuge des Eisbergmodells vorgestellt wurden (vorparlamentarischer und parlamentarischer Gesetzgebungsprozess), werden im Folgenden die unterschiedlichen Ansatzpunkte samt den zu verwendenden Instrumenten und Maßnahmen für proaktives und reaktives Lobbying vorgestellt.

IV.3.3.1 Planungsphase eines Gesetzes

Am Anfang jeder Gesetzesinitiative steht das generelle Bedürfnis, einen bestimmten Sachverhalt rechtlich neu zu regeln. Der initiierende Gedanke kann dabei entweder direkt von einem politischen Entscheidungsträger oder aber auch von der Öffentlichkeit, zu der auch Verbände zählen, ausgehen. Bevor es aber zu der Entscheidung kommt, eine Gesetzesinitiative zu starten, bzw. ehe ein konkreter Gesetzesentwurf verfasst wird, findet gewöhnlich eine Diskussion über den Regelungsbedarf in der Öffentlichkeit oder in der Fachöffentlichkeit statt.

Auch wenn zu dieser Zeit der formelle Gesetzgebungsprozess noch gar nicht begonnen hat, besteht bereits die Möglichkeit, auf das Thema gemäß dem eigenen Interesse einzuwirken. Voraussetzung dafür ist, dass der Verbandsvertreter frühzeitig über relevante Entwicklungen sowie über den Verband betreffende Themen informiert ist. Hier zeigt sich, wie gut der Verbandsvertreter bei Gesetzesentwürfen im politischen Umfeld vernetzt ist und ob sein Issue-Management (insbesondere Scanning und Monitoring) funktioniert.

Ist auf diese Weise ein Thema identifiziert worden, bei dem seitens anderer Akteure ein Regelungsbedarf besteht, gibt es für einen Verband verschiedene Möglichkeiten, sich an der im Vorfeld stattfindenden Diskussion zu beteiligen. Zunächst gilt es, (Hintergrund-)Gespräche mit den relevanten Fachpolitikern (Berichterstattern) der Regierungsfraktionen zu führen. Gleichzeitig sollte auch das Gespräch mit den zuständigen Fachreferenten in den Ministerien gesucht werden. Der Verband sollte zudem ein konkretes Positionspapier erarbeiten und dieses den zuvor genannten Gesprächspartnern sowie möglicherweise bestehenden Arbeitskreisen der Regierungsfraktionen zur Verfügung stellen. Kursieren bereits zu diesem Zeitpunkt Entwürfe anderer Akteure, sollten zudem konkrete Alternativvorschläge gemacht werden. Dabei gilt es, sehr diskret vorzugehen, da bis dato noch nicht einmal ein Referentenentwurf existiert und sich vor allem die zuständigen Fachreferenten in den Ministerien übergangen fühlen könnten. Klarer Vorteil von Verbänden in diesem Zusammenhang ist jedoch, dass sie in den Ministerien in der Regel als Gesprächspartner mit hohem Sachverstand wahrgenommen werden, die zudem verbandsintern bereits ihre Positionen mit den eigenen Mitgliedern abgestimmt haben und somit eine Mehrheitsposition vertreten.[70]

Die breite Öffentlichkeit sowie die Oppositionsfraktionen sollten zu diesem Zeitpunkt möglichst außen vor gehalten werden. Es besteht die Gefahr, dass auf diese Weise weitere Regelungswünsche und -bedürfnisse geweckt werden, was die Vermittlung eigener Standpunkte und Positionen unnötig erschweren könnte. Vielmehr ist es in dieser Phase ratsam, nach möglichen Verbündeten mit ähnlichen Interessen Ausschau zu halten und mit diesen Allianzen einzugehen.

Lässt sich die Beteiligung der breiten Öffentlichkeit sowie der Oppositionsfraktionen zu diesem Zeitpunkt bereits nicht mehr verhindern, müssen diese allerdings offensiv eingebunden werden. In diesem Fall bietet es sich an, auch mit den fachpolitischen Entscheidungsträgern der Oppositionsfraktionen das Gespräch zu suchen sowie über die Teilnahme an öffentlichen Veranstaltungen die eigenen Positionen und Standpunkte in die breite Öffentlichkeit zu tragen und zu erläutern. Dass die Ausgangslage dadurch erheblich komplizierter wird, muss

---

[70] Vgl. Bender/Reulecke (2004), S. 123.

jedem Verbandsvertreter aber bewusst sein, bevor die Entscheidung getroffen wird, bereits zu diesem Zeitpunkt eine offensive Taktik einzuschlagen.

Maßnahmen und Instrumente „Planungsphase eines Gesetzes"

Im Idealfall:
- (Hintergrund-)Gespräche führen mit:
  - relevanten Fachpolitikern der Regierungsfraktionen
  - zuständigen Fachreferenten in den entsprechenden Ministerien
- Positionspapier erarbeiten und
  - an zuvor genannte Gesprächspartner weitergeben
  - an bestehende Arbeitskreise der Regierungsfraktionen weitergeben
- Mögliche Allianzen sondieren und Positionen sowie Vorgehen abstimmen

Unter Beteiligung der breiten Öffentlichkeit (Worst-Case-Szenario):
- Offensive Einbindung der Oppositionsfraktionen (Gespräche, Positionspapier)
- Offensive Einbindung der breiteren Öffentlichkeit (öffentliche Veranstaltungen)

IV.3.3.2 Referentenentwurf

Ist die Vorfelddiskussion abgeschlossen und der Regelungsbedarf vom Gesetzgeber anerkannt, beginnt der formale Gesetzgebungsprozess.[71] Dazu wird auf Grundlage der inhaltlichen Ausrichtung des zu regelnden Gegenstandes ein federführendes Ministerium (genauer: ein bestimmtes Fachreferat in dem federführenden Ministerium) bestimmt und mit der Erarbeitung eines Entwurfs betraut.

Zwar findet die Ausarbeitung des Entwurfs zu diesem Zeitpunkt weiterhin weder im Parlament noch in der Öffentlichkeit statt, dennoch sind spätestens zu diesem Zeitpunkt alle von dem Regelungsbedarf betroffenen Akteure dazu aufgerufen, ihren Sachverstand in die Ausarbeitung des sogenannten Referentenentwurfs einzubringen.

Dazu veranstaltet das für den Referentenentwurf zuständige Ministerium Anhörungen, bei denen „vor Abfassung eines Entwurfs die Auffassung der Länder und der auf Bundesebene bestehenden kommunalen Spitzenverbände eingeholt [wird]".[72] Das Ministerium entscheidet dabei selbstständig, welche Verbände im konkreten Fall als „kommunale Spitzenverbände auf Bundesebene" wahrgenommen werden, und ist somit bei der Auswahl der einzuladenden Verbände relativ frei. Bestehen seitens eines Verbandes gute Beziehungen zu der Arbeitsebene des entsprechenden Ministeriums, stehen die Chancen, als Sachverständiger angehört zu werden, nicht schlecht. Wird der eigene Verband als Sachverständiger angehört,

---

[71] Stammt die Gesetzesinitiative aus der Mitte des Bundestages, werden die meisten Entwürfe ebenfalls in den Bundesministerien ausgearbeitet. Wird eine Gesetzesinitiative vom Bundesrat gestartet, findet die Ausarbeitung des Entwurfs in der Regel in den Länderministerien statt.
[72] Bundesministerium des Inneren (2011): GGO § 41.

bekommt er dadurch die überaus wertvolle Möglichkeit, seine Positionen auf der Arbeitsebene des Ministeriums vorzutragen und somit direkten Einfluss auf den Referentenentwurf zu nehmen. Der kontinuierliche Aufbau eines belastbaren Netzwerkes innerhalb der relevanten Ministerien gehört daher zu den wichtigsten Aufgaben eines jeden Verbandsvertreters.

Außerdem bringt die Teilnahme an den Anhörungen der Ministerien einen weiteren Vorteil mit sich. Der Verbandsvertreter des vom Ministerium angehörten Verbandes verfügt gegenüber den politischen Entscheidungsträgern der Oppositionsparteien im Parlament nun über einen Informationsvorsprung, den es – wenn nötig – zu nutzen gilt. Der Informationsvorsprung gegenüber politischen Entscheidungsträgern der Oppositionsparteien kann etwa dazu genutzt werden, den Ministerien zu signalisieren, dass auch außerhalb der Regierungsmeinung Interesse an der Gestaltung des konkreten Gesetzestextes besteht. Dazu werden Informationen aus den Ministerien mit Entscheidungsträgern der Oppositionsparteien geteilt, sodass diese durch ihr Recht, Fragen an die Bundesregierung zu stellen sowie Anträge einzubringen, im Idealfall ebenfalls schon frühzeitig Einfluss auf den Entwurf nehmen können. Allerdings gilt es, diese Maßnahme von Fall zu Fall abzuwägen und die Interessen der Opposition mit den eigenen Interessen zuvor abzugleichen.

Ein Informationsvorsprung gegenüber Mitgliedern der Regierungsfraktionen besteht in der Regel nicht, da diese über die Regierung Zugang zu Informationen aus den Ministerien haben. Dieser Kanal wird auch dazu benutzt, um seitens der Regierung sowie der Mitglieder der Regierungsfraktionen frühzeitig Einfluss auf den Entwurf zu nehmen. Gespräche mit Mitgliedern der Regierung bzw. der Regierungsfraktion können dennoch fruchtbar sein, etwa wenn innerhalb der Regierungsfraktion unterschiedliche Auffassungen zu einer konkreten Regelungsabsicht bestehen und sich auf diese Weise zumindest kleine Korrekturen durchsetzen lassen.

Neben dem federführenden Ministerium gilt es in dieser Phase auch weitere beteiligte Ressorts sowie die Spiegelreferate im Bundeskanzleramt im Blick zu haben. Besteht kein Kontakt zu der Arbeitsebene des federführenden Ministeriums, können unter Umständen auf diese Weise Informationen an alternativen Stellen eingespeist werden, die dazu führen, dass die eigenen Interessen in die Formulierung des konkreten Gesetzestextes mit einfließen.

Maßnahmen und Instrumente „Referentenentwurf"

- Gespräche führen mit:
  - zuständigen Fachreferenten im federführenden Ministerium
  - zuständigen Fachreferenten in beratenden Ministerien
  - zuständigen Fachreferenten in den entsprechenden Spiegelreferaten des Bundeskanzleramts
  - Mitgliedern der Regierung
  - Mitgliedern der Regierungsfraktionen

- Von Fall zu Fall abzuwägen:
  - Gespräche mit politischen Entscheidungsträgern der Oppositionsfraktionen
  - Hinwirken auf Nutzung des Frage- und Antragsrechts der Oppositionsfraktionen

- Teilnahme an Anhörungen der Ministerien (federführend/beratend)

IV.3.3.3 Kabinettsentwurf

Ist der Referentenentwurf von allen beteiligten Ministerien abgestimmt worden, wird dieser an das Kabinett weitergeleitet. Hier wird der Referentenentwurf auf die Tagesordnung gesetzt und in einer Sitzung des Kabinetts beschlossen bzw. abgelehnt. Von diesem Zeitpunkt an wird der Entwurf als sogenannter Kabinettsentwurf geführt. Dieser wird zunächst an den Bundesrat übergeben, damit die Bundesregierung über die generelle Auffassung und mögliche Einwände des Bundesrates sowie der Länder informiert ist. Änderungen können auf diese Weise noch vor Weitergabe des Entwurfs an den Bundestag eingearbeitet werden.

Der Bundesrat hat sechs Wochen Zeit, um mögliche Einwände in Form einer Stellungnahme zu formulieren. Danach wird der begründete Gesetzesentwurf der Bundesregierung samt Stellungnahme des Bundesrates und Gegenäußerung der Bundesregierung zur Stellungnahme des Bundesrates an den Bundestag weitergeleitet. Handelt es sich um besonders eilige Entwürfe, hat die Bundesregierung auch die Möglichkeit, diese bereits nach drei Wochen an den Bundestag weiterzuleiten. Die Stellungnahme des Bundesrates wird in diesem Fall nachgereicht. Im Bundestag ist die erste Person, die den Gesetzesentwurf bekommt, der Präsident des Bundestages. Dieser setzt dann die Vorlage als Verhandlungsgegenstand auf die Tagesordnung des Bundestages.[73]

---

[73] Gesetzesinitiativen, ausgehend vom Bundesrat, haben einen ähnlichen Verlauf: Der Gesetzesentwurf geht zunächst an die Bundesregierung. Diese hat die Möglichkeit, den Gesetzesentwurf mit einer Stellungnahme zu versehen. Innerhalb von sechs Wochen muss sie den Gesetzesentwurf an den Präsidenten des Bundestages weiterleiten. Gesetzesinitiativen, die aus der Mitte des Bundestages eingebracht werden, müssen nicht dem Bundesrat vorgelegt werden, sondern gehen den direkten Weg in den Bundestag. Auch die Bundesregierung ist in der Lage, diesen Weg für besonders eilige Gesetzesvorhaben zu nutzen, indem sie einen Gesetzesentwurf über ihre eigene Fraktion in den Bundestag einbringt.

In dieser Phase des Gesetzgebungsprozesses besteht die einzige Möglichkeit, Einfluss auf die Kabinettsvorlage zu nehmen, darin, das Gespräch mit Mitgliedern des Bundesrates zu suchen. Besonders zugänglich verhalten sich die Mitglieder des Bundesrates sowie die Landesregierungen vor allem dann, wenn es sich um ein zustimmungspflichtiges Gesetz handelt, bei dem vonseiten der Länder Einwände gegen den Kabinettsentwurf bestehen. Für den Austausch von Informationen und Positionen bieten sich auch hier Gespräche als bestes Mittel an. Drängt jedoch die Zeit, ist es auch möglich, die Mitglieder des Bundesrates zu einem Parlamentarischen Abend einzuladen und sie im Rahmen der Veranstaltung mit Informationen zur laufenden Gesetzesinitiative zu versorgen.

Allerdings gilt es, bei sämtlichen Überlegungen auch stets die Parteizugehörigkeiten sowie die Mehrheitsverhältnisse im Bundesrat zu berücksichtigen. Nicht immer handeln die Mitglieder des Bundesrates völlig autark und unabhängig vom Geschehen im Bundestag.

Maßnahmen und Instrumente „Kabinettsentwurf"

- Gespräche führen mit:
  - Mitgliedern des Bunderates
  - Mitgliedern der Landesregierungen

- Von Fall zu Fall abzuwägen:
  - Einladung von Mitgliedern des Bundesrates zu Parlamentarischen Abenden

IV.3.3.4 Weiterleitung des Gesetzesentwurfs an den Bundestag

Sobald der Gesetzesentwurf den Bundestag erreicht, wird er dort auf die Tagesordnung gesetzt und mit der ersten Lesung aufgerufen. Spätestens zu diesem Zeitpunkt wird die Gesetzesinitiative auch in der Öffentlichkeit wahrgenommen. Zudem gilt, dass gewöhnlich ab dem Moment, in dem die Gesetzesvorlage in den Bundestag eingebracht wurde, weitreichende Änderungen am Gesetzestext nicht mehr möglich sind. Lediglich das Hinwirken auf geringe Abänderungen einzelner Inhalte ist nun noch vermittelbar.

Erreicht der Gesetzesentwurf den Bundestag, wird er damit auch den Fraktionen zugeleitet. Innerhalb der Fraktionsarbeitskreise werden daraufhin die fraktionsinternen Positionen zu der Gesetzesvorlage festgelegt und das Vorgehen innerhalb der Ausschüsse abgestimmt.

Zunächst sollte daher das Gespräch mit den politischen Führungskräften der Fraktion gesucht werden. Diese verfügen innerhalb der Fraktion über die meiste Macht und haben Einfluss auf die letztendliche Entscheidung innerhalb der Fraktion. Insbesondere sollten aber auch Gespräche mit den entsprechenden Fachpolitikern bzw. den Mitgliedern der Fraktionsarbeitskreise geführt werden. Parlamentarische Abende, zu denen die Mitglieder der jeweiligen Fraktionsarbeitskreise eingeladen sind, bieten zudem die Möglichkeit, die Gesetzesvorlage zu diskutieren und die Positionen und die möglicherweise vom Verband geforderten Änderungen zu verdeutlichen.

Bei der Vermittlung von Positionen und möglicherweise geforderten Änderungen sollte bedacht werden, dass fachliche Argumente zu diesem Zeitpunkt schwer zu vermitteln sind und die Abgeordneten spezifische fachliche Einlassungen möglicherweise nicht nachvollziehen können. Stattdessen sollten vermehrt politische Argumente genutzt werden, um im Idealfall damit auch den politischen Entscheidungsträgern im Ausschuss oder später im Plenum nutzbare Argumente zu liefern.

Maßnahmen und Instrumente „Fraktionsarbeitskreise"

- Gespräche führen mit:
  - Mitgliedern der Facharbeitskreise

- Positionspapier erarbeiten und
  - an die Mitglieder der Facharbeitskreise weitergeben

- Von Fall zu Fall abzuwägen:
  - Einladung von Mitgliedern der Facharbeitskreise zu Parlamentarischen Abenden

IV.3.3.5 Erste Lesung

Nach der ersten Lesung im Parlament findet in der Regel keine Aussprache unter den Abgeordneten statt.[74] Stattdessen wird die Gesetzesvorlage auf Grundlage der Empfehlungen des Ältestenrates an einen oder mehrere Ausschüsse zur Beratung überwiesen. Wird mehreren Ausschüssen die Zuständigkeit übertragen, so erhält ein Ausschuss die Federführung. Weitere Ausschüsse treten beratend auf.

Kommt es dennoch bereits nach der ersten Lesung zur Aussprache, sollte der Verbandsvertreter im Vorfeld in Erfahrung gebracht haben, welche politischen Entscheidungsträger das Wort ergreifen werden. Möglicherweise finden sich Redner der Opposition, die auf die (politischen) Argumente des Verbandsvertreters zurückgreifen, um konkrete Inhalte des Gesetzesvorhabens der Regierung in der Öffentlichkeit anzugreifen.

Der Verbandsvertreter sollte zunächst das Gespräch mit den Rednern der Oppositionsfraktionen suchen. Sind diese zugänglich für die politischen Argumente des Verbandsvertreters, sollten auch die Mitarbeiter der politischen Entscheidungsträger in die Gespräche mit einbezogen werden. Denn schließlich sind sie es, die für ihren Abgeordneten die Reden verfassen.

Maßnahmen und Instrumente „Erste Lesung"

- Kommt es bereits nach der ersten Lesung zu einer Aussprache, dann sollte
  - das Gespräch mit den Rednern geführt werden sowie
  - das Gespräch mit den Mitarbeitern der Redner geführt werden,
  um politische Argumente für die erste Aussprache zu liefern.

---

[74] Ausnahmefälle werden im Kapitel *II.1 Politisches System* näher erläutert.

IV.3.3.6 Arbeit in den Ausschüssen

Ist die Aussprache nach der ersten Lesung beendet bzw. wurde die Gesetzesvorlage ohne Aussprache an die Ausschüsse überwiesen, beginnt die Detailarbeit im federführenden Ausschuss sowie in den beratenden Ausschüssen. Die Mitglieder der Ausschüsse haben die Aufgabe, sich mit dem durch den Gesetzesentwurf betroffenen Sachverhalt auseinanderzusetzen. Im Ausschuss (bzw. den Ausschüssen) treffen auf diese Weise die Standpunkte und Meinungen der einzelnen Fraktionen aufeinander, die diese zuvor oder auch parallel in den Fraktionsarbeitskreisen erarbeitet haben. Auch besteht für den federführenden Ausschuss die Möglichkeit, fachliche Expertise im Rahmen ihrer Beratungen einzuholen. Zu öffentlichen Anhörungen können dazu die verschiedenen Fraktionen unterschiedliche Experten bestimmen, die vor dem federführenden Ausschuss die Möglichkeit bekommen, ihre Standpunkte darzulegen.

Neben dem ständigen Kontakt zu den Mitgliedern der Ausschüsse bietet es sich an, über die Ausschusssekretariate Gespräche mit dem Berichterstatter sowie den Obleuten zu suchen. Letztere sind gemeinsam mit dem Vorsitzenden für die Tagesordnung des Ausschusses verantwortlich. Der Berichterstatter ist zuständig dafür, den Bundestag ausführlich über die Beratungen und die Ergebnisse aufzuklären. Dazu zählen neben der Beschlussempfehlung mit Begründung des (federführenden) Ausschusses gegebenenfalls die Ansicht der in der Abstimmung unterlegenen Minderheit sowie die Stellungnahmen weiterer beteiligter Ausschüsse. Sowohl die Berichterstatter als auch die Obleute stellen daher einflussreiche Gesprächspartner dar, mit denen unbedingt Kontakt aufgenommen werden sollte. Ebenso sollten die mitberatenden Ausschüsse nicht vernachlässigt werden. Manches Argument ist möglicherweise im federführenden Ausschuss schwieriger zu platzieren als in einem beratenden Ausschuss. Insbesondere wenn es sich um inhaltliche Details handelt, die aufgrund ihrer inhaltlichen Ausrichtung von den Mitgliedern des federführenden Ausschusses nicht nachvollzogen werden können, bietet es sich an, diese den Mitgliedern des beratenden Ausschusses zugänglich zu machen. Über die Stellungnahme des beratenden Ausschusses besteht auf diese Weise die Möglichkeit, weitere Argumente für die eigene Position in die Entscheidung des federführenden Ausschusses einzubringen.

Maßnahmen und Instrumente „Erste Lesung/Ausschüsse"

- Gespräche führen mit:
  - Mitgliedern der Ausschüsse (federführend/beratend)
  - Berichterstattern des Ausschusses
  - Obleuten des Ausschusses

- Teilnahme an öffentlichen Anhörungen/Experten-Hearings

IV.3.3.7 Zweite und dritte Lesung (Aussprache und Abstimmung)

Nachdem der federführende Ausschuss seinen Abschlussbericht samt Abstimmungsempfehlung durch den Berichterstatter an alle Abgeordneten des Bundestages weitergegeben hat, kommt es in der Regel vor der zweiten Lesung zu einer Fraktionssitzung. Hier stimmen sich die Mitglieder der jeweiligen Fraktionen ab und eine einheitliche Fraktionsposition wird vereinbart.

Der allgemeinen Aussprache in der zweiten Lesung kann eine detaillierte Aussprache über sämtliche Bestimmungen des Gesetzesentwurfs folgen. Während der Aussprache hat jedes Mitglied des Bundestages die Möglichkeit, Änderungsanträge zu stellen, die direkt im Plenum behandelt werden. Werden keine Änderungsanträge gestellt bzw. ist das Verfahren der Änderungsanträge abgeschlossen, wird über jede selbstständige Bestimmung des Gesetzesentwurfs einzeln abgestimmt.

Die dritte Lesung folgt in der Regel direkt auf die zweite Lesung. Eine allgemeine Aussprache findet in der Regel in der dritten Lesung nicht statt, es sei denn, dass in der zweiten Lesung noch keine allgemeine Aussprache stattgefunden hat. Auch können weiterhin Änderungsanträge eingebracht werden, jedoch dürfen diese sich nur noch auf die Änderungen beziehen, die in der zweiten Lesung beschlossen wurden.

Maßnahmen und Instrumente „Zweite und dritte Lesung"

- Von Fall zu Fall abzuwägen:
    - Hinwirken auf Nutzung des Frage- und Antragsrechts bei Mitgliedern der Oppositionsfraktionen

IV.3.3.8 Weiterleitung des beschlossenen Gesetzes an den Bundesrat

Ist der Gesetzesentwurf vom Parlament angenommen, wird dieser an den Bundesrat weitergeleitet. Handelt es sich um ein Einspruchsgesetz, hat der Bundesrat die Möglichkeit, dem Gesetz zuzustimmen oder aber Einspruch einzulegen. Der Bundestag hat dann die Möglichkeit, den Einspruch zu überstimmen und damit das Gesetz dennoch in Kraft treten zu lassen.

Handelt es sich um ein Zustimmungsgesetz, kann der Bundesrat mit einfacher Mehrheit das Gesetz ablehnen. Der Bundestag hat dann – außer den Verhandlungsmöglichkeiten innerhalb des Vermittlungsausschusses – keine Möglichkeit, die Entscheidung des Bundesrates zu überstimmen.

Bei zustimmungspflichtigen Gesetzen besteht die letzte Möglichkeit, ein Gesetzesvorhaben nach Verabschiedung durch den Bundestag noch scheitern zu lassen, darin, die Mitglieder des Bundesrates bzw. die Mitglieder der Landesregierungen davon zu überzeugen, gegen das Gesetzesvorhaben zu stimmen.

Dabei darf nicht die Selbstständigkeit der Länder und von deren Vertretern unterschätzt werden, die unabhängig von der Bundespolitik von eigenen Interessen und Zwängen geleitet werden. Aus diesem Grund sollten Gespräche mit allen Ländervertretern geführt werden.

Der Bundesrat verfährt bei seiner Entscheidungsfindung ähnlich wie der Bundestag. Es kommt zu einer ersten Lesung, wonach die Gesetzesvorlage in die Ausschüsse des Bundesrates verwiesen wird. Hier wird, ähnlich wie im Bundestag, eine Beschlussempfehlung erarbeitet, die den politischen Entscheidungsträgern im Bundesrat zugestellt wird. Es folgen daraufhin die zweite und dritte Lesung sowie die Abstimmung.

Maßnahmen und Instrumente „Bundesrat"

- Gespräche führen mit:
  - Mitgliedern des Bunderates
  - Mitgliedern der Landesregierungen
  - Mitgliedern der Bundesratsausschüsse

IV.3.3.9 Aufrufung des Vermittlungsausschusses

Stimmt der Bundesrat gegen eine vom Bundestag bereits verabschiedete Gesetzesvorlage, kann der Vermittlungsausschuss angerufen werden. Bei Einspruchsgesetzen ist dieses Recht dem Bundesrat vorenthalten. Bei zustimmungspflichtigen Gesetzen allerdings können sowohl Bundesrat als auch Bundestag sowie die Bundesregierung den Vermittlungsausschuss anrufen.

Innerhalb des streng vertraulichen Gremiums wird versucht, einen Kompromissvorschlag auszuarbeiten, der es insbesondere bei zustimmungspflichtigen Gesetzen ermöglichen soll, dennoch zu einer Verabschiedung des Gesetzes durch den Bundesrat zu kommen. Ein möglicher Kompromiss muss in diesem Fall von beiden Seiten getragen werden, da ansonsten das Gesetzesvorhaben scheitert. Bei Einspruchsgesetzen besteht weiterhin für den Bundestag die Möglichkeit, die Entscheidung des Bundesrates zu überstimmen.

Kommt ein Kompromissvorschlag im Vermittlungsausschuss zustande, wird die Gesetzesvorlage zur erneuten Abstimmung in den Bundestag gegeben.

Da die Beratungen des Vermittlungsausschusses auf einer streng vertraulichen Ebene stattfinden, sind Interventionsoptionen rar. Dennoch sollten Verbandsvertreter auch in dieser Phase das Gespräch mit den Mitgliedern des Vermittlungsausschusses suchen, insbesondere mit den Vertretern der Landesregierungen.

Maßnahmen und Instrumente „Vermittlungsausschuss"

- Gespräche führen mit:
  - Mitgliedern des Vermittlungsausschusses (insbesondere Vertretern der Länder)

IV.4 Maßnahmen und Instrumente der Interessenvertretung

Die Wahl der richtigen Maßnahmen und Instrumente, um ein bestimmtes politisches Ziel zu erreichen, ist der zentrale Dreh- und Angelpunkt jeder Strategie. Dabei gilt es, zwischen direkten und indirekten Lobbying-Instrumenten und -Maßnahmen zu unterscheiden, die in der Praxis meist in kombinierter Form genutzt werden.

Maßnahmen des direkten Lobbyings bilden sämtliche Instrumente, die auf den direkten und persönlichen Kontakt zwischen Verbandsvertretern und politischen Entscheidungsträgern abzielen. Grundsätzlich sollten die Instrumente des direkten Lobbyings sowohl bei Vertretern der Regierungspartei als auch bei Oppositionspolitikern angewendet werden. Das Ziel der Verwendung von Instrumenten des direkten Lobbyings liegt aber vor allem darin, durch direkte Einflussnahme auf einen konkreten (Gesetzgebungs-)Prozess einzuwirken. Aufgrund der Mehrheitsverhältnisse und der damit einhergehenden Entscheidungsmacht der Regierungsfraktion im Parlament wenden sich die direkten Instrumente des Lobbyings daher vor allem an konkrete Entscheidungsträger aus der Regierungsfraktion. Allerdings ist es ratsam, auch die entsprechenden Fachpolitiker und Multiplikatoren aus der Opposition durch die Instrumente des direkten Lobbyings von den eigenen Standpunkten und Positionen zu überzeugen.

Zu den Instrumenten des indirekten Lobbyings zählen alle anderen Mittel und Wege, die eigenen Interessen bei den relevanten politischen Entscheidungsträgern geltend zu machen und dafür die Multiplikatorenwirkung anderer Akteure (Wissenschaftler, Medien, externe Betroffenengruppen, NGOs, Parteigremien) zu nutzen. Meistens werden die Instrumente gebündelt eingesetzt, um neben der reinen Informationsübertragung zwischen Verbandsvertreter und politischem Entscheidungsträger auch die Macht der Opposition oder aber das öffentliche Interesse zu nutzen, um einen Handlungsdruck bei den Adressaten zu erzeugen. Vielfach verläuft die Grenze zwischen den direkten und indirekten Instrumenten des Lobbyings fließend, wie sich bei näherer Betrachtung herausstellen wird.

IV.4.1 Gespräche

Gespräche, insbesondere Gespräche bei persönlichen Treffen, sind zweifellos das effizienteste Mittel für die Kommunikation mit politischen Stakeholdern, da Anliegen und Interessen auf den Punkt gebracht und Fragen sofort geklärt werden können. Zudem schafft ein Gespräch immer eine persönliche Verknüpfung zum Gegenüber. Nicht wenige politische Stakeholder bevorzugen auch wegen der generell hohen Lesebelastung und des chronischen Zeitmangels grundsätzlich das persönliche Gespräch, da es ihnen auf diese Weise erspart bleibt, die wesentlichen Informationen mühsam zwischen den Zeilen herauszulesen zu müssen.

Verbandsvertreter sollten sich sowohl vor als auch nach Gesprächen mit politischen Entscheidungsträgern darüber Gedanken machen, wie sie die den Inhalt, das Ziel und das Ergebnis des Gesprächs intern kommunizieren. Auf welche Weise der Mehrwert eines Gesprächs mit politischen Entscheidungsträgern optimal kommuniziert werden kann, wird im Kapitel *IV.5 Interne Kommunikation* erläutert.

IV.4.1.1 Generelle Vorbereitung von Gesprächen

Führen Verbandsvertreter Gespräche mit politischen Stakeholdern, dann sollten sie sich zuvor so gut wie möglich auf ihr Gegenüber einstellen. Dazu zählt unter anderem, dass dem Verbandsvertreter die Biografie seines Gesprächspartners bekannt ist. Es ist zudem hilfreich zu wissen, wer mögliche inner- und außerparteiliche Konkurrenten sind, in welchen Netzwerken der Gesprächspartner aktiv ist und ob er darüber hinaus Gegner, Verbündete oder Förderer hat. Vor dem Gespräch sollte sich der Verbandsvertreter zudem fragen, wie das zu besprechende Thema bzw. das Anliegen dem Gesprächspartner nützen oder schaden könnte. Zudem gilt es, im Vorfeld zu klären, ob der Gesprächspartner Einfluss innerhalb seiner Partei oder der Fraktion hat und möglicherweise als eine Art Multiplikator genutzt werden kann. Auch die Wahrnehmung des Gesprächspartners durch die Öffentlichkeit sollte immer berücksichtigt werden.[75] Zusammenfassend lässt sich sagen, je umfangreicher die Informationen sind, die im Vorfeld zu einem Gesprächspartner gesammelt werden können (Medien, Parlamentsprotokolle), desto zielgerichteter kann der Verbandsvertreter seine Anliegen formulieren.

IV.4.1.2 Telefonate

Als erster Schritt der Kontaktaufnahme mit politischen Entscheidungsträgern bietet sich ein Telefonat durchaus an. Zu beachten ist jedoch, dass in der Regel die Entscheidungsträger nicht persönlich auf diese Weise zu erreichen sind und das Gespräch bereits im Vorzimmer beim Büroleiter oder wissenschaftlichen Mitarbeiter endet. Ausnahmen bestätigen auch hier die Regel: Der richtige Name bzw. die politische Relevanz des Anrufers machen hier den Unterschied. Doch auch wenn kein direkter Draht zum Abgeordneten besteht, das Telefonat mit den Mitarbeitern bietet die Möglichkeit, erste relevante Informationen zu erhalten bzw. zu platzieren. Vergleichbar ist dieses erste Gespräch mit einer Art „Teaser", bei dem allgemeine Informationen zum Gesprächsthema gegeben werden, sodass auf dieser Grundlage der Abgeordnete informiert werden und ein Gesprächstermin vereinbart werden kann. Detailfragen sind hingegen nicht am Telefon zu klären – zu unverbindlich sind die Informationen, die auf diese Weise übertragen werden. Darüber hinaus gilt es zu bedenken, dass Detailfragen in der Regel nicht ad hoc geklärt werden können, sondern einer Vorbereitung bedürfen. Es gilt auch, den Gesprächspartner – unabhängig davon, ob es ein politischer Entscheidungsträger oder einer seiner Mitarbeiter ist – nicht mit Detailinformationen zu überfordern. Durch ein solches Auftreten – vor allem während der ersten Kontaktaufnahme – könnte ein potenzieller Gesprächspartner abgeschreckt werden. Besteht bereits Kontakt zum Abgeordneten bzw. zu seinem Büro, ist es durchaus auch möglich, einen Gesprächstermin per E-Mail unter Angabe des Themas zu vereinbaren. Bei der ersten Kontaktaufnahme ist davon allerdings abzusehen.

---

[75] Vgl. Vondenhoff/Busch-Janser (2008), S. 86 f.

Telefonate sollten zudem immer nachbereitet werden. Zum Beispiel bietet es sich an, während des Gespräches Notizen zu machen, sodass Informationen nicht erneut abgefragt werden müssen oder gar verloren gehen. Je nach Gespräch kann auch ein Gesprächsprotokoll verfasst werden, in dem die wesentlichen Botschaften des Anliegens noch einmal zusammengefasst und dem Gesprächspartner übermittelt werden. Auf diese Weise ist gewährleistet, dass auch der Entscheidungsträger bei Bedarf den Inhalt des Telefonats rekapitulieren kann.

IV.4.1.3 Fachgespräche

Fachgespräche dienen vor allem der Positionierung im politischen Umfeld, der Beeinflussung politischer Vorhaben, der Informationsbeschaffung sowie dem Aufbau und der Pflege eines belastbaren Netzwerkes.[76] Sie müssen nicht zwangsweise eins zu eins geführt werden. So wie politische Entscheidungsträger meist von einem Referenten zu solchen Gesprächen begleitet werden, bietet es sich an, eine zweite Person zum Gesprächstermin hinzuzuziehen.

Werden dem politischen Entscheidungsträger die eigenen Positionen bzw. Interessen vermittelt, gilt es dabei, den Mehrwert für beide Seiten herauszustellen. Die Darstellung von extremen Positionen bzw. überzogenen Forderungen könnte den Gesprächspartner aber in die Defensive treiben. Hilfreicher ist es dagegen, die Sichtweise des Gesprächspartners aufzunehmen und ihm auf diese Weise zu vermitteln, dass man die Einschränkungen und Verpflichtungen, die ein politischer Entscheidungsträger in der Regel zu berücksichtigen hat, bereits bedacht hat. Empathie ist hierbei eine sehr hilfreiche Fähigkeit.

Ähnlich wie Telefonate sollten Fachgespräche unbedingt in Form eines Gedächtnisprotokolls dokumentiert und nachbereitet werden. Dazu zählen neben Notizen zum generellen Gesprächsverlauf vor allem eventuell getätigte Zusagen oder Einwände seitens des Gesprächspartners. Ebenso sollte im Nachgang ein Brief (oder eine E-Mail) an den Entscheidungsträger verfasst werden, in dem die zuvor genannten Gesprächsinhalte noch einmal zusammengefasst werden.

IV.4.1.4 Hintergrundgespräche

Im Gegensatz zu Fachgesprächen finden Hintergrundgespräche auf vertraulicher Basis statt. Das, was während eines solchen Gespräches besprochen wird, bleibt in der Regel „unter drei". Voraussetzung dafür ist, dem Gesprächspartner glaubhaft zu vermitteln, dass er sich in einem geschützten Raum befindet, in dem auch Vertrauliches ausgetauscht werden kann. Gelingt dies, dann erhalten meist beide Seiten nützliche Informationen, können Fakten erörtert und gleichzeitig nachhaltige, vertrauensvolle Beziehungen zu wichtigen politischen Stakeholdern aufgebaut werden.

Auch für Hintergrundgespräche gilt, dass sie, ähnlich wie Fachgespräche, gründlich vor- und nachbereitet werden müssen. Es ist auch bei Hintergrundgesprächen durchaus üblich, seinem Gesprächspartner beispielsweise ein kurzes Fact Sheet oder auch ein bereits ausgearbeitetes Positionspapier unmittelbar nach dem Gesprächstermin zukommen zu lassen. In

---

[76] Vgl. Willms, Julian (2012), S. 123.

Hinblick auf den stets vollen Terminkalender des Abgeordneten sollte diese Zusammenfassung so knapp und so konkret wie möglich gehalten werden.

IV.4.1.5 Hinweise für die Wahl des Ortes für Gespräche

Es gilt zu bedenken, dass die Wahl des Ortes durchaus Einfluss auf das Ergebnis eines Gesprächs haben kann. Grundsätzlich gibt es drei Möglichkeiten, die im Folgenden erläutert werden, zwischen denen es zu wählen gilt, wenn Gespräche mit politischen Entscheidungsträgern geführt werden:

Am unverfänglichsten ist das Treffen in den Räumlichkeiten des Gesprächspartners. Politische Entscheidungsträger sind es aufgrund ihrer hohen Arbeitsbelastung gewohnt, in den eigenen Büroräumen aufgesucht zu werden. Hier lassen sich am besten kurzfristig Termine vereinbaren und zudem ergibt sich die Möglichkeit, die Mitarbeiter des Gesprächspartners kennenzulernen. Allerdings muss dem Verbandsvertreter bewusst sein, dass die Gesprächsatmosphäre hier von seinem Gegenüber und dessen möglicherweise engem Zeitplan bestimmt wird.

Anders verhält es sich mit der Gesprächsatmosphäre bei einem Essen in einem Restaurant. Hier kann das Angenehme mit dem Nützlichen verbunden werden, wodurch ein informeller und zwangloser Austausch ermöglicht wird. Allerdings gilt es zu beachten, dass Einladungen für Politiker und Beamte eine sensible Angelegenheit sind, bei denen es gilt, den Eindruck der Vorteilsnahme aufseiten des Entscheidungsträgers zu vermeiden. Einladungen zum Gespräch beim Mittagessen bieten den Vorteil, dass sie den Terminkalender des Gesprächspartners nicht weiter belasten. Dabei sollte allerdings beachtet werden, dass das Restaurant bzw. das Café in der Nähe des Arbeitsplatzes des Gesprächspartners liegt und durch den Termin kein höherer Zeitaufwand entsteht. Abseits der Mittagszeit bieten auch Frühstücksdialoge die Möglichkeit, kurze und unverbindliche Gespräche zu führen.

Je tiefer der inhaltliche und fachliche Grad des Austausches ist, desto eher eignen sich auch die eigenen Büroräume. Diese können dem Gesprächspartner einen umfassenden Einblick in die Professionalität und Mentalität der eigenen Institution bieten. Voraussetzung ist, dass der Gesprächspartner ein entsprechendes Interesse sowie Zeit mitbringt. Voraussetzung ist ebenso, dass sich politische Entscheidungsträger einen Mehrwert durch das Gespräch erhoffen, sei es durch fundierte Einschätzungen zu entsprechenden Sachverhalten oder durch Themen, mit denen sie sich in der Öffentlichkeit profilieren können.

Die Frage der Einladung und des Ortes ist immer auch mit einer Beziehungsebene verknüpft. Es gilt also abzuwägen, wie öffentlich und wie informell das Gespräch sein soll. Die Grundvoraussetzung eines Gesprächs liegt in der Professionalität und Vertraulichkeit.

IV.4.2 Schriftliche Kommunikation

Neben der persönlichen Kommunikation ist auch die schriftliche Kommunikation ein wichtiges Instrument, um Anliegen bei den politischen Entscheidungsträgern zu platzieren und um den Kontakt zum Abgeordneten zu pflegen. Wie zuvor herausgestellt wurde, ist zwar das persönliche Gespräch dem Versand von Briefen, E-Mails oder Faxnachrichten immer vorzuziehen, doch bedürfen bestimmte Angelegenheiten der schriftlichen Kommunikation. Dabei gilt es, bestimmte Regeln zu beachten und den Tritt ins Fettnäpfchen zu vermeiden.

IV.4.2.1 Briefe

Der Brief ist die klassische Form im Lobbying, um relevante politische Stakeholder anzusprechen. Verschiedene Aspekte, wie die Aufbereitung des Inhalts, die Einhaltung von formalen Regeln sowie das Timing beim Versand, sind bei diesem Format zu beachtende Kriterien.

Grundsätzlich sollten Briefe kurz gehalten werden und sich lediglich auf ein konkretes Anliegen beziehen. Der Inhalt eines Briefes sollte dabei das Ziel haben, beim Adressaten Interesse am formulierten Anliegen zu wecken, gleichzeitig Klarheit über das Anliegen zu schaffen und dabei nicht mit Details zu überfordern. Zudem sollten Briefe auf keinen Fall undifferenziert verschickt, sondern zielgerichtet adressiert werden. Serienbriefe landen erfahrungsgemäß ohne weitere Beachtung im Papierkorb. Eine passgenaue Ansprache, die Bezugnahme auf persönliche bzw. fachliche Schwerpunkte oder das Hinweisen auf regionale Gemeinsamkeiten erleichtern die Ansprache des Adressaten enorm.

Bei der Formulierung von Briefen muss zum einen bedacht werden, dass gerade Abgeordnete tagtäglich eine Vielzahl von Briefen erhalten, die möglicherweise eine höhere Priorität haben, und zum anderen, dass sämtliche Briefe an Abgeordnete zunächst über die Schreibtische und durch die Vorauswahl der Mitarbeiter gehen. Leicht zu vermeidende Formfehler können ein erster Grund für das Aussortieren von Anschreiben sein. Das Berücksichtigen von Standards wie korrekter Titel und Anrede unterstreicht zudem die Kompetenz und die Sorgfalt des Absenders. Vor dem Versand sollte daher unbedingt geprüft werden, ob Rechtschreibung, Zeichensetzung und die Ansprache des Adressaten korrekt sind.[77]

> Fragen bezüglich des Protokolls, z. B. die Adresse und die Anrede von Funktionsträgern betreffend, sollten mit offiziellen Angaben abgeglichen werden. Eine gute Möglichkeit dazu bieten die Informationen der Bundesregierung unter:
> - www.protokoll-inland.de

Auch sollte beim Versand eines Briefes auf das Timing geachtet werden. Wenn in dem Anschreiben eine klare Erwartungshaltung signalisiert wird und der Inhalt möglicherweise Bezug auf ein laufendes politisches Verfahren nimmt, sollte der Adressat den Brief so frühzeitig erhalten, dass er sich mit dem Inhalt auseinandersetzen und gegebenenfalls eine Handlung initiieren kann. Der Absender sollte ebenso berücksichtigen, dass Abgeordnete in der Regel

---

[77] Vgl. Schwaneck/Schuster/Üster (2012), S. 57 ff.

lediglich in den Sitzungswochen des Bundestages in ihrem Berliner Büro sind. Den Rest der Zeit sind sie in ihren Wahlkreisen bzw. in ihren Wahlkreisbüros. Wird ein Brief erst kurz vor dem Wochenende versandt, ist damit zu rechnen, dass dieser sich montags die Aufmerksamkeit mit der Wochenendpost teilen muss, was der Platzierung von wichtigen Anliegen nicht zuträglich ist.

IV.4.2.2 Faxe
Auch in Zeiten des Internets zählt das Faxgerät weiterhin in allen Abgeordnetenbüros zur Standardausrüstung. Wichtige Angelegenheiten können daher auch per Fax versandt werden. Voraussetzung hierfür ist, dass auch dem Mitarbeiter des Abgeordneten, der das Fax empfängt, die Dringlichkeit der Angelegenheit bewusst ist. Ein Anruf vor dem Versand des Faxes schafft hier Sicherheit.

IV.4.2.3 E-Mails
Statt eines *echten* Briefes eine E-Mail zu schicken ist in der Mehrzahl der Abgeordnetenbüros bislang keine empfehlenswerte Alternative. Vor allem wenn es darum geht, wichtige Anliegen zu formulieren oder Kontakte zu knüpfen, wird der Brief immer noch als alternativlos angesehen.[78]

Zudem ist davon auszugehen, dass E-Mails noch schneller in der Flut ihresgleichen untergehen, als es bei Briefen der Fall ist. Denn das tägliche E-Mail-Aufkommen in den Abgeordnetenbüros übersteigt noch bei Weitem das tägliche Postaufkommen. Die Kriterien der Vorauswahl durch die Mitarbeiter dürften daher noch strenger sein, als dies bei klassischen Briefen der Fall ist. Besonders wichtig ist in diesem Fall die richtige E-Mail-Adresse. Denn wird eine E-Mail an die Adresse geschickt, die über die Website des Abgeordneten zu finden ist, landet die Nachricht in der Regel zunächst im Sekretariat. Von dort aus wird sie vielleicht an einen wissenschaftlichen Mitarbeiter weitergeleitet, der die E-Mail wiederum vielleicht an den eigentlichen Adressaten, den Abgeordneten, weiterleitet. Ist hingegen die korrekte E-Mail-Adresse des thematisch passenden Mitarbeiters bekannt, lässt sich auf diese Weise bereits die erste Hürde umgehen.

Selbstverständlich ist die grundsätzliche Situation anders zu bewerten, wenn der Interessenvertreter mit dem Abgeordneten bereits vertraut ist. Ist dies der Fall, spricht nichts dagegen, Informationen auf elektronischem Weg auszutauschen. Dennoch gilt auch in diesem Fall, dass wichtige Anliegen in einem klassischen Brief besser aufgehoben sind.

Die E-Mail-Adressen der Abgeordneten des Bundestages folgen einem klassischen Muster: Vorname.Nachname.mdb@bundestag.de (zuvor: Vorname.Nachname.lt@bundestag.de)

---

[78] Vgl. Schwaneck/Schuster/Üster (2012), S. 58.

IV.4.3 Politische Dokumente

Das Formulieren von Dokumenten, die Position zu einem bestimmten Sachverhalt beziehen, ist eine der Kernaufgaben des Verbandsvertreters. Die Stellungnahme zu einem konkreten politischen Sachverhalt bzw. das Vermitteln eigener, konkreter Positionen gehört zum Tagesgeschäft, um von den politischen Entscheidungsträgern wahrgenommen zu werden.

IV.4.3.1 Stellungnahmen[79]

Die Stellungnahme umreißt in der Regel den Standpunkt des Absenders zu einem konkreten, meist gesetzgeberischen, politischen Vorgang. Sie ist in der Regel knapp, klar strukturiert und sachlich formuliert. Stellungnahmen entstehen in der Regel auf Initiative eines Ministeriums oder eines Ausschusses.

Dabei dient die Stellungname weniger (aber auch) der Marken- oder Imagebildung als vielmehr der Formulierung und Vermittlung konkreter politischer Interessen. Dabei kommt dem Prozess der innerverbandlichen Willensbildung mit dem Ziel der Formulierung der Interessen in Form einer Stellungnahme nicht selten eine ebenso große Bedeutung zu wie der Vermittlung dieser Interessen an die politischen Entscheider.

Stellungnahmen sollten in ihrer Form immer die Struktur des Dokuments, auf das sie sich beziehen, widerspiegeln. Die einzelnen Punkte innerhalb des Bezugsdokuments sollten in der Stellungnahme einer nach dem anderen abgehandelt werden. Dabei sollte deutlich gemacht werden, wie die eigene Positionierung ausfällt und was die zentralen Änderungsforderungen an die Inhalte des bestehenden Dokuments sind.

Bei Stellungnahmen zu Gesetzesentwürfen bedeutet dies im Klartext, dass zu jedem einzelnen Paragrafen Stellung bezogen wird, indem dieser zunächst aus Sicht des Verbandes analysiert, abgewogen und schließlich kommentiert wird. Dabei sollte auf ausschweifende Kommentare jedoch verzichtet werden. Stattdessen sollten präzise und knappe Aussagen zu etwaigen Pro- oder Kontra-Positionen, Zustimmungen oder Ablehnungen sowie Änderungsforderungen deutlich gemacht werden. Auch Alternativvorschläge gehören bei der Ablehnung von gesetzlichen Regelungen in eine Stellungnahme.

Die meisten Stellungnahmen werden in der Regel zu Referentenentwürfen von Gesetzesvorlagen abgegeben. Denn nach § 47 der Gemeinsamen Geschäftsordnung der Bundesministerien sind diese dazu verpflichtet, rechtzeitig die betroffenen Zentral- und Gesamtverbände sowie entsprechende Fachkreise, die auf Bundesebene bestehen, auf den Referentenentwurf aufmerksam zu machen.[80] Dabei entscheiden die jeweiligen Bundesministerien jedoch selbstständig über die Auswahl der zu kontaktierenden Verbände und Fachkreise. Jedoch können Stellungnahmen auch ohne die Aufforderung der Ministerien bei diesen eingereicht werden.

---

[79] Vgl. Rohwer/Schuster (2013), S. 4–7.
[80] Vgl. Bundesministerium des Inneren (2011): GGO §47.

Generell gilt bei Stellungnahmen zu beachten, dass die Ministerien nicht grundsätzlich verpflichtet sind, diese zu berücksichtigen. Zwar werden alle eingereichten Stellungnahmen zur Kenntnis genommen, doch letztlich nicht gleich behandelt. In der Regel werden vor allem die Stellungnahmen berücksichtigt, die von Verbänden oder Fachkreisen eingereicht werden, die vom Ministerium als politisch relevant eingestuft werden. An dieser Stelle lohnt es sich, über gute Kontakte zur Arbeitsebene des entsprechenden Ministeriums zu verfügen. Auf diese Weise erfährt die Stellungnahme des eigenen Verbandes unter Umständen eine höhere Berücksichtigung, als dies ohne die entsprechenden Kontakte der Fall gewesen wäre. Auch ist es möglich, einzelne Abgeordnete dazu zu bewegen, das Ministerium bzw. den Minister anzuschreiben und aufzufordern, eine bestimmte Stellungnahme zu berücksichtigen.

Stellungnahmen können, müssen aber nicht zu einer Änderung einer Gesetzesvorlage führen. Sie dienen Verbänden neben ihrem genuinen Zweck vor allem dazu, gegenüber ihren Mitgliedern zu belegen, dass sie sich an Gesetzgebungsverfahren, die Themen des Verbandes betreffen, beteiligen. Auch als Mittel zur Positionierung gegenüber der Öffentlichkeit sowie anderen Akteuren kann die Stellungnahme genutzt werden.

Stellungnahmen können in verbandsinternen Medien aufgegriffen werden, jedoch sollten gegenüber Mitgliedern eventuell vorhandene Erwartungshaltungen gedämpft werden.

IV.4.3.2 Positionspapiere
Positionspapiere dienen grundsätzlich dazu, die eigenen Standpunkte zielgruppengerecht aufzubereiten und Themen in die politische Debatte einzubringen. Sie verdeutlichen gewöhnlich den Standpunkt des Absenders zu einem konkreten, in der Entstehungsphase befindlichen gesetzgeberischen Vorgang. Der Unterschied zur Stellungnahme besteht darin, dass das Positionspapier auf Initiative des Absenders entsteht, sich nicht auf ein bestimmtes anderes Dokument bezieht und keinen eindeutig definierten Adressaten haben muss.

Positionspapiere helfen dabei, die Meinungen sowie die Ansichten des Absenders grundsätzlich und auf Dauer zu festigen. Die Adressaten können prinzipiell gezielt ausgewählt werden. Jedoch ist das Positionspapier generell als öffentliches Dokument gedacht, das zum Ziel hat, einen möglichst großen Kreis politischer (Fach-)Akteure zu erreichen. Positionspapiere können auch dazu genutzt werden, in der Ideen- und Entwicklungsphase eines konkreten Gesetzgebungsprozesses den Verband durch die Vermittlung der eigenen Standpunkte für den weiteren Verlauf der Debatte zu positionieren. Dabei zählt der Grundsatz: Je früher ein Positionspapier in die Debatte eingebracht wird, desto größer sind die Chancen, dass es von Akteuren mit ähnlichen Zielsetzungen aufgegriffen und weiterverbreitet wird.[81]

Im Idealfall bietet ein Positionspapier den Adressaten die Möglichkeit, die darin begründeten Argumente als eine Art Entscheidungshilfe bei der Entwicklung der eigenen Standpunkte zu nutzen. Richtet es sich an politische Entscheidungsträger, sollte daher bereits beim Verfassen bedacht werden, dass die wesentlichen Informationen so aufbereitet werden sollten,

---

[81] Vgl. Bender/Reulecke (2004), S. 72.

dass sie leicht verständlich und dementsprechend ohne weitere Anstrengungen nachzuvollziehen sind.

Positionspapiere folgen keiner standardisierten Form. Ihre Struktur sollte schlüssig sein und die Argumente sollten nachvollziehbar begründet werden. Im Gegensatz zu Stellungnahmen, die sich gewöhnlich auf einzelne Dokumente beziehen, verweisen Positionspapiere in der Regel auf viele verschiedene Dokumente (wie z. B. Parteiprogramme, Koalitionsverträge, Regierungsprogramme oder auch Gutachten, Studien, verbandsinterne Berichte etc.) und dienen dazu, einen Verband innerhalb eines Politikfeldes zu positionieren.

IV.4.4 Veranstaltungen

Auch das Ausrichten von Veranstaltungen gehört zu den direkten Instrumenten des Lobbyings, wobei diese teilweise in einer entweder bewussten oder nicht zu verhindernden Öffentlichkeit stattfinden und nicht den Charakter von Vieraugengesprächen haben. Seien es Parlamentarische Abende, bei denen der ungezwungene Austausch und das Netzwerken im Vordergrund stehen, oder Fachveranstaltungen, bei denen es um die Vermittlung relevanter Inhalte geht, im Rahmen solcher Veranstaltungen lässt sich viel erreichen, sofern sie gut geplant und durchgeführt sind.

Generell muss sich jeder Verband, bevor er zu einer Veranstaltung – egal welchen Formates – einlädt, fragen, was die Zielsetzung des Events ist. Themen müssen im Vorfeld festgelegt, Positionen, die vermittelt werden sollen, erarbeitet werden. Davon ausgehend muss eine Kernbotschaft abgeleitet werden, die bei der Zielgruppe eine positive Erwartungshaltung schafft.

Ebenso ist die Definition der Zielgruppe abhängig davon, was mit dem Event bezweckt werden soll. Liegt der Fokus der Veranstaltung auf der Vermittlung von konkreten inhaltlichen Aspekten in Hinblick auf ein Gesetzgebungsverfahren, welches bereits im Parlament beraten wird, dann beschränkt sich der Kreis der Adressaten auf Mitglieder des Bundestages bzw. auf Fachpolitiker, die mit der Arbeitskreis- oder Ausschussarbeit betraut sind. Bei einem Gesetzgebungsverfahren, welches sich noch im Stadium des Entwurfs befindet, könnte die Zielgruppe hingegen aus Mitarbeitern (z. B. Abteilungs-, Unterabteilungs- oder Referatsleitern) der relevanten Ministerien bestehen. Handelt es sich jedoch um Veranstaltungen, deren Fokus darauf liegt, auch eine breitere Öffentlichkeit zu erreichen und generelle Positionen in die politische Debatte einzubringen, würde dementsprechend auch die Zielgruppe breiter definiert werden und diese nicht auf politische Entscheidungsträger beschränkt bleiben.

Essenziell ist es, Termine frühzeitig festzulegen und zu prüfen, ob andere, unter Umständen thematisch ähnliche, Veranstaltungen mit dem eigenen Event kollidieren könnten. Idealerweise gilt es, dies zu vermeiden. Praktisch lässt sich jedoch oftmals nicht ausschließen, dass zur gleichen Zeit auch andere Veranstaltungen stattfinden, die mit der eigenen Veranstaltung um die Aufmerksamkeit der politischen Entscheidungsträger konkurrieren.

Auf den Berliner Politikbetrieb spezialisierte Veranstaltungskalender ermöglichen es, eigene Veranstaltungen zu veröffentlichen:

- Politik & Kommunikation   http://www.politik-kommunikation.de/termine
- Berliner Termindienst   http://www.webershandwick.de/content?id=termindienst
- Pressesprecher   http://www.pressesprecher.com/termine
- dpa Jahreskalender   http://www.dpa.de/dpa-Termine.571.0.html

In diesem Sinne sollten auch die Einladungsfrist sowie die Rückmeldefrist großzügig berechnet werden. Spätestens vier Wochen vor der Veranstaltung sollte die Einladung bei allen potenziellen Gästen eintreffen. Werden die Einladungen zu früh verschickt, kann es passieren, dass sie in Vergessenheit geraten; werden sie zu spät verschickt, haben die Adressaten möglicherweise bereits andere Pläne. Rückmeldungen sollten immer beantwortet werden, egal ob es sich um Zu- oder Absagen handelt. Bei Absagen wichtiger Entscheidungsträger sollte zudem versucht werden, einen anderen Termin für ein Gespräch zu finden. Bei Zusagen sollte der Freude über das Kommen des Adressaten Ausdruck verliehen werden. Ein persönliches Gespräch kann auf diese Weise aus einer Pro-forma-Zusage eine konkrete Zusage machen.

Mindestens genauso wichtig wie der richtige Zeitpunkt der Einladung ist die Einladung selbst. Der Veranstaltung entsprechend sollten die wichtigsten Informationen so konkret wie möglich mitgeteilt werden. Ein Anschreiben bietet die Möglichkeit, die Themen und den Ablauf der Veranstaltung knapp, aber konkret zu umreißen. Aus der Einladung müssen neben dem Veranstaltungsort auch konkrete Ansprechpartner beim Veranstalter sowie Rückmeldemöglichkeiten eindeutig ersichtlich sein. Der Kreativität sind hier keine Grenzen gesetzt, soweit der Informationsgehalt nicht darunter leidet.

Die Auswahl eines attraktiven Veranstaltungsortes unterstreicht den Stellenwert der eigenen Veranstaltung. Dabei sollte darauf geachtet werden, dass der Veranstaltungsort zum Veranstalter und zum thematischen Rahmen des Events passt. Auch die eigene Repräsentanz ist in der Regel immer eine gute Möglichkeit für bestimmte Veranstaltungsformate und steigert zudem den Wiedererkennungswert des eigenen Verbandes.

Bei der Veranstaltung selbst sollte sichergestellt sein, dass dem Format entsprechend die richtigen Verantwortungsträger des eigenen Verbandes nicht nur anwesend sind, sondern dass diese auch frühzeitig im Vorfeld detailliert über Thema und Gäste informiert sind und so auf besonders wichtige Entscheidungsträger eingehen können.

IV.4.4.1 Parlamentarische Abende
Parlamentarische Abende sind gewöhnlich geschlossene Veranstaltungen, die sich unmittelbar an Mitglieder des Bundestages richten. Neben den Abgeordneten können auch deren Mitarbeiter sowie externe Redner oder weitere Gäste eingeladen werden, wenn es dem Ziel der Veranstaltung zuträglich ist. Je nach Zielsetzung können Parlamentarische Abende dazu

genutzt werden, Informationen zu vermitteln, über einen bestimmten Themenbereich aufzuklären, um sich in einem ungezwungenen Rahmen mit den politischen Entscheidungsträgern auszutauschen, oder aber auch um die Arbeit des Verbandes vorzustellen und sich dadurch als relevanter Akteur auf dem Spielfeld zu platzieren.[82]

Insbesondere vor bzw. in manchen Fällen auch während anstehender Gesetzgebungsverfahren bringen sich relevante Verbände, Unternehmen und sonstige Interessengruppen auf diese Weise in Position. Sie alle erhoffen sich, sofern die Veranstaltung einen inhaltlichen Schwerpunkt hat, dass die eingeladenen Entscheidungsträger Denkanstöße mitnehmen, die sich auf ihre politische Arbeit auswirken. Allerdings darf nicht zu viel von politischen Entscheidungsträgern erwartet werden, denn auch ihre Aufnahmefähigkeit bei Veranstaltungen mit mehreren Teilnehmern ist begrenzt. Die Vermittlung von konkreten Fachinhalten sollte dem Vieraugengespräch vorbehalten bleiben.

Viele Verbände und Unternehmen im politischen Berlin laden regelmäßig und nicht nur im Vorfeld von anstehenden Gesetzgebungsverfahren zu solchen Parlamentarischen Abenden ein. Das hat zum einen den Vorteil, dass ein dauerhafter Dialog mit den relevanten Entscheidungsträgern geführt werden kann. Zum anderen findet dadurch eine dauerhafte Positionierung als relevanter Gesprächspartner statt, sofern der Inhalt der Veranstaltungen zu einem Informationsgewinn bei den Gästen führt.

Neben Parlamentarischen Abenden, die tagtäglich um die Aufmerksamkeit der politischen Entscheidungsträger ringen, gibt es auch die Möglichkeit, statt zum Abend zu einem politischen Frühstück einzuladen oder aber auch ein parlamentarisches Mittagessen zu veranstalten. Von der Intention her unterscheiden sich diese Formate nicht. Dennoch sollte bei Veranstaltungen, die tagsüber stattfinden, beachtet werden, dass sie an Orten stattfinden, die für alle Gäste in kurzer Zeit zu erreichen sind. Generell ist darauf zu achten, dass Events, die darauf abzielen, Mitglieder des Bundestages anzusprechen, immer in den Sitzungswochen des Parlaments stattfinden sollten, wobei Haushaltswochen und die letzte Woche vor bzw. die erste Woche nach der Sommerpause zu meiden sind.

IV.4.4.2 Podiumsdiskussionen
Bei einer Podiumsdiskussion kommen in der Regel Fachleute, Vertreter von Interessengruppen oder auch Fachpolitiker und andere politische Entscheidungsträger zu einem moderierten Gespräch vor Publikum zusammen. Eine Podiumsdiskussion hat dabei zum Ziel, durch den Austausch von verschiedenen Auffassungen einen Mehrwert zu schaffen.

Durch Podiumsdiskussionen, zu denen auch Träger konträrer Meinungen eingeladen werden, signalisiert der Veranstalter öffentlichkeitswirksam Kompromissfähigkeit und den Respekt vor anderen Interessen. Die Positionierung als dialogoffener Gesprächspartner wird auf diese Weise gefördert. Deswegen ist es durchaus möglich, auch verbandsferne Personen einzuladen.

---

[82] Vgl. Bender/Reulecke (2004), S. 73 f.

Eine besondere Aufgabe kommt in diesem Kontext dem Moderator zu. Dieser sollte neben der standesgemäßen Vorstellung aller Teilnehmer in der Lage dazu sein, die Redebeiträge zu steuern, sodass alle Teilnehmer ausreichend zu Wort kommen, wenn nötig das Thema zwischenzeitlich erneut zuzuspitzen und am Ende die Erkenntnisse des Gesprächs zusammenzufassen sowie Anknüpfungspunkte für weitere Debatten auszumachen. Sollte durch die Podiumsdiskussion keine kontroverse Diskussion möglich sein, sollte der Moderator mit ausreichend Biss in die Bresche springen können. Nur dies bewahrt die Teilnehmer vor dem Einschlafen und erweckt den Anschein einer tatsächlichen, gewinnbringenden Diskussion.[83]

Da Podiumsdiskussionen in der Regel (bei TV-Übertragungen nicht gezwungenermaßen) vor Publikum stattfinden, muss im Vorfeld auch mit den Teilnehmern geklärt werden, ob Fragen aus dem Publikum zugelassen sind und ob diese eins zu eins beantwortet werden oder ob diese als Diskussionsanregungen genutzt werden. Hier trägt der Moderator die Verantwortung dafür, dass der zentrale Gesprächsgegenstand gewahrt bleibt und sich der Fokus nicht zu sehr auf die vom Publikum eingebrachten Inhalte verschiebt.

IV.4.4.3 Andere Veranstaltungsformate
Beim Ausrichten von Veranstaltungen sind der Fantasie kaum Grenzen gesetzt. Events, wie beispielsweise Jahresfeiern, Jubiläen, Besichtigungen, Sommerfeste etc., bieten allesamt die Möglichkeit, neben zwanglosen Gesprächen mit politischen Entscheidungsträgern den eigenen Verband durch die Medien in der Öffentlichkeit präsent zu machen. Auch Anlässe, die nicht direkt mit dem Verband in Verbindung gebracht werden, wie beispielsweise die Ausrichtung eines *Public Viewing* samt Grillstation mit ausgewählten Adressaten zur Fußballweltmeisterschaft oder Vergleichbares, können genutzt werden, um Kontakte zu pflegen.

Natürlich muss nicht jede Veranstaltung das Ziel haben, Imagepflege zu betreiben, doch sind die positiven Auswirkungen eines potenziellen Medienechos nie zu unterschätzen. Ebenfalls nicht zu unterschätzen sind auch die negativen Schlagzeilen, die bei einer misslungenen Verschränkung von Zeitpunkt, Akteuren und Themen entstehen können. Im Zweifelsfall sollte bei der Planung unbedingt auf professionelle Dienstleister zurückgegriffen werden, die sich mit der Ausrichtung von Events und dem Zusammenführen politischer Entscheidungsträger auskennen.

IV.4.5 Maßnahmen im Parlament
Innerhalb des Parlaments haben Verbandsvertreter keine Möglichkeit, durch unmittelbare Maßnahmen bzw. direktes Lobbying Einfluss auf die Regierungsarbeit und auf laufende Gesetzgebungsverfahren zu nehmen. Allerdings besteht die Möglichkeit, als anregende Instanz einen Dritten innerhalb des Parlaments dazu zu bewegen, von einem der Instrumente der parlamentarischen Arbeit Gebrauch zu machen.

---

[83] Vgl. Perl (2013), S. 4 ff.

Die parlamentarischen Instrumente stehen grundsätzlich allen Abgeordneten bzw. Fraktionen offen. Sie werden allerdings in der Regel meistens von Mitgliedern der Opposition angewandt, denn Mitglieder der Regierungsfraktionen haben meist weder ein Interesse daran, der Regierung kritisch gegenüberzutreten, noch von der Regierungsauffassung abweichende Gesetzesentwürfe einzubringen.[84] Die parlamentarischen Instrumente sind daher vor allem Mittel der Opposition, um die ihnen zustehende Gesetzgebungs- und Kontrollfunktion gegenüber der Regierung auszuüben.

Bei diesem Spiel über Bande muss Verbandsvertretern jedoch bewusst sein, dass die Einflussmöglichkeiten trotz allem gering bleiben. Wird beispielsweise seitens des Verbandes darauf abgezielt, Einfluss auf eine Gesetzesvorlage zu nehmen, die bereits im Parlament beraten wird, sei daran erinnert, dass die wesentliche inhaltliche Arbeit bereits in den Ministerien stattgefunden hat. Zentrale Änderungen sind zu diesem Zeitpunkt weder durch die verantwortlichen Ausschüsse noch durch parlamentarische Initiativen der Opposition zu erwarten. Dennoch gilt das nach dem früheren SPD-Fraktionsvorsitzenden Peter Struck benannte *Struck'sche Gesetz*, nach dem kein Gesetz den Bundestag so verlässt, wie es hineingekommen ist.[85]

Zwar sind somit die Möglichkeiten, entscheidenden Einfluss auf bereits laufende Gesetzgebungsverfahren zu nehmen, begrenzt, jedoch bieten die parlamentarischen Instrumente auch außerhalb laufender Gesetzgebungsverfahren Ansatzpunkte der Zusammenarbeit zwischen Verbandsvertretern und Abgeordneten der Oppositionsfraktionen. Denn die Rolle der Opposition im Parlament geht über eine reine Kontrollfunktion hinaus. Ebenfalls haben die Oppositionsfraktionen das Recht, Anträge zu stellen und Gesetzesinitiativen einzubringen, wodurch die Regierung unter Handlungsdruck gesetzt werden kann.

Dass die Regierung unter einem permanenten Handlungsdruck steht, ist dabei auch im Interesse der Oppositionsparteien. Die selber nach der Macht strebende Opposition setzt darauf, durch kontinuierlichen Druck auf die Regierung das Bild in der Öffentlichkeit zu ihren Gunsten zu drehen bzw. die bereits bestehende kritische Öffentlichkeit zu bestärken.

IV.4.5.1 Parlamentarisches Fragerecht
Das Fragerecht sichert dem Parlament die Kontrolle der Regierung zu. Es steht allen Abgeordneten offen und wird insbesondere von den Oppositionsfraktionen genutzt, um der Arbeit der Bundesregierung kritisch gegenüberzutreten, um Informationen über mögliche Gesetzesvorhaben zu erlangen und um die Bundesregierung zur Stellungnahme zu bestimmten Themen zu bewegen. Auch kann das parlamentarische Fragerecht dazu genutzt werden, die Bundesregierung auf einen Sachverhalt aufmerksam zu machen, der bislang nicht auf der politischen Agenda stand. Geregelt wird das parlamentarische Fragerecht durch die Geschäftsordnung des Bundestages.

---

[84] Vgl. Bender/Reulecke (2004), S. 87.
[85] Vgl. Andersen/Woyke (2003), o. S.

Das parlamentarische Fragerecht unterscheidet zwischen der *Kleinen Anfrage* und der *Großen Anfrage*. Darüber hinaus gibt es auch noch die Möglichkeit, *kurze Einzelfragen* an die Bundesregierung zu richten, sowie das Fragerecht innerhalb der *Aktuellen Stunde*.

Unabhängig davon, welches Format von den Abgeordneten bzw. den Fraktionen gewählt wird, sind die Fragen so präzise wie möglich zu formulieren, da sich ansonsten aus dem entstehenden Spielraum für die Bundesregierung die Möglichkeit ergibt, lediglich vage auf die Frage zu antworten.

Kleine Anfrage

Die *Kleine Anfrage* ist eine auf bestimmte bezeichnete Bereiche begrenzte Fragestellung an die Bundesregierung. Sie kann von einer Fraktion oder mindestens fünf Prozent der Mitglieder des Bundestages beim Bundestagspräsidenten eingereicht werden, der die Bundesregierung auffordert, diese schriftlich zu beantworten. Die Kleine Anfrage hat zum Hintergrund, dass die Bundesregierung auf Grundlage der ihr vorliegenden Fakten zu bestimmten Handlungen bzw. Sachverhalten oder auch Gesetzesvorhaben Stellung bezieht und Rechenschaft über das eigene Handeln ablegt. Für die Beantwortung einer Kleinen Anfrage hat die Bundesregierung in der Regel 14 Tage Zeit, wobei dieser Zeitraum verlängert werden kann. Eine Debatte im Plenum ist nicht vorgesehen.

> Näheres regelt die Geschäftsordnung des Bundestages: GO BTG, Abschnitt VIII, § 104

Große Anfrage

Die *Große Anfrage* ist umfangreicher und fordert dementsprechend auch eine ausführlichere Antwort der Bundesregierung. Sie kann von einer Fraktion oder mindestens fünf Prozent der Mitglieder des Bundestages beim Bundestagspräsidenten eingereicht werden, der die Bundesregierung auffordert, diese schriftlich zu beantworten. Die Große Anfrage zählt zu den stärksten parlamentarischen Instrumenten der Regierungskontrolle, weil die schriftliche Antwort der Regierung öffentlich im Plenum diskutiert werden kann. Voraussetzung für die Beratung im Plenum ist, dass mindestens eine Fraktion oder mindestens fünf Prozent der Mitglieder des Bundestages dies verlangen.

> Näheres regelt die Geschäftsordnung des Bundestages: GO BTG, Abschnitt VIII, § 100 – § 103

Schriftliche Einzelfragen

Auch *schriftliche Einzelfragen* von Mitgliedern des Bundestages an die Bundesregierung sind möglich. Diese müssen schriftlich über das Bundeskanzleramt bei der Bundesregierung eingereicht werden. Jedem Mitglied des Bundestages ist es erlaubt, pro Monat bis zu vier Fragen zur schriftlichen Beantwortung an die Bundesregierung zu richten. Die Fragen müssen von der Bundesregierung innerhalb einer Woche beantwortet werden.

> Näheres regelt die Geschäftsordnung des Bundestages: GO BTG, Anlage 4, Abschnitt IV

Fragen in der Aktuellen Stunde

Außerdem gibt es für jedes Mitglied des Bundestages in jeder Sitzungswoche die Möglichkeit, im Rahmen der Aktuellen Stunde bis zu zwei Fragen an die Bundesregierung zu richten. Sie müssen kurz gefasst sein und eine kurze Beantwortung ermöglichen.

> Näheres regelt die Geschäftsordnung des Bundestages: GO BTG, Abschnitt VIII, § 106; Anlage 4, Abschnitt I – III; Anlage 5; Anlage 7

Die Antworten der Bundesregierung auf die Fragen – egal welchen Formates – finden sich später auch in den offiziellen Drucksachen des Bundestages wieder. Durch das Nachfragen erfüllen die Abgeordneten ihre Kontrollfunktion. Der Vorteil, der sich daraus für Verbandsvertreter ergibt, liegt auf der Hand: Durch die Befragung erhält der Verbandsvertreter einen Einblick in die Positionierung der Bundesregierung und kann dementsprechend nötige Maßnahmen ergreifen. Gleichzeitig kann durch Fragen aber auch ein Missstand oder Nichthandeln dokumentiert werden.

Da Verbandsvertreter in den meisten Fällen den Abgeordneten der Oppositionsparteien gegenüber einen Informationsvorsprung haben und sich beide Seiten darüber bewusst sind, ist es nicht ungewöhnlich, dass Verbandsvertreter präzise formulierte Fragen an die Abgeordneten weitergeben.

IV.4.5.2 Anträge

Anträge (nicht: Gesetzesanträge) sind das zentrale Instrument, das Abgeordnete dazu nutzen können, um auf die Politik der Bundesregierung sowie die Gesetzgebung im Parlament Einfluss zu nehmen. Durch das Einbringen von Anträgen sind die Fraktionen in der Lage, bestimmte Themen auf die Tagesordnung im Bundestag zu setzen oder beispielsweise auf Gesetzesinitiativen der Bundesregierung zu reagieren. Anträge werden vor allem von den Oppositionsparteien genutzt, um öffentlichkeitswirksam deutlich zu machen, dass die von der Regierung vertretenen Positionen nicht mit den eigenen übereinstimmen. Tatsächliche Einflussmöglichkeiten bieten Anträge für die Oppositionsfraktionen nicht, denn die meisten Anträge werden aufgrund der Mehrheitsverhältnisse im Parlament erst gar nicht zugelassen. Die Möglichkeit, durch die Anträge die Aufmerksamkeit der Öffentlichkeit auf eigene Positionen zu lenken, ist aber auch für Verbandsvertreter sehr interessant. Grundsätzlich wird zwischen drei verschiedenen Antragsarten (selbstständige Anträge, Änderungsanträge, Entschließungsanträge) unterschieden.

Selbstständige Anträge

Bei selbstständigen Anträgen kann der Antragsteller das Thema frei wählen. Ziel von selbstständigen Anträgen ist es, eine Plenardebatte zu erzwingen, bei der die Bundesregierung öffentlich zu einem bestimmten Sachverhalt Stellung beziehen muss. Im Anschluss wird der Antrag durch den Bundestag abgestimmt, was auch Rückschlüsse auf die Positionierung der anderen Parteien zulässt.

Gelingt es einem Verbandsvertreter, einen selbstständigen Antrag über Dritte zu initiieren, kann er im Idealfall eigene Themen auf der politischen Agenda platzieren, die Öffentlichkeit nutzen, um seine Position zu stärken und um Informationen darüber zu erlangen, was die Positionen der anderen Akteure sind.

> Näheres regelt die Geschäftsordnung des Bundestages: GO BTG, ab § 75

Änderungsanträge

Änderungsanträge zielen darauf ab, punktuelle Änderungen an einem konkreten Gesetzesentwurf durchzusetzen. Sie werden zur zweiten Lesung in den Bundestag einbracht. Auch hier ist es in der Regel die Opposition, die von ihrem Recht, Anträge zu stellen, Gebrauch macht. Änderungsanträge müssen von den relevanten mit dem Gesetzesentwurf befassten Ausschüssen beraten werden. Auch wenn Änderungsanträge der Opposition aufgrund der Mehrheitsverhältnisse in den Ausschüssen regelmäßig scheitern, wird das Instrument aus taktischen Gründen häufig verwendet. Zum einen macht es die eigene Position deutlich, zum anderen kann es dazu eingesetzt werden, die Verabschiedung einer Gesetzesvorlage zu verzögern, indem immer wieder neue Änderungsanträge eingebracht werden, die eine Abstimmung im Parlament verhindern.

Auch für Verbandsvertreter ist der Änderungsantrag die letzte Möglichkeit, Einfluss auf eine Gesetzesvorlage zu nehmen. Auch wenn klar ist, dass ein Änderungsantrag scheitert, kann es sich für Verbandsvertreter lohnen, auf diese Weise die eigenen Standpunkte noch einmal deutlich zu machen. Möglicherweise ergeben sich zu einem späteren Zeitpunkt daraus erneut Anknüpfungspunkte.

> Näheres regelt die Geschäftsordnung des Bundestages: GO BTG, ab § 82

Entschließungsanträge

Entschließungsanträge beziehen sich immer auf bereits abgeschlossene parlamentarische Initiativen. Sie können sich wie Änderungsanträge auf Gesetzesentwürfe beziehen, aber auch auf andere Dokumente innerhalb der parlamentarischen Vorgänge, solange diese bereits abgeschlossen sind. Entschließungsanträge haben grundsätzlich zum Ziel, punktuelle Veränderungen in abgeschlossenen Vorgängen zu erreichen. Im parlamentarischen Alltag werden sie aber vor allem von der Opposition dazu genutzt, eigene Positionen und Vorstellungen in Hinblick auf den bereits abgeschlossenen Vorgang zu verdeutlichen und sich dadurch von der Regierung abzugrenzen.

Für Verbandsvertreter sind Entschließungsanträge insofern interessant, dass eine Oppositionsfraktion eine verbindliche Aussage zu einem abgeschlossenen Vorgang macht und damit in der Regel die derzeitige Regierung indirekt kritisiert. Wechselt die Oppositionsfraktion zu einem späteren Zeitpunkt in die Rolle der Regierungsfraktion und entspricht die Positionierung im Entschließungsantrag dem Interesse des Verbandsvertreters, kann dieser die gemachte Aussage wieder aufgreifen, um die neue Regierungsfraktion darauf aufmerksam zu machen, dass sie bereits Stellung zu einem bestimmten Thema bezogen hat. Auf diese Weise kann der Handlungsdruck auf eine neue Regierungsfraktion erhöht werden.

> Näheres regelt die Geschäftsordnung des Bundestages: GO BTG, § 88

IV.4.5.3 Öffentliche Anhörungen

Artikel 77 Abs. 1 des Grundgesetzes besagt, dass die Bundesgesetze vom Bundestag beschlossen werden. Hierzu wird der Öffentlichkeit in Form von Verbänden und anderweitig organisierten gesellschaftlichen Interessengruppen die Möglichkeit gegeben, bei öffentlichen Anhörungen, sogenannten Hearings, zum Gesetzesentwurf Stellung zu beziehen und so auch ihre eigenen Interessen deutlich zu machen. Neben der Beteiligung betroffener Akteure der Gesellschaft am Gesetzgebungsverfahren ist es für die von den Fraktionen entsandten Mitglieder der Ausschüsse essenziell, die Standpunkte der Experten zu hören, um sich ein umfassendes Bild des dem Gesetzesentwurf zugrunde liegenden Sachverhalts machen zu können.

Im parlamentarischen Gesetzgebungsprozess zählt die öffentliche Anhörung zu den wesentlichen Faktoren der politischen Willensbildung. Verbandsvertreter sollten sich daher aktiv bei den entsprechenden Mitgliedern der Ausschüsse darum bemühen, als Sachverständige eingeladen zu werden. Zwar werden häufig lediglich die Spitzenverbände zu bestimmten Thematiken angehört, doch haben auch Fachverbände gute Chancen, angehört zu werden. Essenziell ist dafür das Wissen darüber, welche Themen zu welcher Zeit in den Ausschüssen diskutiert werden und welche politischen Entscheidungsträger angesprochen werden müssen.

Wird ein Verband zu einer Anhörung eingeladen, gilt es, die eigenen Positionen detailliert und präzise vorzubereiten. In der Regel werden die eingeladenen Verbandsvertreter dazu aufgefordert, bereits im Vorfeld eine Stellungnahme anzufertigen und diese an die Mitglieder des Ausschusses zu geben. Während der Anhörung muss damit gerechnet werden, dass Nachfragen von den Ausschussmitgliedern erfolgen und dass möglicherweise der Versuch unternommen wird, die Standpunkte des Verbandes anzugreifen.

> Näheres regelt die Geschäftsordnung des Bundestages: GO BTG, § 70

IV.4.6 Finanzielle Maßnahmen

Lobbying kann auch durch das Nutzen von finanziellen Instrumenten betrieben werden. Allerdings muss dabei darauf geachtet werden, dass bestimmte Grenzen nicht überschritten werden. Zu professionellem und vorausschauendem Lobbying gehört es, diesen Rahmen im Einzelfall zu erkennen und zu vermeiden, dass der Verbandsvertreter sich selber, den eigenen Verband oder seinen Gesprächspartner in eine problematische Situation bringt. Außerdem müssen neben den rein gesetzlichen Vorschriften auch die öffentliche Meinung sowie mögliche Auswirkungen auf das Image des Verbandes bedacht werden.

IV.4.6.1 Geschenke

Grundsätzlich ist gegen Geschenke nichts einzuwenden, solange die Vorschriften und teilweise sehr strengen Regelungen eingehalten werden. Abgeordnete unterliegen hierbei den Verhaltensregeln nach Anlage 1 der Geschäftsordnung des Bundestages und den Ausführungsbestimmungen des Bundestagspräsidenten. Diese besagen, dass Abgeordnete beispielsweise Gastgeschenke mit jeweils einem materiellen Gegenwert bis zu 200 Euro annehmen dürfen, ohne diese beim Bundestagspräsidenten anzuzeigen.[86] Geschenke, die diesen Gegenwert übersteigen, müssen entweder an den Bundestagspräsidenten ausgehändigt oder aber der Gegenwert an die Bundeskasse überwiesen werden.

Bei Beamten, beispielsweise bei Mitarbeitern der Ministerien, sind die Regelungen noch strikter. Sogar kleinste Werbegeschenke, wie Kugelschreiber oder Kalender, müssen den Vorschriften entsprechend von den Beamten vermerkt und bei ihren Vorgesetzen gemeldet werden. Zwar gibt es Regelungen, die es den Beamten (der ersten und zweiten Reihe) gestatten, ausnahmsweise geringfügige finanzielle Zuwendungen im Rahmen einer dienstlichen Handlung anzunehmen, so beispielsweise in Form einer Bewirtung, doch muss diese dem Anlass angemessen sein und darf nicht den Rahmen des allgemein Üblichen und Angemessenen überschreiten. Ähnliches gilt bei Einladungen zum Essen für Mitglieder des Bundestages.

IV.4.6.2 Honorare

Werden Honorare für Gastvorträge oder Podiumsdiskussionen an Abgeordnete gezahlt, sind diese auch als finanzielle Zuwendung zu verstehen, solange sie nicht als Parteispende deklariert werden. Fast immer behalten Abgeordnete an sie gerichtete Zahlungen nicht, sondern leiten sie gegen Quittung an die Parteikasse weiter. Die Regelungen sind hier ähnlich wie die Regelungen zur Annahme von Geschenken. Zieht der Abgeordnete dennoch einen privaten finanziellen Vorteil aus seiner Vortragstätigkeit, muss er diese den Verhaltensregeln des Bundestages entsprechend als Einnahmen aus einer Nebentätigkeit dem Bundespräsidenten und somit auch der Öffentlichkeit anzeigen.

IV.4.6.3 Parteispenden und Sponsoring

Die Parteien in Deutschland finanzieren sich durch staatliche Mittel, Mitgliedsbeiträge und durch Parteispenden. Parteispenden sind präzisen Regelungen und Offenlegungspflichten unterworfen. So muss beispielsweise bei allen Parteispenden ab 10.000 Euro die Herkunft der Spende eindeutig nachvollziehbar sein. Für Einzelspenden gibt es in Deutschland keine Obergrenze.

Auch die Finanzierung von Wahlkämpfen, das Unterstützen parteinaher Projekte sowie das Sponsoring politischer Veranstaltungen fallen in die Kategorie Parteispenden. Die Entscheidung, eine Partei auf diese Weise finanziell zu unterstützen, darf nicht an eine Gegenleistung gebunden sein. Es sollte keine bestimmte Erwartungshaltung seitens des Verbandes

---

[86] Vgl. Deutscher Bundestag (2013b), S. 20.

herrschen. Das Sponsoring für Parteiveranstaltungen ist zudem eine steuerlich absetzbare Betriebsausgabe.

Es gibt auch Fälle, in denen Abgeordnete aktiv auf Verbände und Mitglieder zugehen, um diese um Spenden zu „bitten". Deswegen wissen erfahrene Verbandsvertreter in Wahlkampfzeiten schon vor Politikergesprächen, welche Etats sie gegebenenfalls zur Verfügung haben oder welche Position ihr Verband hat. Auf diese Weise können sie in Gesprächen souverän agieren.

IV.4.7 Öffentliche Instrumente

Durch das Einbeziehen der Medien und der Öffentlichkeit wird eine weitere Stufe in den Vermittlungsprozess von Informationen und Interessen an die relevanten politischen Entscheidungsträger eingeführt. Der Einsatz dieser indirekten Instrumente des Lobbyings hat zum Hintergrund, dass durch die Einbeziehung von sogenannten *Opinionleadern* (Meinungsführern) bestehende Vorurteile und potenzielle Kommunikationsbarrieren abgebaut bzw. im Idealfall an der Entstehung gehindert werden.[87] Meinungsführer können je nach Anliegen, Informationsgegenstand oder zu vermittelndem Interesse Journalisten, Wissenschaftler sowie auch Politiker oder Personen sein, denen aufgrund ihrer Glaubwürdigkeit Gehör geschenkt wird.

IV.4.7.1 Pressemitteilungen

Pressemitteilungen sind eines der wichtigsten Instrumente im Alltag der nach außen gerichteten Verbandskommunikation. Sie gehören zwar nicht unmittelbar zur Aufgabe eines Interessenvertreters, da dieser in der Regel von einer separaten Presseabteilung flankiert wird oder mit dieser zusammenarbeitet. Dennoch sollten die Grundregeln einer guten Pressemeldung zum Repertoire eines jeden Verbandsvertreters gehören. Eine repräsentative Umfrage des Journalistenzentrums Wirtschaft und Verwaltung in Zusammenarbeit mit dem Institut für Journalistik der Technischen Universität Dortmund ergab, dass Pressemitteilungen mit 85 Prozent das beliebteste Mittel für eine erste Kontaktaufnahme zwischen Pressestelle und Redaktionen sind.[88]

Pressemitteilungen dienen grundsätzlich dazu, die Öffentlichkeit über bestimmte Inhalte zu informieren. Zwar können sich die Adressaten einer Pressemitteilung insofern unterscheiden, dass mehr eine Fachöffentlichkeit angesprochen werden soll als die breite Öffentlichkeit, jedoch gilt der Grundsatz, Pressemitteilungen so einfach und kurz zu halten wie möglich: „Keep it short and simple".[89]

Es sollte jedem Verbandsvertreter bewusst sein, dass tagtäglich Hunderte Pressemitteilungen über die Tische der Redaktionen gehen. Daher gilt es, ein paar Regeln zu beachten. Der Aufbau einer Pressemitteilung sollte immer dem klassischen Muster der sogenannten

---

[87] Vgl. Köppl (2003), S. 111 f.
[88] Vgl. Journalistenzentrum Wirtschaft und Verwaltung (JWW) / TU Dortmund (2010), o. S.
[89] Vgl. Vondenhoff/Busch-Janser (2008), S. 144.

W-Fragen folgen: Wer? Was? Wie? Wo? Wann? Warum? Der Inhalt sollte von Anfang an so verfasst sein, dass die Journalisten, die die Pressemitteilung erhalten, diese am besten eins zu eins übernehmen können, ohne bzw. ohne allzu große Änderungen. Das Wichtigste sollte immer am Anfang stehen, damit vom Ende her gekürzt werden kann. Die indirekte Rede sowie das Verwenden von Fachbegriffen gilt es zu vermeiden. Der Versand von Pressemitteilungen per E-Mail (seltener ist inzwischen der Versand per Fax) erfolgt stets direkt, d. h., der Text gehört direkt in die E-Mail und nicht in einen separaten Anhang. Denn die Chance, dass Anhänge vom Adressaten ignoriert werden, ist relativ hoch.

Weitergehende Informationen und Tipps zu Pressemitteilungen:
IFK Berlin (Hrsg.): Pressemitteilung. In: Der Verbandsstratege. Ausgabe 10, 2011.

IV.4.7.2 Pressekonferenzen

Auch Pressekonferenzen gehören eher in den Bereich der Öffentlichkeitsarbeit, doch auch hier müssen Verbandsvertreter die Funktionsweise des Instruments für sich zu nutzen wissen. Denn Pressekonferenzen sind nach Pressemitteilungen das effektivste Instrument, um Informationen in Redaktionen zu platzieren.[90]

Eine Pressekonferenz dreht sich in der Regel nur um ein Thema. Dieses Thema sollte seitens des Verbandsvertreters sehr gut vorbereitet werden und der Informationsgehalt für die Journalisten sollte hoch sein. Das bedeutet, dass deutlich werden muss, welcher Art das Verbandsinteresse an dem Thema ist und warum der Verband zu diesem Zeitpunkt zu dem Thema Stellung bezieht. Pressekonferenzen sind aber keine Veranstaltungen, bei denen lange Vorträge gehalten werden. Statements müssen kurz sein und das Wesentliche muss auf den Punkt gebracht werden. Bereits in der obligatorischen Einladung zur Pressekonferenz sollte konkret mitgeteilt werden, was das Thema sein wird und wer die Gesprächspartner sind.

Mindestens genauso wichtig wie der Inhalt einer Pressekonferenz ist der Zeitpunkt, an dem sie stattfindet. Besonders günstige Zeitpunkte liegen im Zusammenhang mit politischen Entscheidungen, die Einfluss auf das Wirken des Verbandes haben und so auch von der Öffentlichkeit in einen konkreten Zusammenhang gesetzt werden können.

Ebenfalls obligatorisch ist das Zusammenstellen einer Pressemappe, die alle wesentlichen Informationen zu den Inhalten der Pressekonferenz, weiteren Hintergründen sowie zum veranstaltenden Verband enthält.

Zudem muss jedem Verbandsvertreter bewusst sein, dass zu einer Pressekonferenz auch die Nachfragen der Journalisten gehören, die kompetent beantwortet werden müssen. Durch eine gute Vorbereitung lässt sich erreichen, dass bereits im Vorfeld ein Großteil der zu erwartenden Fragen anhand eines Szenarios durchgespielt werden kann. Pressekonferenzen gilt es auf jeden Fall bedacht einzusetzen. Die unmittelbare Positionierung in der Öffentlichkeit

---

[90] Vgl. Schneiders (2012), S. 7.

muss aus einer bestimmten Zielsetzung resultieren. Es muss bewusst abgewogen werden, ob durch die Positionierung Druck gegenüber bestimmten relevanten Stakeholdern oder politischen Entscheidungsträgern aufgebaut werden soll und was die Konsequenzen davon sind.

> **Weitergehende Informationen und Tipps zu Pressekonferenzen:**
> IFK Berlin (Hrsg.): Pressekonferenzen. In: Der Verbandsstratege. Ausgabe 12, 2011.

IV.4.7.3 Interviews

Interviews sind in ihrer Wirkung am ehesten mit Pressekonferenzen zu vergleichen. Sie zielen darauf ab, konkrete Positionen zu vermitteln und Stellung zu relevanten Themen zu beziehen. Interviews müssen sich dabei nicht auf einen konkreten Gegenstand beschränken, sondern können auch generell zur Imagebildung in der Öffentlichkeit genutzt werden.

Werden Interviews allerdings als Instrument des Lobbyings genutzt, besteht in der Regel das Interesse daran, eine bestimmte Wirkung zu erzeugen. Diese Wirkung kann im öffentlichen Ausüben von Druck auf bestimmte Akteure bestehen oder aber dazu genutzt werden, über den Umweg der Medien politische Entscheidungsträger anzusprechen.

Interviews, egal ob in einer Zeitung, im Hörfunk oder im TV, bedürfen wie Pressekonferenzen einer detaillierten Vorbereitung. Die Auswirkungen müssen so gut wie möglich abgeschätzt werden, und auch Reaktionen durch das Interview betroffener Akteure müssen eingeplant und beantwortet werden. Der Vorteil bei gedruckten Interviews liegt darin, dass die Inhalte ein weiteres Mal durch den Interviewten geprüft und dementsprechend wenn nötig vor der Freigabe angepasst werden können.

> **Weitergehende Informationen und Tipps zu Interviews:**
> IFK Berlin (Hrsg.): Interviews. In: Der Verbandsstratege. Ausgabe 06, 2014.
> Christian Arns (2012): Interviews. Was ist die Merkel eigentlich für ein Mensch? In: Christian H. Schuster (Hrsg.): Verbandskommunikation für Einsteiger. Ratgeber für Presse- und Öffentlichkeitsarbeit, Lobbying, Mitgliederkommunikation und Fundraising. S. 55–59.

IV.4.7.4 Fachartikel

Besteht die Möglichkeit, Beiträge in Fachzeitschriften bzw. Fachbüchern zu publizieren, sollte diese Chance wahrgenommen werden. Zunächst gilt es aber, die Intention sowie die Seriosität des Herausgebers zu hinterfragen. So groß der Nutzen sein kann, der daraus resultiert, sich in einer in Fachkreisen anerkannten Zeitschrift als kompetenter Gesprächspartner zu inszenieren, so groß kann der Schaden sein, wenn nicht auch die thematischen Rahmenbedingungen der Ausgabe bzw. des Buches sowie die Mitwirkung von anderen – möglicherweise kontroversen – Autoren überprüft wurden. In diesem Zusammenhang gilt es zu beachten, dass in der Regel branchenabhängige Fachmedien die beste Plattform bieten, um fachlich orientierte Inhalte zu platzieren. Darüber hinaus bieten sich verschiedene politische Debattenmagazine an, um bestimmte Themen einem breiteren Adressatenkreis zugänglich zu machen.

Relevante Debattenmagazine im politischen Umfeld:

- Cicero   http://www.cicero.de
- Berliner Republik   http://www.b-republik.de
- Neue Gesellschaft Frankfurter Hefte   http://www.frankfurter-hefte.de

IV.4.7.5 Studien und Gutachten

Studien und Gutachten können dazu verwandt werden, um die eigenen Positionen und Standpunkte wissenschaftlich zu fundieren und mögliche Forderungen gegenüber der Politik zu begründen. Ziel einer Studie bzw. eines Gutachtens ist es, einen konkreten Sachverhalt eingehend zu analysieren und wissenschaftlich zu bewerten. Seitens des Auftraggebers gilt es jedoch zu beachten, dass es je nach Fragestellung und je nachdem, welches Forschungsinstitut mit einer Studie bzw. einem Gutachten beauftragt wird, zu unterschiedlichen Ergebnissen kommen kann. Die Begründung dafür ist in der unterschiedlichen (wirtschaftlichen/ politischen/methodischen) Ausrichtung der Forschungsinstitute zu finden, weswegen der sorgfältigen Überprüfung der eigenen Werte und Ziele sowie deren Abgleich mit infrage kommenden Forschungsinstituten eine besonders zentrale Rolle zukommt.

Tabelle: Forschungsinstitute in Deutschland (Auswahl)

Forschungsinstitute	Schwerpunkte
forsa	Sozialforschung und statistische Analysen
Forschungsgruppe Wahlen	Wahlanalysen und Gesellschaftsbeobachtung
infratest dimap	Wahl- und Politikforschung
Institut für Demoskopie Allensbach	Meinungs- und Medienforschung
TNS Emnid	Politik- und Sozialforschung
Wissenschaftszentrum Berlin für Sozialforschung (WZB)	Sozialforschung
Wirtschafts- und Sozialwissenschaftliches Institut (WSI)	Wirtschafts- und sozialpolitische Forschung
Deutsches Institut für Wirtschaftsforschung (DIW)	Wirtschafts- und sozialwissenschaftliche Forschung
Institut für Wirtschaftsforschung (ifo)	Empirische Wirtschafts- und sozialwissenschaftliche Forschung

Quelle: IFK Berlin

Bei der Präsentation von Studienergebnissen gilt es abzuwägen, ob es sinnvoll ist, alle Resultate auf einmal zu veröffentlichen. Möglich wäre beispielsweise, die Studie in unterschiedliche Bereiche zu unterteilen und Ergebnisse häppchenweise zu veröffentlichen, um mehr Berichterstattungsanlässe oder Anknüpfungspunkte zu schaffen.

Denkbar ist es auch, die Studie zu nutzen, um gezielt Kontakte zu Mitgliedern des Bundestages aufzubauen bzw. zu pflegen. Dazu könnten Studienergebnisse einzelnen Abgeordneten exklusiv vorab zur Verfügung gestellt werden, sodass diese die Ergebnisse der Studie als Argumentationshilfe in eigener Sache nutzen können.

IV.4.7.6 Branchen- und Mitgliederbefragungen

Branchen- und Mitgliederbefragungen sind ein nützliches Instrument, um Positionen und Standpunkte für die eigene Argumentation gegenüber der Politik, der Presse und der Öffentlichkeit zu entwickeln oder zu untermauern. Der Vorteil einer Befragung liegt darin, dass das Ergebnis in der Regel einen Querschnitt der Meinungen der eigenen Mitglieder bzw. der Branche widerspiegelt. Positionen und Standpunkte, die durch eine solche Befragung unter großer Beteiligung der eigenen Mitglieder herbeigeführt werden, haben den Vorteil, dass sie den Verband in der Politik, in der Presse sowie in der Öffentlichkeit als gewichtigen Akteur erscheinen lassen können. Ähnlich verhält es sich auch bei Branchenbefragungen: Je breiter die Beteiligung in der Branche ausfällt, desto stärker sind die daraus hervorgehenden Positionen und Standpunkte, die gegenüber Politik, Presse und Öffentlichkeit vertreten werden können.

Branchen- bzw. Mitgliederbefragungen sollten regelmäßig wiederholt werden. Dabei gilt es, darauf zu achten, dass neben festen, also sich wiederholenden Fragen auch variable Fragen eingesetzt werden, um z. B. auf aktuelle Entwicklungen einzugehen und die Befragung zeitgemäß wirken zu lassen.

IV.4.7.7 PR-Kampagnen

Auch PR-Kampagnen zählen zu den indirekten Maßnahmen des Lobbyings. Kampagnen sind zunächst per Definition „dramaturgisch angelegte, thematisch begrenzte, zeitlich befristete kommunikative Strategien zur Erzeugung öffentlicher Aufmerksamkeit".[91] Sie haben zum Ziel, konkrete Inhalte, meist Probleme oder kontroverse Themen, der Öffentlichkeit zugänglich zu machen sowie die Bekanntheit des initiierenden Verbandes zu erhöhen. Der dadurch entstehende Handlungsdruck auf die politischen Entscheidungsträger ist die Intention des Initiators einer Kampagne.

Ob überhaupt eine Kampagne das richtige Mittel der Wahl ist, muss aber von Thema zu Thema neu hinterfragt werden. Denn wie aus der Definition bereits hervorgeht, leben Kampagnen vor allem von ihrer Dramaturgie und ihrer berechnenden Strategie. Einige Kampagnen setzen daher auf öffentlichkeitswirksame Aktionen, wie beispielsweise auf Plakate, Medienbilder oder Demonstrationen. Im Idealfall führt dies zur gewünschten öffentlichen Wahrneh-

---

[91] Röttger (2009), S. 9.

mung und hat zur Folge, dass sich politische Entscheidungsträger zum Handeln gezwungen sehen. Im schlechtesten Fall resultiert aus einer radikalen Kampagne jedoch, dass man sich selber auf Dauer als kompromissbereiter Gesprächspartner der Politik disqualifiziert.[92]

Kampagnen müssen aber natürlich keinen radikalen Charakter haben, um in der Öffentlichkeit wahrgenommen zu werden. Vor allem das Internet hat dazu beigetragen, dass heute mehr Kampagnen (von harmlos bis radikal) denn je entwickelt werden, um entsprechende Adressaten zu erreichen.[93] Auch sogenannte Anzeigenkampagnen, die auf eine sachliche und nur auf Fakten basierende Story setzen, können zum Erfolg führen.

Kampagnen benötigen eine detaillierte Vorbereitung. Dazu zählen vor allem das Entwickeln von Kernbotschaften, das Festlegen von Zielen und Aufgaben sowie das Entwerfen eines Zeitplans, der verschiedene Aktionen im Rahmen der Story koordiniert und sicherstellt, dass die Kampagne insbesondere durch die Medien aufgegriffen und an die Öffentlichkeit weitergetragen wird.

Deutlich wird, dass die Entscheidung, eine Kampagne zu entwickeln und durchzuführen, neben den zuvor erläuterten Kriterien auch von der materiellen und personellen Ausstattung eines Verbandes abhängig ist. Denn Kampagnen benötigen neben einer durchsetzungsfähigen Story vor allem genügend Mitarbeiter und einen entsprechenden finanziellen Hintergrund. Zum einen, um die Kampagne überhaupt durchführen, und zum anderen, um auf die Reaktionen der Öffentlichkeit und möglicherweise der politischen Entscheidungsträger eingehen zu können.

Weitergehende Informationen zur Anwendung und Organisation von Kampagnen:
Christian H. Schuster / Miriam Melanie Köhler (2011): Verzwickte Kampagnen. In: Politik&Kommunikation. Ausgabe 05, 2011.
Ralf Spiller et al. (Hrsg.) (2011): PR-Kampagnen.

IV.4.7.8 Grassroots-Campaigning
Während bei Kampagnen die Ansprache der politischen Entscheidungsträger eindeutig von einzelnen oder im Verbund auftretenden Akteuren wie NGOs oder Verbänden ausgeht, ist der Absender beim *Grassroots-Campaigning* nicht unbedingt so einfach zu identifizieren.

Der Begriff *Grassroots-Campaigning* bedeutet übersetzt so viel wie Graswurzel-Kampagnen. Die Graswurzel ist in diesem Fall als Synonym für die Bürger einer Gesellschaft, also die Basis, zu verstehen, von der die Ansprache von politischen Entscheidungsträgern erfolgt. Im Grunde bedeutet Grassroots-Campaigning nichts anderes, als zwischen die direkte Ansprache der politischen Entscheidungsträger einen weiteren Akteur bzw. Akteurskreis zu schalten. Denn auch Grassroots-Kampagnen haben ihren Ursprung bei einem bestimmten Akteur, wie klassischerweise einem zivilgesellschaftlichen Akteur, also einer NGO, einer Gewerk-

---

[92] Vgl. Bender/Reulecke (2004), S. 108 f.
[93] Vgl. Spiller/Vaih-Baur/Scheurer (2011), S. 9.

schaft oder einem Verband. Dieser Akteur artikuliert sein Anliegen oder sein Interesse jedoch nicht selbst gegenüber den politischen Entscheidungsträgern, sondern mobilisiert betroffene und sympathisierende Personenkreise in der Gesellschaft, dies zu übernehmen. Dadurch wird in erster Linie die Legitimität des Anliegens unterstrichen und das Gewicht der zu transportierenden Botschaft erhöht, was sich wiederum auf den Handlungsdruck bei den politischen Entscheidungsträgern auswirkt.

Praktisch verlaufen Grassroots-Kampagnen so, dass gezielt betroffene Personen(-kreise) aufgefordert werden, sich für ein bestimmtes Anliegen oder Thema einzusetzen. Oftmals wird bei der Aufforderung auch direkt die Art und Weise der Kontaktaufnahme zu den relevanten politischen Entscheidungsträgern mitgeliefert, sodass eine leichte Umsetzung seitens der angesprochenen Personen stattfinden kann. Vor allem das Internet erleichtert die Durchführung von Grassroots-Kampagnen erheblich. So erfreuen sich beispielsweise sogenannte E-Petitionen, bei denen sich die aufgerufenen Personen online beteiligen können, vor allem bei zivilgesellschaftlichen Akteuren großer Beliebtheit.

Grassroots-Kampagnen beschränken sich aber nicht nur auf das Internet. Die Möglichkeiten, zum einen die entsprechenden Personenkreise zu mobilisieren, wie auch die Möglichkeiten, die diesen Personen gegeben werden, um die politischen Entscheidungsträger auf das entsprechende Thema oder Anliegen aufmerksam zu machen, sind vielfältig. Es kann dazu aufgerufen werden, Briefe oder E-Mails an politische Entscheidungsträger zu verfassen, sie anzurufen oder das Thema weiter zu streuen, beispielsweise in Gesprächen mit Freunden oder auch in Leserbriefen oder in Internetforen. Neben den Aufrufen zur Ansprache von politischen Entscheidungsträgern können Grassroots-Kampagnen aber auch das Ziel haben, zu Aktionen wie beispielsweise Demonstrationen oder Boykotten aufzurufen.[94]

Neben zivilgesellschaftlichen Akteuren, wie Verbänden, NGOs oder Bürgerbewegungen, für die Grassroots-Kampagnen vor allem ein Mittel sind, um ihre Mitglieder und deren Unterstützerkreise zu mobilisieren, versuchen immer öfter auch Unternehmen, dieses Instrument für ihre Anliegen und Interessen zu nutzen. Allerdings begegnen die Bürger den Anliegen und Interessen von Unternehmen generell skeptischer als denen von zivilgesellschaftlichen Akteuren. Daher kommt es vor, dass Unternehmen, die auf eine Grassroots-Kampagne setzen, unter allen Umständen versuchen, nicht als Initiator identifizierbar zu sein. Dieses Verhalten wird *Astroturfing* genannt, benannt nach dem künstlichen Rasen der Marke Astroturf. Astroturf bezeichnet im Zusammenhang mit Grassroots-Kampagnen den Versuch, durch eine Art künstliche Bürgerbewegung, also künstliche Graswurzeln, den eigenen Forderungen durch die Einbindung möglichst weit gefasster Personenkreise die Legitimität einer breiten Bewegung zu verleihen.[95] Wenn Medien und Bürger den Nutzen von Anliegen und Interessen hinterfragen, kann Astroturfing jedoch leicht zu einem PR-Desaster geraten.

Als Fazit lässt sich daher festhalten, dass das wichtigste Element von Grassroots-Kampagnen das Mittel der Transparenz ist. Das Verschleiern von wahren Absichten sowie

---

[94] Vgl. Voss (2010), S. 28 ff.
[95] Vgl. McNutt/Boland, S. 165 ff.

das Verstecken des Initiators hinter einer vermeintlichen Bürgerbewegung sind früher oder später zum Scheitern verurteilt – wenige Ausnahmen bestätigen hier die Regel. Davon abgesehen bieten Grassroots-Kampagnen eine Chance, dem Thema eine höhere Legitimation zu verleihen.

> **Weitergehende Informationen zur Anwendung und Organisation von Grassroots-Kampagnen:**
> Marco Althaus (Hrsg.) (2007): Kampagne 3! Neue Strategien im Grassroots-Lobbying für Unternehmen und Verbände.

IV.4.7.9 CSR: Herausforderungen und Chancen

Verbände agieren an einer sensiblen Schnittstelle zwischen Politik, Gesellschaft und Wirtschaft, sie kommunizieren und vermitteln zwischen verschiedenen Systemen. In politischen und wirtschaftlichen Machtgefügen besteht dabei immer die Gefahr von Fehlverhalten, sei es Korruption oder Machtmissbrauch. Für Verbände wie auch Unternehmen oder NGOs leitet sich daraus die Verpflichtung im Sinne der Corporate Governance ab, über Transparenz der eigenen Normen und Verhaltensweisen zu diskutieren. Wer nicht glaubwürdig und transparent arbeitet, handelt und kommuniziert, kann seine politischen Interessen nicht erfolgreich vertreten. Eine soziale, ökonomische und ökologische Nachhaltigkeit zu verfolgen und sie zu kommunizieren ist für viele Unternehmen eine Herausforderung.[96] Verbände können dabei unterstützend und vermittelnd wirken.

Nach der Europäischen Kommission kann man Corporate Social Responsibility (CSR) als ein Konzept definieren, das den Unternehmen bzw. Verbänden „als Grundlage dient, um auf freiwilliger Basis soziale und ökologische Belange in ihre Unternehmenstätigkeit und in die Beziehungen zu ihren Partnern zu integrieren".[97] Eine gesellschaftliche Verantwortung zu übernehmen, die über das gesetzlich Vorgeschriebene hinausreicht, und die Übereinstimmung von unternehmerischem Handeln mit Gesetzen und Verhaltensnormen zu demonstrieren stellt Verbände vor schwierige Herausforderungen. Denn Verbände haben in der Regel keinen direkten Einfluss auf das unternehmerische Handeln und das gesellschaftliche Engagement ihrer Mitglieder.

Das CSR-Konzept differenziert sich in zwei Bereiche, auf die Verbände nur bedingt Einfluss haben. Die Corporate Compliance umfasst die betrieblichen Abläufe und eine ökonomische Nachhaltigkeit, die von Verbänden durch branchenweite Verhaltenskodizes oder Umweltschutzrichtlinien beeinflusst werden können. Verbände können beim gesellschaftlichen Engagement im Corporate Citizenship mitwirken, allerdings sind die Möglichkeiten dabei begrenzt. Dennoch bietet die CSR-Thematik Chancen, sich als Verband gegenüber den Mitgliedern und externen Ansprechpartnern zu positionieren, um damit seine Bedeutung zu unterstreichen.

---

[96] Vgl. Bender/Reulecke (2004), S. 20 f.
[97] Vgl. Europäische Gemeinschaften (2001), S. 8.

Dabei ist von Vorteil, dass sie sich theoretisch eher als gemeinwohlorientiert präsentieren können als einzelne Unternehmen, welche individuelle wirtschaftliche Interessen verfolgen. Zwar ist die Relevanz von CSR für moderne Gesellschaften von Verbandsvertretern anerkannt, allerdings müssen sich Verbände entscheiden, inwiefern sie aktiv werden wollen. Verbandsvertreter führen verschiedene Gründe an, warum sie sich beim CSR-Engagement zurückhalten. Eine Begründung: CSR diene vor allem dem Wettbewerb und der Profilierung von Unternehmen, sodass sich der Verband zurückhalte.[98] Ebenso sind knappe Ressourcen und der fehlende Druck für bestimmte Branchen Argumente gegen ein stärkeres Engagement.

Verbände haben aber theoretisch verschiedene Ebenen, auf denen sie im Bereich der Corporate Social Responsibility agieren können.[99] Gegenüber der Politik können sie sich als Mittler bei CSR-Themen anbieten und am gesellschaftspolitischen Diskurs mit den Stakeholdern teilnehmen. Ein Verband kann beispielsweise Vereinbarungen und Kooperationen stellvertretend für die Branche mit Dritten abschließen, wenn es beispielsweise um Abstimmungen der Sozial- oder Umweltstandards geht. Die verbandliche Arbeit beinhaltet ebenso, die CSR-Aktivitäten der Unternehmen gegenüber der Öffentlichkeit zu bündeln und auf Internetseiten, in Broschüren oder in Pressemitteilungen aufzubereiten. Dadurch trägt die Arbeit des Verbandes dazu bei, das Bild einer verantwortungsvollen Branche in der Öffentlichkeit zu stärken.

Ein Verband kann sich außerdem beratend zu Compliance-Themen äußern, wenn Mitglieder sich durch Publikationen und Ratgeber informieren oder das Thema bei Branchenkongressen diskutieren wollen. Denn häufig haben sich bereits Verhaltenskodizes etabliert, die allgemeine und branchenspezifische Corporate-Compliance-Normen beinhalten und lediglich weitergegeben werden müssen.

Deutlich wird hierbei für den Verband die Chance, in dem Übergang zwischen gesetzlichen Rahmenbedingungen und brancheninternen Bedingungen zu vermitteln. Ein Verband ist dementsprechend in der Lage, koordinierend und informierend beim CSR-Engagement seiner Mitglieder aufzutreten.

---

[98] Vgl. Brandt (2013), S. 13.
[99] Vgl. ebd. S. 14.

IV.5 Interne Kommunikation

Die optimal ausgerichtete Kommunikation innerhalb einer Organisation ist der Schlüssel dazu, gegenüber Politik und Öffentlichkeit eigene Interessen bestmöglich vertreten zu können. Hierzu braucht es geschlossenes Auftreten nach innen und außen, einheitliche Zielvorstellungen – vermutlich der kleinste gemeinsame Nenner – und klare Forderungen. Leider wird häufig davon ausgegangen, dass die Interessenvertreter eines Verbandes allein für diese Punkte verantwortlich sind. Dabei ist mit den typischen Vorurteilen zu kämpfen, dass in Berlin Gelder verbrannt, Feste gefeiert und ansonsten eine ruhige Kugel geschoben wird. Erst wenn die drei internen Zielgruppen Vorstand/Präsidium, Geschäftsstelle und Mitglieder überzeugt sind, kann politische Interessenvertretung zum Erfolg führen.

Interne Gruppen und allgemeine Fallstricke
Um die Zielgruppen einzubinden, ist es wichtig, wiederkehrende Formate und Rituale einzuführen. Gleichzeitig bieten diese die Möglichkeit zu zeigen, wie aufwendig und vielschichtig Interessenvertretung ist und wie sie funktioniert. Erfahrene Lobbyisten appellieren dabei an das „Wir-Gefühl" und zeigen schon im Prozess, dass der Verband auch dann erfolgreich ist, wenn er seine Interessen nicht zu 100 Prozent umsetzen konnte. Zweifelsohne ist dies der wichtigste Faktor der internen Kommunikation; deswegen ist es nötig, Stolzmomente zu schaffen, zu zelebrieren und damit zu betonen: „Wir haben es geschafft! Ohne uns wäre es schlimmer gekommen."

> Wenn Verbände ihre Lobbyarbeit transparent machen wollen und regelmäßig über Termine und (verbandsintern) über Inhalte berichten, sollten diese vorsichtig sein. Die Verantwortlichen sollten sich die Frage stellen, ob sie sich in einem Jahr an ihren Berichten messen lassen wollen. Die schwierige Aufgabe besteht darin, so viel wie möglich von ihren Handlungen zu erzählen, ohne anschließend zurückrudern zu müssen.

Vorstand
Regelmäßige Einladungen nach Berlin, Telefonate und Einzelgespräche können dabei helfen, einzelnen Vorstandsmitgliedern die Komplexität der politischen Prozesse zu erklären. Dabei ist es wichtig zu erläutern, was konkret unternommen wurde, um politische Entscheider von der Verbandsseite zu überzeugen, und welche Gründe dazu führen (können), dass der Verbandsposition dennoch nicht gefolgt wird.

Nur wenn der Vorstand/Präsidium geschlossen hinter der politischen Marschroute steht, kann die Interessenvertretung von Erfolg gekrönt sein. Hierzu ist es wichtig, schon im Vorfeld von Gremiensitzungen mit Einzelnen zu sprechen, Bedenken Gehör zu schenken oder sie zu zerstreuen, um schließlich in der Sitzung eine Einigung herbeizuführen, die die Handlungsfähigkeit herstellt.

Die Einschätzungen, Zwischenstände und Erfolge der politischen Arbeit sollten fester Bestandteil der Vorstandssitzungen sein und vom Verantwortlichen selbst vorgetragen werden.

Ist dies nicht üblich/machbar, sollten die Inhalte dem Gremium per E-Mail oder Rundschreiben mitgeteilt werden.

Spätestens mit dem Start der politischen Interessenvertretung sollte geklärt werden, welche hochrangigen Verbandsvertreter grundsätzlich kurzfristig bereit sind, nach Berlin/Brüssel zu reisen. Denn politische Entscheider haben volle Kalender und wenig Zeit, und gerade bei aktuellen Entwicklungen wollen sie nicht zwei Wochen auf einen Termin warten. Wenn ein Verband niemanden schicken oder sich nicht nach den Terminen des politischen Vertreters richten kann, tut es halt ein anderer Verband.

Entsprechend kann es sinnvoll sein, ein Büro oder eine Adresse (für die politische Kommunikation) im Regierungsviertel anzumieten, das bei Bedarf genutzt werden kann. Anbieter von virtuellen Büros (Telefon-/Postweiterleitungen und Konferenzräumen) sind u. a.:

- Brief & Siegel   http://www.brief-siegel-berlin.de/
- Regus   http://www.regus.de/
- eBüro AG   http://www.ebuero.de

Geschäftsstelle/Arbeitsebene

Lobbying entlastet nicht. Es schafft Arbeit – auf allen Ebenen. Politische Entscheider brauchen aktuelle Zahlen, Fakten und fundierte Hintergrundanalysen. Da Interessenvertreter diese Zahlen nicht erheben oder vorliegen haben, müssen sie diese bei Abteilungsleitern, Fachreferenten, -gremien oder auch Mitgliedern erfragen. Bedauerlicherweise tun sich Ansprechpartner in den Geschäftsstellen immer wieder schwer mit der Unterstützung. Deswegen ist es wichtig, frühzeitig den Schulterschluss mit ihnen zu suchen. Nur wenn sie die Relevanz erkennen und auch am Erfolg partizipieren können, sind sie bereit, zeitnah zu unterstützen und sich als Mitstreiter zu begreifen. Im Idealfall identifizieren sie sich mit den politischen Zielen, werden Fürsprecher und helfen bei der Legitimation der Interessenvertretung.

Je nach Verbandsstruktur und -leben kann es hilfreich sein, Weisungsbefugnisse festzulegen oder Anfragen an die Fachreferenten über die Verbandsführung einzusteuern.

Die Kommunikationsverantwortlichen eines Verbandes (Presse-/Öffentlichkeitsarbeit, Mitgliederkommunikation und Lobbying) sollten sich – sofern sie nicht in einer Abteilung gebündelt sind – regelmäßig koordinieren. Zudem müssen sie sich unmittelbar vor Veröffentlichungen (von Pressemitteilungen, Positionspapieren) abstimmen, um böse Überraschungen (gegenseitige Kannibalisierung, widersprüchliche Sprachregelungen) zu vermeiden.

Mitglieder

Um die Unterstützung der Mitglieder zu sichern, ist es wichtig, die konkreten Auswirkungen der politischen Interessenvertretung in deren (Alltags-)Welt zu übersetzen. Komplexe Verordnungen, juristische Gesetzestexte oder abstrakte Prozentzahlen sind für die Mitglieder meist böhmische Dörfer.

Ob der Bericht aus Berlin in der Mitgliederzeitung steht oder bei der Jahreshauptversammlung vorgetragen wird, um Mitglieder zu überzeugen, braucht es die praxisnahe Verdichtung (z. B.: „Damit spart das durchschnittliche Mitglied x Stunden/Euro mehr als im ursprünglichen Gesetzesentwurf." – „Durch die Einflussnahmen wird gesichert, dass sie im nächsten Jahr ...").

Zudem werden Sie nicht darum herumkommen zu verdeutlichen, welche Interessengruppen noch auf die Politik eingewirkt haben und warum Ihre Argumente (evtl. nicht) gehört wurden. Bereiten Sie sich hier auf Nachfragen vor und sichern Sie sich den Rückhalt anderer interner Akteure.

IV.6 Krisenkommunikation[100]

„Lass den Kelch an mir vorübergehen." Diesen Gebetsvers aus dem Markusevangelium dürften 16 Prozent aller Kommunikationsverantwortlichen in deutschen Verbänden gen Himmel schicken, wenn dunkle Wolken am Horizont aufziehen. Denn laut einer Studie der Technischen Universität Ilmenau ergreift rund ein Fünftel der Verbände keine Vorkehrungsmaßnahmen für kommunikative Krisen.[101]

Dabei lohnt es, sich einmal intensiv mit dem Thema Krisenmanagement auseinanderzusetzen. Denn wo das Verbandsimage beschädigt ist, sind Mitgliedsaustritte nicht fern. Krisen lauern dabei nahezu überall: missverständliche Äußerungen des Geschäftsführers (Personenkrise), Veruntreuung von Mitgliedsbeiträgen (Vertrauenskrise), Gerüchte über mangelnde Professionalität und Handlungsfähigkeit der Geschäftsstelle (Ansehensverlust), Veröffentlichung vertraulicher Branchen-/Mitgliederdaten (Informationskrise) oder existenzbedrohende staatliche Reglementierungen (politische Krise).

Krisenarten

Grundsätzlich lassen sich drei Arten von Krisen unterscheiden:

1. In der Opferkrise trifft den Verband keine Schuld. Durch unkontrollierbare externe Einflüsse (Naturgewalt, Anschläge, Erpressung) wurde der Verband betroffen.

2. Bei sogenannten Unfallkrisen trifft den Verband eine gewisse Mitverantwortung. Beispiele hierfür sind technische Fehler, die Verletzung der Aufsichtspflicht und mangelnde Pflege des Branchenethos.

3. Eine klare Schuld trifft den Verband bei der vermeidbaren Krise, in der Akteure des Verbandes durch Fehlverhalten (Betrug, unmoralische Handlung oder fachliche Fehleinschätzung) einen materiellen/immateriellen Schaden zu verantworten haben.

Ließen sich Krisen vorhersagen, würden sie keine Herausforderung darstellen. Und trotzdem können sich Verbände auf Katastrophen vorbereiten, um im entscheidenden Zeitpunkt kommunikations- und handlungsfähig zu sein.

Krisenstab
Um im Krisenfall nicht erst Vorstandsbeschlüsse abwarten zu müssen, empfiehlt es sich, in krisenfreien Zeiten einen Krisenstab zu berufen. Dieses maximal sechsköpfige Gremium sollte vom Geschäftsführer (Stabsleiter) geleitet werden.

Für den Fall, dass er selbst in die Krise (Personenkrise) involviert ist, wird häufig ein Stellvertreter bestimmt. Der Geschäftsführer trifft nach der Anhörung der anderen vier Stabsmitglie-

---

[100] Vgl. Schuster (2014), S. 4–8.
[101] Vgl. Schwarz/Pforr (2010), S. 353–378.

der (operativ und inhaltlich Verantwortliche sowie Kommunikationsexperten [Interessenvertreter/Pressesprecher] und Rechtsexperten [Justiziar/Anwalt]) verbindliche Entscheidungen. Das sechste Mitglied des Stabs sollte ein Protokollant sein, der die Beschlüsse und vorliegenden Entscheidungsgrundlagen dokumentiert.

Vorbereitend ist auch zu klären, wer überhaupt in den Krisenmodus schalten darf, bzw. festzulegen, welche Person bzw. welcher Personenkreis im Verband dazu berechtigt ist, eine Krise auszurufen. Bedarf es zur Einberufung des Krisenstabs eines weiteren Vorstandsbeschlusses, sollte dies im Vorfeld geklärt und bekannt gemacht werden, da ansonsten in einer kritischen Phase schnell Handlungsunfähigkeit droht. Mindestens genauso wichtig ist es, einmal festgelegte (Krisen-)Prozesse auch regelmäßig in Hinblick auf ihre Praxistauglichkeit kritisch zu hinterfragen (z. B.: Wird ein Referent an seinem Abteilungsleiter vorbei eine Krise melden [dürfen]?).

Infrastruktur und Ressourcen

Allein mit einem Krisenstab ist noch niemandem geholfen. Denn um dessen Arbeitsfähigkeit sicherzustellen, ist u. a. ein funktionierender Informationsfluss unverzichtbar. Hierzu empfiehlt es sich, ein gültiges Telefonverzeichnis, in dem die Erreichbarkeit aller möglichen Verantwortlichen und Dienstleister (auch außerhalb der Arbeitszeiten) aufgeführt ist, zu erstellen. Außerdem müssen technische Dienstleistungen schnell einsatzfähig sein (Kommunikationscenter, Telefonkonferenzräume, Ad-hoc-E-Mail-Newsletter, SMS-Verteiler).

Verbände sollten sich in der Krisenkommunikation zudem nicht nur auf Journalisten beschränken. Denn gerade in kritischen Phasen gibt es ein hohes Informationsbedürfnis, bei dem verschiedene Stakeholder informiert werden müssen. Dabei gilt, dass Politiker anders mit Informationen versorgt werden müssen als Mitglieder oder Journalisten. Die eigenen Mitglieder müssen (z. B. direkt über Mailinglisten) informiert werden. Außerdem sollte die dynamische Bedeutung der Social-Media-Kanäle nicht vernachlässigt werden. Viele Bürger informieren sich direkt im Internet über Krisenhintergründe und erwarten ehrliche und schnelle Antworten.

Bei der Krisenkommunikation können verschiedene Ansätze verfolgt werden, deren Ziele aber in der Regel nicht alle gleichzeitig erreicht werden können. Der Verband muss sich entscheiden, ob er den Schaden begrenzen, sein Vertrauen wiederherstellen oder eigene politische Initiative ergreifen möchte.

Bei einer Krise gilt es, auch die scheinbar unwichtigen Kleinigkeiten bereits im Vorfeld bedacht zu haben. Der Ernstfall sollte daher zumindest geistig durchgespielt werden: Ist geklärt, wie die verantwortlichen Personen nach Berlin kommen? Was ist mit Catering-Zuständigen, Druckerpapiervorräten, Übernachtungsmöglichkeiten und Parkplätzen in Geschäftsstellennähe? Dies scheinen Kleinigkeiten und Nebenschauplätze zu sein, deren Organisation aber in Krisenzeiten Ressourcen bindet.

Krisenhandbuch

Diese Loseblattsammlung hilft im Krisenfall vor allem dabei, eine kritische Bestandsaufnahme vorzunehmen und daraus abgeleitete Worst-Case-Szenarien zu definieren. Letztere dienen als Grundlage für strategische Leitplanken und sollen dabei helfen, gezielte Handlungsanweisungen vorzubereiten. Gleichzeitig enthält das Handbuch die Zusammensetzung und Zuständigkeiten des Krisenstabs, definiert Krisenindikatoren und Meldeketten sowie darauf aufbauende Abläufe und Checklisten.

Erfahrene Interessenvertreter setzen zudem auf umfangreiche Kontaktinformationen (zur permanenten Erreichbarkeit: Führungskräfte, ausgewählte Mitglieder, befreundete Verbände/Experten, Dienstleister, Kontroll-/Aufsichtsbehörden). Zudem helfen bei der politischen Kommunikation und Pressearbeit vorgefertigte Faktenblätter (Daten und Statistiken) und aktuelle Verteiler (Fachreferenten, Berichterstatter, MdB-Mitarbeiter, Fraktionsreferenten).

> Stichwort up-to-date: Das Krisenhandbuch sollte einmal im Quartal aktualisiert und in gedruckter Form an Führungskräfte ausgegeben werden. Mit der Aktualisierung sollte ein Meldeformular ausgegeben werden, in dem Fehler und Aktualisierungsvorschläge vermerkt werden können.

„Dies ist eine Übung"

Der Ernstfall lässt sich am besten an praktischen Fällen trainieren. Deswegen sollten Medientrainings der Führungskräfte ebenso regelmäßig durchgeführt werden wie die Schulung von Mitarbeitern in der Telefonzentrale. Gleichzeitig kann dabei die Praxistauglichkeit von Meldeketten überprüft werden.

> Nach vorheriger Rücksprache mit dem Betriebsrat und der Verbandsführung sollte das Krisenmanagement mit externen Dienstleistern (Kameraleuten, „aufdringlichen" Journalisten) unangekündigt trainieren. Denn Überfallinterviews und unangemeldete Berichterstattung können für jeden Mitarbeiter der Geschäftsstelle sehr unangenehm sein.

Sechs Faktoren bestimmen die Krise

Viele Faktoren, die den Verlauf einer Krise bestimmen, sind intern zu verorten oder lassen sich durch Strukturen und Vorbereitung positiv beeinflussen. Der Redakteur Peter Höbel und der Berater Thomas Hofmann kennen sechs dieser Faktoren und haben sie in ihrem gelungenen Ratgeber „Krisenkommunikation"[102] niedergeschrieben.

Die Mannschaft (Faktor Personal) entscheidet auch in der Krise über den Erfolg eines Verbandes. Durchsetzungsfähige Kommunikatoren, die direkt bei der Verbandsleitung angedockt sind, sind das A und O in der Kommunikation. Ihre Aufgabe ist es unter anderem, Ängste bei Hauptamtlichen, Ehrenamtlichen und Mitgliedern abzubauen (Faktor Vertrauen) und die vielen Interessen zu verstehen und zu berücksichtigen (Faktor Komplexität). Allen Akteuren der Organisation muss klar sein, dass die Krisenprävention und ein professionelles

---

[102] Vgl. Höbel/Hofmann (2014), S. 44 ff.

Krisenmanagement (Faktor Know-how) eine wichtige Investition und Versicherung für die Marke und für das Image sind (Faktor Kosten).

Der entscheidendste Faktor ist jedoch die Zeit. Sie ist einer der wichtigsten und bestimmenden Faktoren in einer Krise. Denn innerhalb der ersten Stunden entscheidet sich der gesamte spätere Krisenverlauf. Je länger mit der Kommunikation gewartet wird, desto eher bleibt Verbänden nur noch die Verteidigungskommunikation gegenüber der Öffentlichkeit. Und in dieser Position helfen oft nur noch Dementis und Klarstellungen, die immer ein schlechtes Licht auf den Verband werfen.

Selbst Lobbying-/PR-kritische Journalisten bewerten Organisationen, die zugeben, dass sie die Krise nicht im Griff haben, deutlich besser als jene Organisationen, die gar nicht oder erst spät kommunizieren. Insgesamt tragen proaktive Statements und Pressemitteilungen in Krisenzeiten zu einer deutlich wohlwollenden Journalistensicht bei. Dies geht aus der Dissertation von Simon Herrmann an der LMU hervor, in der über 220 Journalisten befragt wurden.[103]

Grundsätzlich gilt es, Ruhe zu bewahren, die Sachfragen zu klären, klar und verständlich zu kommunizieren, um die Krise aufzuklären. Die Einrichtung eines kompetenten und befugten Krisenstabs, der schnell handelt und mit einer klaren Sprachregelung kommuniziert, und die Verwendung von Krisenhandbüchern, die Meldeketten und Kontaktdaten von Ansprechpartnern enthalten, haben sich bewährt. Fachreferenten oder Experten müssen gemeinsam mit der Geschäftsführung schnell die Sachlage klären, um daraus weitere (kommunikative) Handlungsschritte abzuleiten. Es reicht für Verbände nicht, auf die normalen Entscheidungsprozesse zu setzen.

Weitergehende Informationen zur Krisenkommunikation und zur Krisenprävention:

Peter Höbel / Thorsten Hofmann (2014): Krisenkommunikation. 2., überarbeitete Auflage.

Adrian Teetz (2012): Krisenmanagement.

Ansgar Thießen (2013): Handbuch Krisenmanagement.

Simon Hermann (2012): Kommunikation bei Krisenausbruch.

---

[103] Vgl. Hermann (2012), o. S.

V. Wie Interessenvertretung evaluiert wird

V.1 Evaluation von Interessenvertretung

Der Erfolg von Lobbyarbeit lässt sich nicht direkt in einem Kosten-Nutzen-Verhältnis ablesen, sondern kann nur durch einen vielschichtigen Evaluationsprozess in Bezug auf konkrete Zielvorgaben geprüft werden. Es bedarf daher einer transparenten und ständigen Kommunikation, um die Erfolge der verbandlichen Arbeit auch als legitim darzustellen.

Politische Interessenarbeit und die Kommunikationsleistung von Verbänden unterliegen besonders hohen Ansprüchen der Legitimation. Mitglieder wollen darüber informiert werden, woran der Verband arbeitet, und sichergehen, dass ihre Interessen gut vertreten werden. Die Verbandsführung und die Mitarbeiter orientieren sich an institutionellen Zielvereinbarungen. Strategien der Interessenvertretung müssen ständig auf Effizienz überprüft werden, da sie früher unter anderen politischen und medialen Bedingungen funktioniert haben, ihnen aber möglicherweise unter den modernen Bedingungen die Durchschlagskraft fehlt. Eine ständige Überprüfung der eigenen Arbeit ist wichtig, um sich in einer hart umkämpften Vorhalle der Politik zu behaupten.

Die Messung von Lobbying in Hinblick auf Erfolg und Effizienz ist daher ein logischer, aber schwieriger Schritt. Da die politischen Ziele eines Verbandes in der politischen Arena realisiert werden, kann professionelle Interessenvertretung nicht unbedingt mit erfolgreicher Interessenvertretung gleichgesetzt werden. Eine Evaluation der verbandlichen Interessenvertretung erfordert einen gewissen personellen, fachlichen und finanziellen Bedarf. Theoretisch könnte jede kommunikative Maßnahme untersucht werden und kann damit für die Rechtfertigung der Beibehaltung verwendet werden, sofern die Effizienz und Wirkung gemessen wurde. Die Generierung und Analyse empirischer Daten hilft, die eigene Arbeit kritisch zu betrachten und sich bei der Bewertung nicht nur auf Einschätzungen und Meinungen stützen zu müssen. Dabei muss die Evaluationsplanung frühzeitig in der konzeptionellen Arbeit berücksichtigt werden, denn Evaluation ohne eine präzise Planung ist nicht mehr als eine Betrachtung der Oberfläche.[104]

Verbandliche Lobbyarbeit verwendet eine Vielzahl kommunikativer Instrumente, die sich in ihren Wirkungen gegenseitig überlagern und ergänzen; daher ist es schwierig, sich in der Evaluation auf einzelne Maßnahmen zu beschränken. Die Anwesenheit bei politischen Veranstaltungen, die Zeichenanzahl von Positionspapieren oder die Häufigkeit von Gesprächen mit politischen Entscheidungsträgern lassen sich quantifizieren, geben aber keine Erkenntnis darüber, wie effektiv und erfolgreich die Lobbyarbeit gewesen ist. Dennoch lassen sie Rückschlüsse auf den Umfang und den Aufwand zu, mit dem politische Interessenvertretung verbunden ist. Eine ausdifferenzierte Evaluation ist notwendig, da sich die Frage, in welcher Weise die eigenen politischen Anliegen und Interessen Einfluss auf den Entscheidungsprozess genommen haben, nicht nur mit Kennzahlen beantworten lässt.

---

[104] Vgl. Schlicht (2007), S. 26.

Daher ist der Erfolg von politischer Kommunikation eher qualitativ als quantitativ zu bewerten und basiert mehr auf Mutmaßungen als auf Empirie.[105] Eine qualitative Bewertung muss dabei den politischen, gesellschaftlichen und verbandlichen Kontext berücksichtigen. Althaus schlägt daher drei Fragedimensionen (*interne Faktoren:* Finanzen, Mitarbeiter, Organisationsgrad, EU-Büro; *externe Faktoren:* Zugänge zur Politik, Selbsteinschätzung des Einflusses, Kontaktwünsche der Politik; *Strategien und Instrumente:* Monitoring, Themensetzung, Planung, Mitgliedermobilisierung) vor, anhand derer sich der Erfolg von Lobbying bewerten lässt.[106] Um die Fragedimensionen zu analysieren, kann auf verschiedene Instrumente der empirischen Sozialforschung zurückgegriffen werden, die sich je nach konkretem Erkenntnisinteresse anbieten. Zunächst soll eine Selbsteinschätzung den Erfolg des Verbandes bewerten, welche das Wissen über die strategischen Ziele sowie die eingesetzten personellen und finanziellen Ressourcen reflektiert. Diese subjektive Einschätzung kann regelmäßig in Arbeitskreisen institutionalisiert oder mithilfe einer Befragung eruiert werden. Nicht nur die für die Interessenvertretung verantwortlichen Akteure, sondern auch andere verbandsinterne Akteure sollten befragt werden, um einen vielschichtigen Einblick zu bekommen.

Um objektivere Komponenten zu berücksichtigen, kann eine Quantifizierung von Lobbytätigkeiten helfen. Die Analyse umfasst, wie oft ein Verband vonseiten der Politik und Verwaltung kontaktiert wurde, die Anzahl und Einordnung der Gespräche mit politischen Stakeholdern, Quantität und Qualität von Positionspapieren oder die überwachten Themen und Prozesse auf der politischen Agenda. Diese Fragedimension lässt sich ebenfalls durch eine Befragung oder durch eine Inhaltsanalyse beantworten. Durch einfache Ja/Nein-Auswertungen kann analysiert werden, ob Positionen im legislativen Prozess berücksichtigt worden sind. Das gesamte zugängliche Material, das bei einem politischen Entscheidungsprozess auf formeller Ebene besteht, kann gesichtet und inhaltsanalytisch darauf überprüft werden, welche politischen Forderungen in welcher Weise Berücksichtigung gefunden haben. Die Einordnung und Bewertung der quantifizierbaren Ergebnisse beinhalten dabei die Orientierung an konkreten Zielvorgaben.

Da sich der Lobbying-Erfolg innerhalb des generellen Einflusspotenzials von Verbänden gegenüber Politik bewegt, muss für eine Evaluation das politische und gesellschaftliche Umfeld berücksichtigt werden. Hierfür eignen sich beispielsweise Analysewerkzeuge wie das Issue-Management oder das Stakeholder-Management.

Es wird die Notwendigkeit deutlich, verschiedene Instrumente und Methoden bei der Evaluation zu kombinieren, die die jeweiligen Schwächen der Validität und der strukturellen Voraussetzungen ausgleichen. Die eigene Evaluationskonzeption muss dabei ständig hinterfragt und angepasst werden, bis ein entsprechendes Instrument gefunden ist, das das politische und verbandliche Umfeld entsprechend zu reflektieren vermag.

---

[105] Vgl. Althaus (2006), S. 482.
[106] Vgl. Althaus/Rawe (2006), S. 17.

Bei einzelnen Projekten oder Kampagnen ist eine Bewertung einfacher, da bei der Planung die Evaluation direkt berücksichtigt werden kann, indem konkrete Kommunikationsziele und deren Messmethoden formuliert werden.[107] Die mediale Kommunikation von Verbänden kann mit einer quantitativen Messung wie zum Beispiel der Medienresonanzanalyse bewertet werden, wozu allerdings personelle und finanzielle Ressourcen benötigt werden.

Generell gilt: Eine fundierte Evaluation beruht auf einem konkreten Zeitplan, strukturierten Methoden und klaren Zuständigkeiten. Zu beachten ist, dass jeder Versuch einer Messung und Bewertung immer auch eine interne politische Komponente nach sich zieht, da Ergebnisse von der Konzeption und Durchführung abhängen. Wenn die Ergebnisse der Interessenarbeit evaluiert werden, führen die Erkenntnisse zu einer politisch explosiven Mischung für interne Macht- und Verteilungskämpfe. „Evaluation kann eben auch Gründe für das Scheitern bestimmter Maßnahmen oder ihre Wirkungslosigkeit aufzeigen. Vielfach wird deshalb ganz auf Evaluation verzichtet, oder die Ergebnisoffenheit der Evaluation – eine der Grundvoraussetzungen für jede ernsthafte Bewertung – ist nicht gegeben."[108] Andererseits besteht gerade bei Unternehmerverbänden die Gefahr, dass die Kommunikation von Lobby-Erfolgen eine negative öffentliche Reaktion hervorruft.

Wenn Verbände externe Politikberatungsdienstleister beauftragen, bestimmt die Bewertung der Ergebnisse und der Effizienz die weitere strategische Planung und auch, ob wieder ein Auftrag an den gleichen Dienstleister vergeben wird. Ein objektiver Leistungsnachweis kann beispielsweise für Agenturen von Vorteil sein, da sich ihre Arbeit messen lässt. Dies ist aber erst dann möglich, wenn klare Zielvereinbarungen bestehen und vorher Evaluationsprogramme vereinbart worden sind.[109]

---

[107] Vgl. Schlicht (2007), S. 26 ff.
[108] Raupp (2005), S. 19 f.
[109] Vgl. Althaus (2006), S. 489.

VI. Beispiele aus der Praxis

Erläuterung zum folgenden Teil

Die in diesem Abschnitt des Buches folgenden Beiträge sind Teil eines Projektes, das in Zusammenarbeit mit Studenten der Hochschule für Wirtschaft und Recht Berlin im Wintersemester 2013/2014 verwirklicht wurde. Unter Anleitung des Dozenten Christian H. Schuster führten 21 Studentinnen und Studenten aus dem Studiengang „Nonprofit-Management und Public Governance (M. A.)" Interviews mit 21 Vertretern von Verbänden und NGOs.

Ziel der Interviews war es, besonders gelungene, aber auch fehlgeschlagene Versuche der Interessenvertretung aufzuzeigen, um daraus nachvollziehbare Learnings für die Zukunft abzuleiten. In ihrer Gesamtheit geben die Interviews einen Überblick über das breite Spektrum möglicher Strategien der Interessenvertretung sowie der dabei verwendeten Maßnahmen und Instrumente. Gleichzeitig vermitteln die Beiträge einen tiefen Einblick in die Arbeitsweise der vielen unterschiedlichen Verbandsarten. Dies ermöglicht den Lesern einen Vergleich mit eigenen Lobbying-Vorhaben und hilft dabei, die eigene Strategie kritisch zu hinterfragen und optimal auszurichten. Die folgenden Beispiele sollen einen Eindruck von dem vermitteln, was durch strategische Interessenvertretung möglich ist und was nicht.

Für die entgegenkommende Zusammenarbeit und vor allem die Offenheit der Interviewpartner möchten wir uns herzlich bedanken und gleichzeitig unseren Respekt für das hohe Maß an Transparenz erweisen, das die Verbände und NGOs durch ihre Mitarbeit bei diesem Projekt an den Tag legen.

Besonderer Dank gilt den Studentinnen und Studenten des Kurses „Lobbying und politische Kommunikation". Mit ihren Beiträgen haben sie großen Anteil am Gelingen dieses Buches. Sie tragen damit ganz wesentlich dazu bei, Interessenvertretung als einen legitimen Bestandteil des demokratischen Systems zu festigen und das Image der Interessenvertretung in der Öffentlichkeit zu verbessern.

Christian H. Schuster
Deniz Üster

Bundesverband der Energie- und Wasserwirtschaft e. V.
Energiewende
Andreas Kuhlmann, Geschäftsbereichsleiter Strategie und Politik
im Gespräch mit Björn Kagel

 Industrieverband  Energie, Wasser  Bund, Öffentlichkeit  k. A.

Die Ausgangssituation
Der BDEW ist der Bundesverband der Energie- und Wasserwirtschaft und vereint rund 90 Prozent des Stromabsatzes, gut 60 Prozent des Nah- und Fernwärmeabsatzes, 90 Prozent des Erdgasabsatzes sowie 80 Prozent der Trinkwasserförderung und rund ein Drittel der Abwasserentsorgung in Deutschland. Der Verband hat rund 1.800 Mitgliedsunternehmen aller Größen und Wertschöpfungsstufen.

Die größte politische Herausforderung des Verbandes in den letzten beiden Jahren war und ist immer noch die von der Politik angestoßene Energiewende und die damit verbundene Herausforderung, das dazugehörige Marktdesign so zu gestalten, dass diese auch gelingen kann. Ziel des Verbandes war und ist es, den kosteneffizientesten Pfad für den Ausbau der erneuerbaren Energien zu finden, der für das Gesamtsystem erträglich ist, gleichzeitig aber auch Back-up-Kapazitäten bereitstellen zu können, die bereitstehen müssen, wenn erneuerbare Energien (Windkraft, Solarkraft u. a.) nicht in entsprechendem Maße zur Verfügung stehen (z. B. kein Sonnenschein, Windstille usw.) und ökonomisch sinnvoll betrieben werden. Dieser Prozess ist noch in vollem Gange, da die Politik sich noch nicht für ein Modell entschieden hat.

Die Akteure
Der Verband hat seine Standpunktbildung mit Diskussionen und Informationsaustausch durchweg als Prozess dargestellt, um so viele Akteure wie möglich mitzunehmen. Dies beschränkt sich nicht nur auf Mitgliedsunternehmen des Verbandes, sondern auch auf andere Akteure, die dieses Thema betrifft (andere Verbände, zivilgesellschaftliche Organisationen, Unternehmen usw.). Ein reger Informationsaustausch mit zivilgesellschaftlichen Verbänden fand statt, die Ansprechpartner in der Politik wurden über die Arbeit des Verbandes in Gesprächen und Positionspapieren unterrichtet. Da die Energiewende ein allgegenwärtiges Thema in den Medien war und ist, nehmen natürlich auch die Medien eine besondere Position als Akteur ein. Über die Medien wurde auch der Dialog mit den Bürgern gesucht, die auf diese Weise über die Herausforderungen bezüglich der Umsetzung der Energiewende informiert werden sollten.

Die Strategie
Die Energiewende war schon vor der politischen Entscheidung für den schnellen Ausstieg aus der Kernenergie aus dem Jahr 2011 ein Thema im Verband. Jedoch hat diese Entscheidung dazu geführt, dass mögliche Versorgungsalternativen schneller als ursprünglich geplant in den Fokus rückten und in die bestehende Energieversorgung integriert werden muss-

ten. Systemische Unstimmigkeiten (negative Preise an der Strombörse, große Peaks von Solarenergie, die Ertragslage aller Kraftwerke, Netzausbau usw.) schärften dabei das akute Problembewusstsein des Verbandes sowie vor allem der Öffentlichkeit und verstärkten den bereits bestehenden Eindruck, dass ein Umdenken nötig war. Innerhalb des Verbandes bestand zu diesem Thema nicht von vornherein Konsens. Zuerst musste erörtert werden, welche Grundlage und welche Modelle es in der nationalen Debatte bzw. in der internationalen Anwendung gab, die in Deutschland genutzt werden könnten. Innerhalb des Verbandes wurde sehr viel diskutiert und es fand ein reger Austausch zwischen den Verantwortlichen zu diesem Thema statt, um einen gemeinsamen Standpunkt zu erarbeiten. Viele (Mitglieds-)Unternehmen entwickelten ihre Positionierung zu diesem Thema erst durch das Führen der Debatte im Verband bewusst. Der Diskussionsprozess innerhalb des Verbandes war daher nicht nur nötig, um einen gemeinsamen Standpunkt zu erarbeiten, sondern auch um das Problembewusstsein über die einzelnen Akteure des Verbandes hinaus zu kommunizieren. Von Anfang an wurden Probleme, Kriterien, Lösungsvorschläge und Gedankengänge in einem möglichst großen Kreis von Akteuren besprochen. Dieser Kreis von Akteuren war nicht nur auf die Verbandsmitglieder beschränkt, sondern erstreckte sich auf Politik, aktive Gesellschaftsformen, Wissenschaft, Gewerkschaften und andere. In der Öffentlichkeit wurde versucht, sehr sachlich und auf Fakten basierend zu diskutieren. Diese Fakten waren jedoch teilweise politisch schwer zu vermitteln. Dennoch stellten gerade die schwer zu vermittelnden Fakten einen wichtigen Schritt zur Schaffung von Transparenz und Vertrauen in der Öffentlichkeit dar. Hierbei hat der BDEW versucht, sich als Speerspitze der Debatte zu positionieren und den Takt im Diskurs mit anzugeben: Der Verband wollte immer auch Plattform der Diskussion sein.

Die Botschaften und Argumente

Die Kernbotschaft der Kommunikation war das Gelingen der Energiewende als Balanceakt zwischen dem, was alle wollen, und dem, was dafür notwendig ist. Stärkste Argumente waren die hohen Kosten für Wirtschaft und Bürger sowie die Versorgungssicherheit. Denn die Versorgungssicherheit war und ist keine Selbstverständlichkeit. Jedoch wurde das Thema Versorgungssicherheit sehr vorsichtig eingebracht, da es in der Öffentlichkeit oftmals als Drohung empfunden wird. Weiterhin wurde die europäische Debatte mit eingebracht, die für ein Gelingen der Energiewende von großer Bedeutung ist. Ohne eine europäische Lösung wird eine umfassende Energiewende nicht möglich sein. In diesem Zusammenhang müssen vor allem die Stromnetze genannt werden, die über die Landesgrenzen hinaus unweigerlich miteinander verbunden sind. Dennoch wurde die europäische Ebene zunächst als sekundär betrachtet, da es zuerst zu einer Positionierung in Deutschland kommen müsse.

Eine Differenzierung der Botschaften nach Zielgruppen war von Bedeutung, da man je nach Gesprächspartner anders argumentieren und Gespräche anders strukturieren musste. In Gesprächen mit Wirtschaftsverbänden, wie z. B. dem BDI, wurden gelegentlich andere Argumente in den Vordergrund gestellt als in Gesprächen mit dem BUND oder beispielsweise den Grünen. Jedoch wurde in Vorträgen und Veröffentlichungen immer gleich, ehrlich und direkt argumentiert.

Die Instrumente
Es wurden Positionspapiere, Hintergrundgespräche und Pressekonferenzen genutzt. Zielverteilern wurden Informationen weitergeleitet und Gespräche mit Multiplikatoren wurden gesucht. Ebenso wurden kleinere Veranstaltungen durchgeführt, wie sich auch aktiv in Dialogforen der Bundesregierung eingebracht wurde. Anzeigen wurden während der gesamten Zeit nicht geschaltet.

Das erfolgreichste Instrument konnte noch nicht identifiziert werden, da das Projekt weiterhin läuft. Es deutet sich aber an, dass die vielen Dialoge und Debatten basierend auf den Positionspapieren einen großen Einfluss auf die Entwicklung der übergeordneten Debatte hatten.

Die Umsetzung
In den Dialogforen der Bundesregierung (z. B. Plattform für erneuerbare Energien im Bundesministerium für Umwelt, Naturschutz, Bau und Reaktorsicherheit und das Kraftwerksforum im Bundesministerium für Wirtschaft und Energie) und Anhörungen der Bundesregierung, zu denen der BDEW eingeladen wurde, wurde die Position vorgetragen. Im Zuge der Koalitionsverhandlungen wurde mit Briefen und persönlichen Einzelgesprächen, aber auch in größeren Runden mit den teilnehmenden Politikern versucht, die Position nochmals vorzubringen. Weiterhin wurde sich durch die Positionspapiere, Hintergrundgespräche und Pressekonferenzen Gehör im politischen Betrieb verschafft.

Unerwartete Probleme traten bisher noch nicht auf, könnten aber z. B. die Angst der Politik vor der Komplexität des Themas (viele Interessenkonflikte) sein. Auch wenn die Politik sich zur Energiewende bekannt hat, wird es ein großer Kraftakt sein, diese auch durchzuführen. Im gleichen Atemzug wurde die Angst vor möglichen Fehlentscheidungen der Politik genannt.

Das Ergebnis
Endergebnisse konnten noch nicht genannt werden, jedoch konnte eine positive Zwischenbilanz gezogen werden. Viele Verbündete auch außerhalb des Verbandes konnten gefunden werden. Sich breit aufzustellen ist vor allem heutzutage in der Politik wichtig, um gehört zu werden. Dazu musste bei anderen Akteuren dafür geworben werden, um Vertrauen für die Entscheidung zu schaffen. Denn wenn viele unterschiedliche Akteure die gleiche Ansicht haben bzw. das Gleiche zu einem bestimmten Thema sagen, schafft dies in der Politik Vertrauen in diese Sichtweise.

Die Kernanliegen wurden im Koalitionsvertrag formuliert und sind auch durch die Dialogforen weit in den Politikbetrieb vorgedrungen. Auch werden die Modelle des BDEW zu den Themen Kraftwerke und erneuerbare Energien weiterhin als wichtige Modelle diskutiert, was als Erfolg angesehen werden kann.

Die Komplexität des Themas und die Interessenvielfalt der unterschiedlichen Akteure haben die Erreichung der Ziele erschwert. Erleichtert hat das Erreichen der Ziele indes der hohe

Handlungsdruck, der durch den Ausstieg aus der Kernenergie entstanden ist, da hierdurch die Debatte rund um das Thema erneuerbare Energien und das damit verbundene Marktdesign klarer und konstruktiver geworden ist. Auch haben die Mitgliedsunternehmen des BDEW durch ihr oftmals sehr starkes Engagement geholfen. In sechs bis zwölf Monaten kann hierzu wahrscheinlich eine fundierte Aussage getroffen werden.

Eine Erfahrung aus früheren Projekten war, dass das Schaffen einer breiten Vertrauensbasis durch Transparenz und Einblicke in die Art und Weise, wie man sich einem Problem nähert und zu Ergebnissen kommt, ein sinnstiftender und Erfolg versprechender Ansatz ist.

Auch wenn die Anlegung des Projektes als Prozess viel Zeit und Kraft in Anspruch genommen hat, war durch die daraus entstandene hohe Vertrauensbasis der Rückhalt im Verband für die Entscheidung entsprechend stark und das Resümee ebenfalls positiv.

Drei Tipps
1. Analysieren Sie das Problem genauestens und machen Sie klar, warum eine Lösung des Problems für Deutschland bzw. eine breite Gruppe Relevanz hat.
2. Keine Tricks! Das ist heutzutage nicht mehr möglich. Schaffen Sie auf Fakten basierendes Vertrauen. Dies ist hier der bessere und richtigere Weg.
3. Stellen Sie sich breit auf, um sich mit möglichst vielen Akteuren zu verbünden.

Verband der Deutschen Holzwerkstoffindustrie e. V.
HolzProKlima

Dr. Peter Sauerwein, Geschäftsführer
im Gespräch mit Lorenz Holthusen

 Industrieverband    Umwelt, Energie    Bund, Öffentlichkeit    4 (1)

Die Ausgangssituation

Der Verband der Deutschen Holzwerkstoffindustrie e. V. (VHI) vertritt die Interessen der Unternehmen in den Bereichen Span-/Faserplatten, Innentüren, Sperrholz sowie Holz-Polymer-Werkstoffe in vier Fachgruppen.

Im Jahr 2011 wurde die Kampagne „HolzProKlima" mit dem Ziel gestartet, die gesellschaftliche und klimapolitische Bedeutung einer verantwortungsvollen Waldbewirtschaftung und Holzverwendung zu kommunizieren. Die Herausforderung bestand darin, dass seit sechs Jahren verstärkt eine zunehmend knappere Rohstoffversorgung der angeschlossenen Unternehmen beobachtet wurde. Dies hängt im Wesentlichen damit zusammen, dass von der Europäischen Union vorgegeben wurde, erneuerbare Energien stärker zu fördern. In diesem Zusammenhang wurde auch die Förderung der Holzverbrennung stark ausgebaut. Bereits heute werden in Deutschland ca. 95 Prozent des zur Verfügung stehenden Holzes genutzt. Die restlichen fünf Prozent verfügbaren Holzaufkommens befinden sich in geschützten Waldgebieten, wie etwa Nationalparks, oder im Privatbesitz, der keine wirtschaftliche Nutzung anstrebt. Hinzu kommt eine im Zuge dieser Entwicklung neu aufgetretene Konkurrenz, die insbesondere die Herstellerunternehmen von Produkten trifft, die Sägespäne zur Fertigung verwenden. Dabei handelt es sich um die Hersteller von Holzpellets, die zur Energiegewinnung verbrannt werden. Waren Hersteller von z. B. Spanplatten früher die einzigen Abnehmer von Sägespänen, so befinden sie sich heute mit diesen Unternehmen in einem Wettbewerb. Dies hat zu einem Engpass in der Versorgung der Holzwerkstoffindustrie mit Sägespänen geführt. Aber auch waldwirtschaftlich sind negative Tendenzen zu beobachten. Die Subvention von Scheitholz (Holz, welches direkt für die Verbrennung vorgesehen ist) führt dazu, dass gesunde und nutzbare Waldbestände abgeholzt und zu Brennholz verarbeitet werden.

Die Diskussion wird allerdings auch über die anfallenden Steuern geführt. Der Mehrwertsteuersatz auf Brennholz beträgt derzeit sieben Prozent, bei direkter Abnahme vom Waldbesitzer. Wird das Brennholz jedoch z. B. in einem Baumarkt erworben, so fallen dort 19 Prozent Mehrwertsteuer an. Diese Ungleichbehandlung kostet den Fiskus nach Schätzungen etwa 350 bis 400 Mio. Euro jährlich. Hinzu kommen ökologische Aspekte. Eine Tonne Holz kann 5,6 Tonnen CO_2 einsparen. Dies geschieht zum einen durch die Aufnahme von 1,8 Tonnen CO_2 in der Lebensphase des Baumes und zum anderen durch den sogenannten Substitutionseffekt, indem Holz als Baumaterial wesentlich weniger Energie zur Herstellung benötigt als andere Bau- und Werkstoffe. So können nochmals 3,8 Tonnen CO_2 eingespart werden.

Daher ist die sogenannte Kaskadennutzung wichtig. Bei dieser wird Holz, ähnlich einem Kreislauf, zunächst stofflich genutzt, um erst am Ende des Nutzungszyklus verbrannt zu werden. Bereits heute werden über 50 Prozent des Holzaufkommens ausschließlich für die Verbrennung genutzt und einer stofflichen Verwendung somit entzogen. Hierfür ein Bewusstsein in der Gesellschaft zu schaffen und die weitere Förderung der Verbrennung von Holz zu verhindern ist das konkrete politische Ziel der Kampagne.

Die Akteure

Die Initiative HolzProKlima ist ein Aktionsbündnis, bestehend aus 13 Bundesverbänden und Organisationen der Forst- und Holzwirtschaft. Wichtige politische Ansprechpartner im Rahmen der Initiative sind das Bundesministerium für Umwelt, Naturschutz, Bau und Reaktorsicherheit (BMUB), das Bundesministerium für Wirtschaft und Energie (BMWi), das Bundesministerium für Ernährung und Landwirtschaft (BMEL) sowie das Bundesministerium der Finanzen (BMF). Im Rahmen der Initiative sind vor allem das BMEL und das BMUB Ansprechpartner, wenn es um die Rücknahme der Subventionen und den Stopp der Förderung von Holzverbrennung geht. Jedoch ist nicht nur die Ministerialebene Ziel der Ansprache durch die Initiative, sondern auch die parlamentarische Ebene. Auch in den Medien wird immer wieder versucht, das Thema zu platzieren, um eine möglichst breit gestreute Aufmerksamkeit auf die Problematik zu lenken. Ein bedeutender Unterschied zu anderen Politikbereichen besteht darin, dass die Initiative von sehr heterogenen Meinungsbildern geprägt ist. Wegen der differenzierten Verwendungsmöglichkeiten des Rohstoffes Holz besteht auch innerhalb des Aktionsbündnisses keine unbedingte Einigkeit über die genaue Vorgehensweise. Während sich der VHI als Vertreter der Holzwerkstoffindustrie vehement gegen die weitere Förderung der Holzverbrennung ausspricht, sind zum Beispiel in Verbänden der Forst- und Waldwirtschaft vor allem Absatzinteressen entscheidend. Diese verschiedenen Interessen gilt es zu vereinen und nach außen hin geschlossen aufzutreten. Eine weitere Besonderheit besteht darin, dass der Rohstofflieferant Wald nicht bzw. nur zu einem sehr kleinen Teil im Besitz der Industrie ist. Hier ist eine besondere Ansprache der Kommunen und privater Akteure gefragt, da sie im Besitz des Waldes sind.

Die Strategie

Erstmalig auf das Thema aufmerksam wurde der Verband vor ca. acht Jahren. Damals wurde eine Studie der Bundesforschungsanstalt für Forst- und Holzwirtschaft (BFH) erstellt, die sogenannte Holzbilanz. Aus dieser war ersichtlich, dass in den kommenden Jahren in Deutschland ca. 50 Mio. m³ Holz fehlen werden. Zu diesem Zeitpunkt wurde der Verband auf die Problematik aufmerksam und ein Handlungsbedarf wurde erkannt. Die konkrete Planung von Maßnahmen begann in den Jahren 2007/2008 im Zuge neuer Studien des Zentrums der deutschen Holzwirtschaft und der Weltgesundheitsorganisation (WHO). Es stellte sich heraus, dass das Problem der Holzknappheit weltweit besteht und somit auch keine Möglichkeit des Ausweichens auf andere Länder in der Rohstoffversorgung mit Holz möglich ist.

Zunächst wurden auf europäischer Ebene Aktionen gestartet. So wurde im Jahr 2010 eine europaweite Protestaktion durchgeführt, bei der in allen Mitgliedstaaten die teilnehmenden

Werke der Holzwerkstoffindustrie für einen Tag stillstanden. Damit gelang es, die Politik auf das Thema aufmerksam zu machen.

Innerhalb des VHI bestand dabei von Anfang an Konsens darüber, dass die Notwendigkeit zum Handeln besteht. Bei der Akquise von Geldern gelang es sogar, nicht im Verband organisierte Unternehmen zu gewinnen.

Die politische Kommunikationsstrategie wurde zunächst mithilfe externer Beratung erarbeitet. Eine weitere Ausarbeitung wurde in Gremien und Arbeitskreisen vollzogen, sodass am Anfang einige grobe Konzepte zur Verringerung der Subventionen und zur Stärkung des Problembewusstseins entstanden. Die gewählte Strategie zielte schließlich darauf ab, dass zunächst versucht wurde, die betroffenen politischen Ansprechpartner zu identifizieren, sowie in einem zweiten Schritt, die Problematik in den Medien zu platzieren. Dies wurde durch entsprechende PR- und Medienarbeit begleitet. Es fand also eine offensive Positionierung statt. Dies war notwendig, weil in Politik und Gesellschaft zunächst kein Problembewusstsein bestand.

Die Botschaften und Argumente

Von Beginn an wurde versucht, mit dem Slogan „HolzProKlima" auf die Klimaschutz-Aspekte der Kaskadennutzung von Holz hinzuweisen. Medial wurde auf die Aussagekraft von Bildern gesetzt. Ebenso wurde deutlich zu machen versucht, dass Holz, entgegen der allgemeinen Auffassung, kein klimaneutraler Brennstoff ist. Denn die Produktion von Brennholz ist nicht CO_2-neutral.

Die Botschaft wurde nach Zielgruppen differenziert. In Richtung politische Ebene wurde die Notwendigkeit der Kaskadennutzung von Holz und der damit einhergehenden Verringerung der Subvention von Brennholz kommuniziert. Auf medialer Ebene wurde hingegen versucht, ein Bewusstsein für die stoffliche Verwendung von Holz zu schaffen und es nicht als reinen Brennstoff zu sehen.

Als zentrale Argumente wurden die Ergebnisse der zahlreichen Studien angeführt sowie Möglichkeiten zur stofflichen Verwendung von Holz, etwa zum Bauen und Wohnen, aufgezeigt. Weiterhin wurde auf die oben genannte Fähigkeit von Holz hingewiesen, pro Tonne genutzten Holzes 5,6 Tonnen CO_2 zu neutralisieren. Hierdurch sei man in der Lage, über 20 Prozent des Klimaschutzzieles bis 2020 zu erreichen.

Die Instrumente

Eine Vielzahl unterschiedlicher Instrumente ist dabei zum Einsatz gekommen. Zunächst fanden einige Veranstaltungen, wie z. B. Workshops, Kongresse, Gremiensitzungen und Gespräche, statt. Medial wurde auf die Wirkung von Pressemeldungen, Positionspapieren, Flyern und Broschüren gesetzt. Anzeigen wurden wegen ihrer geringen Reichweite nicht geschaltet. Besonderes Augenmerk wurde auf die Belegbarkeit der Argumente mit Zahlen gelegt. Dazu wurden zahlreiche Studien aufbereitet und diese Ergebnisse in die Presseerzeugnisse eingearbeitet.

Des Weiteren wurden Parlamentarische Abende zur Ansprache von Parlamentariern durchgeführt. Dort konnte das Thema ebenfalls platziert werden. Allerdings wurden diese Abende in Kooperation mit der Forst- und Waldwirtschaft durchgeführt, sodass es nur selten möglich gewesen ist, das Thema exklusiv zu behandeln. Auf parlamentarischer Ebene ist vor allem die Opposition ein Ansprechpartner, etwa wenn es darum geht, parlamentarische Anfragen zu initiieren.

Aufgrund der Spezifik der Thematik wird eine Vielzahl von Instrumenten benötigt, um eine breite Streuung zu erreichen. Es kann daher keine Aussage darüber getroffen werden, ob ein Instrument sehr wichtig ist oder ein anderes eher zu vernachlässigen ist. Die Heterogenität der Meinungen innerhalb der Initiative macht es notwendig, für jeden Ansprechpartner das für ihn geeignete Instrument zu nutzen. Als besonders erfolgversprechend hat sich aber bisher die Arbeit mit Presseerzeugnissen und schriftlichen Informationsbroschüren erwiesen. Ein neues Instrument ist die Ausrufung eines Regionalwettbewerbs in Nordrhein-Westfalen. Unter der Schirmherrschaft von Johannes Remmel (Minister für Klimaschutz, Umwelt, Landwirtschaft, Natur- und Verbraucherschutz in NRW) wird denjenigen Kommunen ein Preis verliehen, die sich besonders für eine nachhaltige Holzverwendung im Sinne der Kaskadennutzung einsetzen. Für die Zukunft besteht seitens der Holzwirtschaft die Forderung nach einem Holzreferenten innerhalb des BMWi, um Themen schneller in die politische Landschaft transportieren zu können.

Die Umsetzung

Aufgrund der Anstrengungen in den letzten Jahren ist es mittlerweile gelungen, den Gesetzgebungsprozess anzustoßen. Zu beachten ist, dass es sich nicht nur um eine reine Gesetzgebung handelt, sondern dass eine Vielzahl von Verordnungen angepasst werden musste. Diesen Prozess begleitet der VHI kontinuierlich mit den oben genannten Instrumenten. Weiterhin wird auch versucht, proaktiv zu arbeiten, d. h. im Vorfeld Positionen zu erarbeiten und diese dann so zu platzieren, dass sich das Meinungsbild in die gewünschte Richtung entwickelt. Diese Arbeit findet nicht nur in Richtung Politik, Medien und Gesellschaft statt. Versucht wird weiterhin, auch innerhalb der Holzwirtschaft einen Konsens zu finden, um eine höhere Außenwirkung durch ein geschlosseneres Auftreten zu finden. Festgestellt wird, dass die Problemlage mit den eingesetzten Instrumenten bereits in die Medien und die politische Landschaft getragen werden konnte. Ein momentan aktuelles Projekt im Rahmen der Initiative befindet sich derzeit in der Startphase: der Kommunalwettbewerb „HolzProKlima". Der gesamte Prozess seit Beginn der Initiative kann grundsätzlich positiv bewertet werden. Jedoch überrascht teilweise die Härte, mit der die Diskussion aus den unterschiedlichen Blickwinkeln geführt wird. Auch wurde zu Beginn der Kampagne mit einem rascheren Fortschritt gerechnet, da es aus Sicht des Verbandes nicht um die Akquise zusätzlicher Steuermittel geht, sondern im Gegenteil der Staat bei Umsetzung der Empfehlungen einen monetären Vorteil verbuchen könnte. Eine weitere Herausforderung besteht darin, dafür zu sorgen, dass die Thematik auch in den Mitgliedsunternehmen aktuell bleibt und nicht neben dem Tagesgeschäft außer Acht gerät.

Das Ergebnis

Das Thema „Kaskadennutzung von Holz" ist bisher von Politik, Medien und Gesellschaft positiv aufgenommen worden. Allerdings ist die Umsetzung noch nicht ausreichend erfolgt. Mit dem Kommunalwettbewerb erhofft man sich jedoch, in diesem Jahr neue Impulse setzen zu können. Auf EU-Ebene ist die Umsetzung schon weiter fortgeschritten. Die Kaskadennutzung von Holz ist dort bereits in die entsprechenden Arbeitspapiere aufgenommen worden. Diesen Stand gilt es in Deutschland ebenfalls zu erreichen. Teilerfolge können bereits jetzt verbucht werden: Die nachhaltige Verwendung von Holz ist bereits in verschiedenen parteipolitischen Papieren aufgenommen worden. Zu nennen sind hier vor allem die „Waldstrategie 2020", die Biomassenverordnung und der aktuelle Koalitionsvertrag. Aktuell wird die Kaskadennutzung von Holz auch durch das Umweltbundesamt (UBA) propagiert. In der EEG-Novelle 2014 soll eine erhöhte Vergütung forstlicher Biomasse gestrichen werden. Damit wäre eine weitere Forderung des VHI erfüllt. Ein weiterer Teilerfolg konnte in NRW erzielt werden, welches, als bisher einziges Bundesland, ein Klimaschutz-Gesetz verabschiedet hat. In diesem wird auf die Notwendigkeit zur nachhaltigen Verwendung von Holz hingewiesen. Auch wurde bundesweit die Förderung der Holzverbrennung zumindest reduziert, was ebenfalls eine der Kernforderungen der Initiative ist.

Die Argumentation der Initiative wird bereits von zahlreichen Studien gestützt, und aktuell laufende Studien lassen auf weitere Unterstützung hoffen. Dies führt zu der Annahme, dass das Thema in Zukunft noch stärker als bisher auf der politischen Agenda stehen wird und dass das Selbstbewusstsein des VHI in Hinblick auf konkrete Handlungen weiter wachsen wird. Das Primärziel der Problembewusstseinsschaffung konnte bisher recht gut umgesetzt werden, auch wenn auf kommunaler Ebene noch weiterer Informationsbedarf besteht. Insgesamt wird die gewählte Strategie jedoch als zielführend betrachtet.

Drei Tipps

1. Das differenzierte Geflecht der politischen Wahrnehmung und Interessen muss beachtet werden. Dabei ist Durchhaltevermögen notwendig.
2. Partnerschaften sind unerlässlich. Dabei sollte man auch die (argumentative) Gegenseite nicht unbeachtet lassen, da diese oft über einen anderen Zugang zur politischen Ebene verfügt.
3. Es sollte mit allen Seiten gesprochen werden, und vor allem die Medien sollten nicht unterschätzt werden. Hier ist mit der nötigen Sensibilität vorzugehen, um zum Erfolg zu gelangen. Vermeiden sollte man jedoch ein zu offensives Vorgehen, da dies als Nötigung missverstanden und so zu einer dem eigentlichen Ziel zuwiderlaufenden Wirkung führen könnte.

Hauptverband der Deutschen Bauindustrie e. V.
Gesetz zur Bekämpfung von Zahlungsverzug
René Hagemann-Miksits, Geschäftsführer Koordinierung und Politik
im Gespräch mit Sophie Heimes

| Wirtschafts- u. Arbeitgeberverband | Rechtspolitik | Bund | 47 (2) |

Die Ausgangssituation
Der Hauptverband der Deutschen Bauindustrie ist ein Wirtschafts- und Arbeitgeberverband. Er vertritt die Interessen der Bauunternehmen in Deutschland gegenüber dem Gesetzgeber, der Regierung und der Verwaltung. Wesentliche Geschäftsbereiche sind die *Tarif- und Sozialpolitik*, der Bereich *Technik, Technikpolitik und Spartenpolitik* sowie der Bereich *Wirtschaft und Recht*. Letzteres behandelt alle nationalen und europäischen Fragen des Wirtschaftsrechts, welche die Mitgliedsverbände und deren Mitglieder betreffen. Dies beinhaltet insbesondere Themen des öffentlichen Auftragswesens sowie des Vertrags-, Wettbewerbs- und Steuerrechts auf nationaler und europäischer Ebene. Der Hauptverband der Deutschen Bauindustrie ist ein Dachverband, dem die unterschiedlichen Landesverbände angehören. Die Hauptaufgabe des Verbandes besteht in der Schaffung optimaler politischer Rahmenbedingungen in Deutschland für die Branche der Bauindustrie.

Die europäische Richtlinie 2011/7/EU vom 16. Februar 2011 dient der Bekämpfung des Zahlungsverzugs im Geschäftsverkehr. Demnach ist eine Festlegung von Höchstgrenzen vertraglich festgelegter Zahlungsfristen vorgesehen. Auf diese Weise sollen die Liquidität, Wettbewerbsfähigkeit und Wirtschaftlichkeit insbesondere kleiner und mittlerer Unternehmen in Südeuropa verbessert werden. Die Richtlinie war bis zum 16. März 2013 in nationales Recht umzusetzen. Der gegenwärtig vorliegende Gesetzesentwurf der Bundesregierung entspricht einer Eins-zu-eins-Umsetzung der europäischen Richtlinie. Vorgesehen ist somit die Einführung einer Zahlungshöchstfrist von bis zu 60 Tagen und dem vorhergehend eine Abnahmefrist des jeweiligen Bauprojektes von bis zu 30 Tagen. Die in der Richtlinie gestellten Anforderungen werden in Deutschland bereits erfüllt. Öffentliche Stellen und Unternehmen sind verpflichtet, offene Rechnungen sofort, spätestens aber 30 Kalendertage nach Rechnungserhalt zu bezahlen. Bei Überschreitung der Zahlungsfrist ist eine Verzinsung fällig. Entsprechend Artikel 12, Absatz 3 der Richtlinie können Mitgliedstaaten ihre Vorschriften beibehalten, wenn diese für den Gläubiger günstiger sind als die zur Erfüllung der Richtlinie notwendigen Maßnahmen. Die Bundesregierung entschied sich daher für die Einführung der neuen Höchstfristen, bei gleichzeitiger Beibehaltung des bisherigen Zahlungsziels der sofortigen Zahlung. In der Argumentation wurde davon ausgegangen, dass die neue Gesetzgebung keine nachteiligen Auswirkungen auf den bisherigen Zahlungsverkehr haben wird. Die konkrete politische Herausforderung besteht jedoch in der Gefahr der Verschlechterung aktueller politischer Rahmenbedingungen der Baubranche.

Eine Besonderheit der Baubranche besteht in der Vorleistungspflicht. Folglich sind insbesondere kleinere Unternehmen darauf angewiesen, möglichst unverzüglich ihr Geld zu erhalten. Durch die Umsetzung der neuen Richtlinie besteht die Gefahr, dass Mitglieder des Verbandes zukünftig deutlich länger als bisher auf die Begleichung ihrer gestellten Rechnungen warten müssen. Vor allem starke Auftraggeber können sich in Vertragsverhandlungen auf die neuen gesetzlichen Zahlungshöchstfristen beziehen. Infolgedessen erhöht sich die bereits bestehende Vorleistungspflicht deutscher Bauunternehmen um bis zu 90 Tage. In der Konsequenz bedeutet die Umsetzung der neuen europäischen Richtlinie somit die Gefahr der Verschlechterung aktueller Rahmenbedingungen für Bauunternehmen in Deutschland. Das Ziel der sofortigen Abnahme und Zahlung kann zukünftig durch den Bezug auf die neuen Höchstfristen umgangen werden. Mitglieder des Verbandes in ihrer Rolle als Gläubiger müssen infolgedessen ihren Schuldnern einen zinsfreien Zahlungsverzug von bis zu drei Monaten gewähren.

Das konkrete politische Ziel des Verbandes bestand somit in der Vermittlung: dass die eigentlich im Interesse der Baubranche vorgesehenen Höchstfristen in der Praxis mit hoher Wahrscheinlichkeit zu einer Verschlechterung der aktuellen Rahmenbedingungen deutscher Bauunternehmen führen werden. Insbesondere große Auftraggeber können in den vertraglichen Vereinbarungen die Zahlungsfristen, auf der Basis der neuen Gesetzgebung, zukünftig weiter hinauszögern, was wiederum eine Begünstigung des Zahlungsverzugs bedeutet. Zudem beinhaltet der aktuell vorliegende Gesetzesentwurf die Formulierung *„grob nachteilig"*. Diese ist gesetzlich unbestimmt und wird in der praktischen Umsetzung ebenfalls zu Unklarheiten führen. Es ging folglich um die Einflussnahme des Gesetzgebungsprozesses bei der Umsetzung der europäischen Richtlinie zur Bekämpfung von Zahlungsverzug im Geschäftsverkehr in nationales Recht und insbesondere um kürzere Zahlungsfristen.

Die Akteure
Die wichtigsten Akteure vonseiten der Politik waren das Bundesministerium der Justiz und für Verbraucherschutz (BMJV), Rechtspolitiker und Wirtschaftspolitiker des Bundestages sowie die Mittelstandsvertreter der Parteien. Weitere beteiligte Verbände, neben dem Verband der Bauindustrie, waren der Zentralverband des Deutschen Handwerks, der Zentralverband Deutsches Baugewerbe und demgegenüber der Zentralverband Elektrotechnik- und Elektroindustrie, einzelne Unternehmen wie beispielsweise Siemens und der Handelsverband Deutschland.

Wie in jedem Politikbereich bestehen auch innerhalb der Wirtschaftsverbände unterschiedliche Positionen, mit welchen auf die Politik zugegangen wird. Demnach ist es besonders schwierig, etwas im Alleingang zu erreichen, und es macht das Zusammenspiel gleichzeitig auch besonders interessant und wichtig. Es stellt sich aufgrund dessen die Frage nach gemeinsamen Positionen und möglichen Allianzen.

Die Strategie
Der Verband war sich des Themas bereits bewusst, als es in Brüssel verhandelt wurde. Das Trilog-Verfahren, ein verkürztes Gesetzgebungsverfahren auf europäischer Ebene, bietet Verbänden jedoch kaum Möglichkeiten, ihre Interessen einzubringen. Ein Brief an die deutschen Parlamentarier im EU-Parlament führte ebenfalls zu keiner Veränderung. Die Umset-

zung der europäischen Richtlinie in nationales Recht war beschlossen. Hier galt es folglich, Einfluss zu nehmen. Überraschenderweise bestand innerhalb des Verbandes ein Konsens darüber, dass die geplante Gesetzgebung sich für die Mitglieder als nachteilig erweisen wird. Entsprechend der Verbandsmeinung bestand kein Bedarf der Umsetzung der europäischen Richtlinie in deutsches Recht, und wenn doch, dann sind die gesetzlich geplanten Zahlungshöchstfristen möglichst kurz zu halten. Größere Konzerne, die auch als Auftraggeber tätig sind, profitieren hingegen von der Umsetzung der neuen Richtlinie. Sie verfügen zudem über eine andere Verhandlungsbasis als mittlere und kleinere Unternehmen und wären folglich, in ihrer Rolle als Auftragnehmer, weniger von den negativen Auswirkungen der neuen Richtlinie betroffen. Mögliche abweichende Interessen innerhalb des Verbandes wurden jedoch nicht geäußert.

Das Ziel des Verbandes bestand zunächst in der Schaffung eines Problembewusstseins. Der Politik war zu verdeutlichen, welche Nachteile für die Branche mit der Umsetzung der Richtlinie einhergehen. Zu diesem Zweck wurde nach Interessenpartnern für ein gemeinsames und einheitliches Auftreten gesucht. Zusammen mit dem Zentralverband Deutsches Baugewerbe und dem Zentralverband des deutschen Handwerks wurde offensiv auf die Politik zugegangen und über die möglichen Auswirkungen des bestehenden Gesetzesentwurfs informiert.

Die Botschaften und Argumente
Die wichtigste Kernbotschaft bestand darin zu verdeutlichen, dass das Risiko der Insolvenz kleinerer und mittlerer Bauunternehmen durch die Umsetzung der europäischen Richtlinie in nationales Recht drastisch steigt. Bedingt durch die Vorleistungspflicht in der Baubranche ist eine sofortige Zahlung speziell für kleinere und mittlere Unternehmen existenziell.

Der Hauptansprechpartner war die Politik. Mittels Pressemitteilungen in der Fachpresse und auf den Websites der jeweiligen Verbände wurde auch die Öffentlichkeit angesprochen, der Schwerpunkt lag jedoch auf der politischen Ansprache. In dieser Hinsicht fand keine nach Zielgruppen differenzierte Ansprache statt.

In der Argumentation wurde mehrfach verdeutlicht, dass die Vorleistungspflicht und die Abnahmefrist für die Branche besondere Herausforderungen darstellen und dass die Umsetzung der neuen Richtlinie besonders für den deutschen Mittelstand negative Auswirkungen haben wird. In der Argumentation wurde sich primär auf die kleinen und mittleren Unternehmen bezogen und weniger auf die ebenfalls betroffenen Großkonzerne.

Die Instrumente
Als wesentliches Instrument ist das Hintergrundgespräch in Form von Einzelgesprächen zu nennen. Diese wurden auf allen politischen Ebenen geführt: mit den Abgeordneten im Bundestag sowie mit den Arbeits- und Leitungsebenen im Bundesministerium der Justiz und für Verbraucherschutz. Von besonderer Bedeutung waren hierbei die Gespräche zwischen dem Präsidenten des Verbandes und der zu der Zeit verantwortlichen Bundesministerin Sabine Leutheusser-Schnarrenberger sowie der Austausch zwischen dem Geschäftsführer des Ver-

bandes und der Staatssekretärin Birgit Grundmann. Positionspapiere halfen ebenfalls, die Positionen des Verbandes in den politischen Raum zu tragen. Weiterhin wurde im Rahmen einer Anhörung auf die drohenden Konsequenzen für die Baubranche hingewiesen.

Als besonders erfolgreiches Instrument haben sich die umfangreichen Hintergrundgespräche herausgestellt. In den Gesprächen ist es gelungen, für die Problematik und die Komplexität der Umsetzung der Richtlinie zu sensibilisieren und die Politik anzuregen, nach einer angemessenen Lösung zu suchen. Daraus folgte die Erkenntnis, dass das Gesetz aus zeitlichen Gründen in der aktuellen Legislaturperiode nicht mehr umsetzbar ist. Der Gesetzgebungsprozess ist folglich noch nicht abgeschlossen.

Die Umsetzung
Anfangs wurde versucht, auf europäischer Ebene Einfluss zu nehmen. Ein Brief an die deutschen Parlamentarier im EU-Parlament brachte keinen Erfolg. Es wurde jedoch versichert, dass die neue Richtlinie sich auf die deutsche Baubranche nicht negativ auswirken wird. Der aktuelle Gesetzesentwurf vom 25. August 2012 sieht eine Eins-zu-eins-Umsetzung der europäischen Richtlinie vor. Durch umfassende Gespräche, Pressemitteilungen und Positionspapiere war die Problematik der Umsetzung deutlich geworden. Die Politik hatte erkannt, dass das Thema zu komplex für die restliche Zeit der Legislaturperiode war. Der Gesetzgebungsprozess gilt, bedingt durch den Ablauf der Wahlperiode, aktuell als gestoppt.

Der Verband der Bauindustrie ist ein wichtiger Gesprächspartner für die Politik. Insofern war es keine große Herausforderung, den Argumenten des Verbandes Gehör zu verschaffen, wobei gute Kontakte und offene Ohren noch kein Garant für die Einbindung der Interessen sind. Eine sinnvolle Argumentation und der passende Ansprechpartner sind mindestens genauso wichtig.

Entgegen den Erwartungen begann sich auch der Wirtschaftszweig des Handels für den Gesetzgebungsprozess zu interessieren. Handelsketten profitieren ebenfalls davon, wenn diese ihre Rechnungen mit einem zinsfreien Zahlungsverzug zahlen können. Der Handelsverband Deutschland war somit ein weiterer, und teilweise auch unerwarteter, Akteur mit gegensätzlichen Interessen.

Das Ergebnis
Als Zwischenergebnis ist festzuhalten, dass es in der letzten Legislaturperiode zu keiner Verabschiedung des Gesetzes gekommen ist. Die Umsetzung steht jedoch zukünftig noch an, insbesondere da die Frist der Umsetzung seit dem 16. März 2013 abgelaufen ist. Vonseiten der Europäischen Kommission wurde bereits angefragt und eine Umsetzungsklage angedroht. Folglich ist das Thema nach wie vor relevant und die neue Bundesregierung wird hierzu zeitnah Stellung beziehen müssen.

Die aktuellen Wahlen haben die Erreichung des Ziels vorerst begünstigt, indem der Gesetzgebungsprozess unterbrochen wurde. Möglicherweise wird eine neue Regierungskonstellation mehr gemeinsame Schnittmengen bieten und die Interessen des Verbandes im Gesetzgebungsprozess stärker einbeziehen.

Für einen ähnlich gearteten Fall bzw. generell für die Zukunft gilt, so früh wie möglich in Brüssel die eigenen Interessen zum Ausdruck zu bringen. Dies ist jedoch speziell beim Trilog-Verfahren eine äußerst große Herausforderung.

Drei Tipps
1. An dieser Stelle gibt es keine allgemeingültige Formel, da jeder Fall anders ist. Daher legen Sie sich nicht zu früh fest, bleiben Sie flexibel und schauen Sie genau, wie in dem konkreten Fall vorzugehen ist.
2. Ein weiterer wichtiger Aspekt bei der Interessenvertretung ist zudem Kompromissbereitschaft. Machen Sie als Verband selbst auch Angebote, verschließen Sie sich keiner politischen Seite und seien Sie nach allen Seiten hin gesprächsbereit.
3. Zudem ist es hilfreich, mit der Konkurrenz direkt zu sprechen. Führen Sie wenn möglich die verschiedenen Interessen zusammen, um anschließend gemeinsam auf die Politik zuzugehen und auch gemeinsam etwas zu erreichen.

Bundesverband der Pharmazeutischen Industrie e. V.
Arzneimittelmarktneuordnungsgesetz

Sebastian Hofmann, Leiter Geschäftsfeld Gesundheitspolitik
im Gespräch mit Susanne Alund

 Industrieverband   Gesundheitsversorgung   Bund   33 (2)

Die Ausgangssituation

Der Bundesverband der Pharmazeutischen Industrie (BPI) vertritt seit über 60 Jahren die Interessen deutscher Pharmahersteller im Bereich der Arzneimittelforschung, -entwicklung, -zulassung, -herstellung und -vermarktung. 260 deutsche Pharmaunternehmen unterschiedlichster Art haben sich im Bundesverband zusammengeschlossen, von klassischen Pharmaunternehmen über Pharma-Dienstleister bis hin zu Unternehmen aus dem Bereich der Biotechnologie, pflanzlicher Arzneimittel und Homöopathie.

Der Bereich Gesundheitspolitik ist ein wesentlicher Bestandteil der Lobbyarbeit des Verbandes. Hier gilt es, die spezifischen Belange der Pharmahersteller bei den Gesundheitsreformen der wechselnden Koalitionen zu identifizieren und zu verteidigen. Diese Aufgabe wurde besonders deutlich im Jahr 2010, als die schwarz-gelbe Regierung das Arzneimittelmarktneuordnungsgesetz (ANMOG) verabschiedete, mit dem Zweck, die Preissetzung für neue Arzneimittel zu regulieren. Bereits 2009 hatte die christlich-liberale Bundesregierung im Koalitionsvertrag angekündigt, den Arzneimittelmarkt neu zu ordnen. Grund dafür waren vor allem die gestiegenen Arzneimittelausgaben der gesetzlichen Krankenkassen, besonders für neue Medikamente. Das gesundheitspolitische Ziel der Koalition war es, eine ungesteuerte Preisentwicklung bei Arzneimitteln zu verhindern. Stattdessen sollte die Preisbildung für neue, patentgeschützte Medikamente durch Rabattverhandlungen auf der Basis einer Bewertung des konkreten Nutzens stattfinden. Um übergroße Einbußen der Pharmaunternehmen auf dem Umsatzmarkt für patentgeschützte Medikamente in Deutschland zu vermeiden, galt es für den Verband, rechtzeitig in den Gesetzgebungsprozess eingebunden zu werden. Das zentrale Ziel bestand nicht darin, die Reform abzuwehren, sondern als Vertreter der Industrie in die politische Auseinandersetzung mit einbezogen zu werden, um einen fairen Interessenausgleich für alle Beteiligten zu schaffen.

Die Akteure

Beteiligt an der Ausformung des Gesetzes waren zum einen die Politik, in Form des Gesundheitsministeriums, die Gesundheitspolitiker im Bundestag und die Landesregierungen, vertreten durch den Bundesrat, zum anderen die Krankenkassen, die Pharmaindustrie, vertreten durch den BPI und den Verband forschender Arzneimittelhersteller, sowie pharmakritische Institutionen, wie beispielsweise das Institut für Qualität und Wirtschaftlichkeit im Gesundheitswesen, das Nutzen und Schaden von medizinischen Maßnahmen für Patienten prüft.

Zu den Besonderheiten des Politikbereichs Gesundheitspolitik gehört erstens, dass Marktgesetze hier nicht anwendbar sind, da die Patienten keine souveränen Kunden sind. Zweitens geht es im Bereich Gesundheit um sehr viel Geld; ca. zehn Prozent des Bruttoinlandsprodukts werden im Gesundheitswesen ausgegeben. Drittens werden im Bereich Gesundheitspolitik sehr heikle Fragen des Lebens behandelt. Diese können medizinisch-ethischer Art sein, wie beispielsweise die Frage, in welchem Ausmaß lebenserhaltende Maßnahmen betrieben werden sollten. Oder aber sie beziehen sich auf das öffentliche Unbehagen über die Tatsache, dass das Geschäftsmodell der Industrie auf Krankheiten basiert. Aus diesem Grund müssen viele Debatten äußerst sensibel geführt werden. All diese Aspekte ergeben zusammen eine Komplexität, die viel Fachwissen verlangt. Der Verbandsaufgabe, „die Realität zu erklären", kommt daher besondere Bedeutung zu.

Die Akteurskonstellation zeichnet sich zum einen durch die unterschiedliche moralische Schlagkraft der Akteure aus; die Pharmaindustrie genießt weitaus weniger Wertschätzung als beispielsweise die Ärzteschaft. Zum anderen sind die Interessengruppen in diesem Bereich sehr stark organisiert. Nicht ohne Grund hat der CDU-Politiker Norbert Blüm in den 80er-Jahren die deutsche Gesundheitspolitik mit einem Haifischbecken verglichen.

Die Strategie
Auf die Reformpläne ist der Verband durch eine Analyse der politischen Debatte und des Koalitionsvertrages zwischen CDU/CSU und FDP, d. h. durch Monitoring, aufmerksam geworden. Der Bedarf, den Gesetzesplänen mit einem eigenen Vorschlag zu begegnen, war groß, da es als ein erhebliches Risiko eingeschätzt wurde, das Gesetz passiv abzuwarten. Um eine einheitliche Stimme des Verbandes abzugeben, wurden alle Mitglieder in die Frage mit einbezogen – auch diejenigen, die nicht direkt vom Gesetz und der Kritik betroffen waren, da sie keine patentgeschützten Arzneimittel anbieten. Ein Konsens in Bezug auf den endgültigen schriftlichen Entwurf konnte dank verbandsinterner Streitkultur bei gleichzeitiger Rückendeckung durch die Verbandsspitze hergestellt werden.

Der Verband verfolgte von Anfang an eine offensive Strategie, indem er sich direkt mit dem eigenen Vorschlag an die Öffentlichkeit wandte. Eine solche Strategie wurde zum einen gewählt, da die Mitglieder einen aktiven Beitrag vom Verband erwarteten. Zum anderen brachte sich der Verband auf diese Weise als direkter Ansprechpartner der Politik in Position. Und nicht zuletzt bietet eine solche Positionierung im Wettbewerb mit den anderen Verbänden ein attraktives Profil.

Die Botschaften und Argumente
Der BPI begegnete den Plänen der Koalition zunächst mit dem Eingeständnis, dass eine Reform notwendig sei und dass die Situation zunehmend aus dem Gleichgewicht zu geraten drohe, da die patentgeschützten Arzneimittel die Entwicklung der gesamten Arzneimittelausgaben bestimmten. Zugleich wurde aber ergänzt, dass eine Markteinführung zum frei gewählten Preis des Herstellers eine Voraussetzung dafür sei, das hohe Niveau der gesetzlichen Krankenversicherung zu halten. Der Verband betonte auch, dass Preisverhandlungen im Sinne der Industrie seien. Allerdings sollten immer dezentrale Verhandlungen und Einzelverträge vorrangig bleiben. In der Debatte wurde außerdem hervorgehoben, dass die Industrie sich nicht gegen eine wissenschaftliche Bewertung des Nutzens der patentgeschützten

Medikamente wehre. Grundlage für die zentrale Verhandlung bzw. Konfliktlösung solle der Nutzen des Arzneimittels sein, der anhand vorher vereinbarter verbindlicher Kriterien bewertet werde. Um diesen Argumenten aus dem eigenen Positionspapier mehr Durchsetzungskraft zu verleihen, wurde darauf hingewiesen, dass dies konkrete Vorschläge seien, die von den Arzneimittelherstellern selbst gemacht würden. Von anderen Argumenten, wie beispielsweise, dass das neue Gesetz die Bereitstellung von lebenswichtigen Arzneimitteln auf dem deutschen Markt bedrohen könnte, wurde dagegen bewusst abgesehen. Ebenso wurde darauf verzichtet, die Kernbotschaften nach Zielgruppen zu differenzieren. Ein solches Taktieren könnte längerfristig mit hohen Kosten verbunden sein, da man das Risiko eingegangen wäre, das Vertrauen in den Verband zu untergraben.

Die Instrumente
Bei der Lobbyarbeit wurden mehrere Kommunikationskanäle genutzt; ein Positionspapier wurde formuliert, es wurden mehrere Hintergrundgespräche geführt und eine Pressekonferenz abgehalten. Diese Instrumente haben sich im Lobbying-Prozess gegenseitig ergänzt. Der Verband hebt hervor, dass das eine ohne das andere nicht wirkungsvoll gewesen wäre.

Die Umsetzung
Während des Gesetzgebungsverfahrens hat der Verband seine übliche Rolle wahrgenommen, beispielsweise als fachlicher Kritiker in den Anhörungen. Darüber hinaus wurde der eigene Reformvorschlag der Öffentlichkeit präsentiert, bevor der gesamte Gesetzgebungsprozess konkret angestoßen wurde, d. h. bevor die Exekutive einen Vorschlag ausgearbeitet hatte. Dies hat sich auch als wichtig erwiesen, denn nachdem das Ministerium begonnen hatte, die Grundzüge des Gesetzes zu formulieren, war es nicht mehr gewillt, auf Änderungsvorschläge einzugehen.

Besonderer Argumente, um dem Verband Gehör zu verschaffen, bedurfte es nicht. Der Verband war der erste Akteur, der einen umsetzbaren Reformvorschlag anzubieten hatte. Da dieser Vorschlag aus der Mitte der potenziell Betroffenen kam, war ihm das Interesse der Politik sicher. Der frühe Zeitpunkt war günstig, weil bis dahin weder Politik noch Ministerium einen Plan vorweisen konnten, wie die Reform überhaupt gestaltet werden könnte.

Das Ergebnis
Das Ende 2010 verabschiedete Arzneimittelmarktneuordnungsgesetz sieht vor, dass neue Arzneimittel kurz nach ihrer Zulassung auf ihren zusätzlichen Nutzen, d. h. ihren Mehrwert gegenüber anderen ähnlichen und bereits vorhandenen Arzneimitteln, vom Gemeinsamen Bundesausschuss beurteilt werden. Wenn kein zusätzlicher Nutzen festgestellt wird, landet das Medikament wenn möglich in einer Festbetragsgruppe. Sollte dagegen ein Zusatznutzen vorliegen, wird auf der Basis der Beurteilung des Gemeinsamen Bundesausschusses ein Rabatt zwischen Hersteller und dem Spitzenverband der gesetzlichen Krankenkassen ausgehandelt. Können sich die beiden Parteien nicht auf einen Betrag einigen, wird der Rabatt von einem Schiedsgericht festgelegt. Das heißt, der Gesetzgeber ist dem Vorschlag des Verbandes, Preisvereinbarungen vorrangig dezentral durch Einzelverträge zu regeln, nicht gefolgt. Die Rabatte werden stattdessen zentral durch den GKV-Spitzenverband für alle Krankenkas-

sen einheitlich verhandelt. Aber der BPI konnte die Forderung nach einer Regelung für Konfliktfälle zwischen den Krankenkassen und der Industrie durchsetzen; es wurde ein gemeinsam getragenes Schiedsamt eingeführt. Außerdem ist es dem Verband gelungen, die Politik davon zu überzeugen, dass ein schneller Zugang zu Innovationen nur möglich ist, wenn die Arzneimittel in der ersten Zeit nach der Zulassung zu den Konditionen des Herstellers auf den Markt kommen.

Der Einfluss auf das Gesetz durch die pharmazeutische Industrie wurde von der Opposition scharf kritisiert. Der FDP wurde Klientelpolitik vorgeworfen, ähnlich wie bei der Mehrwertsteuersenkung für Hoteliers. Danach haben das Gesundheitsministerium und einige Abgeordnete die Kommunikation mit dem Verband auf ein Mindestmaß heruntergefahren. Anscheinend hatten die Politiker nun Angst, mit der Industrie zu sprechen. Mit einer so schwierigen Lage hatten die Mitarbeiter des Verbandes bei einem Gesundheitsminister wie Herrn Dr. Rösler von der FDP nicht gerechnet. Das schlechte Image der Industrie und das Klischee von der wirtschaftshörigen FDP habe die Lobbyarbeit sehr erschwert. Überraschend für den Verband waren die medialen Attacken gegen die Gesundheitspolitik der FDP. Die Berichterstattung wurde vom Verband als größtenteils inhaltlich falsch und tendenziös empfunden. Sehr erfreulich sei dagegen die uneingeschränkte Bereitschaft der Mitglieder des Verbandes gewesen, sich dem Problem zu stellen und den Reformbedarf zu akzeptieren. Oft wehren sich Verbände gegen ungeliebte Reformen, indem sie die Probleme kleinreden. Der BPI konnte anders agieren, da sich seine Mitglieder auf einen konstruktiven Vorschlag eingelassen hatten. Das hat ihm im Vorfeld des Gesetzgebungsverfahrens Gehör verschafft.

Im Nachhinein ist zum einen klar geworden, dass man intensiver mit der gegnerischen Seite hätte sprechen müssen, vor allem mit den Krankenkassen. Bei großen und komplizierten Reformen lohnt sich der Versuch, nicht nur auf die Entscheider selbst, sondern auch auf die anderen Meinungsbildner Einfluss zu nehmen. Der Bundesverband hat zwar den Krankenkassen frühzeitig seinen Vorschlag erläutert, aber nicht darauf gedrungen, auch in deren konzeptionellen Prozess eingebunden zu werden. Das würde der Verband heute anders machen. Zum anderen ist durch diesen Fall deutlich geworden, dass das Imageproblem der Pharmaindustrie auch konkrete politische Auswirkungen haben kann. Das lässt sich kurzfristig nicht durch Kampagnen ändern, und darauf, dass die Gegner diesen schlechten Ruf ausnutzen, muss ein Interessenvertreter des Verbandes vorbereitet sein.

Drei Tipps
1. Insgesamt ist es wichtig, die Adressaten möglichst früh im Gesetzgebungsprozess anzusprechen. Den richtigen Zeitpunkt zu erwischen ist von entscheidender Bedeutung für den Erfolg einer Kampagne.
2. Außerdem rät der Verband von zu vielem Taktieren ab, da kommunikative Tricks den Ruf der Organisation schädigen können.
3. Schließlich gilt es zu beachten, dass es sich bei Politik um einen langfristigen Prozess handelt. Wer erfolgreich sein möchte, sollte seine Strategien nachhaltig gestalten.

Deutscher Franchise-Verband e. V.
Altersvorsorgepflicht für Selbstständige
Torben Leif Brodersen, Geschäftsführer
im Gespräch mit Melanie Fromm

 Handelsverband    Arbeit, Soziales   Bund, Öffentlichkeit    7 (2)

Die Ausgangssituation

Der Deutsche Franchise-Verband e. V. (DFV), mit Sitz in Berlin, wurde 1978 gegründet. Als Spitzenverband der deutschen Franchise-Wirtschaft repräsentiert der DFV sowohl Franchisegeber als auch Franchisenehmer. Die Hauptaufgabe des Verbandes besteht darin, die Interessen der Franchise-Wirtschaft zu vertreten: wirtschaftlich, gesellschaftlich und politisch. Derzeit gehören dem DFV rund 280 Mitglieder an.

Im Frühjahr 2012 wurde bekannt, dass das Bundesministerium für Arbeit und Soziales (BMAS) die Einführung einer Altersvorsorgepflicht für selbstständige Unternehmer plant. Auslöser des politischen Entscheidungsprozesses war die zunehmende Altersarmut bei Selbstständigen. Laut einer aktuellen Erhebung des Allensbacher Instituts für Demoskopie verfügt jeder vierte von ihnen aktuell über keine private Altersvorsorge. Begründet sind diese Zahlen durch die häufig fehlende Möglichkeit zur Bildung von finanziellen Rücklagen.

Das BMAS legte hierzu ein sogenanntes Eckpunktepapier vor, welches erste Ideen der Altersvorsorgepflicht skizzierte. So sollte beispielsweise Selbstständigen zwar die Wahl zwischen einer Lebensversicherung und einer privaten oder einer gesetzlichen Rentenversicherung überlassen bleiben, jedoch sollten nach den Vorstellungen der damals zuständigen Bundesministerin Ursula von der Leyen diejenigen Selbstständigen, die keinerlei Altersvorsorge nachweisen können, in der gesetzlichen Rentenversicherung pflichtversichert werden. Diese Regelung sollte für selbstständige Unternehmer gelten, die bei Inkrafttreten des Gesetzes jünger als 30 Jahre sind. Für Selbstständige zwischen 30 und 50 Jahren seien abgeschwächte Regelungen geplant, hieß es damals. Die über 50-Jährigen seien davon nicht betroffen. Nicht betroffen wären ebenso selbstständige Unternehmer, die weniger als 400 Euro im Monat verdienen.

Die Pläne einer Zwangsrente und die „effiziente Überwachung" durch die Deutsche Rentenversicherung Bund sind Botschaften, die bei Selbstständigen zur Verunsicherung führten und weiterhin führen. Aus diesem Grund schien es für den DFV unerlässlich, sich an diesem Entscheidungsprozess zu beteiligen und die Interessen seiner Mitglieder zu vertreten.

Auch in der Öffentlichkeit wurde dieses Eckpunktepapier stark diskutiert. Ebenso wurden die Pläne, die das BMAS durch diese angestrebten Regelungen verfolgte, von den damaligen Regierungsfraktionen von CDU/CSU und FDP unterschiedlich beurteilt. Die Zahl derer, die sich gegen die Gesetzesinitiative ausgesprochen haben, war letztendlich recht groß. Sollte sich aber eine gesetzliche Regelung nicht vermeiden lassen, so bestand verbandsintern bei allen Mitgliedern des DFV zumindest der Wunsch nach einer liberaleren Auslegung. Als erste Reaktion darauf signalisierte das BMAS die Anerkennung unterschiedlicher privater Altersvorsorgemöglichkeiten und ermöglichte somit eine breitere Auslegung der angestrebten Altersvorsorgepflicht.

Nach Erscheinen des Eckpunktepapiers mit Kerninhalten einer gesetzlichen Regelung wurde die Unternehmensberatung McKinsey beauftragt, eine Machbarkeitsstudie vorzulegen. Diese sollte unter anderem zeigen, wie und in welchem Umfang Unternehmer heute bereits für ihr Alter vorsorgen und gleichzeitig Wege zur Umsetzung der Vorsorgepflicht aufzeigen. Die Studie wurde für September 2012 angekündigt. Bis zum heutigen Zeitpunkt liegen jedoch der Öffentlichkeit noch immer keine Ergebnisse vor.[110]

Die Akteure
An die 280 Mitglieder des DFV sind ca. 20.000 Betriebe angeschlossen, die wiederum alle von selbstständigen Unternehmern geführt werden. Die Relevanz des Themas „Altersvorsorgepflicht für Selbstständige" und auch der Handlungsbedarf für den Verband erklären sich somit von selbst.

Über den DFV hinaus waren an der Debatte unterschiedliche Akteursgruppen aktiv beteiligt. So waren auf unterschiedlichen Ebenen diverse Ministeriumsvertreter (sowohl auf Leitungs- als auch auf Arbeitsebene) sowie Angehörige/Mitarbeiter der Bundestagsfraktionen Ansprechpartner des DFV. Der direkte Draht zum Fachreferat stellte zur Informationsgewinnung den wichtigsten Akteur dar. Auf Ministerialebene waren die wissenschaftlichen Mitarbeiter wesentliche Ansprechpartner, um relevante Informationen zu erlangen.

Die Zusammenarbeit mit anderen Verbänden spielte zudem eine wesentliche Rolle. Hierzu entstand Anfang Juli 2012 ein Positionspapier, das der DFV gemeinsam mit dem Bundesverband Direktvertrieb (BDD) und der Centralvereinigung Deutscher Wirtschaftsverbände für Handelsvermittlung und Vertrieb (CDH) erarbeitet und an die Verantwortlichen im BMAS persönlich übergeben sowie an die zuständigen Bundestagsausschüsse versandt hat. Auch wurden Pressemitteilungen herausgegeben, die in Zusammenarbeit mit anderen betroffenen Verbänden entstanden sind. Durch den Zusammenschluss der Verbände war es möglich, „gehört zu werden", denn in der Lobbyarbeit ist es laut DFV ein großer Vorteil, wenn „man Kollegen hat, die ins gleiche Horn stoßen".

Auch wenn die Reichweite selbstständiger Unternehmer prinzipiell groß ist, werden ihre Interessen aus Sicht des DFV nur unzureichend wahrgenommen. Unternehmer spielen bei politischen Entscheidungsprozessen keine angemessene Rolle, daher ist ein Kernziel der Lobbyarbeit des DFV, dieser wichtigen Gruppe (hier vor allem im Franchise-Bereich) Gehör zu verschaffen. Um ein politisches Ziel zu erreichen, ist daher das Zusammenspiel der betroffenen Verbände sowie der (Franchise-)Unternehmer selbst von besonderer Bedeutung.

---

[110] Stand: 31.01.2014

Die Strategie

Durch Beobachtung des politischen Raums wurde der DFV erstmalig auf das Thema aufmerksam. Neben Berichterstattungen und Monitoring konnten relevante Informationen hauptsächlich durch das Netzwerk zu anderen Verbänden und durch den direkten Kontakt zu Abgeordneten und politischen Vertretern erlangt werden. Auch durch die Presse wurden im weiteren Verlauf Informationen wahrgenommen, wenngleich hier aber gesagt werden muss: „Wenn man ein Thema zum ersten Mal aus der Presse erfährt, ist es bereits zu spät!", so der Geschäftsführer Torben Leif Brodersen.

Innerhalb des Verbandes bestand von Anfang an eine übereinstimmende Meinung zu dem Thema: So liegt es im Eigeninteresse der Mitglieder, der Altersarmut weitestgehend entgegenzuwirken. Sollte sich aber die gesetzliche Regelung nicht vermeiden lassen, so besteht verbandsintern bei allen Mitgliedern zumindest der Wunsch nach einer liberalen Auslegung. An dieser Stelle wird betont, dass es bei allen politischen Themen wichtig ist, externe und damit unterschiedliche politische Stimmungen einzufangen. Auch wenn die eigene Stimmung eine andere sein mag, müssen strategische Anpassungen dieser eigenen Positionen nach außen in Erwägung gezogen werden. Erscheint es zunächst inkonsequent, ist es dennoch wichtig, um weiter gehört zu werden und eine Ausgrenzung vom Thema dadurch auszuschließen. In Anlehnung an die Positionierung seitens der Politik werden dann die Strategien des Verbandes angepasst. Im Falle der Altersvorsorgepflicht wurden hauptsächlich Positionspapiere und persönliche Kontakte zu Abgeordneten als politische Strategie genutzt.

Im Bereich der kommunikativen Strategie musste sich der DFV die Frage stellen, inwieweit es Sinn macht, das Thema der Altersvorsorgepflicht zu pushen. In diesem Fall handelte der Verband zum Beginn der Debatte zunächst offensiv. Im weiteren Verlauf wurde jedoch zur defensiven Strategie gewechselt, um sich der gegebenen Situation, die eine geringer werdende Themenrelevanz im Politikbereich bedeutete, anzupassen und dadurch eine Ausgrenzung zu vermeiden.

Die Botschaften und Argumente

Es ist nicht immer notwendig, eine zugespitzte Kernbotschaft (wie z. B. in Positionspapieren des DFV) zu übermitteln. Vielmehr ist in vielen Fällen Diplomatie gefragt, vor allem in persönlichen Gesprächen auf politischer Ebene. Auch ist es wichtig, diese Botschaften, egal ob es sich um mehr oder weniger zugespitzte Botschaften handelt, nach Zielgruppen zu differenzieren. „Nach außen verkaufe ich etwas anderes als nach innen. Es wird ein unterschiedlicher Duktus gewählt. So ist die Ansprache von Journalisten eine andere, als wenn Parteien angesprochen werden. Genauso richtet sich die Ansprache der Zielgruppen danach, ob diese mit der eigenen Meinung konform gehen oder nicht", so der Geschäftsführer des DFV.

Im Beispiel der Altersvorsorgepflicht, nachdem seitens des BMAS in Presseberichterstattungen Wörter wie „gezwungen" und „Überwachung" fielen, forderte der DFV in seinen Botschaften die Politik darin auf, liberalere Ansätze zu verfolgen und somit motivierende Elemente bei der Kommunikation in den Vordergrund zu stellen sowie Maßnahmen vorzusehen, die einen finanziellen Anreiz zur Eigenvorsorge bieten. In Anlehnung an die hohe Anzahl selbstständiger Unternehmer wäre aus Sicht des Verbandes sicherlich die Vermeidung einer Gesetzgebung prioritär. Da in diesem Fall eine gesetzliche Regelung jedoch weiterhin nicht auszuschließen ist, tritt der Verband zum einen für eine möglichst liberale Auslegung der Altersvorsorgepflicht für Selbstständige ein. Zudem fordert der Verband dazu auf, dass Existenzgründer von einer Beitragspflicht ausgenommen werden, flexible Beitragszahlungen, die an die Einkommenssituation gebunden sind, ermöglicht werden sowie die Anerkennung anderweitiger Formen der Altersvorsorge zugelassen werden.

Die Instrumente
Als Instrumente für die Interessenvertretung wurden hauptsächlich Positionspapiere und Hintergrundgespräche genutzt. Hintergrundgespräche, insbesondere mit den Mitarbeitern der Abgeordneten, sind das A und O auf den unterschiedlichen Ebenen der Fraktionen und Ministerien. Auch wenn Hintergrundgespräche häufig als Kungelei empfunden werden, ist Torben Leif Brodersen der Meinung, dass gutes Lobbying nur mit einem engen Netzwerk funktionieren kann. Wird eine Pressekonferenz abgehalten, ist zwar die Wahrnehmung der Medien und somit der Öffentlichkeit gegeben, jedoch hat man damit allein noch nichts erreicht.

Die Umsetzung
Der DFV hat durch das gemeinsame Positionspapier mit anderen betroffenen Verbänden seine Argumente zur Altersvorsorgepflicht bekannt gemacht und es dadurch geschafft, dass den Argumenten Gehör verschafft wurde. Obwohl die Altersvorsorgepflicht noch vor eineinhalb Jahren hohe Wellen schlug, so ist dieses Thema aufgrund einer Wendung in Bezug auf dessen Wahrnehmung zurückgestellt worden. Dem Vernehmen unterschiedlicher Quellen nach wurde die Angelegenheit zwar nicht von der Agenda gestrichen, von politischer Seite gab es im weiteren Verlauf jedoch keine weiteren Maßnahmen, die den parlamentarischen Entscheidungsprozess weiter vorangebracht haben. Diese Wendung führte daher zwangsläufig auch zu einer Änderung der Strategie beim DFV – aus der offensiven Arbeit wird die Debatte nun defensiv fortgeführt.

Im Fall der Altersvorsorgepflicht ist der Gesetzgebungsprozess bislang nicht konkret angelaufen. Dennoch ist klar, dass, wenn der Fall eintritt, der persönliche Kontakt zu den jeweiligen Ausschussmitgliedern das wichtigste Instrument für den DFV darstellt. Ebenso muss der Verband die Anhörungen eng begleiten und zusätzlich im federführenden Ministerium vorstellig werden.

Das Ergebnis
Auch wenn die Debatte um das Thema Altersvorsorgepflicht von Selbstständigen noch nicht vom Tisch ist, wurde zumindest erreicht, dass das Vorhaben nicht weiter aktiv vorangetrieben wird. Denn auch parallel zu der McKinsey-Studie wäre ein Gesetzesentwurf durchaus denkbar gewesen. Dennoch muss die neue Zusammensetzung der Ministerien durch die Bundestagswahlen im Herbst 2013 beachtet werden. Eine Neubesetzung bedeutet immer eine neue Sichtweise auf das Thema, was wiederum eine neue Strategie für den DFV bedeutet.

Drei Tipps
1. Lobbyarbeit bedeutet, dass Sie sich sichtbar machen müssen. Begünstigt wird dies vor allem durch die Netzwerkarbeit. Die Erarbeitung eines Netzwerkes, an dem Sie permanent weiter arbeiten müssen, ist Kernaufgabe der Lobbyarbeit.
2. Sie dürfen niemals eine feste Lobbying-Strategie festlegen bzw. definieren, da die einzelnen politischen Entscheidungsprozesse immer unterschiedlich sind. Dennoch müssen Sie versuchen, eine Checkliste auszuarbeiten, um zu kontrollieren, ob die wesentlichen Dinge, die innerhalb der Lobbyarbeit von Bedeutung sind, ausgeübt wurden.
3. Sie dürfen das Wissen der anderen niemals unterschätzen bzw. Ihr eigenes Wissen nicht zwangsläufig immer als umfangreicher ansehen.

Bundesvereinigung City- und Stadtmarketing Deutschland e. V.
Tarifreform der Gesellschaft für musikalische Aufführungs- und mechanische Vervielfältigungsrechte (GEMA)
Jürgen Block, Geschäftsführer
im Gespräch mit Eva-Maria Lüders

 Berufsverband    Urheberrecht    Mitglieder, Öffentlichkeit    3 (1)

Die Ausgangssituation
Die Bundesvereinigung City- und Stadtmarketing Deutschland e. V. (bcsd) mit Sitz in Berlin wurde 1996 mit dem Ziel gegründet, die City- und Stadtmarketingorganisationen zu vernetzen und den Erfahrungsaustausch untereinander zu fördern. Die Bundesvereinigung versteht sich als Berufsverband und vertritt die Interessen des Stadtmarketings gegenüber den wichtigsten Entscheidungsträgern auf Bundes- und Landesebene. Unterstützt wird der Bundesverband dabei von sieben ehrenamtlich organisierten Landesverbänden. Derzeit verzeichnet der Verband insgesamt 300 Mitglieder: 250 City- und Stadtmarketingorganisationen aus dem gesamten Bundesgebiet sowie 50 Fördermitglieder, die im Dienstleistungsbereich des Stadtmarketings tätig sind.

Im Jahr 2013 wurde in den Medien vermehrt über die GEMA-Tarifreform berichtet. Vor allem wurde über die geplante drastische Gebührenerhöhung bei Diskotheken und Bars gesprochen. Nur wenig Aufmerksamkeit hingegen erhielten in dieser Diskussion die geplanten Veränderungen bei Stadt- und Bürgerfesten. Bereits im Jahr 2010 änderte die GEMA die Tarife für solche Veranstaltungen – mit weitreichenden Folgen. Bis dato wurde bei Stadtfesten der tatsächlich beschallte Raum, also die Nettofläche, bzw. die Teilnehmerzahl als Grundlage zur Berechnung der Gebühr herangezogen. Nach der Neuregelung im Jahr 2010 war es nun möglich, die Vergütung für Musikveranstaltungen auf Stadt- und Bürgerfesten nach der Größe der gesamten Veranstaltungsfläche, also nach der Bruttofläche, zu berechnen. Stadtfeste erstrecken sich jedoch oft über einen gesamten Stadtteil oder über mehrere Straßenzüge. In der Konsequenz erhöhen sich somit die Gebühren für diese Art von Veranstaltungen um ein Vielfaches. Stadtfeste oder ähnliche Veranstaltungen im öffentlichen Raum haben aber in der Regel die Besonderheit, dass sie kostenfrei angeboten werden und nicht mit einem Gewinn, sondern mit einer möglichst hohen Attraktivität geplant werden. Dieser Aspekt und die mit der Tarifreform 2013 angekündigte drastische Gebührenerhöhung haben zu einer erhöhten Relevanz für die Mitglieder und die Branche beigetragen. Die Neuregelung aus dem Jahr 2010 wurde nicht konsequent durchgesetzt, da die Verantwortlichen vor Ort mit der GEMA ihre Tarife weiterhin im gemeinsamen Interesse aushandeln konnten. Daher bestand für die bcsd bis zur angekündigten Tarifreform 2013 kein akuter Handlungsbedarf.

Die konkrete politische Herausforderung für den Verband entstand erst im Jahr 2012 durch die von der GEMA einseitig vorgestellte Tarifreform 2013 und deren Inhalte. Diese neue Tarifstruktur wurde nicht, wie in den Jahren zuvor, mit der Bundesvereinigung der Musikveranstalter e. V. (BVMV) ausgehandelt. Hintergrund für die Tarifstrukturreform war, dass es zu einer Vereinfachung der Tarifstruktur kommen sollte. Von den vorhandenen 13 Tarifen sollte es künftig nur noch einen Tarif für jegliche Art von Veranstaltungen (z. B. Konzerte, Stadtfeste, Diskotheken) geben. Die Mitglieder der bcsd zeigten sich jedoch nicht überzeugt von dem vorgeschlagenen Modell der GEMA und wandten sich mit ihrer Forderung nach einer differenzierteren Regelung an ihren Bundesverband. Die bcsd hat daraufhin das Thema der Tarifreform auf ihre Agenda gesetzt und sich an dem folgenden Diskussionsprozess beteiligt.

Das konkrete Ziel des Verbandes war aber nicht, die GEMA-Gebühren vollständig abzuschaffen. Der Verband wollte aber daran festhalten, dass die Gebühren für die Beteiligten der Stadt- und Bürgerfeste bezahlbar bleiben. Ein weiteres Ziel war es, dass die Tarife transparent und vergleichbarer werden. Ungleichbehandlungen und Wettbewerbsverzerrungen unter den Städten sollten damit abgebaut werden. Mittlerweile haben sich die Städte untereinander über ihre Gebührenbescheide ausgetauscht und spüren eine gewisse Willkür bei der Gebührenerhebung. Inzwischen haben sich die Stadtmarketingorganisationen solidarisiert, wodurch die Position des Verbandes gestärkt wurde.

Die Akteure
Seit über 50 Jahren ist die BVMV der größte Tarifverhandlungspartner der GEMA und zugleich die größte Musiknutzervereinigung in Deutschland. Mitglieder in dem Verband sind unter anderem der Handelsverband Deutschland e. V. und der Deutsche Hotel- und Gaststättenverband e. V. Zwischen der bcsd und der BVMV bestand schon im Vorfeld eine lockere Kooperation und in der Folge der aktuellen Diskussionen wurde die bcsd im Jahr 2013 Mitglied in der BVMV. Um mit der GEMA zu verhandeln, wurden neben der bcsd auch der Deutsche Städtetag, der Deutsche Städte- und Gemeindebund sowie der Deutsche Landkreistag hinzugezogen. Diese drei Akteure, die bcsd und die BVMV, bilden mittlerweile zusammen eine Delegation und verhandeln mit der GEMA den Stadtfesttarif. Die GEMA ist dabei keiner direkten Kontrollbehörde unterstellt. Zudem kann sie ihre Tarife selbst festlegen und hat somit eine Monopolstellung. Es wurde bereits gegen die Änderung der Berechnungsgrundlage geklagt, allerdings hat der Bundesgerichtshof in seiner Entscheidung der GEMA in Bezug auf die Verwendung des Flächenmaßes als Grundlage der Gebührenberechnung recht gegeben. Als weiterer Akteur kann das Deutsche Patent- und Markenamt genannt werden, das eine Schiedsstelle zur Einigung der Parteien einberufen kann. Bei der GEMA-Tarifreform 2013 ist es zu einem Schiedsstellenverfahren gekommen. Die bcsd hat sich in dieses Verfahren mit Positionspapieren eingebracht und zur Formulierung des Schriftsatzes beigetragen.

Allgemein kann City- und Stadtmarketing eine Querschnittfunktion zugeschrieben werden. Welche Ministerien mit einbezogen werden, ist daher abhängig vom konkreten Fall. In dem hier skizzierten Fall konnten keine Ministerien direkt einbezogen werden, da keine übergeordnete staatliche Stelle eine Kontrolle der GEMA vorsieht. Die verschiedenen Akteure müssen daher direkt mit den Verantwortlichen der GEMA verhandeln, da keine andere Organisation entsprechende Urheberrechte vertritt. Das Zusammenspiel mit der GEMA ist daher besonders interessant, da nur sie in diesem Zusammenhang als völlig autonomer und von staatlicher Kontrolle weitgehend losgelöster Verhandlungspartner auftritt.

Die Strategie

Im Jahr 2008 begannen die ersten Diskussionen um das Thema Tarifveränderungen der GEMA. Vermehrt mit dem Thema auseinandergesetzt hat sich der Verband seit dem Jahr 2011. Im Jahr 2012 ist er aktiv geworden und mit der Problematik an die Öffentlichkeit gegangen.

Innerhalb des Verbandes bestand im Prinzip Konsens. Es gab vereinzelt Mitglieder, die sich nicht zu dem Thema äußerten und sich somit auch nicht gegen ein Vorgehen des Verbandes aussprachen. Dies lag allerdings daran, dass sie bisher komfortable Regelungen vor Ort mit den GEMA-Verantwortlichen bezüglich ihrer Tarife getroffen hatten. Auf einer Mitgliederversammlung der bcsd wurde die Position von einem Vertreter der GEMA noch einmal ausführlich dargelegt. Hierbei wurde deutlich, dass die Mitgliederversammlung die Position der bcsd unterstützt und befürwortet. Daher lässt sich festhalten, dass eine übereinstimmende Meinung zu der Tarifreform 2013 innerhalb des Verbandes bestand.

Die Strategie für den Verband war zum einen, dass die Verbandsvertreter den Druck auf den Verhandlungspartner GEMA erhöhten bzw. eine „Drohkulisse" aufbauten. Zum anderen wollten sie ihren Verhandlungspartner nicht so sehr in die Enge treiben, dass dieser die Verhandlungen abbricht. Zudem wurden die Verhandlungen durch das angestrebte Schiedsstellenverfahren erschwert. Durch Pressemitteilungen und die Einladung der GEMA-Verantwortlichen zur Mitgliederversammlung sollte ein weiter Informationsaustausch stattfinden. Des Weiteren wurde vom Deutschen Städtetag ein Positionspapier erstellt, in dem auch die Position der bcsd wiederzufinden war. Zusätzlich war es für den Verband wichtig, die Öffentlichkeit mit einzubeziehen und diese über die Positionen zu informieren.

Der Verband hat zu Anfang eine eher defensive Stellung eingenommen. Er hat Informationen eingesammelt und ausgetauscht sowie seine Mitglieder über das Thema informiert. Als die Verhandlungen begonnen haben, hat sich der Verband vermehrt offensiv positioniert. Dabei ging es vor allem darum, die Position des Verbandes darzulegen und die GEMA auch von den Standpunkten der Mitglieder zu überzeugen.

Die Botschaften und Argumente

Die Ziele des Verbandes wurden in den Kernbotschaften vermittelt. Vor allem die Themen Transparenz und Vergleichbarkeit wurden beispielsweise über Positionspapiere deutlich gemacht. Die Kontrollmöglichkeit der GEMA und die Bezahlbarkeit der Gebühren waren ebenso wichtige Argumente. Als weiteres Argument hat der Verband auf die finanzielle Situation der Stadtfeste hingewiesen. Dabei wurde argumentiert, dass es durch eine drastische Gebührenerhöhung dazu kommen könnte, dass Stadtfeste auf Musik verzichten oder die Städte sogar die Anzahl ihrer Veranstaltungen verringern müssten. Ebenso würde es durch die verschiedenen Gebührenabrechnungen zu Ungleichbehandlungen bei den Städten kommen. Auch hat der Verband die GEMA ausdrücklich auf diese Vorfälle hingewiesen; jedoch beteuerte die GEMA, dass dies nur Einzelfälle seien.

Nach Zielgruppen sind die Botschaften nicht differenziert worden. Die wichtigste Zielgruppe waren die Mitglieder. Des Weiteren war die Öffentlichkeit wichtig. Diese wurde informiert und in gewissem Maße auf Faktenbasis auch polarisiert.

Die Instrumente
Als Instrument für die Interessenvertretung wurden unter anderem Pressemitteilungen und Positionspapiere eingesetzt. Zudem hat der Verband eine Petition unterstützt, an der sich mehr als 300.000 Menschen beteiligt haben. Es wurden Hintergrundgespräche mit den eigenen Partnern geführt, um die jeweiligen Positionen darzulegen. Der Verband machte seine Position in einer Pressekonferenz deutlich und lud zu Podiumsdiskussionen ein. Rund um die GEMA-Gebührenreform bildete sich zudem ein neues Netzwerk, in dem ein großer Austausch diesbezüglich stattfand.

Die Umsetzung
Über Jahrzehnte wurde zwischen der GEMA und der BVMV über die Tarife, meist im Einvernehmen, verhandelt. Seitdem die bcsd im Jahr 2013 Mitglied der BVMV wurde, hat sie sich inhaltlich mit rechtlichen Darstellungen und eigenen Beiträgen eingebracht. Seit dem Beitritt ist die bcsd Teil der Delegation, die mit der GEMA über einen neuen Stadtfeste-Tarif verhandelt.

Der Verband hat sich durch die Informationssammlung bei den Mitgliedern ein umfassendes Bild hinsichtlich der erhobenen GEMA-Gebühren machen können. Daraufhin wurden die Argumente in Positionspapieren verdeutlicht. Mit dem Rechtsbeistand des Verbandes wurde eine umfassende Stellungnahme erarbeitet. Zudem konnten in Hintergrundgesprächen, bei Verhandlungen sowie durch die direkte Ansprache der GEMA die eigenen Argumente vorgetragen werden.

Da dieses Thema eine hohe Komplexität aufweist, kann es immer zu unerwarteten Problemen kommen. Der Verband berichtete in diesem Zusammenhang auch von Argumenten, die von der GEMA vorgetragen wurden, die jedoch zuvor keine der Verhandlungsparteien überhaupt in Erwägung gezogen hätte (z. B. Sponsorengelder wie Eintrittsgelder zu bewerten). Diese Argumente wieder zu entkräften und neue Vorschläge zu unterbreiten brachte unerwartete Wendungen in den Verhandlungen.

Das Ergebnis
Für die bcsd sind die Entstehung einer gemeinsamen Delegation sowie die damit verbundenen Verhandlungen mit der GEMA ein erstes positives Ergebnis. Nach bislang zwei Verhandlungsrunden konnte jedoch noch keine Einigung herbeigeführt werden: Noch gelingt es den Parteien bei einigen Punkten nicht, eine Einigung zu erzielen. Allerdings ist auf beiden Seiten das Verständnis füreinander gewachsen und es sind erste Annäherungen zu erkennen.

So gilt für das Jahr 2014 der alte Vertrag aus dem Jahr 2012 mit einer Erhöhung, die dem Inflationsausgleich entspricht. Somit sind weiterhin 13 Tarife für jegliche Arten von Veranstaltungen gültig. Für die bcsd ist dieses Ergebnis so weit in Ordnung. Die Ziele, mehr Transparenz und Vergleichbarkeit bei den Gebühren zu ermöglichen, wurden zwar (bisher) nicht erreicht, allerdings sind drastische Gebührenerhöhungen im Sinne der GEMA vorerst vom Tisch. Die Verhandlungen sind mit dem Vorschlag zu Ende gegangen, den Gebührenbescheid einer Musterstadt, die mit der Höhe der Gebühren nicht zufrieden ist, vor die Schiedsstelle zu bringen und anhand dieses Einzelfalls den Gesamttarif noch einmal zu überprüfen. Zum Jahresende wurde vonseiten der GEMA die Bereitschaft für die Fortsetzung der Verhandlungen mit dem Verband im ersten Quartal 2014 signalisiert. Für den Verband werden die Ziele Transparenz, Vergleichbarkeit und Angemessenheit der Gebühren weiterhin höchste Priorität haben.

Da bis zum jetzigen Zeitpunkt noch kein endgültiges Ergebnis vorliegt, ist es schwer zu sagen, ob in diesem Fall alles richtig gemacht wurde. Es ist vor allem bei den Verhandlungen schwierig festzustellen, wie viel Druck auf den Verhandlungspartner ausgeübt werden kann, ohne dass es zu einem Abbruch der Verhandlungen kommt. Die bcsd sieht allerdings nach den Verhandlungen den Bereich der Datensammlung als optimierungsfähig an. Vor allem die Fragebögen, die zu Anfang an die Mitglieder versandt wurden, hätten wesentlich konkretere oder komplexere Fragen beinhalten müssen. Zu diesem Zeitpunkt war das Fachwissen aus den Verhandlungen aber noch nicht gegeben, und die bcsd sieht darin einen Punkt, den sie bei einem ähnlichen Fall anders machen würde. Mit dem Zwischenergebnis ist die bcsd aber so weit zufrieden und würde in ähnlichen Fällen die Vorgehensweise genauso umsetzen, denn bis zum jetzigen Zeitpunkt hat sich die Strategie des Verbandes bewährt. Allerdings kann auch hier nur ein Zwischenfazit gezogen werden, da die Tarifverhandlungen noch andauern. Sich zu positionieren und seinen Standpunkt gegenüber der GEMA vorzutragen war besonders wichtig. Insbesondere die Gespräche mit den Mitgliedern und den anderen Verbänden sind von Vorteil gewesen.

Drei Tipps
1. Sie müssen mit Ihrer Lobbyarbeit auf der inhaltlichen Ebene überzeugen und sollten niemals mit falschen Fakten an die Öffentlichkeit gehen.
2. Lobbyarbeit bedeutet, dass Sie den Kontakt mit den wichtigsten Entscheidungsträgern suchen und auch halten.
3. Sie müssen darauf achten, welche aktuellen Meinungen Ihre Mitglieder haben, und diese in geeignetem Umfang vertreten.

Verband Deutscher Zeitschriftenverleger e. V.
Leistungsschutzrecht – eine symbolische Zielerreichung
Peter Klotzki, Geschäftsführer Kommunikation
im Gespräch mit Maria Wendt

 Wirtschafts-, Arbeitgeber- und Kommunikationsverband    Urheberrecht   Medienszene, Öffentlichkeit, Bund    25 (2,5)

Die Ausgangssituation
Der VDZ ist die Spitzenorganisation der deutschen Zeitschriftenverleger und hat unter den Medienverbänden eine Stimme mit Gewicht. Als Dachverband vertritt er mit seinen Landes- und Fachverbänden die publizistischen, kulturellen und wirtschaftlichen Interessen von über 440 Verlagen. Die Wahrung der freien Presse, die Stärkung der Wettbewerbsfähigkeit und die politische Mitgestaltung der Rahmenrichtlinien stellen dabei einige der primären Handlungsziele dar.

Bei der Realisierung des Leistungsschutzrechts kam dem Verband eine wesentliche Rolle zu. Vom stetig voranschreitenden Medienwandel zeigen sich die klassischen Medien zunehmend herausgefordert. Drei Einflüsse – die Digitalisierung, die Internationalisierung und die Ausdifferenzierung der Gesellschaft – haben in relativ kurzer Zeit die Ausgangslage geändert.

Die Zeitschriftenbranche hat dabei in einer fragmentierten Gesellschaft den Vorteil, viele Spezialinteressen mit immer neuen Titeln, dicht an den Zielgruppen, gut bedienen zu können. Noch nie wurden so viele Zeitschrifteninhalte gelesen wie heute.

Während die digitale Reichweite kontinuierlich zunimmt, also die Nutzung der Zeitschrifteninhalte auf digitalen Plattformen, hielt die Monetarisierung dieser Inhalte jedoch nicht damit Schritt. Funktionierende Bezahlmodelle etablieren sich erst mit deutlicher Verzögerung, sie ändern eine Praxis des kostenlosen Digital-Angebots.

Branchenübergreifend wurde registriert, dass die technische Inhalte-Aggregation und Aufbereitung gegenüber den Inhalten an ökonomischer Relevanz gewinnt. Durch Suchmaschinen, Aggregatoren und andere Unternehmungen wurden zudem diese Inhalte nicht nur kostenfrei von Privaten genutzt, sondern es entstanden Geschäftsmodelle von Anbietern, die damit Einnahmen generierten, ohne die Verlage daran zu beteiligen.

Verlage stehen – wie bereits gesagt – vor der Herausforderung, dass bei der höchsten Nutzung aller Zeiten dennoch die Umsätze im klassischen Geschäft leicht, aber kontinuierlich zurückgingen, ohne dass sie diese Rückgänge direkt digital kompensieren konnten. Zusätzlich nahmen Raubkopien und andere Missbräuche in erheblichem Maße zu. Außerdem bestand im Rechtssystem eine Schutzlücke für die freie Presse im Gegensatz zu anderen Mediengattungen. Andere Medienbranchen, wie Hörfunk und Film, besaßen allerdings ein solches schützendes Recht.

Verlage besaßen kein Recht an den Inhalten und ihren Leistungen, wie z. B. Autoren das Urheberrecht an ihren Texten besitzen. Es bestanden höchstens abgetretene Nutzungsrechte. Diese können als Verlag, falls überhaupt möglich, nur äußerst mühselig und durch Abtretung geltend gemacht werden, womit es vorerst keine Aussicht darauf gab, gegen die rechtswidrige kommerzielle Nutzung eigener Inhalte durch darauf spezialisierte Unternehmen, die damit ein Geschäft machen (gemeint ist nicht die Privatnutzung), rechtlich vorzugehen. Somit war ein Handlungsdruck in der Branche durchaus spürbar, wodurch in der Folge in einem Koalitionsvertrag 2009 ein solches Recht im Rahmen des „dritten Korbes" (mit mehreren urheberrechtlichen Regelungen) formuliert wurde, der schließlich dreieinhalb Jahre später, zum Ende der Koalition, zu einem Gesetz führen sollte.

Die Akteure
Im Wesentlichen gab es fünf am Prozess beteiligte Akteure. Auf der einen Seite standen der VDZ mit den Zeitschriften- und Zeitungsverlegern sowie etliche Medienwissenschaftler, welche sich grundsätzlich positiv zu einem Leistungsschutzrecht äußerten. Auf der konträren Position waren die Suchmaschine „Google", welche in der späten Phase mit über 40 Beteiligten und eigens gegründeten wissenschaftlichen Institutionen auftrat, sowie ein Teil der Netzgemeinde (50 bis 60 Akteure) vorzufinden, zudem auch der Bundesverband der Deutschen Industrie (BDI).

Die Politik, als fünfte Einflussgröße, war vor allem zu Beginn hoch differenzierter Meinung, allerdings mit einer zustimmenden Tendenz. Aufgrund der politischen Situation waren hier besonders die CDU und die FDP präsent, wobei das Thema im Bundestag hauptsächlich im Rechtsausschuss sowie im Ausschuss für Kultur und Medien behandelt wurde. Bei der Betrachtung der Akteure über den gesamten Zeitraum, welcher sich von der Aufnahme in den Koalitionsvertrag bis hin zum Inkrafttreten des Gesetzes über vier Jahre erstreckt, zeigt sich die Dynamik im Meinungsbild beim VDZ und der Politik besonders bemerkenswert. Von einem anfänglich heterogenen Standpunkt einzelner Personen konnte bis zu den entscheidenden Phasen ein mehrheitlich zustimmender Konsens geschaffen werden. Eine nicht unbedeutende Rolle spielte dabei – indirekt – Google. So sorgte der Konzern durch seine für deutsche Verhältnisse ungewöhnliche und extrovertierte Vorgehensweise teilweise für Unverständnis und erzielte mitunter die gegenteilige Wirkung. Google nutzte dafür seine Plattformen und vertrat dabei offensiv die Meinung, dass das Leistungsschutzrecht die (allgemeine) Freiheit im Internet einschränke, und versuchte unter dem Claim „Verteidige dein Netz" eine Mobilisierung aller Nutzer.

Die Strategie
Im Grunde führten drei Beobachtungen zu der Initiative des VDZ, einen derartigen Gesetzesentwurf anzuregen. Zum einen wurde eine Zunahme an Raubkopien und kommerzieller Nutzung fremder Inhalte registriert. Darauf aufbauend offenbarte sich in einem gerichtlichen Verfahren die bereits erwähnte Gesetzeslücke. Zum anderen war es die Feststellung, dass

ein ähnliches Gesetz in anderen Medienbranchen bereits existent ist. Die Medien selbst waren zum Thema gespalten. So gab es seitens der Verleger so gut wie keine Gegenstimmen, sondern eher unterschiedliche Intensitäten. „Gefühlt" waren über 60 Prozent der journalistischen Berichterstattung und Kommentierung jedoch gegenteiliger Meinung. Die Verleger, die das Vorhaben unterstützten, hatten im Respekt der inneren Pressefreiheit die gegenteilige Meinung „ihrer" (Chef-)Redakteure zu akzeptieren – ein Grundsatz der freien Presse, den etwa Technologieplattformen, die sich ja nach eigenen Angaben auch als „Publisher" verstehen, nicht leben.

Zu Beginn folgte der VDZ recht lange einer defensiven Kommunikationslinie, verzichtete auf Werbung, um politisch keinen Druck aufzubauen. Propaganda und Druck werden ohnehin nicht als angemessene Kommunikationsinstrumente angesehen, und schon gar nicht in diesem Prozess.

Eher spät, aber erfolgreich wurde die Verständlichkeit der recht komplexen Regelung verbessert. Dazu gehörte ein einfaches filmisches Erklärstück zum Thema geistiges Eigentum. Es wurden Kompaktdarstellungen an alle Chefredakteure verschickt und vermehrt auf einen Dialog gesetzt. In Anbetracht der massiven Kampagne von Google wurde im Laufe der Zeit auch die externe Kommunikation immer offensiver, blieb aber ruhig, sachlich und aufklärerisch.

Die Botschaften und Argumente

Die Kommunikation war anfangs aufgrund der Einschätzung, dass diese ausreichend sei, eher defensiv. Erst später initiierte der VDZ, als kleinere Gegenkampagne zu der recht umfangreich angelegten Kampagne „Verteidige dein Netz" von Google, eine mit dem Slogan „Verteidige deine Presse". Während der Google-Konzern suggerierte, die private Nutzung des Bürgers sei von der Einführung eines solchen Gesetzes betroffen, verwies der Dachverband auf die zunehmende Missachtung und Geringschätzung der kreativen Leistung. Zusätzlich prophezeite er, dass die digitale Bereitstellung, welche momentan noch durch Printerzeugnisse quersubventioniert wird, bei der gegenwärtigen Entwicklung zukünftig nicht in dem Umfang gehalten werden könne. Somit drohe auf längere Sicht das „Ausbluten" einer freien Presse. Während Google externe Agenturen engagierte und Millionen in das Projekt investierte, arbeitete der VDZ mit den bestehenden Ressourcen im Bereich Medienpolitik und Kommunikation, zwei Personen, die das Thema neben vielen anderen betreuten.

Eine Zielgruppendifferenzierung mit Nutzung bestimmter Instrumente gab es erst in der Schlussphase. Während sich anfänglich die externe Kommunikation mehr auf die Politik richtete, vergrößerte sich der Kreis im Verlauf, wobei er schließlich auch die Netzgemeinde und später die breite Öffentlichkeit mit einschloss. Dies gründet sich auf die Erfahrungen, die während des Prozesses gerade auch in Hinblick auf den wichtigsten Kontrahenten gesammelt wurden. Eine besondere Herausforderung bestand zudem darin, dieses erklärungswürdige Gesetz von „Juristendeutsch" in eine für die Bevölkerung verständliche Sprache zu übersetzen.

Die Instrumente

Der VDZ begründete die Notwendigkeit einer Regelung und hielt in unregelmäßigen Abständen Kontakt zu den politisch Verantwortlichen. Die Hauptaufgabe in der politischen Arbeit lag im Informationsaustausch. So wurden bei entsprechenden Tagungen Vorträge gehalten und z. B. anhand einer öffentlichen Stellungnahme Position bezogen. Mit der Politik und Vertretern gab es Gespräche.

Der Verband agierte in seiner gesamten Kommunikation sachlich. Weil die zum Teil sehr verzerrte Darstellung in den Debatten im Netz immer größer wurde, kommunizierte der VDZ ab 2011 auch auf Social-Media-Plattformen wie Facebook und Twitter und stieg in die digitale Debatte um das Leistungsschutzrecht mit ein. Dieser Schritt erwies sich als konsequent, um auch hier das Vorhaben zu vertreten und zu erläutern, wobei die quantitative Dominanz der Gegner des LSR im Netz nicht gebrochen wurde.

Als Google im Netz zu einer Gegendemonstration in der Nähe des Bundestages aufrief, fuhr der VDZ bei der Demonstration, zu der im Netz aufgerufen worden war, mit einem mobilen und eigens für die Aktion entwickelten Plakat vor, das die Position der freien Presse markierte und einen überraschenden Kontrapunkt setzte, der wiederum in den sozialen Netzwerken, aber auch bei den klassischen Medien hohe Beachtung fand.

Nach dem verbalen Aufruhr, der im Internet gegen das Gesetz aufkam, rechnete der Verband mit einer umfangreichen Beteiligung an dieser Demonstration der Gegner. Schlussendlich kamen jedoch nur um die 30 Personen.

In der internen Ansprache wurden vorwiegend Kompaktdarstellungen der eigenen Position, der direkte Austausch mit Meinungsbildnern der Branche und allen Chefredakteuren sowie der bereits erwähnte Film verwendet. Bezüglich der breiten Öffentlichkeit wurde versucht, das Leistungsschutzrecht in all seinen Facetten verständlich zu machen. Weiterhin wurden die üblichen Instrumente der Kommunikation in Form von normaler Pressearbeit und Informationsmaterialien, wie z. B. Broschüren, genutzt. Im Nachhinein zeigte sich, dass gerade die dialogreich gestaltete Aufklärung der Öffentlichkeit und eine aktive Nutzung der Social-Media-Plattformen besonders zielführend waren und auf breite Akzeptanz stießen.

Die Umsetzung

Im Jahr 2009 wurde der Gesetzesentwurf mit anderen Urheberrechten verschiedener Branchen unter dem „dritten Korb" gesammelt und in den Koalitionsvertrag aufgenommen. Anschließend wurde es 2010/2011 ruhig um das Leistungsschutzrecht. Der VDZ erneuerte während dieser Zeit hin und wieder dezent seine Forderung nach einem Gesetz und gab dazu entsprechende Statements, doch fand keine Konkretisierung des Gesetzes statt. Dies lag zum einen an der gesellschaftlichen Fragestellung, inwiefern geistiges Eigentum der Allgemeinheit zusteht, welche mit dem gestiegenen Interesse an den Positionen der Piraten aufkam. Zum anderen war das politische Lager weiterhin sehr differenziert. Das Anliegen wurde als nachvollziehbar eingeschätzt, nur war dessen Form fraglich und umstritten. Der Verband zweifelte somit an der Einführung eines Gesetzes in der bestehenden Legislaturperiode.

Ohne neue Kampagne veränderte sich gegen Herbst 2012 die politische Beschäftigung mit dem Thema und es kam überraschenderweise der Impuls auf, das Leistungsschutzrecht doch umzusetzen. So wurde im November der „Entwurf eines Siebenten Gesetzes zur Änderung des Urheberrechtsgesetzes" an den Präsidenten des Bundestages übermittelt und die Lesungen begannen. Daraufhin verschärfte Google seine Vorgehensweise und überraschte mit einem für deutsche Verhältnisse recht aggressiven Campaigning. Dessen Charakter wurde zunehmend angriffslustiger; die gesamte Seite wurde in den Dienst der Sache gestellt und Google trat nicht mehr als neutrale Suchmaschine auf. Der Konzern kooperierte mit vielen Institutionen, gründete die vermeintlich neutrale Initiative „IGEL", investierte Millionen, präsentierte sich mit Ständen auf Parteitagen und lud zu Medienabenden ein. Als etwas kontraproduktiv erwies sich am Ende die Aktivierung der eigenen Nutzer zum Kampf für das Netz. So wurden Links eingerichtet, welche direkt zu den jeweiligen Abgeordneten des Wahlbezirks führten und in denen die Bürger dazu aufgerufen wurden, durch Nachrichten politischen Druck auszuüben. Die Politik zeigte sich zunehmend empört, und selbst Personen, welche dem Leistungsschutzrecht vorher nicht wohl gesinnt waren, zog es dadurch mitunter eher auf die Seite der Fürsprecher. In dieser Phase zeigte sich unter Verwendung der beschriebenen Instrumente auch der VDZ deutlich offensiver.

Im Januar 2013 fand eine öffentliche Anhörung statt, zu welcher sich auch Herr Keese als einer der Sprecher der Verlage zum Leistungsschutzrecht äußerte. Als es nach der dritten Lesung zu einer einheitlichen Abstimmung im Bundestag kam, war unsicher, ob es, bedingt durch die SPD-Mehrheit, im Bundesrat verabschiedet werden würde. Dies war jedoch der Fall. Ein Versuch der Piraten, welche z. B. mit der taz, dem Chaos Computer Club und Netzpolitik.org prominente Vertreter auf ihrer Seite hatten, eine Petition gegen das Gesetz einzureichen, scheiterte an der nötigen Mindestanzahl von Unterzeichnern. So trat das umstrittene Leistungsschutzrecht am 01. August 2013 in Kraft.

Das Ergebnis
Am Ende ist ein Gesetz entstanden, das weitgehend auf Suchmaschinen zugeschnitten und deutlich schmaler als sein Ausgangspunkt ist. Ursprünglich sollte für das Anzeigen kleiner Textausschnitte („Snippets") eine Vergütung zugunsten der Verlage anfallen, laut Gesetz bleiben nun aber „einzelne Wörter oder kleinste Textausschnitte" kostenlos, wobei diese Formulierung nicht genauer definiert ist. Für die Verlage besitzt es neben gewissen Verwertungsaussichten vor allem auch einen symbolischen Wert, da Deutschland in solcherlei Gesetzgebung nun eine Vorreiterposition einnimmt und zumindest Spielregeln geschaffen wurden. Den Schutz des geistigen Eigentums verbessert zu haben angesichts weltweiter Tendenzen, diesen zu verringern, ist eine besondere Leistung der vergangenen Bundesregierung.

Der Google-Konzern hat während des Prozesses für viel Bewegung und überraschende Momente gesorgt und sowohl produktiv als auch kontraproduktiv gewirkt. Begünstigend wirkte die Wertschätzung, die die freie Presse in Politik und Gesellschaft genießt.

Bei einem ähnlich gearteten Fall würde der Verband gleich zu Beginn stärker eine erklärende Kommunikation auf vielen Ebenen prüfen. Vor allem ein dialogreicher, differenzierter Ansatz wäre dabei heute ein wichtiger Punkt, um das Thema allgemeiner verständlich zu machen. Er würde die Möglichkeiten, die Social-Media-Plattformen bieten, früher und intensiver nutzen. Des Weiteren wäre ein Begriff zu wählen, der weniger Interpretationsspielraum und somit auch weniger Angriffsfläche bietet. Eine überraschende Erfahrung war, dass ein vermeintlich immenser Aufruhr im Netz mitunter keine nennenswerte Demonstration mobilisieren kann.

Drei Tipps

1. Vorwiegend soll eine angemessene Kommunikation stattfinden. Die eigene Position muss seriös, reflektiert und relativistisch vertreten werden. Anstelle von Schreckensszenarien und Propaganda ist ein offener, dialogreicher Ansatz zu empfehlen, in welchem sich intensiv mit dem Gesagten auseinandergesetzt wird.
2. Außerdem dürfen breite Kommunikationsinstrumente wie Social-Media-Plattformen nicht vernachlässigt werden. Aktiv geführt bieten sie eine gute Möglichkeit, mit der Öffentlichkeit in Austausch zu treten und Stimmungen frühzeitig einzufangen.
3. Zuletzt ist es wichtig, Dinge nicht erzwingen zu wollen, da es Phasen gibt, in denen dies keinen Zweck hat, und dann wiederum solche, in denen die volle Präsenz abverlangt wird. Ein langer Atem und Empathie zahlen sich oftmals aus.

Bundesverband Deutscher Stiftungen e. V.
Gesetz zur weiteren Stärkung des bürgerschaftlichen Engagements

Dr. Hedda Hoffmann-Steudner, Mitgl. der Geschäftsleitung, Leiterin Justiziariat
im Gespräch mit Jasper Grimbo

 Stiftungsverband   Gemeinnützigkeit, Recht   Bund   58 (3)

Die Ausgangssituation

Der Bundesverband Deutscher Stiftungen vertritt die Interessen der ca. 20.000 Stiftungen in Deutschland gegenüber Öffentlichkeit, Politik und Verwaltung. Der Verband hat insgesamt 3.800 Mitglieder, er ist der älteste Stiftungsverband in Europa. Ziel ist es, die Stiftungen durch praxisorientierten Sachverstand optimal zu unterstützen, damit diese ihre Aufgaben und Anliegen auch in Zukunft wirksam wahrnehmen und verwirklichen können. Darüber hinaus soll das nachhaltige private Engagement in und durch Stiftungen nachhaltig gefördert werden. Deswegen setzt sich der Bundesverband Deutscher Stiftungen vor allem dafür ein, das Stiftungs- und Stiftungssteuerrecht stetig zu verbessern und die Rahmenbedingungen für ein stiftungsfreundliches Klima zu optimieren.

Über die 3.800 Mitglieder hinaus sind rund 7.000 Stiftungen über Stiftungsverwaltungen mit dem Verband verbunden. Damit repräsentiert der Dachverband rund drei Viertel des Stiftungsvermögens. Das derzeitige Wachstum des Stiftungssektors ist eine Folge des verstärkten privaten Engagements, damit Lösungen für die gegenwärtigen und zukünftigen Probleme des Gemeinwesens gefunden werden können. Wichtige gesellschaftliche Aufgaben werden zunehmend durch Stiftungen angeregt und getragen. Gerade die Vielfalt der Stiftungen in Größe und Zielrichtung weist dem Bundesverband Deutscher Stiftungen eine besondere Rolle mit aufgabenübergreifender Koordination, Dienstleistung und Interessenvertretung zu. Der Bundesverband bringt seinen praxisorientierten Sachverstand in politische Entscheidungsprozesse und die öffentliche Berichterstattung ein und ist somit ein wichtiger Akteur für den gesamten Sektor und das zugehörige Politikfeld.

Im Frühjahr 2005 haben sich die Vertreter der Dachverbände und unabhängigen Organisationen des Dritten Sektors sowie Experten und Wissenschaftler zu der Projektgruppe „Reform des Gemeinnützigkeits- und Spendenrechts" zusammengeschlossen, um einen gemeinsamen Forderungskatalog zu entwickeln, der das „Gesetz zur weiteren Stärkung des bürgerschaftlichen Engagements" initiieren sollte. Die Projektgruppe arbeitete an Vorschlägen zur Vereinfachung und Entbürokratisierung des Gemeinnützigkeits- und Spendenrechts sowie an einer Selbstverpflichtung des Dritten Sektors zu mehr Transparenz.

Als Ergebnis der Zusammenarbeit wurde ein Gesetz mit umfassenden Änderungen für das ehrenamtliche Engagement in der Bundesrepublik Deutschland auf den Weg gebracht. Zu den wichtigsten Neuregelungen für das im Jahr 2007 in Kraft getretene Gesetz zählen: die Anhebung und Vereinheitlichung des steuerlichen Spendenabzugsbetrags auf 20 Prozent des Gesamtbetrags der Einkünfte, die deutliche Anhebung des steuerlichen Sonderausgabenabzugsbetrags für die Ausstattung des Vermögensstocks einer neu gegründeten gemeinnützigen Stiftung von 307.000 Euro auf eine Million Euro sowie die Ausweitung dieser Regelung auf Zustiftungen in bereits bestehende Stiftungen, der Wegfall der Großspendenregelung bei gleichzeitiger Einführung des unbegrenzten Spendenvortrags, die Einführung des vereinfachten Spendennachweises bis 200 Euro, die Anhebung der Übungsleiterpauschale auf 2.100 Euro und der neue Freibetrag von 500 Euro für nebenberufliche ehrenamtliche Betätigungen. Für die Mitglieder des Bundesverbandes Deutscher Stiftungen sind insbesondere zwei relevante Änderungen mit dem Gesetz verbunden: zum einen der Wegfall des Sonderabzugsbetrags in Höhe von 20.450 Euro und zum anderen die Anhebung des Stiftungsstockspendenbetrags auf eine Million Euro. Da die Mitglieder des Verbandes von den vorgesehenen Gesetzesänderungen direkt betroffen waren, war eine aktive Beratungsfunktion bei dem Gesetzgebungsverfahren von hoher Relevanz für alle beteiligten Akteure.

Die Akteure

Die größte Besonderheit im Kontext dieser Lobbying-Strategie war der Zusammenschluss wichtiger Akteure des Sektors zur Projektgruppe „Reform des Gemeinnützigkeits- und Spendenrechts", um gemeinsam das Gesetzgebungsverfahren zu flankieren. Der Projektgruppe, die heute noch als Bündnis für Gemeinnützigkeit aktiv ist, gehörten bei Gründung folgende Mitglieder an: Bundesarbeitsgemeinschaft der Freien Wohlfahrtspflege, Bundesverband Deutscher Stiftungen, Deutscher Fundraising Verband, Deutscher Kulturrat, Deutscher Naturschutzring, Deutscher Spendenrat, Deutscher Olympischer Sportbund, Stifterverband für die Deutsche Wissenschaft, VENRO – Verband Entwicklungspolitik Deutscher Nichtregierungsorganisationen sowie als wichtige Kooperationspartner das Deutsche Zentralinstitut für soziale Fragen und das Bundesnetzwerk Bürgerschaftliches Engagement. Neben den Vertretern der Dachverbände des Dritten Sektors bestand die Projektgruppe aus politischen Vertretern, Wissenschaftlern und Experten im Bereich des Non-Profit-Rechts, wie z. B.: RA Bernd Beder, MdB Dr. Michael Bürsch (†), Professor Dr. Peter Fischer, Professor Dr. Rainer Hüttemann, Professor Dr. Monika Jachmann, RA Dr. Christoph Mecking, Prof. Dr. W. Rainer Walz (†), Dr. Rupert Graf Strachwitz und Dr. Wolfgang Teske. Retrospektiv betrachtet kann die erfolgreiche Zusammenarbeit in besonderem Maße auf die heterogene Zusammensetzung der Projektgruppe aus Vertretern der wichtigsten Dachverbände des Sektors, aus Schlüsselfiguren und Personen aus Wissenschaft und Forschung im Bereich der Dritten-Sektor-Forschung sowie des Non-Profit-Rechts und anderen juristischen Experten in den einschlägigen Rechtsgebieten zurückgeführt werden. Daneben war die Kombination aus juristischer Expertise und ausgezeichneter Vernetzung in den politischen Raum unverzichtbarer Wegbereiter für die erfolgreiche Arbeit der Projektgruppe. Deren Arbeit wurde, wie erwähnt, im Bündnis für Gemeinnützigkeit verstetigt. Das Ziel des Bündnisses ist es, Identität, Gewicht, Außenwirksamkeit und kooperative Aktionsfähigkeit des Dritten Sektors gegenüber Politik und Verwaltung zu stärken.

Die Strategie

Die Mitwirkung bei der Verbesserung des Stiftungs- und Stiftungssteuerrechts zählt zu den wichtigsten inhaltlichen Aufgaben des Bundesverbands Deutscher Stiftungen. Werden Gesetzesentwürfe zu diesen Themen veröffentlicht, setzt sich in der Folge der Verband mit den inhaltlichen Veränderungen für den Stiftungssektor auseinander und wird umgehend aktiv, wenn eine Relevanz für die Verbandsmitglieder besteht. Somit wird der politische Raum stets vom Bundesverband Deutscher Stiftungen beobachtet und hinsichtlich möglicher Handlungsaktivitäten beurteilt. Das „Gesetz zur weiteren Stärkung des bürgerschaftlichen Engagements" sollte weitreichende Folgen für die Stiftungen beinhalten und war durch eine hohe inhaltliche Relevanz für die Verbandsmitglieder geprägt, sodass ein Aktivwerden nötig und unabdingbar war, um die Interessen der Mitglieder in das Gesetzgebungsverfahren hineinzutragen. Das Besondere an der hier beschriebenen Lobbying-Strategie war die Erarbeitung von Vorschlägen für eine Reform des Gemeinnützigkeits- und Spendenrechts, bevor überhaupt eine Gesetzesinitiative auf dem Tisch lag. Damit konnte ein inhaltliches Gerüst für eine mögliche Gesetzesinitiative durch die Projektgruppe zu einem Zeitpunkt in den politischen Raum eingebracht werden, der aus strategischer Sicht günstig erschien. Die Sammlung und Bündelung verschiedener Interessen sowie eine Konsensbildung auf einen gemeinsamen Nenner und die Bildung einer Allianz in Form der Projektgruppe im Vorfeld zu einem formellen Gesetzgebungsverfahren waren erfolgreich. Der gemeinsame Konsens innerhalb des Verbandes konnte problemlos hergestellt und die strategische Ausrichtung mit ihren Maßnahmen in der Projektgruppe erarbeitet werden.

Die Botschaften und Argumente
Die Projektgruppe stützte ihre Argumentation für die Notwendigkeit einer Reform darauf, dass der Staat die anstehenden gesellschaftlichen Herausforderungen wie den demografischen Wandel oder den Klimawandel nicht allein, sondern nur mit der Unterstützung durch eine starke Zivilgesellschaft in Zukunft bewältigen könne. Um den Weg hin zu einer starken Bürger- und Zivilgesellschaft zu ebnen, sei es dabei unerlässlich, bürgerschaftliches Engagement zu erleichtern und den bestehenden Rechtsrahmen zu „entbürokratisieren". Die Kernbotschaft der erforderlichen Entbürokratisierung des Gemeinnützigkeits- und Spendenrechts verknüpfte die Projektgruppe zusätzlich mit einer eigenen ordnungspolitischen Bringschuld zu mehr Transparenz im Dritten Sektor. Das Gesetz wurde schließlich vom Bundeskabinett am 14. Februar 2007 unter dem Motto „Hilfen für Helfer" vorgelegt, wodurch die Erleichterung für das bürgerschaftliche Engagement durch das Gesetz betont wird.

Die Instrumente
Die Projektgruppe „Reform des Gemeinnützigkeits- und Spendenrechts" entwickelte einen gemeinsamen Katalog der Forderungen bzgl. angestrebter und notwendiger Änderungen in diesem Rechtsbereich. Auf Grundlage der bestehenden Gesetzestexte wurden umfassende Analysen des derzeitigen Status quo im Gemeinnützigkeits- und Spendenrecht vorgenommen und konkrete Änderungen vorgeschlagen. Diese – aus Sicht der Projektgruppe notwendigen – Anpassungen wurden ebenfalls in ausformulierten Gesetzestexten vorgelegt und im Rahmen von Gesprächen im politischen Raum eigeninitiativ den entscheidenden Abgeordneten des Deutschen Bundestages zur Diskussion übergeben. Zusätzlich hat jedes Mitglied der Allianz in verschiedenster Form eigene Lobbyarbeit geleistet. Der Bundesverband Deutscher Stiftungen hat im Jahr 2007 einen eigenen Parlamentarischen Beirat gegründet und mit den Mitgliedern – heute insgesamt 31 Abgeordnete des Deutschen Bundestages – in persönlichen Gesprächen sowie in Sitzungen darauf eingewirkt, das Gesetz voranzubringen. Als sehr

nützlich erwies sich der gemeinsame Forderungskatalog, der ausnahmslos durch alle Akteure unterstützt wurde und ein geschlossenes, gemeinsames Auftreten suggerierte.

Die Umsetzung

Die Umsetzung der Strategie der Projektgruppe erfolgte durch die Erstellung und Weiterleitung des entwickelten Forderungskatalogs an die Abgeordneten des Deutschen Bundestages. Die Forderungen wurden im Rahmen des Gesetzeserlasses operationalisiert und umgesetzt. Das Gesetzgebungsverfahren startete zu Beginn des Jahres 2007. Am 14. Februar wurde das Gesetz vom Bundeskabinett eingereicht und schon am 30. März 2007 nahm der Bundesrat in seiner 832. Sitzung dazu Stellung (BR-Drs. 177/07(B)). Am 10. Mai fand die erste Beratung im Deutschen Bundestag über den Gesetzesentwurf statt. Gleichzeitig wurde über einen Antrag einzelner Abgeordneter und der Fraktion DIE LINKE zur Stärkung des bürgerschaftlichen Engagements beraten. Beide Anliegen wurden zur weiteren Beratung in die zuständigen Ausschüsse überwiesen.

Die zweite und dritte Lesung des eingebrachten Entwurfs der Bundesregierung fanden am 6. Juli 2007 statt – der Gesetzesentwurf wurde in der Fassung der Beschlussempfehlung des Finanzausschusses (BT-Drs. 16/5926) angenommen. Der Entschließungsantrag der Fraktion BÜNDNIS 90 / DIE GRÜNEN (BT-Drs 16/5981) wurde abgelehnt. Ebenfalls abgelehnt wurden die Anträge einzelner Abgeordneter, der Fraktion der FDP „Mehr Freiheit wagen – Zivilgesellschaft stärken" (BT-Drs. 16/5410) und der Fraktion DIE LINKE zur Stärkung des bürgerschaftlichen Engagements (BT-Drs. 16/5245). In der 836. Sitzung des Bundesrates wurde am 21. September 2007 dem verabschiedeten Gesetz zugestimmt. Der Rechtsausschuss des Bundesrates hingegen hatte empfohlen, den Vermittlungsausschuss einzuberufen (BR-Drs. 579/1/07). Am 10. Oktober 2007 wurde das „Gesetz zur weiteren Stärkung des bürgerschaftlichen Engagements" im Bundesgesetzblatt verkündet. Das Gesetz trat größtenteils rückwirkend zum 01. Januar 2007 in Kraft. Lediglich Artikel 7 trat erst am 01. Januar 2008 in Kraft. Bereits vor dem formalen Gesetzgebungsverfahren wurde von politischer Seite große Zustimmung für die im Forderungskatalog dargelegten Änderungsvorschläge signalisiert. Die meisten inhaltlichen Punkte des Forderungskatalogs wurden bei der Gesetzesformulierung beachtet und ähnlich umgesetzt. In einigen Bereichen ging das Gesetz sogar über die geforderten Verbesserungen hinaus.

Das Finanzministerium hatte im Vorfeld eine Kalkulation über mögliche Steuerverluste aufgestellt, die durch das Gesetz entstehen könnten. Diese Kalkulation hatte sehr hohe Defizite prognostiziert, was durchaus als kritischer Faktor im Gesetzgebungsverfahren fungierte. Die Projektgruppe wurde zu der Kalkulation zuvor angehört und konnte die kritischen Stimmen überzeugend widerlegen. Letztendlich hatte sich die Kalkulation als deutlich zu hoch erwiesen und die eingetretenen Steuerverluste lagen deutlich hinter den vorausgesagten Werten zurück. Enttäuschend war im Nachgang zum Gesetzgebungsverfahren, dass die Finanzverwaltung die Erweiterung des Zweckkataloges für die Anerkennung der Gemeinnützigkeit (§ 52 AO) um das „Bürgerschaftliche Engagement" durch ihre Verwaltungspraxis wieder einschränkte. Demnach reicht „Bürgerschaftliches Engagement" als singulärer Zweck nicht aus, um die Gemeinnützigkeit anerkannt zu bekommen – es muss stets ein weiterer Zweck hinzugefügt werden.

Das Ergebnis
Die Aktivitäten im Rahmen der Lobbying-Strategie durch die Projektgruppe „Reform des Gemeinnützigkeits-und Spendenrechts" waren sehr erfolgreich und haben im Jahr 2007 zur Erreichung wichtiger Ziele im Gesetzgebungsverfahren geführt. Aufgrund dieser erfolgreichen Zusammenarbeit und der notwendigen Weiterführung derselben wurde die Projektgruppe im Jahr 2010 zum dauerhaften „Bündnis für Gemeinnützigkeit" umgewandelt. So wurde bereits bis zum Jahr 2013 der nächste gemeinsame Forderungskatalog entwickelt und bzgl. des „Gesetzes zur Stärkung des Ehrenamts" auf den Weg gebracht. Das Bündnis hat sein Engagement und die daraus resultierenden Aktivitäten sogar noch ausgeweitet und vergibt z. B. den „Deutschen Engagementpreis". Dieser zeichnet freiwillig engagierte Personen, Organisationen, Unternehmen sowie Verwaltungen aus, die bürgerschaftliches Engagement fördern.

Der Bundesverband Deutscher Stiftungen ist ebenfalls sehr zufrieden mit der Arbeit und dem Ergebnis der Projektgruppe gewesen und hat den Beschluss gefasst, diese Form der Zusammenarbeit auch für andere Lobbying-Strategien zu wählen. Zwar konnten nicht alle geforderten Ziele erreicht werden – z. B. wurde durch das Gesetz der pauschale Sonderausgabenabzug für Spenden an Stiftungen reduziert –, insgesamt aber sind die Gesetzesänderungen positiv zu bewerten und die Rahmenbedingungen haben sich insgesamt erheblich verbessert. Dies lässt sich auch anhand der Neugründungen von Stiftungen belegen: Im Folgejahr war mit 1.134 neu gegründeten Stiftungen ein Höchststand zu verzeichnen.

Drei Tipps
1. Wichtig sind die Leitthemen der Regierung. Was kann der Aufhänger sein? Solange die Themen des Verbandes nicht politisch dokumentierter Wille sind (z B. Koalitionsvereinbarungen), ist es schwieriger, diese umzusetzen.
2. Rechtspolitische Positionen sollten schon da sein, bevor eine Gesetzesinitiative angestoßen wird. Wer erst Positionen entwickeln und abstimmen muss, wenn eine Gesetzesinitiative gestartet wird, kommt oft zu spät mit seinen Vorschlägen. Auch sollten sie so konkret formuliert sein, dass klar ist, welche Rechtsnormen geändert werden müssen/sollen.
3. Kooperationen erhöhen die Schlagkraft – je mehr Stimmen hinter einer Position vereinigt werden können, desto größer sind die Chancen, eine entsprechende Gesetzesänderung erreichen zu können.

Deutsches Kinderhilfswerk e. V.
Novellierung des Baugesetzbuches
Dominik Bär, Referent für Kinderpolitik
im Gespräch mit Annett Grützmacher

 Sozialverband   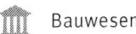 Bauwesen   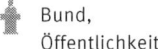 Bund, Öffentlichkeit    21 (3)

Die Ausgangssituation

Das Deutsche Kinderhilfswerk (DKHW) ist eine der bekanntesten Kinderrechtsorganisationen Deutschlands. Gegründet 1972 in München, um dort die Spielplatzsituation einer zunehmend verdichteten Stadt zu verbessern, vertritt es nunmehr seit über 40 Jahren die Interessen der Kinder in Deutschland. Die Vision, die das DKHW verfolgt, ist eine kinderfreundliche Gesellschaft, in der Kinder und Jugendliche ihre Interessen eigenständig artikulieren und vertreten. Schwerpunktmäßig setzt sich der Verein für die Überwindung der Kinderarmut, die Umsetzung der Kinderrechte sowie eine stärkere Beteiligung von Kindern und Jugendlichen an gesellschaftlichen Entscheidungsprozessen ein. Außerdem richtet das DKHW seine Aufmerksamkeit auf die UN-Kinderrechtskonvention und wirkt auf deren bestmögliche Umsetzung in Deutschland hin. Generell sucht es nach rechtlichen Möglichkeiten bzw. Methoden zur Stärkung der Beteiligungsrechte. Somit versucht das DKHW aktiv Einfluss auf die Kinder- und Jugendpolitik zu nehmen.

Um sich durch möglichst schlanke und zentrale Strukturen eine schnelle Reaktionsfähigkeit zu bewahren und Abstimmungsprobleme zu vermeiden, setzt das DKHW auf eine überschaubare Mitgliederzahl. Es agiert nicht als Dachverband zusammengeschlossener Organisationen, sondern vereint derzeit mehr als 100 Einzelpersonen als stimmberechtigte Mitglieder. Darüber hinaus hat das DKHW zahlreiche Fördermitglieder und Unterstützer.

Die Bestimmungen des Baugesetzbuches üben großen Einfluss auf stadtplanerische Tätigkeiten und damit einhergehend auf die Entwicklung des bewohnbaren Raumes aus. Kinder und Jugendliche als Gruppe unserer Gesellschaft, für die der Nahraum in der Entwicklung eine besonders wichtige Rolle spielt, sind von Planungen und Bauvorhaben häufig besonders betroffen. Grüne Wiesen oder Spielplätze, die neuen Bauprojekten weichen, sind ein Beispiel hierfür. In § 3 regelt das Baugesetzbuch die Beteiligung der Öffentlichkeit an geplanten Baumaßnahmen. Beteiligung bedeutet in diesem konkreten Fall Informationsversorgung der Bürger, welche dann die Möglichkeit haben, Anmerkungen oder Einwände zu äußern. In der Praxis sieht es zumeist so aus, dass komplizierte Bauplanungsunterlagen in Rathäusern oder Ämtern ausgelegt, aber von der Mehrheit der Menschen nicht wahrgenommen werden. Die Barriere für Kinder und Jugendliche scheint hier ungemein höher.

Ziel des DKHW war es, die Position der Kinder und Jugendlichen in diesem Beteiligungsverfahren zu stärken und aus der formalen Möglichkeit der Beteiligung eine Tatsache zu machen. Zum einen sollte die Gruppe „Kinder und Jugendliche" konkret im Gesetzestext als zu beteiligender Teil der Öffentlichkeit benannt, zum anderen sollte eine Möglichkeit der Interessenvertretung im Namen der Kinder und Jugendlichen eingeräumt werden.

Die Akteure
Um sein Anliegen vorzutragen, hat sich das DKHW zunächst an das Bundesministerium für Verkehr, Bauen und Stadtentwicklung (heute: Bundesministerium für Verkehr und digitale Infrastruktur) gewandt. Hinzu kamen diverse persönliche Kontakte zu Mitgliedern des Bundestages, die sowohl im Familien- als auch im Bauausschuss tätig sind. Für die fachliche Beratung hat sich das DKHW eines Netzwerkes verschiedener Akteure bedient. Sowohl Hochschulprofessoren, die in rechtlichen Abstimmungsprozessen eine Hilfestellung gaben, als auch Experten aus dem Bereich Bau- und Stadtplanung, wie Planungsämter und Architektur- oder Stadtplanungsbüros, lieferten dem DKHW Fachwissen. Die mediale Öffentlichkeit hat im konkreten Fall eine untergeordnete Rolle gespielt, da es in diesem Fall keine umfassende öffentliche Kampagne gab.

Aufgrund der augenscheinlich kaum vorhandenen Berührungspunkte zwischen Baupolitik und Kinder- und Jugendpolitik war das Zusammenspiel zwischen den Akteuren insbesondere durch gut funktionierende persönliche Kontakte geprägt. Auf Nachfrage im Bundesbauministerium hat der Informationsfluss, nachdem das DKHW offiziell als Informationsempfänger wahrgenommen wurde, gut funktioniert.

Im konkreten Fall haben Vertreter sowohl aus dem familien- wie auch dem baupolitischen Bereich Einfluss auf den Gesetzesentwurf genommen. Da das DKHW als Interessenorganisation unter den familienpolitischen Ausschüssen und Familienpolitikern eine weitaus gefestigtere Rolle als im baupolitischen Bereich innehat, waren die Rückmeldungen aus der familienpolitischen Riege zu Anregungen seitens des DKHW deutlich offener als aus dem baupolitischen Gebiet. Allgemein unterscheiden sich diese beiden Politikbereiche insbesondere durch ihren Fokus bei der Lobbyarbeit. Während das DKHW als Akteur in der Familienpolitik uneigennützig und ausschließlich im Sinne der Kinder und Jugendlichen handelt, ist die Interessenvertretung im baupolitischen Bereich zumeist auf wirtschaftliche Interessen gerichtet.

Die Strategie
Im Bereich der Kinder- und Jugendbeteiligung gibt es viele unterschiedliche Schwerpunkte, auf die das DKHW im Austausch mit Kommunalpolitikern immer wieder aufmerksam macht. So hat es auch ein Positionspapier zur „kinderfreundlichen Stadtgestaltung" entwickelt. Da im ersten Absatz des Baugesetzbuches auf die Notwendigkeit generationengerechter Lebensbedingungen hingewiesen wird, gab es schon vor der geplanten Gesetzesnovelle Überlegungen, wie das DKHW diesen noch relativ schwachen Punkt in Hinblick auf Kinder- und Jugendrechte stärken kann. Generationengerechtigkeit zielt zumeist auf das Wohnen im Alter ab. Hinzu kommt, dass dieser Aspekt von den verantwortlichen Personen kaum wahrgenommen wird. Das Kinder- und Jugendhilfegesetz, welches eine Beteiligung vorsieht, spielt bei Stadtplanern und Architekten keine Rolle. Der Fokus liegt bei ihnen auf den Baugesetzen.

Über seine guten Kontakte im Bundestag erfuhr das DKHW, dass das Baugesetzbuch novelliert werden soll, was zum Anlass genommen wurde, das Bundesbauministerium zu kontaktieren. Über die Entscheidung, diesen Weg einzuschlagen und eigene Punkte in den Gesetzesentwurf zur Novellierung des Baugesetzbuches einzubringen, musste innerhalb des DKHW nicht explizit abgestimmt werden, da bereits eine beschlossene Position zum Thema vorlag. Dieser Schritt war demnach eine logische Handlungskonsequenz. Aufgrund der Spezifität des Baugesetzbuches und des daher fehlenden Interesses der breiten Öffentlichkeit an der Gesetzesänderung hat das DKHW keine Kampagne durchgeführt. Es ging vielmehr darum, innerhalb der größeren Novelle zur Innenstadtverdichtung die eigenen Forderungen einzubringen.

Die Botschaften und Argumente

Im Mai 2011 hat das Bundesministerium für Familie, Senioren, Frauen und Jugend ein von Bundesregierung und Opposition unterstütztes Eckpunktepapier zur Entwicklung einer eigenständigen Jugendpolitik veröffentlicht. Eigenständige Jugendpolitik zielt auf eine breiter gedachte Jugendpolitik ab, die Kinder- und Jugendinteressen ressortübergreifend berücksichtigt. Da das DKHW hauptsächlich Bundestagsmitglieder aller Fraktionen erreichen wollte, wurde diese breitere, über den Tellerrand hinausschauende Haltung als Argumentationsgrundlage verwendet. Die Novellierung des Baugesetzbuches konnte hierbei zu einem konkreten Vorreiterprojekt in der eigenständigen Jugendpolitik werden.

Darüber hinaus argumentierte das DKHW damit, dass die Formulierung im Baugesetzbuch zur Teilhabe der Öffentlichkeit zu allgemein gehalten ist. Zwar ist Beteiligung laut Gesetz vorgesehen, aber im praktischen Einzelfall gibt es nur eine äußerst eingeschränkte Öffentlichkeit, die tatsächlich involviert ist. Hinterfragt wurde hier, ob die Öffentlichkeit letztendlich nicht breit genug benannt wird. Das DKHW argumentierte, dass eine konkrete Benennung der Öffentlichkeit eventuell mehr Beteiligung hervorrufen würde und eine solche Angabe ebenfalls Kinder und Jugendliche explizit mit einbeziehen muss.

Die Instrumente

Die Stellungnahme, die das DKHW zur Novellierung des Baugesetzbuches geschrieben hat, war inhaltlich das wichtigste Instrument. Um aber überhaupt in dem Verfahren wahrgenommen zu werden und an die verschiedenen Referentenentwürfe zu gelangen, waren die persönlichen Gespräche unerlässlich. Hinzu kamen drei Pressemitteilungen, die das DKHW im Laufe des Gesetzesänderungsverfahrens herausgebracht hat: zum Zeitpunkt der Veröffentlichung der Stellungnahme, nach der Anhörung zur Gesetzesnovelle im Ausschuss für Verkehr, Bau und Stadtentwicklung und zum Abschluss des Prozesses nach der zweiten Lesung im Bundestag. Außerdem hat das DKHW über das Thema „Beteiligung von Kindern und Jugendlichen an den Prozessen der Stadtentwicklung" auf einzelnen Fachveranstaltungen referiert, die im Rahmen der eigenständigen Jugendpolitik abgehalten wurden.

Die Umsetzung

Nachdem das DKHW als zu berücksichtigender Akteur innerhalb des Verfahrens zur Baugesetzbuchnovelle wahrgenommen wurde und einen ersten Referentenentwurf erhalten hat, wurde eine siebenseitige Stellungnahme verfasst. Direkt im Anschluss wurde diese nochmals an Bundestagsabgeordnete verschiedener Fraktionen herangetragen, um aufzuzeigen, dass der vorliegende Entwurf des Ministeriums die zu fördernde eigenständige Jugendpolitik nicht angemessen berücksichtigt.

Im Laufe des Verfahrens, das sich über eineinhalb Jahre erstreckte, kam es zu zwei Anhörungen im Ausschuss für Verkehr, Bau und Stadtentwicklung. In Vor- und Nachbereitung zu diesen wurde die Stellungnahme des DKHW inhaltlich angepasst und erneut eingesandt. Begleitend hierzu wurden immer wieder persönliche Gespräche zu den Ausschussmitgliedern bzw. anderen Fachpolitikern gesucht, um die Thematik ins Gedächtnis zu rufen.

Obwohl es Fraktionen gab, die die Forderungen des DKHW zum Teil in Gänze in ihren Positionspapieren verwendet und in eigenen Pressemitteilungen verbreitet haben, wurden deutlich weniger dieser Forderungen in den Gesetzestext aufgenommen als vom DKHW gewünscht.

Das Ergebnis
Das Engagement des DKHW in diesem Fall führte dazu, dass § 3 des Baugesetzbuches um den Satz ergänzt wurde, dass Kinder und Jugendliche auch Teil der Öffentlichkeit sind. Einerseits wurde mit der konkreten Benennung der Gruppe Kinder und Jugendliche im Gesetzestext ein Teilziel erreicht. Andererseits wurde der Vorschlag, die Änderung in § 4 vorzunehmen, wo es um die Beteiligung Dritter geht, nicht berücksichtigt. Das DKHW wollte hierdurch eine Interessenvertretung im Namen von Kindern und Jugendlichen in das Gesetz einbringen, sodass diese sich nicht selbst einbringen müssen, sondern durch Kinder- und Jugendbüros oder Kinderbeauftragte vertreten werden können. Des Weiteren fehlen die Verpflichtung, für die Beteiligung von Kindern und Jugendlichen altersgemäße Verfahren zu wählen, sowie eine Berichtspflicht. Diese Konkretisierung konnte im Baugesetzbuch nicht durchgesetzt werden.

Das Verfahren um die Novellierung des Baugesetzbuches war durch die kaum vorhandene Öffentlichkeit relativ geschlossen, sodass es wenig Einfluss von außen gab, der den Prozess hätte weiter vorantreiben können. Allerdings wurde das Verfahren durch die allgemeine Debatte um den Wandel der Jugendpolitik hin zu einem Querschnittsbereich begleitet und in dem Sinne vereinfacht, dass das DKHW an dieses Vorhaben andocken und sich so eine Argumentationsgrundlage schaffen konnte.

Zukünftig wäre es bei ähnlich gearteten Fällen ratsam, mindestens eine Organisation, die aus dem speziellen fachpolitischen Bereich kommt und die eigenen Forderungen unterstützt bzw. anreichern kann, mit einzubinden. So kann nicht nur von externer Expertise profitiert werden. Auf diese Weise können auch politische Kontakte genutzt werden, über die das DKHW selbst nicht verfügt. Somit lässt sich der Umweg über die Familienpolitiker, welche wiederum Informationen im Interesse des DKHW an andere Fachpolitiker weiterspielen, vermelden. Mittlerweile ist trotz der geringfügigen Änderung eine Wirkung zu spüren. Erste Kommunen wenden sich an das DKHW, um Hinweise für die Umsetzung der Kinder- und Jugendbeteiligung zu bekommen. Sie beziehen sich in ihren Anfragen direkt auf die Änderung des Baugesetzbuches.

Drei Tipps
1. Pflegen Sie Ihre Kontakte! Um als Person mit Sachverstand wahrgenommen und geschätzt zu werden, sollten Sie Ihre verschiedenen Ansprechpartner regelmäßig mit Informationen versorgen. Beachten Sie hierbei die Häufigkeit der Kontaktaufnahme: Vermeiden Sie wöchentliche oder monatliche Gesprächsgesuche, sondern dosieren Sie in Maßen.
2. Bereiten Sie sich vor und beschließen Sie Positionen! Besonders in breit aufgestellten Verbänden ist es wichtig vorzuarbeiten. Bevor ein Thema auf die politische Agenda kommt, sollten Positionen bereits verbandsintern beschlossen sein. Feste Wordings und Beschlüsse helfen dabei, schnell zu reagieren und ein Arbeiten im „luftleeren Raum" zu vermeiden.
3. Achten Sie auf die Wahl des Pressesprechers! Ein versierter Pressesprecher wird Ihnen eine große Hilfe sein. Eine Person, die fachpolitisch informiert ist, Ihre Anregungen aufnimmt und versucht, die entsprechende Öffentlichkeit herzustellen, kann den Erfolg des Lobbyings maßgeblich beeinflussen.

Arbeiter-Samariter-Bund e. V.
Notfallsanitätergesetz
Gudrun Schattschneider, Leiterin der Hauptstadtrepräsentanz
im Gespräch mit Janine Schulze

 Sozialverband  Gesundheitsversorgung 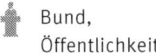 Bund, Öffentlichkeit  k. A.

Die Ausgangssituation

Der Arbeiter-Samariter-Bund e. V. (ASB) ist eine unabhängige Hilfs- und Wohlfahrtsorganisation. Ein wichtiger Aufgabenbereich des ASB sind der Rettungsdienst bzw. der Krankentransport und der Katastrophenschutz. Darüber hinaus engagiert sich der ASB mit seinen insgesamt mehr als eine Million Mitgliedern, 46.500 Mitarbeitern und Freiwilligen, unter anderem auch in den Bereichen *Leben im Alter*, *Behindertenhilfe/Sozialpsychiatrie*, *Kinder- und Jugendhilfe* sowie in der *Auslandshilfe*. Der Gesamtverband des ASB, bestehend aus 16 Landesverbänden sowie über 200 Regional-, Kreis- und Ortsverbänden, wird durch den Bundesverband auf Bundesebene vertreten. Zu seinen Aufgaben gehören die Versorgung der Helfer, Mitarbeiter und Funktionsträger mit Nachrichten sowie die Erstellung von Arbeitshilfen für die ASB-Ortsverbände. Ebenso ist der Bundesverband Ansprechpartner für die Öffentlichkeit und äußert sich zu gesellschaftspolitischen Fragen.

Für die Bereiche Rettungsdienst bzw. Krankentransport bestand bis Ende 2012 das „Gesetz über den Beruf der Rettungsassistentin und des Rettungsassistenten (Rettungsassistentengesetz – RettAssG)". Das RettAssG regelte unter anderem die Ausbildung der Rettungsassistenten (Berufsbezeichnung im alten Gesetz). In diesem Gesetz befanden sich des Weiteren Regelungen über die Arbeitsbedingungen und den Einsatz auf den Rettungswagen dieser Berufsgruppe.

Ausgehend von einer Initiative der Bonner Zentrale des Bundesministeriums für Gesundheit (BMG) sollte das längst veraltete RettAssG durch ein neues Gesetz ersetzt werden. Der Grund hierfür war unter anderem, dass das bis dahin geltende RettAssG aus dem Jahr 1989 stammte und insbesondere im Bereich der Ausbildung der Rettungsassistenten nicht mehr zeitgemäß war.

Das Ziel des „Gesetzes über den Beruf der Notfallsanitäterin und des Notfallsanitäters (Notfallsanitätergesetz – NotSanG)", so die neue Bezeichnung für das alte RettAssG, war unter anderem die Verlängerung der Ausbildungszeit der Notfallsanitäter (neue Berufsbezeichnung). Des Weiteren sollte die Finanzierung der Ausbildung neu geregelt werden. Nach dem alten Gesetz mussten Auszubildende einen Beitrag an die Ausbildungsstätten zahlen. Dies sollte nun dahingehend geändert werden, dass die Auszubildenden keinen Beitrag mehr leisten müssen und stattdessen eine zusätzliche Ausbildungsvergütung erhalten.

Für den ASB stellte sich dies als Problem dar. Denn bis dahin finanzierten sich die Ausbildungsstätten des ASB aus einer Mischung von Beiträgen der angehenden Rettungsassistenten und Zahlungen der Krankenkassen. Würde der Beitrag der Rettungsassistenten entfallen, müsste die Finanzierung der Ausbildung neu geregelt werden. In dem Gesetzesentwurf für das Notfallsanitätergesetz befanden sich aber keine expliziten Reglungen über Möglichkeiten einer alternativen Finanzierung, weder für den Ausfall der Beiträge noch für die zusätzlich zu zahlende Ausbildungsvergütung.

Innerhalb des ASB waren vor allem die eigenen Ausbildungsstätten, aber auch die Einsatzstellen mit Rettungswagen von diesem Gesetz betroffen. Da es aber um die Finanzierung der Nachwuchskräfte und weitere geplante Veränderungen in einem der größten Aufgabenbereiche des ASB ging, war grundsätzlich der Gesamtverband von dem neuen Gesetz betroffen. Der Bundesverband setzte sich daher das Ziel, dass explizite Regelungen zur Finanzierung der Ausbildung aufgestellt und in das Gesetz mit aufgenommen werden müssen.

Die Akteure
Das neue Notfallsanitätergesetz wurde vom BMG initiiert. Für die inhaltliche Vorarbeit zum Gesetzgebungsprozess bildete das BMG Arbeitskreise. Die zuständigen Ministeriumsvertreter beteiligten von Beginn an diejenigen Verbände, die aufgrund ihres Aufgabenbereiches im Rettungsdienst oder in der Leitung von Ausbildungsstätten von dem Gesetz betroffen sind. So wurden neben Fachexperten des ASB auch Vertreter anderer Verbände wie dem Deutschen Roten Kreuz und den Johannitern zu einem Arbeitskreis eingeladen. Für diese erste Phase entsandte der ASB einen Experten aus dem bayerischen Landesverband, um von Beginn an Einfluss auf das neue Gesetz zu nehmen.

Die anderen Verbandsvertreter im Arbeitskreis hatten eigene Ziele und Vorstellungen zu dem neuen Gesetz. Bei der inhaltlichen Gestaltung des Gesetzes waren einige Positionen der verschiedenen Verbände ähnlich, aber es konnte nicht bei allen Aspekten ein gemeinsamer Konsens gefunden werden, sodass sich der ASB schlussendlich dazu entschied, seine Argumente der Politik im Alleingang zu vermitteln.

Innerhalb des ASB waren neben dem Bundesverband, der durch die Hauptstadtrepräsentanz vertreten wurde, auch die Landesverbände des ASB an bestimmten Phasen mittelbar beteiligt. Die Rolle der Medien war während des Prozesses eher passiv. Aber der ASB setzte zu einem späteren Zeitpunkt die Medien als Instrument zur Positionierung und Veröffentlichung seiner Position ein.

Die Besonderheit des Politikbereiches Gesundheitsversorgung mit den Teilbereichen Notfallversorgung und Rettungsdienst liegt darin, dass es sich hierbei um einen Teil der Daseinsfürsorge handelt.

Die Strategie
Die Aufmerksamkeit des ASB auf das neue Gesetz wurde durch die Initiative des BMG und die Einladung des ASB-Fachexperten geweckt. Der ASB wurde somit sehr früh beteiligt und war darüber informiert, wie der weitere Verlauf sein würde.

Da der ASB-Bundesverband 16 Landesverbände vertritt, ist es nicht problemlos möglich, eine einheitliche Meinung zu einem bestimmten Thema zu finden. Der Bundesverband agiert für den Gesamtverband in einem solchen Fall als Dachverband. Der Bundesverband unterhält für spezifische Themen eigene Abteilungen, so auch für das Notfallsanitätergesetz. Diese rief eine Arbeitsgruppe bestehend aus Vertretern der Landesverbände zusammen, um einen Austausch über das neue Gesetz anzuregen. Im Vorfeld bestand innerhalb des Verbandes kein Konsens über den Gesetzesentwurf und die weitere Positionierung. Innerhalb der Arbeitsgruppe wurde schließlich ein Konsens zwischen den Landesverbänden und dem Bundesverband zu diesem Thema herbeigeführt. Im Zuge dessen wurde eine erste Stellungnahme verfasst. Im weiteren Verlauf wurden die Landesverbände über ein E-Mail-Verfahren von dem Bundesverband informiert und bekamen zu jeder Zeit die Möglichkeit, Stellung zum aktuellen Prozess zu nehmen.

Der ASB entschied sich bei der Wahl seiner Strategie dafür, sehr offen zu argumentieren und immer wieder Beispiele aus der Praxis heranzuziehen. Ein weiterer Teil der Strategie war die fachliche Positionierung des ASB. Die politischen Entscheider sollten mit Fachwissen und Expertenaussagen überzeugt werden. Die kommunikative Strategie sah verschiedene Kanäle vor. Hierzu gehörten sowohl das schriftliche Aufzeigen der Position in entsprechenden Positionspapieren als auch der direkte Kontakt zu Fachpolitikern. Ebenso wurden vereinzelt die Medien eingesetzt, um die eigenen Positionen in die Öffentlichkeit zu transportieren.

Während des gesamten Verlaufes agierte der ASB offensiv in seinem Vorgehen. Das Gesetz beinhaltete für den ASB viele relevante Themen, sodass er die Möglichkeit hatte, mit Fachwissen und realen Beispielen von Beginn an in den Verlauf einzugreifen.

Die Botschaften und Argumente

Die Kernbotschaft des ASB in diesem Fall war, dass die Ausbildung der Notfallsanitäter nur gewährleistet werden kann, wenn konkrete Regelungen über die Finanzierung bestehen. Der Gesetzesentwurf sah hierzu bisweilen keine expliziten Regelungen vor. Dieser Zustand war für den ASB völlig unzureichend, da die Finanzierung der Nachwuchskräfte ein sehr zentrales Thema innerhalb des Verbandes darstellt. Durch die eingesetzten Praxisbeispiele konnte der ASB die Kernbotschaften der eigenen Position sehr realistisch vermitteln und dadurch die eigenen Argumente aufzeigen. Insbesondere wurde verdeutlicht, wie sich die Situation des ASB und der dazugehörigen Ausbildungsstätten nach den neuen Regelungen darstellen würde. Mit dieser Vorgehensweise konnte der ASB sehr gut veranschaulichen, an welcher Stelle für ihn das eigentliche Problem im neuen Gesetz bestand. Eine zielgruppenspezifische Ansprache wurde dabei nicht vorgenommen.

Die Instrumente

Der ASB setzte im Verlauf des Gesetzgebungsprozesses vor allem auf Positionspapiere und Hintergrundgespräche. Im Rahmen eines Experten-Hearings im Bundestag wurde auch ein Sachverständiger des ASB gehört. Einen Tag bevor das Gesetz zur Abstimmung in den Bundestag kam, setzte der ASB die Medien ein, um den Druck auf den Gesetzgeber zu erhöhen. Zusammen mit dem ASB-Landesverband Berlin veranstaltete der Bundesverband ein Pressegespräch direkt vor der Haustür der ASB-Hauptstadtrepräsentanz. Ein Rettungswagen mit medizinischer Besetzung lud zur Besichtigung und ein realistischer Einsatz wurde dargestellt. Anschließend fand im Rettungswagen ein Pressegespräch statt. Auch hier setzte der ASB wieder auf eine praxisnahe Präsentation der Argumente. Dem ASB gelang es damit, die Aufmerksamkeit der Öffentlichkeit auf das Gesetz und die eigene Position zu lenken.

Nach abschließender Einschätzung des ASB ist keines der in diesem Fall eingesetzten Instrumente allein als besonders erfolgreich einzuschätzen. Entscheidend war die Kombination der verschiedenen Instrumente. Nur ein gut abgestimmtes Zusammenspiel der Instrumente führte zur Erzielung der beabsichtigten Wirkung und schlussendlich zum erfolgreichen Abschluss. Eine wichtige Rolle bei dem Einsatz der Instrumente spielte das Timing. Jedes Instrument muss zum richtigen Zeitpunkt entsprechend dem Gesetzgebungsverfahren und unter Berücksichtigung der anderen Akteure zum Einsatz kommen.

Die Umsetzung

Die Einladung des ASB in den Arbeitskreis durch das BMG ermöglichte es, bereits in der Entstehungsphase Einfluss auf das neue Gesetz zu nehmen. Trotz der Beteiligung der ASB-Fachexperten konnten die aus Sicht des ASB noch offenen Aspekte des neuen Gesetzes mit dem BMG nicht geklärt werden. Der Gesetzesentwurf wurde vom BMG in den Bundestag eingereicht. Infolgedessen wurde die Hauptstadtrepräsentanz des ASB tätig, um in das Gesetzesvorhaben noch nachdrücklicher einzugreifen.

Nachdem der Gesetzesentwurf vom Ministerium in den parlamentarischen Bereich übergeben wurde, trat der ASB sehr offensiv mit einem Positionspapier an ausgewählte Fachpolitiker des Bundestages heran. Da es sich bei dem NotSanG um ein vom Bundesrat zustimmungspflichtiges Gesetz handelte, wurden zeitgleich auch die Landesvertretungen der Bundesländer über den Sachverhalt und die Position des ASB informiert. Mit diesem Vorgehen verschaffte sich der ASB die Möglichkeit, auch im weiteren Verlauf noch stärker Einfluss auszuüben. Nachdem das Notfallsanitätergesetz in den zuständigen Ausschuss überstellt wurde, in diesem Fall den Gesundheitsausschuss, versandte der ASB erneut Positionspapiere und begann zeitgleich, Gespräche mit den Mitgliedern des Gesundheitsausschusses zu führen. Bei diesen Gesprächen waren jeweils ein Vertreter der ASB-Hauptstadtrepräsentanz und ein Fachexperte des ASB anwesend, um die Forderungen des ASB deutlich zu machen und noch offene Fragen zu klären. Abgerundet wurde dieses Vorgehen von einem Experten-Hearing im Gesundheitsausschuss. Auch vor der dritten Lesung hat der ASB noch einmal Einfluss auf die entscheidenden Akteure genommen. Nachdem der Gesetzesentwurf den Bundestag verlassen hatte und zur Zustimmung in den Bundesrat überwiesen wurde, wurde der Bundesrat vom ASB nochmals über seine Position und die entsprechenden Argumente informiert.

Betrachtet man den Gesetzgebungsprozess zum NotSanG, wird deutlich, dass der ASB zu jeder Zeit aktiv seine Ziele verfolgt hat und versucht hat, zu den entsprechenden Zeitpunkten Einfluss auf das Gesetz und die entscheidenden Akteure zu nehmen. Dies war auch ein Grund dafür, dass der ASB es schaffte, sich immer wieder Gehör zu verschaffen. Die konstante und an mehreren Stellen ansetzende Arbeit führte dazu, dass der ASB seine Position immer wieder deutlich machen konnte und von den Adressaten auch gehört wurde. Unterstützt wurde die Argumentation mit Fällen aus der Realität, verbunden mit Expertenwissen. In diesem Fall traten während des Verlaufes keine unerwarteten Probleme oder Wendungen für den ASB auf.

Das Ergebnis

Zu den Ergebnissen dieses Falles gehört zum einen der Aspekt, dass der ASB es geschafft hat, innerhalb des Gesetzgebungsprozesses immer wieder Gehör für seine Argumente zu finden. Vor allem die frühe Beteiligung des Fachexperten des ASB im BMG und die spätere Anhörung im Gesundheitsausschuss waren ein Teilerfolg. Inhaltlich ist es für den ASB ein erfolgreicher Abschluss, da das neue Gesetz klar regelt, dass die zusätzlichen Kosten für die Ausbildung von den Krankenkassen getragen werden. Die Forderung des ASB, das alte Gesetz unbefristet weiterlaufen zu lassen, wurde nicht vollständig erfüllt. Das alte Gesetz tritt nicht sofort außer Kraft. Es gibt eine Übergangsregelung, bei der beide Gesetze parallel rechtskräftig sind und das alte Gesetz zum 31.12.2014 außer Kraft tritt. So kann ein fließender Übergang gewährleistest werden und alle Beteiligten haben die Möglichkeit, sich auf die neuen Regelungen einzustellen.

Aus Sicht des ASB war es ein erfolgreicher Fall. Gäbe es einen ähnlichen Fall, so würde der ASB gern noch stärker in den Gesetzgebungsprozess eingreifen. Auch wenn in diesem Fall der ASB schon sehr früh beteiligt gewesen ist, würden die Vertreter des Verbandes gerne noch früher und noch stärkeren Einfluss nehmen wollen. Des Weiteren haben die Vertreter des ASB gelernt, in einem solchen Fall noch offensiver vorzugehen.

Drei Tipps

1. Das Wichtigste bei der Interessenvertretung ist das Timing. Jeder Interessenvertreter muss wissen, zu welchem Zeitpunkt was von wem getan werden muss und an welcher Stelle die Instrumente eingesetzt werden müssen.
2. Als Interessenvertreter muss man immer im Hinterkopf behalten, dass man mit seiner Arbeit niemanden beeinflussen, sondern andere nur informieren kann. Die Entscheidung trifft letztendlich der Politiker und dieser muss auch für seine Entscheidung die Verantwortung übernehmen. Interessenvertreter liefern nur eine Art „Informationsservice". Ihre Argumente und Informationen müssen den Politikern als Entscheidungsgrundlage dienen. Für die eigentliche Entscheidung sind nicht die Interessenvertreter verantwortlich.
3. Als Interessenvertreter braucht man das Vertrauen der Akteure des politischen Raumes. Daher muss man stets ehrlich, transparent und offen arbeiten. Wer seine Arbeit nach diesen Grundsätzen gestaltet, hat auch die Möglichkeit, seine Position offensiv zu vertreten. Wer diese grundsätzliche Regel nicht beachtet, verliert schnell an Glaubwürdigkeit und wird nicht mehr in politische Prozesse mit einbezogen. Unwahrheiten zu verbreiten oder sich Meinungen zu erkaufen ist nicht der Weg für erfolgreiche Interessenvertretung.

Deutscher Verkehrssicherheitsrat e. V.
Reform des Verkehrszentralregisters
Heiko Hilken, Referent Public Affairs, Politik und Recht
im Gespräch mit Jessica Grzyb und Deniz Üster

 Interessenverband    Verkehr, Straßenverkehrssicherheit    Bund, Öffentlichkeit    47 (4)

Die Ausgangssituation

Der Deutsche Verkehrssicherheitsrat e. V. (DVR), gegründet im Jahr 1969, ist ein unabhängiger Vorreiter und Kompetenzträger in allen Belangen der Straßenverkehrssicherheit. Der Verein hat über 200 Mitgliedsorganisationen. Dazu gehören die für Verkehr zuständigen Ministerien von Bund und allen Bundesländern, die gesetzlichen Unfallversicherungsträger, Deutsche Verkehrswacht, Automobilclubs, Automobilhersteller, Versicherungen, Personenbeförderungsunternehmen, Wirtschaftsverbände und Gewerkschaften, Kirchen und weitere Institutionen und Organisationen aus Deutschland sowie einige Mitglieder aus dem Ausland. Seine Mitglieder leisten zur Finanzierung der Vereinsaufgaben Mitgliedsbeiträge und weitere Finanzbeiträge. Die Aufgabe des Vereins ist die Förderung von Maßnahmen zur Verbesserung der Sicherheit aller Verkehrsteilnehmer. Schwerpunkte sind Fragen des menschlichen Verhaltens, der Fahrzeugtechnik, der Infrastruktur, des Verkehrsrechts, der Verkehrsüberwachung und der Verkehrsmedizin. Der Verein koordiniert die vielfältigen Aktivitäten seiner Mitglieder, entwickelt Programme und passt diese kontinuierlich neuen Anforderungen und wissenschaftlichen Erkenntnissen an. Eine seiner zentralen Aufgaben liegt in der Bündelung der Bemühungen aller beteiligten Stellen zu einem gemeinsamen und wirksamen Handeln (Koordinierungsfunktion).

Im Folgenden werden die verkehrssicherheitspolitischen Herausforderungen in Deutschland thematisiert. Dabei geht es konkret darum aufzuzeigen, dass die Bedeutung der Mobilität für den Menschen und somit auch der Aspekt der Sicherheit aller Verkehrsteilnehmer im Laufe der letzten Jahre stark zugenommen haben. Der DVR legte daher bereits seit dem Jahr 2007 seiner eigenen Verkehrssicherheitsarbeit die Strategie *Vision Zero* zugrunde. Bei dieser Strategie stehen der fehlbare Mensch und das zu schützende Leben des Verkehrsteilnehmers im Mittelpunkt. An diesen Grundannahmen sollte sich laut DVR das gesamte Verkehrssystem, samt seinen Systemgestaltern – also sowohl Herstellern und Behörden als auch Politikern –, orientieren, um eine umfassende Verkehrssicherheit zu gewährleisten.

Bei der Bundestagswahl 2009 erreichten die Unionsparteien und die FDP zusammen die Mehrheit für die von beiden Seiten angestrebte Bildung einer schwarz-gelben Koalition. Der in der Folge von beiden Seiten erarbeitete Koalitionsvertrag enthielt unter anderem auch das Vorhaben, das bisherige Verkehrszentralregister (VZR) zu reformieren.

Der Deutsche Verkehrssicherheitsrat, für den das VZR lediglich einen wichtigen Baustein von vielen für die Verbesserung der Verkehrssicherheit darstellt, wollte diese Gelegenheit natürlich nicht auslassen und seine Vorstellungen zur Sicherheitssteigerung aller Verkehrsteilnehmer in den Reformprozess mit einbringen. Konkret ging es dem DVR dabei um eine weitere Verbesserung der Seminare für auffällig gewordene Verkehrsteilnehmer durch Verzahnung von verkehrspädagogischen und verkehrspsychologischen Teilmaßnahmen im Rahmen des Gesamtkonzepts des neuen Fahreignungsseminars. Insbesondere strebte der DVR an, seine Vorstellungen in Hinblick auf Fahreignungsseminare und die damit verbundene Möglichkeit des Punkteabbaus in die neuen gesetzlichen Regelungen mit einfließen zu lassen.

Die Akteure

Zu den Akteuren gehören unter anderem neben den für den Bereich Verkehr zuständigen Bund- und Länderministerien auch die Automobilclubs sowie -hersteller, Anwaltsvereine, Verkehrspsychologen und die Fahrlehrerverbände. Als Signalfunktion galt in Hinsicht auf die Absichten des DVR für dieses Vorhaben auch die Teilnahme an dem sogenannten Verkehrsgerichtstag, da dort alle aktuellen verkehrssicherheitsrelevanten Themen besprochen werden.

Das Zusammenspiel der verschiedenen Akteure zeigt die Einzigartigkeit dieses Politikfeldes besonders gut auf. Doch auch wenn die Mehrheit der Akteure in diesem Politikfeld, speziell bei dem Thema Verkehrszentralregister, am Gemeinwohl orientierte Ziele verfolgt, lassen sich eigene Interessen, wie z. B. wirtschaftliche Interessen, einzelner Akteure nicht ausschließen.

Die Strategie

Im Jahr 2007/2008 fanden erste Überlegungen in Teilen der Regierungs- und der Oppositionsparteien statt, die darauf abzielten, bestimmte Teile der Verkehrspolitik zu reformieren. Dabei wurde auch die *Vision Zero*-Strategie des DVR hinsichtlich der Verkehrssicherheit zur Kenntnis genommen. Im Koalitionsvertrag von 2009 schließlich wurde die Notwendigkeit einer Reform der Verkehrspolitik durch die Koalitionspartner bekräftigt und das Thema Verkehrssicherheit namentlich genannt.

Als es endlich so weit war, dass der DVR seine Position gegenüber der Politik in Hinblick auf eine Reform des Verkehrszentralregisters vortragen konnte, setzten die Verantwortlichen des DVR darauf, die Themen Gemeinwohlorientierung und Sicherheit aller am Straßenverkehr Beteiligten in den Mittelpunkt ihrer Strategie zu stellen.

Im Februar 2012 wurde die Position des DVR dann erstmals dem damaligen Bundesverkehrsminister Peter Ramsauer vorgestellt. Daraufhin fanden innerhalb des Verbandes weitere Abstimmungsgespräche zu ins Detail gehenden Aspekten unter den Mitgliedern statt, ehe man unter Beteiligung des DVR-Rechtsausschusses im April 2012 zu einem abschließenden Konsens und einer Beschlussfassung kam, die die konkrete Position des Verbandes gegenüber der Politik und seinem Reformvorhaben formuliert. Die Position des DVR wurde daraufhin in den Fachanhörungen der Regierung deutlich gemacht. Die abschließende Stellungnahme des DVR zum Gesetzesentwurf der Bundesregierung fand im April 2013 statt. In dieser

Stellungnahme wurden aus Sicht des DVR alle relevanten Aspekte und Eckpunkte für die Ausarbeitung der Neuregelung des bisherigen Verkehrszentralregisters genannt.

Zu betonen ist bei der Betrachtung der Strategie, dass nicht der DVR selbst das Reformvorhaben der Regierung angestoßen hat, sondern der Gesetzgeber sich darüber bewusst war, dass eine zeitgemäße Neuregelung der Verkehrspolitik stattfinden muss. Dass dabei der Aspekt der Verkehrssicherheit berücksichtigt wird, ist aber durchaus – wenn auch nicht direkt, so doch zumindest indirekt – auch der Arbeit des DVR zu verdanken. Auch wenn der DVR in diesem Fall reaktiv gehandelt hat, ist es für seine Strategie dennoch von großer Bedeutung gewesen, dass innerhalb des Prozesses die inhaltlich stimmigen Argumente schnellstmöglich an die richtigen Ansprechpartner in der Regierung, an die verantwortlichen Oppositionsabgeordneten und an die entsprechenden Ministerialbeamten herangetragen wurden.

Die Botschaften und Argumente

Sowohl gegenüber der Politik und der Öffentlichkeit als auch verbandsintern wurde immer wieder verdeutlicht, dass die vom Verband geforderten Änderungen hinsichtlich des Verkehrszentralregisters nur einen wichtigen Baustein in dem Vorhaben darstellen, um die übergeordneten Ziele des Verbandes – eine signifikante Steigerung der Verkehrssicherheit – zu erreichen.

Als Herzstück der Reform des VZR wurden aus Sicht des DVR die Punktevergabe bei Vergehen und die Teilnahme an Seminaren zur Fahreignung ausgemacht. Der DVR zeigte sich in seiner Argumentation davon überzeugt, dass die Verkehrssicherheit steigt, wenn betroffene Verkehrssünder an einem pädagogisch und psychologisch ausgerichteten Fahreignungsseminar teilnehmen. Gerade aus diesem Grund sollte nach Meinung des DVR auch die Möglichkeit des Punkteabbaus erhalten bleiben, um den Anreiz zur freiwilligen Teilnahme zu erhöhen.

Eine Zielgruppendifferenzierung in den Botschaften und Argumenten war nicht zu erkennen. Als Akteur mit differenten Zielen, zumindest in Hinblick auf die Möglichkeit des Punkteabbaus durch die freiwillige Teilnahme an Fahreignungsseminaren, stellte sich zum damaligen Zeitpunkt die SPD heraus. Hier ist es dem DVR nicht gelungen, der SPD den Nutzen des Punkteabbaus als Anreiz zur freiwilligen Teilnahme an den durch die Verzahnung von psychologischem und pädagogischem Hintergrund verbesserten Fahreignungsseminaren plausibel zu verdeutlichen und ihr die Notwendigkeit der seitens des DVR angestrebten Änderungen aufzuzeigen.

Die Instrumente

Um die eigene Sichtweise und die damit einhergehenden Änderungsvorschläge deutlich zu machen, hat der Verband verschiedene Instrumente benutzt. Zentral waren dabei die Weitergabe von Positionspapieren sowie (Hintergrund-)Gespräche mit fachverantwortlichen Abgeordneten und Ministerialbeamten. Die Positionen des DVR wurden dabei zuvor in den entsprechenden verbandsinternen Experten-Gremien transparent und demokratisch erarbeitet sowie im Anschluss in einer Abstimmung, an der sowohl der Vorstand als auch der Vorstandsausschuss Recht beteiligt waren, angenommen. Die eigenen Mitglieder wurden stets über aktuelle Entwicklungen informiert und über die betroffenen Experten-Gremien bzw. die Vorstände in den Prozess mit eingebunden.

Auch nahm der Verband im November 2012 an einer Verbandsanhörung im Bundesverkehrsministerium teil. Bei dieser wurde der Referentenentwurf der Regierung angehört und erläutert. Infolgedessen konnten weitere detaillierte Änderungsvorschläge eingebracht werden, die die Reform aus Sicht des DVR weiter abrunden konnten. Die daraus resultierende Stellungnahme wurde in der Folge an die Bundestagsfraktionen und Länderministerien versandt. Dabei wurde nicht nur auf die neuen Änderungsvorschläge verwiesen, sondern es wurde die Möglichkeit der Kontaktaufnahme auch genutzt, um ein weiteres Mal die Wichtigkeit des Reformvorhabens zu verdeutlichen. Auch der Zeitfaktor spielte dabei eine wichtige Rolle, da die Legislaturperiode im Mai/Juni 2013 endete und die Entscheidung für das Reformvorhaben drängte. Des Weiteren wurden im gesamten Verhandlungszeitraum Presseerklärungen abgegeben, die den Informationsfluss unterstützten.

Die Umsetzung
Der konkrete Lobbying-Prozess begann im Jahr 2010/2011, als die erste Fachanhörung im Bundestag mit der SPD-Fraktion stattfand. An dieser Stelle wurde lediglich überlegt, über welche Maßnahmen sich die Opposition in Hinblick auf die Reform einigen könnte. Im Anschluss wurden die zentralen Punkte der Reform des Verkehrszentralregisters unter Berücksichtigung der dadurch erlangten Erkenntnisse durch das Bundesministerium weiter ausgearbeitet und von dort aus an die betroffenen Fachausschüsse im Bundestag weitergereicht.

Aufgrund der hohen Mitgliederanzahl des Verbandes stellte es sich an dieser Stelle als sehr sinnvoll heraus, sich die Zeit zu nehmen, konkrete Vorlagen verbandsintern genauestens abzustimmen, damit der DVR aus einer gefestigten Position heraus stark argumentieren konnte.

Im Februar 2012 wurde dann ein konkretes Eckpunktepapier vorgelegt, das auf Grundlage der vorherigen verbandsinternen Diskussionen und Abstimmungen ausgearbeitet worden war, um schnell zu einer Beschlussfassung kommen zu können. Anschließend wurden weiterhin viele Gespräche mit Abgeordneten, Ministeriumsvertretern und auch Länderministern geführt.

Im November 2012 fand die Verbändeanhörung im Bundesverkehrsministerium statt, wobei der DVR einige Punkte zum Qualitätssicherheitssystem im Bereich der Fahreignungsseminare beitragen konnte, die seitens des Gesetzgebers gern angenommen wurden. An die Abgeordneten und Berichterstatter gerichtete zugespitzte Stellungnahmen unterstützten den Prozess dahingehend, dass im Bundestag, in Gesprächen sowie bei den Bundesländern für die Reform geworben werden konnte.

Im Februar 2013 erfolgte die Entscheidung des Bundesrates, in der das Vorhaben sehr kritisch betrachtet wurde. Im Nachhinein musste der Verband darüber nachdenken, wie realistisch das Durchbringen des Vorhabens an dieser Stelle noch ist, da der Zeitplan sehr eng gefasst war und die Opposition dahingehend intervenieren würde, dass eine öffentliche Anhörung im Bundestag stattfinden muss. Diese Anhörung hätte eine lange Vorlaufzeit zur Folge gehabt, was aufgrund des Zeitdrucks erhebliche Einbußen mit sich gebracht hätte. Glücklicherweise konnte man sich dahingehend einigen, dass der sogenannte „runde Tisch" vom Bundesministerium einberufen wurde, an dem alle wichtigen Details nochmals im Beisein der Akteure besprochen werden konnten. Im März 2013 erfolgte dann die Gegenäußerung vom Bundeskabinett gegen den Bundesratsbeschluss, bei dem einige Forderungen, die der Bundesrat erhoben hatte, übernommen wurden. Vor allem war für den DVR wichtig, die Diskussion zu diesem Zeitpunkt noch einmal im Bundesrat zu begleiten. Am 15.03.2013 erfolgte dann die erste Lesung im Bundestag, bei der seitens des Verbandes noch einmal ein intensives Monitoring des Prozesses stattfand, um die Reden der Abgeordneten explizit auf die Argumente hin auszurichten. Hier bestätigte sich einmal mehr, dass das Thema Punkteabbau, wie sich schon in den Debatten zuvor herauskristallisiert hatte, den Hauptstreitpunkt der Diskussionen darstellte. Ein Zusatzproblem stellte hier die Nichteinigung der Koalition dar. Die Ministeriumsseite sowie die CDU/CSU favorisierten den Weg, die Möglichkeit, Punkte über die freiwillige Teilnahme an Seminaren abzubauen, vollkommen zu unterbinden. Die FDP als Koalitionspartner hingegen wollte bei dem bestehenden Zustand verbleiben. Die Argumente der Regierungsseite waren in sich gespalten, wohingegen die Darlegungen der Oppositionsseite relativ homogen ausfielen. Der DVR erklärte, dass er bei einer Anhörung selbstverständlich zur Verfügung stehen würde, um den bisherigen Verlauf und die daraus entstandenen Stellungnahmen nochmals zu verdeutlichen. Für die Lobbyisten war es unumgänglich, die Debatte über den gesamten Zeitraum zu begleiten, um sämtliche Unklarheiten oder weitere Diskussionspunkte frühzeitig aufgreifen zu können.

Die Anhörung erfolgte schließlich am 17.04.2013 im Bundestag, bei der die Stellungnahmen sowie sämtliche Fragen und Argumente nochmals deutlich gemacht wurden. Bei dieser Anhörung wurde der DVR durch seinen Präsidenten repräsentiert, um die Wichtigkeit der Thematik zu verdeutlichen. Anschließend wurde ein weiteres Schriftstück an die Bundes- und Länderminister aufgesetzt, um nochmals darauf hinzuweisen, dass der Vermittlungsausschuss das Vorhaben in keiner Weise blockierte, da der Zeitplan eine weitere Diskussionsrunde nicht zuließ. Der Vermittlungsausschuss musste sich aufgrund des Zeitdrucks innerhalb kürzester Zeit einigen, da das Vorhaben noch in der damaligen Legislaturperiode durchgebracht werden sollte. Der Reform wurde, letztendlich auch durch die Arbeit des DVR, vom Vermittlungsausschuss bzw. der Unterarbeitsgruppe zugestimmt.

Das Ergebnis

Der Verband hat erreicht, dass ein Fahreignungsseminar in dieser verzahnten Fassung im Verkehrszentralregister unter Einflussnahme von Verkehrspädagogik und -psychologie entstanden ist. Die Beibehaltung der verpflichtenden Teilnahme an den Fahreignungsseminaren konnte jedoch nicht durchgesetzt werden, sodass ab dem 01.05.2014 bis zu einem Stand von fünf Punkten in der Flensburger Verkehrssünder-Datei lediglich eine freiwillige Teilnahmemöglichkeit besteht, bei der in einem Zeitraum von fünf Jahren nur noch ein Punkt abgebaut werden kann. Der DVR hätte sich mit seiner Position in Hinblick auf den Abbau von Punkten gern stärker durchgesetzt. Jedoch wurde der vom DVR betonte Zusammenhang von Punkteabbau und Teilnehmermotivation nicht weiter berücksichtigt. Aus Sicht des DVR wird dies zur Folge haben, dass sich die Anzahl der Teilnehmer an den freiwilligen Fahreignungsseminaren vermindert, da weder eine gesetzliche Verpflichtung noch ein besonderer Anreiz (umfassender Punkteabbau) vorliegt. Diese Entwicklung wird der Verband auch bei der Evaluation und Ergebnisbesprechung im Jahr 2018 verdeutlichen.

Die Erreichung des gesetzlichen Ziels wurde dahingehend erschwerend beeinflusst, dass die einzelnen Positionen der Fraktionen und Fachebenen nicht homogen waren. Vor allem bei dem Thema Punkteabbau standen die Positionen der Regierungsfraktionen CDU/CSU und FDP im Kontrast zueinander. Dabei stellte sich die FDP-Bundestagsfraktion als Unterstützerin für das Vorhaben des DVR heraus. Sie ernannte den DVR auch als Sachverständigen für die Anhörung im Verkehrsausschuss.

Die Zeitnot erschwerte einerseits letztendlich, dass dem Übergehen der verpflichtenden Fahreignungsseminare nicht mehr entgegengewirkt werden konnte, da die Zeit zu knapp war, um diesbezüglich noch weitere Gespräche zu führen. Andererseits führte eben die gleiche Zeitnot dazu, dass eine gesamtheitliche Einigung schneller erzielt werden musste.

Summa summarum stellt der DVR fest, dass der Lernerfolg darin bestand, sich in den verschiedenen Phasen des Prozesses immer wieder auf neue Argumente bzw. Änderungen der Rahmenbedingungen einzulassen und auf diese angemessen reagieren zu können.

Drei Tipps
1. Die Positionen innerhalb des Verbandes müssen immer abgestimmt sein, damit ein einheitliches Auftreten gewährleistet wird.
2. Eine tiefe inhaltliche Fundierung der eigenen Argumente ist wichtig, da diese die Grundlage sind, um sich überhaupt Gehör zu verschaffen.
3. Die Fähigkeit, flexibel und schnell Gegenargumente oder Stellungnahmen abzuliefern, ist enorm wichtig, um auf dem jeweils aktuellen Stand der Debatte mitdiskutieren zu können und gehört zu werden.

Bundesverband CarSharing e. V.
Schaffung einer einheitlichen Rechtsgrundlage für CarSharing-Stellplätze im öffentlichen Straßenraum
Willi Loose, Geschäftsführer
im Gespräch mit Stefanie Liebner

 Industrieverband    Verkehr   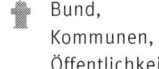 Bund, Kommunen, Öffentlichkeit    3 (1)

Die Ausgangssituation
Der Bundesverband CarSharing e. V. (bcs) vertritt die politischen Interessen der CarSharing-Branche, sowohl auf bundesweiter als auch auf Länderebene. Derzeit sind etwa 115 Anbieter im bcs organisiert.

Der bcs befasst sich seit geraumer Zeit mit dem Bemühen, eine rechtliche Grundlage zu schaffen, um es zu ermöglichen, CarSharing-Stellplätze für stationsbasierte Angebote im öffentlichen Straßenraum einzurichten. Diese Möglichkeit gibt es für die Kommunen bislang nicht, da sie nicht frei über die Straßenräume verfügen dürfen. Der Wunsch nach CarSharing-Stellplätzen wird von den Kommunen vorwiegend geteilt. Sie sehen einen Nutzen darin, Car-Sharing-Fahrzeuge möglichst nah an den Wohn- oder Arbeitsorten der Nutzer anzubieten, damit das Entlastungspotenzial optimal realisiert werden kann, und sie sind einem aktiven Handeln nicht abgeneigt. Aufgrund der fehlenden rechtlichen Grundlage besteht diese Möglichkeit jedoch bislang nicht.

Der bcs wies mithilfe von Gutachten und Befragungen nach, dass dies zu Wachstumshemmnissen der CarSharing-Angebote führt, da die CarSharing-Anbieter mit ihren Fahrzeugen nicht nah genug an die Kunden gelangen. Das bedeutet, dass die Anbieter in einigen Stadtteilen nicht über genügend Flächen in privatem Raum verfügen, um ihre CarSharing-Fahrzeuge anbieten zu können. Abzugrenzen sind die Free-Floating-Angebote, die im Gegensatz zu den klassischen stationsbasierten Angeboten jeden legalen Parkplatz im Straßenraum zum Abstellen der Fahrzeuge nutzen können und nicht auf bestimmte, nur ihnen zugängliche Stellplätze angewiesen sind. Free-Floating-Angebote werden jedoch laut Umfragen in völlig anderem Umfang genutzt. Zu solchen Anbietern gehören car2go, DriveNow und Multicity.

Die Akteure
Die Beteiligung zum Thema CarSharing-Stellplätze im öffentlichen Raum ist äußerst vielfältig. Zu den Akteuren zählt in erster Linie der Gesetzgeber in Form des federführenden Bundesministeriums für Verkehr und digitale Infrastruktur (BMVI). Gleichwohl muss im Rahmen eines Gesetzgebungsverfahrens Einigkeit mit den anderen Ministerien hergestellt werden. Dies war in der Vergangenheit nicht der Fall. Insbesondere galt das Bundeswirtschaftsministerium (BMWi) als Gegenspieler. Ebenso sind die CarSharing-Anbieter und der bcs als ihre Interessenvertretung von Bedeutung sowie weitere Umwelt- und Verkehrsverbände. Auch die

Interessenvertreter der Kommunen spielen eine Rolle. Dazu zählen auf Verbandsebene der Deutsche Städtetag und der Deutsche Städte- und Gemeindebund. Nicht zu vergessen sind die Kommunen selbst, welche das Anliegen auf lokaler Ebene umsetzen möchten.

Das Thema CarSharing steht nicht im Zentrum der Bundesregierung. Nennenswert sind die Würdigungen in Sonntagsreden, dass CarSharing eine wichtige, interessante und verkehrsentlastende Dienstleistung sei. Es war bisher allerdings nicht genügend Wirtschaftskraft der Branche vorhanden, um Belange des CarSharing in den Hauptfokus der Politik zu rücken. Es handelt sich um einen Bereich, der sich allmählich und kontinuierlich entwickelt und auf diese Weise Eingang in das weite Spektrum der Politik auf der Bundesebene findet. Ferner entsprechen Gesetze, Richtlinien und Regelwerke nicht den spezifischen Interessen, da sie zumeist an anderen, lediglich ähnlichen Beispielen entstanden, jedoch nie voll und ganz auf die Thematik CarSharing zugeschnitten und meist in einer Zeit entstanden sind, als CarSharing und verwandte Dienstleistungen noch nicht absehbar waren.

Der Nutzen des CarSharing ist auf der anderen Seite durchaus interessant. Wie erwähnt, handelt es sich nicht um einen zentralen Schwerpunkt der Politik. Die Bedeutung des CarSharing ist aber prinzipiell von allen Gruppen anerkannt. Dies führt nicht automatisch zum Handeln. Es werden immer wieder „Rückzugsfehden" gesucht, frei nach der Devise: „Da sollen sich doch andere dran versuchen. Warum sollten wir aktiv werden? Das läuft doch von allein." Das bedeutet, dass ein Wachstum aus sich heraus und ohne jegliche staatliche Förderung von allen Beteiligten anerkannt wird. Dies führt letztendlich dazu, das Wachstum als eine Art „Ausweichargumentation" zu nutzen, um eigenes Handeln, mit dem Entlastungswirkungen zugunsten der städtischen Räume verstärkt werden könnten, offensichtlich nicht notwendig werden zu lassen.

Die Strategie
Vorausgegangen ist dem Anliegen das Zusammenspiel mit gleichgesinnten Verbänden für den öffentlichen Verkehr und Spitzenverbänden der Kommunen. Die Thematik ist seit 2004 auf der politischen Bühne und wurde erstmals vom bcs in Berlin auf einem Parlamentarischen Abend mit der Forderung nach einer Gesetzgebung zur Schaffung einer Voraussetzung von CarSharing-Stellplätzen im öffentlichen Raum in das Licht der Öffentlichkeit gerückt. Seither steht das Thema auf der Agenda der Politik und der Ministerien.

Es steht fast außer Frage, dass diesbezüglich stets ein Konsens innerhalb des Verbandes bestand. Schließlich haben die CarSharing-Anbieter, die in Großstädten tätig sind, die Problematik tagtäglich vor Augen. Demnach ist jeder CarSharing-Anbieter an einer Lösung des Problems interessiert. Darüber hinaus gibt es seit drei bis vier Jahren am Markt bestehende Free-Floating-Anbieter (stationsunabhängig), die ebenso ein Interesse an der Umsetzung der Stellplätze hegen, da Teilbereiche ihrer Angebote zunehmend mit Stationen umgesetzt werden, an denen ihre Fahrzeuge in Quartieren mit hohem Parkdruck zuverlässig abgestellt und vom nächsten Nutzer wieder aufgenommen werden können. Diese Anbieter nähern sich den klassischen stationsbasierten Angeboten mehr und mehr an. So hat z. B. car2go in Hamburg ca. 20 Stationen im Angebot.

Das Problem zu vermitteln steht für den bcs dabei im Vordergrund. Dieser empfindet die Informationsvermittlung als wichtigsten strategischen Schachzug. Hierbei wird die Problematik so aufgearbeitet, dass auch Personengruppen, die nicht täglich mit dem CarSharing in Verbindung kommen, die Notwendigkeit und den Nutzen der Stellplätze im öffentlichen Raum erkennen. Der bcs positionierte sich stets offensiv und wies immer wieder auf die Problematik hin, auch wenn einstweilen viel Zeit verstrich.

Die Botschaften und Argumente
Der bcs vermittelt fortwährend, dass es sich beim CarSharing um ein interessantes, verkehrsentlastendes und umweltfreundliches Konzept handelt, und erläutert die Vorteile von Stellplätzen im öffentlichen Raum.

Diese Botschaften werden nach der Zielgruppe des Bundesgesetzgebers (auf Bundesebene) und nach der Zielgruppe der Bundesländer (auf Länderebene) unterschieden. Diese Zielgruppen werden differenziert angesprochen. Eine genaue Ausführung, in der beide Zielgruppen betrachtet werden, stellt z. B. das eigens erstellte Rechtsgutachten von November 2013 dar.

Dieses Gutachten charakterisiert die Rechtfertigung für den Gesetzesvorstoß, welche die Tatsache beinhaltet, dass der bcs belegen kann, dass CarSharing-Stellplätze dem öffentlichen Wohl dienen und nicht aus Eigeninteresse heraus entstehen sollen, um z. B. Mitgliedsunternehmen eine bessere wirtschaftliche Basis zu bieten. Konkret bedeutet dies, dass jedes CarSharing-Fahrzeug bis zu zehn Privatautos überflüssig werden lässt und es tatsächlich zur Abschaffung von Privatautos führt, wenn Personen sich am CarSharing beteiligen. Weiterhin würden kostbare Freiflächen entstehen, die allen anderen Verkehrsteilnehmern wiederum zur Verfügung stehen würden. Zudem führt CarSharing zur Verbesserung der Aufenthaltsqualität in den Straßen und zur Begrünung der Straßenräume, wenn die kommunale Planung die frei werdenden Parkplätze einer anderweitigen Nutzung zuführt. CarSharing bietet ein großes Potenzial an Entlastungsmaßnahmen, heißt es in dem Gutachten. Aus diesen Gründen fühlt sich der bcs legitimiert, Forderungen an die Politik zu stellen.

Die Instrumente
Verschiedenste Gutachten sind die am häufigsten eingesetzten Mittel, die die positive Wirkung des CarSharing auf den Straßenverkehr belegen. Der bcs ist fortwährend bemüht, solche Gutachten gefördert zu bekommen, um die Entlastungswirkung nachweisen und auf dieser Basis auf politischer Ebene argumentieren zu können. Da diese Gutachten von Dritten erstellt werden, ist der bcs ebenso bemüht, ausgewählte Zahlen und Fakten zusammenzutragen, um die Argumentation zu begründen und plausibel nachvollziehbar darzulegen. Die Einbeziehung Dritter ist dabei von großer Bedeutung, um möglichst als neutrale Instanz wahrgenommen zu werden.

Die Umsetzung
Insgesamt kann von einem „langen Warten" gesprochen werden, bis die Politik letztendlich aktiv auf dem Gebiet der CarSharing-Stellplätze wurde. Nach dem bereits genannten Parla-

mentarischen Abend im Jahr 2004 wurde ein Antrag im Bundestag auf Initiative der rotgrünen Koalition verabschiedet, um das Ministerium zum Handeln zu bewegen. Es folgte ein Gesetzesentwurf im Jahr 2007, der letztendlich am Veto des Wirtschaftsministeriums scheiterte. Ein erneuter Vorstoß, das Problem wieder anzugehen, folgte 2009 vonseiten der Oppositionsparteien im Bundestag. Der bcs hoffte eine Zeit lang auf Erfolg dieser parlamentarischen Vorstöße, musste jedoch feststellen, dass der Lösungsvorschlag des Verkehrsministeriums das eigentliche Problem nicht löst. Zwar wurden ein neues Verkehrszeichen und ein Umsetzungsverfahren vorgeschlagen, jedoch sollen diese Stellplätze nicht einzelnen Unternehmen und ihren Fahrzeugen zugeordnet werden können. Dies bedeutete im Umkehrschluss, dass das Verkehrsministerium eine Lösung für ein Problem erbrachte, welches nicht ausformuliert wurde, und für das Problem, welches ausformuliert wurde, mit dem angekündigten, aber noch nicht veröffentlichten Vorschlag keine Lösung erbracht werden konnte.

Aus diesen Gründen wurde im Sommer 2013 die Erstellung des genannten Gutachtens in Auftrag gegeben, das im November 2013 veröffentlicht wurde. Es wurden zwei Vorschläge ausgearbeitet und erörtert, wie sowohl auf Bundesebene als auch auf Länderebene eine gesetzliche Regelung geschaffen werden könnte, die letztendlich die Probleme der CarSharing-Branche lösen würde.

Da fortwährend weitestgehend Konsens darüber bestand, war eine schnelle Einsicht aller Akteure, dass CarSharing ausschließlich von Vorteil sei, festzustellen. Die Thematik sei allerdings wirtschaftlich zu schwach, als dass sie zügig gesetzgeberisch bearbeitet werden könne.

Als einziger Gegenspieler aus den Reihen der Verbände war in der Vergangenheit der Bundesverband der Autovermieter zu nennen. Als Begründung wurde angeführt, dass die klassische Autovermietung dem CarSharing gleichzusetzen sei und deshalb auch für deren Fahrzeuge Parkflächen im öffentlichen Straßenraum beantragt werden sollten. Der Beweis für eine vergleichbare Entlastungswirkung wurde jedoch nicht geführt. Die Einstellung des Verbandes der Autovermieter änderte sich jedoch, als große klassische Autovermietungsunternehmen eigene CarSharing-Angebote in großem Stil auf den Markt brachten (car2go mit Europcar und Daimler, DriveNow mit Sixt und BMW). Ein gemeinsamer Kompromissvorschlag, der CarSharing als eigene Dienstleistung bestätigt, wurde an das Bundesverkehrsministerium und den Verkehrsausschuss des Deutschen Bundestages weitergeleitet.

Das Ergebnis

Die Bemühung, zu einer gesetzlichen Lösung zu kommen, konnte bisher noch nicht zu einem zufriedenstellenden Abschluss gebracht werden. Das Verkehrsministerium handelte, allerdings führte dies nicht zu einer Lösung, die das Problem an der Wurzel packt, sodass kurzfristig ein anderer Weg beschritten wurde. Grund dafür sind die sogenannten „Hardliner" unter den Fachjuristen im Bundesverkehrsministerium und teilweise auch in den Länderverkehrsministerien, die die „Privilegienfeindlichkeit" des Straßenverkehrsrechts als oberstes Gesetz erheben, obwohl diese nicht im Gesetz festgeschrieben ist. Diese hartnäckigen Glaubenssätze haben sich bisher durchgesetzt. Die Politik und die Juristen sind oftmals nicht in der Lage, adäquat auf Veränderungen im Gesellschaftssystem und auf Dienstleistungen in der Gesellschaft zu reagieren, wenn diese nicht eine geballte Marktmacht widerspiegeln, was beim CarSharing im Vergleich zur Automobilindustrie der Fall ist. Die CarSharing-Branche weist ein nennenswertes Wachstum im zweistelligen Bereich auf. Die Marktmacht und die Umsätze sind aber insgesamt geringer und nicht mit der Größenordnung der Automobilindustrie zu vergleichen. Das Wachstum findet von einer kleinen Basis aus statt und die Potenziale wären schneller und besser zu realisieren, wenn es eine gesetzliche Möglichkeit gäbe.

Zur Verwirklichung der Ziele ist professionelle Unterstützung unabdingbar. Sie scheitert jedoch häufig an den geringen Ressourcen, sowohl personell als auch finanziell. Die großen CarSharing-Anbieter der Automobilindustrie sind nicht Mitglied im bcs. Es hätte womöglich geholfen, das eigene Rechtsgutachten früher erstellen zu lassen und demnach früher mit einem eigenen Vorschlag in die Diskussion einzusteigen, statt abzuwarten, wie das Verkehrsministerium von sich aus agiert. Eine weitere Idee ist die Einbindung professioneller Unterstützung in Form von Politikberatungsunternehmen, deren Haupttätigkeit darin besteht, Kontakte zu knüpfen und diese zu nutzen, um früher und vor allem effizienter auf solche Prozesse einwirken zu können.

Drei Tipps
1. Verlassen Sie sich nicht darauf, dass die Politik unterstützend wirkt! Werden Sie selbst aktiv!
2. Knüpfen Sie Kontakte mit möglichen Bündnispartnern. Sammeln Sie diese um sich herum und denken Sie nicht nur den geraden, sondern vor allem den indirekten Weg. Bündnispartner können auch dort gesucht werden, wo sie beim ersten Nachdenken vielleicht gar nicht vermutet werden.
3. Legen Sie ehrliche Argumente auf den Tisch. Es kann von Vorteil sein, weniger strategisch mit Argumenten umzugehen, auch wenn das „Tricksen" scheinbar besser oder schneller zum Erfolg führt.

Allianz pro Schiene e. V.
Widerstand gegen den Gigaliner
Dirk Flege, Geschäftsführer
im Gespräch mit Mai Vu

 Interessenverband    Verkehr   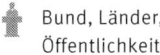 Bund, Länder, Öffentlichkeit    9 (2)

Die Ausgangssituation
Die Allianz pro Schiene e. V. wurde im Jahr 2000 als unabhängiger Verein mit Sitz in Berlin gegründet und hat sich die Förderung und Verbesserung des Schienenverkehrs in Deutschland zum Ziel gesetzt. Der gemeinnützige Verband bezeichnet sich selbst als Deutschlands unkonventionellstes Verkehrsbündnis. Unter seinem Dach vereint er neben 20 Non-Profit-Organisationen (ordentliche Mitglieder), zu denen Umweltverbände, Gewerkschaften, Berufsverbände und Verbraucherorganisationen zählen, auch rund 120 Unternehmen der Eisenbahnbranche (Fördermitglieder). In keinem anderen Verband arbeiten Wirtschaft und Zivilgesellschaft so eng zusammen wie bei der Allianz pro Schiene. Dieses einzigartige strategische Bündnis wurde bereits 2004 von der Presse als „Deutschlands wichtigster Interessenverband für die Eisenbahn" bezeichnet.

Aufgabe der Allianz pro Schiene ist es, die Interessen ihrer Mitglieder zu bündeln und durchzusetzen. Im Vordergrund steht dabei, die Marktanteile des Schienenverkehrs in Deutschland zu erhöhen. Dies ist nicht nur für die 20 ordentlichen Mitglieder relevant, die sich dafür einsetzen, dass der Verkehr in Deutschland sicherer, umweltfreundlicher und sozialer wird. Auch die Fördermitglieder profitieren aus unternehmerischer Sicht von einem Ausbau des Schienenverkehrs.

Um diese Interessen durchzusetzen, versucht der Verband, die politischen Rahmenbedingungen in der Verkehrspolitik so zu verändern, dass der Schienenverkehr sein Potenzial bei den Marktanteilen voll entfalten kann. So koordiniert die Allianz pro Schiene seit dem Jahr 2007 den Widerstand gegen Gigaliner in Deutschland.

Gigaliner, auch Riesen-Lkw oder EuroCombi genannt, sind lange Lkw-Kombinationen mit bis zu 25,25 Metern Fahrzeuglänge und bis zu 60 Tonnen Gesamtgewicht. Bislang sind diese Lkw in Deutschland und im überwiegenden Teil Europas nicht zugelassen (in Schweden und Finnland sowie im Rahmen von Feldversuchen in den Niederlanden, Dänemark und Norwegen sind sie erlaubt). Die einheitliche Begrenzung im europäischen Verkehr liegt bei 18,75 Metern und 40 Tonnen. Doch seit einigen Jahren gibt es Bestrebungen von Lkw-Herstellern und Großspeditionen, die Maße und Gewichte für Lkw zu erhöhen. Auch die EU-Kommission erwägt, Gigaliner europaweit zuzulassen.

Aufgrund der Gefahren, die von Gigalinern für die Verkehrssicherheit, die Umwelt und die öffentlichen Kassen ausgehen, kämpft die Allianz pro Schiene gegen eine deutschland- und europaweite Zulassung von Standardtransporten mit Riesen-Lkw an und versucht sowohl auf nationaler als auch auf EU-Ebene zu verhindern, dass die geltenden Maße und Gewichte für Lkw angehoben werden.

Die Akteure
Im Kampf um die Zulassung der Riesen-Lkw auf den Straßen Deutschlands und Europas stehen sich Gigaliner-Befürworter und -Gegner gegenüber. Zu den Befürwortern gehören neben den Lkw-Herstellern und Großspeditionen auch der Verband der Automobilindustrie e. V. (VDA) sowie der Bundesverband Großhandel, Außenhandel, Dienstleistungen e. V. (BGA).

Diesen finanzstarken und mächtigen Wirtschaftsgruppen stehen auf der Gegnerseite die in der Allianz pro Schiene zusammengeschlossenen Automobilclubs, Umweltverbände und Eisenbahnen sowie der Deutsche Städtetag und die Deutsche Polizeigewerkschaft gegenüber. Auf EU-Ebene haben sich mehr als 230 Organisationen aus 25 Ländern zum Bündnis „No Mega Trucks" zusammengeschlossen.

Sowohl Befürworter als auch Gegner versuchen, ihre Ziele durch Lobby- und Öffentlichkeitsarbeit durchzusetzen. So spielen neben den Akteursgruppen Öffentlichkeit und Medien insbesondere nationale Politiker und Ministeriumsvertreter sowie Abgeordnete und Verkehrsausschussmitglieder des EU-Parlaments eine große Rolle.

Aufgrund ihrer ungewöhnlichen Konstellation erreicht die Allianz pro Schiene eine große Aufmerksamkeit bei Journalisten und Politikern. In keinem anderen Politikbereich kooperieren Wirtschaftsunternehmen, Umwelt- und Verbraucherverbände sowie Gewerkschaften so eng miteinander. Am Beispiel der Anti-Gigaliner-Kampagne wird deutlich, dass auch oder gerade unkonventionelle Bündnisse viel erreichen können.

Die Strategie
Als im Jahr 2007 der Bundesverband Großhandel, Außenhandel, Dienstleistungen e. V. versuchte, die Einführung der Gigaliner in Deutschland zu forcieren, wurde eine Debatte in der Fachöffentlichkeit ausgelöst, die auch einzelne Politiker erreicht hat. Um die Gefahren einer Gigaliner-Zulassung für ihre Mitgliederorganisationen frühzeitig abzuwehren, beschloss die Allianz pro Schiene, offensiv vorzugehen und eine Anti-Gigaliner-Kampagne zu starten. Diese Entscheidung wurde nicht im Rahmen eines Abstimmungsverfahrens in einem Gremium, sondern in der Geschäftsstelle des Verbandes getroffen. Aufgrund seiner heterogenen Zusammensetzung weist der Verband sehr schlanke Entscheidungsstrukturen auf, um lange Diskussionen zu vermeiden und eine schnelle Reaktionsfähigkeit zu gewährleisten. Das bedeutet jedoch nicht, dass die Mitglieder außen vor gelassen werden. In der Regel werden Ideen und Vorschläge, die in der Geschäftsstelle entstehen, auf informeller Ebene mit relevanten Mitgliedern rückgekoppelt und Entscheidungen im Anschluss an alle Mitglieder kommuniziert. Im Fall der Anti-Gigaliner-Kampagne gab es innerhalb des Verbandes keine Opponenten, sodass die Entscheidung schnell getroffen werden konnte.

Da der Allianz pro Schiene bewusst war, dass die Lkw-Lobby über weitaus mehr Ressourcen verfügt, um Einfluss und Druck auf die Politik auszuüben, bestand die Strategie von Anfang an darin, den Fokus nicht auf Hinterzimmergespräche mit Politikern und Ministeriumsvertretern in Berlin und Brüssel zu legen, sondern größtmögliche öffentliche Aufmerksamkeit über die Medien zu gewinnen. Dies sollte neben der Außendarstellung als heterogenes und unkonventionelles Bündnis durch Zuspitzung, Emotionalisierung und Visualisierung erreicht werden. Um die Gefahr der Riesen-Lkw für Autofahrer, Fahrradfahrer und Fußgänger zu verdeutlichen und ein Problembewusstsein zu schaffen, produzierte der Verband beispielsweise einen Film, der unter anderem Unfallbilder zeigt, und veröffentlichte ihn auf YouTube. Nach rund drei Jahren hat dieser Film inzwischen etwa 300.000 Klicks erreicht.

Die Botschaften und Argumente
Um das komplexe Thema Güterverkehr und die Nachteile von Gigalinern vereinfacht darzustellen, kreierte der Verband den Dreiklang „gefährlich, umweltschädlich, teuer" als Gegenargumentation. Dieser Dreiklang sagt verkürzt aus, dass Riesen-Lkw nicht nur das Unfallrisiko für alle Verkehrsteilnehmer erhöhen und mehr CO_2-Emissionen verursachen, sondern auch Kosten für den Ausbau des Straßennetzes in Milliardenhöhe nach sich ziehen, die vom Steuerzahler getragen werden müssen.

Die Kommunikationsstrategie der Allianz pro Schiene besteht darin, je nachdem, welche Zielgruppe angesprochen wird, einen Aspekt des Dreiklangs besonders herauszustellen. Beispielsweise steht bei der Kommunikation mit Fachleuten, etwa in einer Podiumsdiskussion mit Spediteuren und Lkw-Vertretern, eher der Aspekt „umweltschädlich" im Mittelpunkt. Diese Fachleute bilden allerdings nicht die Hauptzielgruppe der Anti-Gigaliner-Kampagne. In erster Linie ist die Kommunikation des Verbandes auf die allgemeine Öffentlichkeit bzw. die Medien ausgerichtet, und da das Thema Verkehrssicherheit der Schlüssel ist, um den öffentlichen Meinungskampf zu gewinnen, wird bei Gesprächen mit Journalisten der Aspekt „gefährlich" hervorgehoben. Aus diesem Grund verwendete die Allianz pro Schiene bereits in der Anfangsphase den Begriff „Monstertruck" für die Gigaliner und schaffte es, diesen Begriff auch in den Medien, unter anderem in der BILD-Zeitung, zu etablieren.

Die Instrumente
Die Allianz pro Schiene nutzt bei ihrer Lobbyarbeit diverse Instrumente, unter anderem Positionspapiere, Gespräche mit Politikern und Ministeriumsvertretern, Anhörungen in Ausschüssen sowie Demonstrationen (z. B. vor dem Bundesverkehrsministerium). Als besonders erfolgreich hat sich bisher allerdings die intensive, auf Massenmedien ausgerichtete Presse- und Medienarbeit erwiesen. Viele Hintergrundgespräche mit Journalisten sowie zielgenaues und kontinuierliches Informieren in Pressekonferenzen und Pressemitteilungen haben dem Verband die gewünschte öffentliche Aufmerksamkeit gebracht. Wie bereits erwähnt, hat sich dabei die ungewöhnliche Zusammensetzung des Bündnisses positiv darauf ausgewirkt. So löst eine Pressekonferenz, bei der sich die Allianz pro Schiene, kleine und mittelständische Lkw-Spediteure, ver.di und die Polizeigewerkschaft gemeinsam gegen Gigaliner aussprechen, Erstaunen aus und bewirkt, dass die Medien darüber berichten.

Die Umsetzung

Die Allianz pro Schiene hat schon sehr früh Maßnahmen gegen die Gigaliner-Einführung ergriffen und den Gesetzgebungsprozess von Anfang an begleitet. Aufgrund von sehr guten Kontakten zu Abgeordneten und Ministeriumsvertretern wurden dem Verband nicht nur Referentenentwürfe zugespielt, er war auch stets gut über relevante Termine und Sachverhalte informiert und konnte auf diese Weise schnell und effektiv reagieren. Wegen seines Alleinstellungsmerkmals als einzigartiger Schienenverband konnte er sich in Anhörungen zum Thema Gigaliner als Sachverständiger Gehör verschaffen – nicht nur in Berlin, sondern auch in Brüssel.

Des Weiteren hat der Verband dafür Sorge getragen, dass die Mehrheit der Bundesländer sich gegen eine in 2011 erlassene Ausnahmeverordnung der Bundesregierung ausspricht. Die Verordnung sieht vor, dass Gigaliner im Rahmen eines Feldversuchs auch ohne Zustimmung der Bundesländer bestimmte Strecken befahren dürfen. Auf Grundlage eines von der Allianz pro Schiene in Auftrag gegebenen verfassungsrechtlichen Gutachtens haben die Bundesländer Bremen, Baden-Württemberg und Schleswig-Holstein gemeinsam Klage beim Bundesverfassungsgericht eingereicht. Das Gericht soll klären, ob der Feldversuch auf Basis einer Ausnahmeverordnung des Bundes überhaupt verfassungsgemäß ist oder ob dazu die Zustimmung des Bundesrates eingeholt werden muss. Darüber wird voraussichtlich in den nächsten Monaten entschieden.

Bislang trat bei der Umsetzung lediglich eine unerwartete Wendung auf: Es gab eine Phase, in der die Deutsche Bahn (als bundeseigenes Unternehmen) in Erwägung gezogen hat, sich an dem Feldversuch zu beteiligen. Nur durch viele Gespräche, auch gemeinsam mit europäischen Partnerverbänden, konnte dies verhindert werden.

Das Ergebnis

Der bislang größte und sichtbarste Lobbyerfolg der Allianz pro Schiene ist, dass die Regelzulassung von Gigalinern in Deutschland bis heute verhindert werden konnte. Lediglich ein Feldversuch wurde von den Befürwortern durchgesetzt – allerdings auch nur in sieben Bundesländern mit 33 Fahrzeugen (statt der vorgesehenen 400 Fahrzeuge in allen 16 Bundesländern). Dieses Ergebnis wurde durch die Unfallbilder von einem Gigaliner, die der Verband in seinen Film integrieren konnte, begünstigt. Erst durch die Visualisierung waren die möglichen Gefahren von Riesen-Lkw für die Menschen greifbar. Zuvor wirkte sich erschwerend auf die Lobbyarbeit aus, dass jahrelang gegen etwas argumentiert werden musste, was keiner sehen oder erleben konnte.

Ein weiterer großer Erfolg: In Brüssel wurde bisher noch keine Richtlinie erlassen, die die Erhöhung der geltenden Maße und Gewichte für Lkw zulässt. Es gibt lediglich Entwürfe zur Änderung der bestehenden Richtlinie. Allerdings ist noch ungewiss, wie sich das EU-Parlament entscheiden wird. Befürworter und Gegner halten sich derzeit noch die Waage, sodass die Allianz pro Schiene weiterhin Einfluss auf die Politik und die Öffentlichkeit nehmen muss.

Aus der Anti-Gigaliner-Kampagne hat der Verband gelernt, dass es von Vorteil ist, schon in der frühen Phase den direkten und persönlichen Dialog mit den Andersdenkenden zu suchen und sich stärker argumentativ auszutauschen. Dies würde zum gegenseitigen Verständnis beitragen. Bei einem späteren Austausch kann es sein, dass die Fronten zu verhärtet sind.

Drei Tipps
1. Führen Sie eine gute Analyse durch! Um sich nicht zu verrennen und die knappen Ressourcen bestmöglich einzusetzen, ist es besonders am Anfang wichtig zu analysieren, was das Problem ist, wie man es in Angriff nehmen kann und wer was tun könnte.
2. Bereiten Sie Ihre Argumente zielgruppengerecht auf! Je nachdem, mit welcher Zielgruppe Sie kommunizieren, müssen Sie das passende Argument herausstellen.
3. Achten Sie auf den richtigen Zeitpunkt! Das A und O ist es, früh genug dabei zu sein und auch einen langen Atem zu haben. Wenn man ein Thema anpackt, dann sollte man es auch bis zum Ende durchziehen.

Vereinigung Cockpit e. V.
Flugdienst- und Ruhezeiten für Piloten

Bastian Roet, Leiter Hauptstadtrepräsentanz Berlin
im Gespräch mit Rahel Lorenzen

 Berufsverband   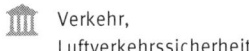 Verkehr, Luftverkehrssicherheit    EU, Bund, Öffentlichkeit    24 (1)

Die Ausgangssituation

Die Vereinigung Cockpit (VC) ist der Berufsverband des Cockpitpersonals (Piloten und Flugingenieure) in Deutschland. Er setzt sich für die Luftverkehrssicherheit ein und vertritt die berufs- und tarifpolitischen Interessen von derzeit über 9.000 Mitgliedern bei sämtlichen deutschen Airlines. Zwischen 80 und 90 Prozent der deutschen Piloten sind in der VC organisiert. Als Fachgewerkschaft vertritt die VC die Interessen ihrer Mitglieder auch auf europäischer Ebene und arbeitet dort mit dem europäischen Dachverband European Cockpit Association (ECA) zusammen.

Im Oktober 2013 sollten im Zuge eines *Komitologieverfahrens* im EU-Parlament die bestehenden Regelungen der Flugdienst- und Ruhezeiten von Piloten innerhalb der EUops (Durchführungsverordnung zur Betriebsordnung für Luftfahrtgerät) überprüft und ggf. erneuert werden. Innerhalb eines Komitologieverfahrens werden europarechtliche Regelungen ohne Gesetzescharakter verabschiedet, die EU-weit verbindlich sind. Die Ausschüsse, welche die Regelungen ausarbeiten, sind mit Vertretern der Mitgliedstaaten und einem Vertreter der EU-Kommission besetzt. Der ausgearbeitete Vorschlag zu einer Regelung kann von dem zuständigen Fachausschuss nur abgelehnt oder angenommen werden. Änderungen sind nicht mehr möglich. Bei einer Annahme wird die Regelung zur Entscheidung an das EU-Parlament weitergeleitet (vgl. Scharf, Daniel: Das Komitologieverfahren nach dem Vertrag von Lissabon. Neuerungen und Auswirkungen auf die gemeinsame Handelspolitik. Halle 2010. S. 6 ff.).

Die politische Herausforderung für den Verband bestand darin, den Vorschlag so auszugestalten, dass die Neuregelung der Flugdienstzeiten die größtmögliche Sicherheit für Piloten und Passagiere gewährleisten würde. Dabei musste die Besonderheit des Komitologieverfahrens beachtet werden: Die EU-Kommission hat die Europäische Agentur für Flugsicherheit (EASA) beauftragt, einen Vorschlag für eine neue Regelung zu erarbeiten (EASA-Ausschuss). Diese Ausarbeitung konnte im Verkehrsausschuss nicht mehr geändert, sondern nur angenommen oder abgelehnt werden. Eine Einflussnahme auf den Vorschlag selbst war also nur im Vorfeld und nicht mehr während des politischen Prozesses möglich.

Die VC formulierte verschiedene Forderungen, alle die Neuregelungen der EUops betreffend. In diesem Artikel wird nur die Forderung nach einer maximalen Nachtflugzeit für Piloten von zehn Stunden beleuchtet. Für die Mitglieder der VC ist diese Regelung von besonderer Bedeutung: Laut EUops durften Piloten elf Stunden und 45 Minuten in der Nacht fliegen. Eine Übermüdung ist dadurch sehr wahrscheinlich, was sowohl sicherheitsrelevante Konsequenzen für den Flugverkehr als auch gesundheitliche Folgen für die Piloten haben kann. Der Vorschlag der EASA sah eine maximale Nachtflugzeit von elf Stunden vor.

Die Akteure
Innerhalb des Verbandes gab es eine Arbeitsgruppe, die aus dem Vorstand der VC, Experten für Flugdienst- und Ruhezeiten sowie den Verantwortlichen für den Lobbying-Prozess bestand. Neben der VC haben in diesem Verfahren auch andere europäische Pilotenverbände, die Europäische Transportarbeiter-Föderation (ETF) sowie die ECA teilgenommen. Die Arbeit in Brüssel ging von der ECA aus: Die europäischen Pilotenverbände haben in den jeweiligen Hauptstädten mit den Vertretern in den nationalen Ministerien Kontakt aufgenommen. Dabei waren für die VC in Berlin vor allem Gespräche mit dem damaligen Verkehrsminister Peter Ramsauer, dem Staatssekretär und den entsprechenden Fachabteilungen im Verkehrsministerium und deren Referenten von Bedeutung, da Vertreter des Verkehrsministeriums als Mitglied des EASA-Ausschusses Einfluss auf den Vorschlag hatten bzw. gegen diesen stimmen konnten. Der Bundestag war in diesen Prozess nicht involviert.

Zudem hat die VC mit anderen Verbänden aus dem Medizin- und Verbraucherschutzbereich kooperiert, um die Relevanz des Themas dadurch weiter voranzutreiben. Die Medienberichte, wie z. B. von ZDFneo oder dem heute-journal, unterstützten die Thematik in ihrer Bedeutung. Die beteiligten Akteure haben über einen langen Zeitraum zusammengearbeitet, da absehbar war, dass eine Neuregelung der EUops nach fünf Jahren anstand. Durch die Besonderheit des Komitologieverfahrens waren aber auch die Möglichkeiten der Akteure eingeschränkt, ihre Forderungen entsprechend den Wünschen ihrer Mitglieder zu positionieren. Dabei musste die Arbeit europaweit koordiniert und abgestimmt werden.

Die Strategie
Ungefähr zwei Jahre bevor eine Entscheidung der Kommission anstand, hat der VC begonnen, sich sehr intensiv mit dem Thema auseinanderzusetzen, und sich mit den entsprechenden Entscheidern besprochen. Die EASA hat die Pilotenverbände als Experten in die Erarbeitung ihres Vorschlags mit eingebunden. Die entscheidende Phase begann im März 2013, da zu diesem Zeitraum Einzelheiten des Vorschlags der EASA bekannt wurden. Nun konnte die VC überprüfen, ob die Regelungen entsprechend ihren Sicherheitsvorstellungen ausgestaltet waren. Es wurden Gegenargumente gegen die vorgeschlagenen elf Stunden gesammelt und mit den Verantwortlichen in den Ministerien gesprochen.

Innerhalb des Verbandes herrschte größtenteils ein Konsens über die Forderungen bzgl. der Nachtflugdienstzeiten. Allerdings bestand keine Einigung bei den Beteiligten, wie das Thema angegangen werden sollte. Daher waren regelmäßige Treffen der Arbeitsgruppe zur Koordination des gemeinsamen Vorgehens von besonderer Bedeutung. Die Forderungen der Experten so zu begründen, dass eine Chance bestand, diese auch in der politischen Arena durchsetzen zu können, war eine besondere Herausforderung.

Im Vorfeld musste sich die VC entscheiden: alles tun, damit der Vorschlag der EASA nicht angenommen wird, oder den Vorschlag akzeptieren, um auf eine mögliche nächste Neuregelung einzuwirken. Der Verband entschied sich dafür, den Vorschlag der EASA von elf Stunden auf jeden Fall verhindern zu wollen, auch wenn dies zur Folge hätte, dass die alten Regelungen der EUops bis nach den Parlamentswahlen im Jahr 2014 und dem darauf folgenden politischen Prozess beibehalten worden wären. Da der VC wichtig war, deutlich zu machen, dass es sich in diesem Fall nicht um eine tarifpolitische, sondern um eine sicherheitsrelevante Forderung handelt, hat er sich gemeinsam mit der Wissenschaft für zehn Stunden eingesetzt und keinen Gegenvorschlag zur Ausarbeitung der EASA gemacht. Während der gesamten Zeit wurde vonseiten der VC sehr offensiv mit dem Thema umgegangen.

Die Botschaften und Argumente

In seinen Botschaften und Argumenten ging der Verband direkt auf den Verkehrsminister zu, um an seine persönliche Verantwortung als Mitglied des EASA-Ausschusses zu appellieren. Zudem hat er immer wieder betont, dass sich die Wissenschaft über die Gefahr einer Nachtflugzeit von mehr als zehn Stunden einig sei.

Eine besondere zielgruppenspezifische Ansprache war nicht notwendig, auch wenn die Öffentlichkeit anders angesprochen wurde als einzelne EU-Parlamentarier. Beispielsweise wurde ein Imagefilm veröffentlicht, der die Bedeutung reduzierter Nachtflugzeiten deutlich machte. Die Argumentationsstruktur blieb die ganze Zeit über die gleiche: eine wissenschaftlich fundierte Forderung nach zehn Stunden maximaler Nachtflugdienstzeit.

Die Instrumente

Die VC bediente sich der üblichen Instrumente, mit der Lobbyarbeit betrieben werden kann: Parlamentarische Abende, Kampagnen, Positionspapiere, Nutzung von Social Media und Pressekonferenzen. Besonders erfolgreich waren die europaweiten Demonstrationen, die an vielen verschiedenen Flughäfen stattfanden. Piloten haben sich z. B. mit Schlafmasken in den Abfertigungsbereich gelegt. Diese Aktion war immer gleich aufgebaut, sodass ein Wiedererkennungswert vorhanden war. Zudem waren die Plakate medienwirksam mit persönlichen Botschaften an den Verkehrsminister versehen. Am wertvollsten waren sicherlich auch bei diesem Verfahren die Gespräche mit einzelnen Akteuren, um Verbündete über die Parteigrenzen hinweg zu finden. Letztendlich konnte aus jeder Fraktion ein Fürsprecher für die Anliegen der VC gewonnen werden. Dabei war es vor allem wichtig klarzumachen, dass das Anliegen der Piloten nicht tarifpolitisch motiviert war und es auch Airlines gab, die schon andere maximale Nachtflugzeiten eingerichtet hatten. Durch diese Transparenz wurde die sicherheitsrelevante Brisanz des Themas entsprechend platziert.

Die Umsetzung

Schließlich kam es zur Abstimmung des Vorschlags innerhalb des EASA-Ausschusses mit dem Ergebnis, dass dieser angenommen wurde. Auch der deutsche Verkehrsminister hatte nicht gegen den Vorschlag gestimmt. Jetzt musste die VC mit ihren Verbündeten versuchen, eine Mehrheit im EU-Parlament zu organisieren, die den Vorschlag ablehnen würde. Dafür blieb ein Zeitfenster von nur sechs Wochen. Zuvor war es jedoch wichtig, einen Zurückweisungsantrag innerhalb des Verkehrsausschusses zu beschließen. In der Tat gelang es dem Verband, die Mehrheit der anwesenden Abgeordneten im Verkehrsausschuss bei der Abstimmung für einen Zurückweisungsantrag zu gewinnen. Der Antrag wurde im Parlament eingebracht und die Abstimmung auf den frühestmöglichen Termin gelegt, was dazu führte, dass der VC nicht viel Zeit blieb, Mehrheiten zu organisieren. In den letzten Wochen vor der Abstimmung waren alle Beteiligten vor Ort in Brüssel. Diese Zeit nutzte die VC, um mit allen deutschen Abgeordneten aus den verschiedenen Arbeits- und Sozialausschüssen zu sprechen und somit ihre Position zu dem EASA-Vorschlag zu verdeutlichen sowie die Sicherheitsrelevanz des Themas hervorzuheben. Aktive Piloten waren bei den Gesprächen dabei, um die tagtäglichen Herausforderungen schildern zu können. Zudem gelang es der VC, den Employment-Ausschuss (Ausschuss für Beschäftigung und soziale Angelegenheiten) davon zu überzeugen, dass diese Regelung nicht nur ein Thema für den Verkehrsausschuss sei. Daher wurde auf Antrag des Employment-Ausschusses überprüft, ob dieser nicht hätte mit einbezogen werden müssen. Leider ohne Erfolg, wie auch die Überprüfung juristischer Einzelheiten der Regelung. Das bedeutete für die VC, weiterhin daran zu arbeiten, eine Mehrheit im Parlament zu organisieren, die den Vorschlag der EASA ablehnen würde.

Der Verband zeigte daher verstärkt Präsenz, arbeitete u. a. mit der sozialdemokratischen Fraktion eng zusammen und war zur Abstimmung in Straßburg anwesend. Am Abend vor der Abstimmung handelte jedoch die ETF einen Kompromiss mit der EU-Kommission aus. So teilte die ETF den Abgeordneten am selben Abend per Mail mit, dass die ETF dem EASA-Vorschlag nun positiv gegenüberstehe. Die Abkehr des vormals Verbündeten änderte die Situation schlagartig. Die vorher eventuell mögliche Mehrheit im Parlament, angeführt durch die sozialdemokratische Fraktion, war nicht mehr gegeben. Auch ein über Nacht entworfenes Papier, welches das Vorgehen der ETF heftig kritisierte und den Austritt großer Mitgliedsverbände ankündigte, konnte nichts mehr ändern. Weder die absolute noch die relative Mehrheit der Abgeordneten lehnte den Vorschlag von elf Stunden Nachtflugzeit der EASA ab. Selbst eine Korrektur des Abstimmungsverhaltens vereinzelter Abgeordneter im Nachgang konnte die Entscheidung nicht ändern.

Das Ergebnis
Die neuen von der EASA erarbeiteten und der Kommission eingebrachten Regelungen sind vom Parlament nicht zurückgewiesen worden. Das Ziel, mithilfe wissenschaftlicher Gutachten und Studien eine maximale Nachtflugzeit für Piloten von zehn Stunden zu erreichen, ist gescheitert. Das Komitologieverfahren als solches hat es sicherlich erschwert, die Forderungen des Verbandes einzubringen. Da eine Änderung des Vorschlags nicht möglich war, gab es nach dem Bekanntwerden nur noch die Möglichkeit, gegen diesen vorzugehen. Das verminderte sicherlich die Gestaltungsmöglichkeiten, die der Verband normalerweise in einem Gesetzgebungsverfahren wahrnehmen kann.

Bei einem ähnlich gearteten Fall in der Zukunft wäre eine bessere Vernetzung zwischen den Experten und den Interessenvertretern hilfreich, um sowohl die technische als auch die machtpolitische bzw. strategische Seite besser aufeinander abstimmen zu können.

Zurzeit prüfen die europäischen Pilotenverbände gemeinsam, ob eine Klage am europäischen Gerichtshof sinnvoll ist. Eine Entscheidung darüber soll im Jahr 2014 erfolgen.

Drei Tipps

1. Finden Sie Unterstützer für Ihr Anliegen, wählen Sie diese sorgsam aus und prüfen Sie die Motive Ihres Bündnispartners. Stellen Sie sich auf verschiedene mögliche Szenarien ein und bereiten Sie entsprechend unterschiedliche Pressemeldungen vor. Es ist wichtig, dass Sie Ihre Position ebenso schnell über den Presseverteiler schicken können wie andere betroffene Akteure.
2. Gerade in der letzten Phase und kurz vor einer Abstimmung kommt es oft zu unerwarteten Ereignissen. Machen Sie sich von allen anderen Verpflichtungen frei und achten Sie auf Ihre körperliche Verfassung (Schlaf, kurzer Weg zum Hotel). Sorgen Sie auch dafür, technisch auf alles vorbereitet zu sein (Ladekabel für Handy und Laptop, mobiler Drucker, Internetzugang und ein gut besetztes Backoffice in Ihrer Zentrale).
3. Führen Sie Hintergrundgespräche mit Politikern oder Referenten immer zu zweit. Nutzen Sie die wenigen Minuten, die Ihnen für das Gespräch bleiben, und bitten Sie einen Kollegen, beispielsweise den Kaffee in der Cafeteria zu besorgen. So können Sie sich voll auf Ihren Gesprächspartner konzentrieren.

World Vision Deutschland e. V.
Kleinkindergesundheit

Nathalie Huguet, Leiterin des Berliner Büros
im Gespräch mit Jessica Holdinghausen

 christliches Hilfswerk  entwicklungspolitische Anwaltschaftsarbeit  Bund, Öffentlichkeit  167 (5)

Die Ausgangssituation

Neben der Entwicklungszusammenarbeit und Katastrophenhilfe gehört entwicklungspolitische Anwaltschaftsarbeit (engl. *Advocacy*) zu einem der drei Arbeitsbereiche von World Vision Deutschland (WVD). Der 1979 gegründete christliche Verein hat seinen Hauptsitz in Friedrichsdorf bei Frankfurt/Main und unterhält ein kleines Büro für die Advocacy-Arbeit in Berlin. WVD ist eines der fünf größten deutschen Kinderhilfswerke und finanziert seine Arbeit jeweils zur Hälfte durch Spenden in Form von Kinderpatenschaften und durch öffentliche Mittel – insbesondere durch Mittel des Bundesministeriums für wirtschaftliche Zusammenarbeit und Entwicklung (BMZ) und des Auswärtigen Amtes (AA). Zielgruppe der Arbeit sind Kinder aus „dem Süden" sowie deren Familien und Umfeld.

Viele Entscheidungen in Industrieländern haben Auswirkungen auf die Lebensumstände dieser Zielgruppe. Daher informiert WVD im Rahmen seiner Advocacy-Arbeit politische Entscheidungsträger mit Fachexpertise über relevante Themen, fordert diese zum Handeln auf und übt durch die Mobilisierung der Öffentlichkeit Druck aus, damit die Politik sich an ihre Zusagen hält.

Einer der aktuellen thematischen Schwerpunkte der Arbeit von WVD ist das Thema „Kleinkindergesundheit": Die Sicherstellung der Gesundheit eines Kindes hat eine sehr hohe Relevanz für die Lebensumstände der Zielgruppe und bietet die Grundlage für die Inanspruchnahme weiterer entwicklungspolitischer Angebote. Ein Kind kann beispielsweise nur zur Schule gehen, wenn es im Schulalter noch lebt und gesund ist. Dabei sind die ersten beiden Lebensjahre sowie die neun Monate im Mutterleib die grundlegendste Zeit für die Gesundheit eines Kindes.

Die Millenniums-Entwicklungsziele 4 und 5 (MDGs), die aus der von 189 Ländern im Jahr 2000 verabschiedeten Millenniumsentwicklungserklärung hervorgehen, greifen dieses Thema auf, wurden allerdings bisher am meisten vernachlässigt: die Bekämpfung der Kindersterblichkeit (MDG 4) und die Verbesserung der Gesundheitsversorgung für Mütter (MDG 5).

Ziel von WVD ist es daher, dass diesem Thema ein höherer Stellenwert in politischen Entscheidungen gegeben wird. Das für die Entwicklungszusammenarbeit (EZ) verwendete Geld soll transparenter und zielgerechter eingesetzt und unter anderem in solche Fonds gegeben werden, welche die Gesundheit von Kleinkindern fördern – wie z. B. in den „Globalen Fonds zur Bekämpfung von Aids, Tuberkulose und Malaria"[111]. Ein weiteres Ziel von WVD im Rahmen seiner Advocacy-Arbeit ist es, Druck auf die Bundesregierung auszuüben, damit diese ihr Versprechen einlöst, 0,7 Prozent des deutschen Bruttoinlandsproduktes (BIP) für die EZ zu verwenden (siehe Millenniumserklärung der UN); momentan investiert sie nur knapp 0,36 Prozent des BIP.

Die Akteure

Der größte Unterschied von Advocacy-Arbeit und klassischem Lobbying ist, dass nicht WVD oder die Interessen seiner Förderer im Mittelpunkt der Botschaft stehen. Vielmehr setzte sich WVD zusammen mit verschiedenen Nichtregierungsorganisationen (NRO bzw. engl. *NGO*) für ein gemeinsames Ziel ein: den Nöten der jeweiligen Zielgruppe, die dazu selbst nicht in der Lage ist, Gehör zu verschaffen und damit langfristig die Verbesserung von deren Lebensumständen zu bewirken. Insbesondere als Mitglied des „Verbandes Entwicklungspolitik deutscher Nichtregierungsorganisationen" (VENRO) und als Teilnehmer an den runden Tischen des BMZ bestehen so ein regelmäßiger Austausch und eine gute Zusammenarbeit mit anderen NGOs. Mit einigen NGOs, wie z. B. Save the Children oder der Deutschen Stiftung Weltbevölkerung (DSW), konnten aufgrund gemeinsamer Themenschwerpunkte diverse politische Instrumente gemeinsam geplant und inhaltlich vorbereitet werden.

Auch einige WV-Büros anderer Länder waren aktiv an der Advocacy-Arbeit beteiligt. So gab es einen regelmäßigen Austausch über relevante Themen in Form von virtuellen „Subgroups". Zudem kamen Mitarbeiter aus den „Ländern des Südens" nach Deutschland, um in Vorträgen ihre Expertise zu teilen.

Auf politischer Ebene gab es eine besonders intensive und gute Zusammenarbeit mit dem Unterausschuss für „Gesundheit in Entwicklungsländern" – einem Unterausschuss des Bundestagsausschusses für wirtschaftliche Zusammenarbeit und Entwicklung (AwZ). Zudem gab es verschiedene Treffen mit dem deutschen G-8-Sherpateam, welches das jährliche Gipfeltreffen für die Bundesregierung vorbereitet, sowie mit dem damaligen Bundesentwicklungsminister Niebel, verschiedenen Bundesabgeordneten und dem Hessischen Landtag.

Neben anderen Organisationen und der Politik waren auch die Medien sowie die Öffentlichkeit wichtige Akteure innerhalb der Advocacy-Arbeit zum Thema „Kleinkindergesundheit". So gab es sowohl diverse Berichterstattungen der Presse als auch Hintergrundgespräche und Reisen in den Süden von interessierten Journalisten. Außerdem engagierten sich viele WVD-Paten und auch verschiedene Bevölkerungsgruppen, wie z. B. Grundschulklassen und Jugendliche.

Die Strategie

Während eines internationalen Austausches der WV-Büros weltweit zeichnete sich insbesondere durch die Expertise der „Mitarbeiter aus dem Feld" ab, welche hohe Relevanz das Thema „Kleinkindergesundheit" für die Zielgruppe hat. Daraufhin wurde eine Bestandsauf-

---

[111] Der Globale Fonds ist ein grundlegendes Instrument zur Erreichung der UN-Millennium-Entwicklungsziele bis 2015, da er wichtige Aktivitäten im Kampf gegen Aids, Malaria und Tuberkulose ermöglicht.

nahme in Form einer validen Studie durchgeführt, die diese Annahme bestätigte. Sie diente als inhaltliche Grundlage für die gesamte Kampagnenarbeit und wurde erstmalig auf dem Parlamentarischen Abend zum Kampagnenstart im Februar 2010 präsentiert.

Wie erhofft hatte sich kurz vorher der Unterausschuss des AwZ „Gesundheit in Entwicklungsländern" konstituiert. Dementsprechend waren viele Parlamentarier an dem Abend anwesend und es ergab sich eine angeregte Diskussion zum Thema. Dies war ein strategisch optimaler Start, da der Kontakt zu dem Unterausschuss während der gesamten Kampagne sehr hilfreich war. Seitdem ging WVD sehr proaktiv vor, um die Politik zu informieren und – durch Medien- und Öffentlichkeitsinteresse – zum Handeln aufzufordern.

Die Botschaften und Argumente

Die Kernbotschaft von WVD im Rahmen der Kampagne ist, dass die Gesundheit der Zielgruppe eine besonders hohe Relevanz für diese hat. Kinder können weitere entwicklungspolitische Angebote – wie beispielsweise einen Schulbesuch – erst wahrnehmen, wenn sie noch leben und gesund sind. In der Studie zur Kleinkindergesundheit kam WVD zu der Erkenntnis, dass insbesondere die Monate im Mutterleib sowie die ersten zwei Lebensjahre entscheidend für die Gesundheit eines Kindes sind.

Im Folgenden werden einige Empfehlungen der Studie aufgeführt, die WVD sowohl den Industrie- als auch den Entwicklungsländern gab, um die gesundheitliche Situation der „Kinder im Süden" zu verbessern. Um die Senkung der Kindersterblichkeitsrate zu erreichen, ruft WVD die verschiedenen Regierungen auf, das Ziel gemeinsam anzugehen und Finanzhilfen und Maßnahmen besser aufeinander abzustimmen. Die Industrieländer – also auch Deutschland – sollen finanzielle Mittel bereitstellen, damit Ernährungsmaßnahmen in den betroffenen Staaten umgesetzt werden können. Sie sollen entsprechend ihrer Wirtschaftskraft einen angemessenen Anteil am Gesamtbedarf für eine ausreichende und gesunde Ernährung der am stärksten betroffenen Kinder leisten. Zudem sollen sie darauf bestehen, dass Verfahren angewandt werden, die die Mittelverwendung für den vorgesehenen Zweck – Vorbeugung und Behandlung von Unterernährung – gewährleisten. Des Weiteren sollen die Geberländer die „Länder des Südens" dabei unterstützen, bestehende Gesundheitssysteme, insbesondere durch Aus- und Fortbildung der Pflegekräfte, die sich um die Vorbeugung und Behandlung von Unterernährung kümmern, weiter auszubauen.

Die Instrumente

Besonders wichtig für wirksame politische Anwaltschaftsarbeit ist es, viele verschiedene Instrumente einzusetzen, diese sinnvoll zu verbinden und in einem „Mapping" einzelne Zielgruppen und konkrete Schritte festzulegen. WVD führte die Advocacy-Arbeit zum Thema „Kleinkindergesundheit" durch die Kampagne „Gesunde Kinder weltweit" durch. Die strategische Planung der Kampagne war dabei absolut entscheidend und bestand insbesondere aus den nachfolgend aufgeführten Instrumenten.

Parlamentarische Abende gehören zu den klassischen (Lobby-)Instrumenten. WVD nutzt sie insbesondere zur Weitergabe von Expertise. So lud WVD beispielsweise zum Start der Kampagne „Gesunde Kinder weltweit" zu einem Parlamentarischen Abend ein, in dessen Mittelpunkt die Präsentation der Auftaktstudie zum Thema „Kleinkindergesundheit" stand.

Im September 2010 organisierte WVD gemeinsam mit anderen NGOs eine einwöchige Mahnwache vor dem Bundeskanzleramt. Protestiert wurde gegen die von Bundesentwicklungsminister Niebel angekündigten Kürzungen der Einzahlungen in den „Globalen Fonds gegen Aids, Malaria und Tuberkulose". Die Kanzlerin wurde aufgefordert, die von ihr versprochenen Einzahlungen in den Fonds aufzustocken statt zu kürzen.

Zusammen mit anderen Vertretern der Nichtregierungsorganisationen traf sich WVD zweimal jährlich mit den G-8-Sherpas – sowohl vor den Gipfeln zur inhaltlichen Vorbereitung als auch nach den Treffen zur Nachlese und Auswertung. WVD setzte sich dabei besonders für die Themen „Ernährungssicherheit" und „Gesundheit" ein. Beispielsweise erläuterte WVD gemeinsam mit den anderen NGOs beim Vorbereitungstreffen zum 38. G-8-Gipfel (2012) die Wichtigkeit für die Gesundheit der Zielgruppe, „Nutrition Security" statt nur „Food Security" sicherzustellen. Ersteres sorgt nicht nur für eine ausreichende Menge an Lebensmitteln, sondern auch für den Zugang der Zielgruppe zu überlebenswichtigen Nährstoffen.

WVD führte zudem diverse (bilaterale) Hintergrundgespräche mit MdBs und Journalisten und organisierte für einzelne Personen beider Akteursgruppen individuelle Reisen in WV-Projektgebiete.

Im Mai 2011 veranstaltete WVD einen Mediastunt – eine geplante Aktion, zu der die Medien als Multiplikatoren eingeladen wurden: Kurz vor dem Muttertag versammelten sich Mitarbeiterinnen diverser Entwicklungsorganisationen mit einem „falschen" Schwangerschaftsbauch in Trikots armer Länder wie Tschad, Sierra Leone und Haiti und versuchten symbolisch aufgestellte „Hürden zur sicheren Geburt in armen Ländern" zu überspringen.

Zudem veranstaltete WVD im Rahmen der Kampagne „globale Aktionswochen" unter dem Motto „Gebt uns die Hand". Zu deren Start gab es ein Treffen von MdBs und Jugendlichen vor dem Brandenburger Tor. Gemeinsam forderten sie in Interviews mit Journalisten die Bundesregierung auf, sich stärker für Kindergesundheit in armen Ländern einzusetzen. Eine überdimensionale Hand, beschriftet mit den Wünschen der Jugendlichen, wurde unter großem Medieninteresse an den Vorsitzenden des Bundestagsunterausschusses „Gesundheit in Entwicklungsländern", Uwe Kekeritz MdB, überreicht. Herr Kekeritz MdB übergab diese dann der Bundeskanzlerin. Während dieser Aktionswochen wurden weltweit Menschen aufgefordert, in einen Handumriss ihre Wünsche hinsichtlich der Kindergesundheit in Entwicklungsländern zu schreiben und an WV zu senden. Weltweit wurden insgesamt 2,5 Millionen „Wunschhände" eingesammelt. Diese wurden als Abschluss der Aktion im August 2013 von WVD-Mitarbeitern zusammen mit Grundschülern, Jugendlichen und Paten an den Bundesentwicklungsminister Niebel übergeben. Sie alle appellierten an diesen, sich stärker für die Gesundheit von Kindern in Entwicklungsländern und damit für die MDGs 4 und 5 einzusetzen.

Auch durch andere Aktionen bezog WVD seine Paten aktiv in die Kampagne ein, wie beispielsweise durch eine Petition, die Paten unterschrieben an den Bundestagsabgeordneten ihres Wahlkreises schicken sollten. In dieser wurden diese dann aufgefordert, sich für die Kindergesundheit in „Ländern des Südens" starkzumachen.

Die Umsetzung
Im Mittelpunkt der Umsetzung jedes Instrumentes standen die Anschaulichkeit und Authentizität der geteilten Informationen. Daher nutzte WVD – wenn sich die Möglichkeit bot – die Unterstützung von Kollegen aus dem Feld, die hautnah von ihren eigenen Erlebnissen berichteten und somit eine sehr wertvolle Expertise vermitteln konnten. In Vorträgen, Positionspapieren oder Studien präsentierte WVD seine Argumente grundsätzlich zusammen mit praktischen Beispielen.

Auch die von WVD organisierten Reisen für Bundestagsabgeordnete und Journalisten in Projektgebiete sind eine wichtige Methode, um für Politik und Medien das Thema greifbarer zu machen und diesen zu ermöglichen, sich ein eigenes, ungefiltertes Bild der Situation vor Ort zu machen.

Das Ergebnis
WVD setzt sich weiterhin im Rahmen der Kampagne „Gesunde Kinder weltweit" für das Thema „Kleinkindergesundheit" ein. Bisher gab es viele Erfolge, von denen im Folgenden die wichtigsten genannt werden.

Zunächst hat Bundeskanzlerin Merkel nach der Mahnwache der NGOs vor dem Bundeskanzleramt zugestimmt, die versprochenen 200 Millionen Euro in den „Globalen Fonds" zu geben.

Des Weiteren entstanden durch das perfekte Timing der Präsentation der Auftaktstudie sehr gute und wichtige Kontakte zu den MdBs des Unterausschusses „Gesundheit in Entwicklungsländern". Diese dienten als hilfreiche Grundlage für die erfolgreiche Umsetzung vieler weiterer Instrumente und Aktionen, wie beispielsweise die Reisen der MdBs in WV-Projektgebiete.

Zudem organisierte der Unterausschuss „Gesundheit in Entwicklungsländern" eine Anhörung von WVD zum Thema Kleinkindergesundheit im Bundestag mit dem bedeutenden Ergebnis, dass in der Koalitionsvereinbarung von CDU/CSU und SPD die Themen Entwicklungspolitik und Menschenrechte aufgegriffen wurden und am „0,7-Prozent-Ziel" festgehalten wird. Auch die Wichtigkeit des „Global Fonds" wurde betont. Die Relevanz von Kindergesundheit wurde im Regierungsprogramm fest verankert.

Außerdem wurde die Studie von WVD zur Kleinkindergesundheit vom Bundestag in einem überfraktionellen Antrag seitenweise zitiert. Somit wurde das Fachwissen der Studie als valide bewertet.

Ein weiterer bedeutender Erfolg ist, dass die Ausführungen von WVD zur Ernährungssicherheit das Sherpateam überzeugten, sodass es versprach, beim 38. G-8-Gipfel (2012) „Nutrition Security" statt „Food Security" auf die Agenda zu setzen.

Von Begeisterung gepackt, sicherte der Hessische Landtag zu, jedes Jahr WVD durch eine Aktion zu unterstützen.

Im Rahmen der Aktionswochen wurden allein in Deutschland 6.400 Menschen mobilisiert, ihre Wunschhände einzusenden. Schließlich lobte Bundesentwicklungsminister Dirk Niebel die Kampagne und gab bei dem Treffen im August 2013 Hinweise auf noch nicht ausgeschöpfte „Geldtöpfe", für die WVD anschließend Anträge stellen konnte.

Auch wenn die gesamte Kampagne sehr vorbildlich lief, ist die Neubesetzung vieler politischer Mandate derzeit eine Herausforderung für die Advocacy-Arbeit von WVD, da Kontakte zu den jeweiligen Politikern nun teilweise neu aufgebaut werden müssen. Zudem besteht die Frage, ob der Unterausschuss Gesundheit in Entwicklungsländern weiter bestehen bleiben wird.

Während der Kampagne wurde festgestellt, dass für eine erfolgreiche und zielgerichtete Öffentlichkeitsarbeit eine gute interne Kommunikation zwischen den Arbeitsbereichen „Advocacy" und „Marketing/Fundraising" absolut entscheidend ist. Die jeweils andere Abteilung sollte in die inhaltliche Arbeit mit einbezogen und die Öffentlichkeitsarbeit, insbesondere die über die Website, untereinander abgestimmt werden.

Drei Tipps
1. Arbeiten Sie im Verbund! Ein Verbund agiert stärker und es wird mehr erreicht. Die Nöte der Zielgruppe sollten vor den Interessen der Organisation stehen.
2. Arbeiten Sie zusammen mit Medien und bieten Sie Hintergrundgespräche an, ohne eine direkte Berichterstattung zu erwarten.
3. Starten Sie große Kampagnen, um die Aufmerksamkeit der Öffentlichkeit zu erregen und um die Einstellung in Gesellschaft, Politik und Medien bezüglich des Themas zu verändern.

Pro Rauchfrei e. V. – Lobby der Nichtraucher
Volksentscheid zum Nichtraucherschutz in Bayern
Siegfried Ermer, Vorsitzender
im Gespräch mit Ruth Nießen

 Interessenverband    Gesundheit, Grundrechte    Länder, Öffentlichkeit   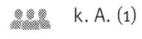 k. A. (1)

Die Ausgangssituation

Pro Rauchfrei e. V. ist ein Nichtraucherschutzverband, der es sich zur Aufgabe gemacht hat, eine rauchfreie Gesellschaft zu schaffen. Er ist der größte und modernste Nichtraucherverband in Deutschland. Sein Motto ist das Grundrecht aller, rauchfreie Luft zu atmen. Konkret setzt sich Pro Rauchfrei für rauchfreie Gaststätten, Wohnen ohne Belästigung durch Rauch und im Besonderen für den Schutz von Kindern und Jugendlichen vor Belästigung und Beeinträchtigungen durch Rauch in allen Lebenslagen ein. Der Verband gründete sich im Jahr 2004 aus der zuvor existierenden privaten Initiative „Smokefreeliving".

Die konkrete politische Herausforderung, die sich aus den gegebenen Umständen ergab, lässt sich wie folgt darstellen: Zwar sind Landesgesetze zum Nichtraucherschutz vorhanden, jedoch sind diese eher „Rauchergesetze" als Nichtrauchergesetze, die das Rauchen lediglich reglementieren. Das ist zu wenig, findet Pro Rauchfrei e. V. Exemplarisch für die Veränderungen der Gesetze in den Ländern wird im Folgenden der Volksentscheid in Bayern von 2010 erläutert.

In 2005 schloss Bayern unter Federführung von Gesundheitsminister Schnappauf mit dem bayerischen Hotel- und Gaststättenverband (BHG) eine freiwillige Vereinbarung, bis 2006 50 Prozent der Plätze in der Gastronomie für Nichtraucher zu reservieren. Für Pro Rauchfrei ging dies in die falsche Richtung – schließlich wollte der Verband eine völlig rauchfreie Gastronomie. Er intervenierte mit Unterstützung des Deutschen Krebsforschungszentrums (DKFZ), um die Fachleute im bayerischen Gesundheitsministerium zu überzeugen, dieses Vorhaben aufzugeben. Doch erst durch eine von Pro Rauchfrei in 2006 durchgeführte Studie änderte sich die Meinung in der bayerischen Politik. Pro Rauchfrei wies nämlich nach, dass bestenfalls 13,81 Prozent der Plätze für Nichtraucher vorgehalten wurden.

So kam es, dass Bayern unter Ministerpräsident Beckstein zum Januar 2008 ein totales Rauchverbot in der gesamten Gastronomie einführte. Doch schlechte Wahlergebnisse führten dann Ende 2008 dazu, dass der neue Ministerpräsident Seehofer das Gesetz unter Druck seines Koalitionspartners FDP und der Tabak-Lobby wieder aufweichte.

Im darauffolgenden Jahr startete Pro Rauchfrei dann einen weiteren Versuch, auf die Gesetzgebung Einfluss zu nehmen, in Form eines Volksbegehrens. Pro Rauchfrei e. V. verfolgte in diesem Fall das politische Ziel, das Nichtraucherschutzgesetz nach europäischen Richtlinien in das Landesgesetz Bayerns zu integrieren. Hierzu führte der Vorsitzende von Pro Rauchfrei

Sondierungsgespräche mit den Vorsitzenden der Ökologisch-Demokratischen Partei Deutschlands (ÖDP) und den Grünen in Bayern, um ein Volksbegehren zu initiieren.

Die Akteure

Der Hauptakteur, der neben der Initiative Pro Rauchfrei e. V. politische Akzente setzte, war schließlich die Ökologisch-Demokratische Partei Deutschlands (ÖDP), die in einigen Stadtparlamenten innerhalb Bayerns vertreten ist. Dieser politisch verankerte Partner von Pro Rauchfrei e. V. war sehr wichtig, da die ÖDP nach Aussage des Vorsitzenden der Initiative deutschlandweit die einzige Partei sei, die wirklich Erfahrungen und Erfolge mit Volksentscheiden hatte und dadurch die Expertise des Aktionsbündnisses enorm vergrößerte.

Konkret bedeutete dies, dass die ÖDP 2009 mit dem Vorstand von Pro Rauchfrei e. V. wieder Kontakt aufnahm. In der Folge stiegen weitere Nichtraucheraktivisten sowie nach ersten Pressemeldungen und bilateralen Gesprächen auch die Partei Bündnis 90 / Die Grünen ein. Nach dem erfolgreichen Volksbegehren, das vor dem Volksentscheid stattgefunden hatte, beteiligte sich auch die Sozialdemokratische Partei Deutschlands (SPD) an dem Prozess. Ebenso sprangen zu diesem Zeitpunkt verschiedene Ärzteorganisationen auf den Zug auf. Hervorzuheben ist jedoch, dass vorrangig die Verantwortlichen des Verbandes Pro Rauchfrei e. V. und die ÖDP aktiv an der Voranbringung des Prozesses beteiligt waren. Diese „Expertengruppe" ermöglichte und unterstützte die Umsetzung des Bürgerbegehrens durch die Mitglieder der ÖDP und von Pro Rauchfrei e. V. sowie vieler anderer Akteure.

Nebenakteur waren die Medien, die zu bestimmten Zeitpunkten im Gesetzgebungsprozess direkt von den Initiatoren angesprochen wurden, um die Sichtweise des Verbandes und des Aktionsbündnisses in der Öffentlichkeit deutlich zu machen.

Einige Verbände, wie z. B. der Deutsche Hotel- und Gaststättenverband, sowie die einzelnen Ärzteorganisationen agierten während des Gesetzgebungsprozesses uneinheitlich und veränderten ihre Standpunkte.

Akteure der Gegenseite waren vor allem Personen und Personengruppen, die in jedweder Form mit dem Produkt Tabak und Alkohol in Verbindung standen. Dazu zählte vor allem die „Allianz der Drogenkartelle", d. h. von den Bierbrauern über die Zigarettenautomatenaufsteller bis hin zu Philip Morris und allen anderen großen Tabakkonzernen. Ebenfalls erhielt die Initiative Gegenwind vonseiten einzelner Gewerkschaften, unter anderem der Gewerkschaft „Nahrung-Genuss-Gaststätten".

Als Besonderheit dieses Prozesses lässt sich anmerken, dass zwar das Bestreben des Aktionsbündnisses in der Gesellschaft breite Unterstützung fand und die Mehrheit der Menschen sich als Nichtraucher angesprochen fühlte, jedoch die aktive Teilnahme an dem Prozess sehr gering ausfiel und es grundsätzlich schwierig war, eine gemeinsame Stimme aller Nichtraucher zu vertreten.

Die Strategie

Die Nichtraucherschutzgesetzgebung war vor allem im Jahr 2005 auf der europäischen Agenda, nachdem Italien und Irland Nichtraucherschutzgesetze eingeführt hatten. Infolgedessen sah auch die Bundesrepublik Deutschland die Notwendigkeit, eine ebenfalls von Bürgerinitiativen angestoßene Gesetzgebung bundesweit einzuführen. Die gesetzliche Grundlage für die Nichtraucherschutzgesetzgebung in Deutschland sind Art. 2 Abs. 2 GG, laut dem jeder das Recht auf Leben und körperliche Unversehrtheit hat, und entsprechende Bestimmungen im BGB. Nach den bestehenden Gesetzen sollte es gar nicht möglich sein, gesundheitsschädliche Produkte herzustellen. Hinzu kommt, dass nach der Produktverordnung (Produktsicherheitsgesetz) die gesundheitliche Unbedenklichkeit eines Produktes nachgewiesen werden muss, bevor es überhaupt in den Handel kommt. Bei Zigaretten ist das nicht der Fall. Der Vertrieb der Zigarette hat eine lange Tradition in Deutschland, ebenso wie das Rauchen an sich. Etwa 30 Prozent der Bevölkerung konsumieren Zigaretten. In den Jahren 2006 und 2007 gab es einige Entscheidungen auf Bundesebene, die den Nichtraucherschutz vorantreiben sollten; diese Bemühungen wurden jedoch von einflussreichen Rauchern in den verschiedenen Parteien abgewiegelt. Durch diese Widerstände wurde der Gesetzgebungsprozess bundeseinheitlich eingestellt und den Ländern übertragen. Daraufhin haben die einzelnen Bundesländer unterschiedliche Landesgesetze erlassen, die den Nichtraucherschutz mehr oder weniger stark beinhalten.

Die politischen Strukturen in Bayern gaben der Initiative um Pro Rauchfrei e. V. die Möglichkeit, ein Volksbegehren zu initiieren. Der vorhandene Konsens innerhalb des Verbandes, das Nichtraucherschutzgesetz in Bayern, welches qua Gesetz zwar schon bestand, aber nicht oder nur unzureichend eingehalten wurde, so umzusetzen, dass die Gastronomie sowie öffentlich zugängliche Einrichtungen rauchfrei sind, wurde mit verschiedenen Instrumenten einer politischen und kommunikativen Strategie vorangetrieben.

Es ging vor allem darum, die breite Öffentlichkeit auf die Verstöße gegen das bestehende Gesetz aufmerksam zu machen und diese zu mobilisieren, sich am Volksbegehren und am Volksentscheid zu beteiligen. Die ÖDP mit einer starken lokalen Verankerung in der Gesellschaft und großer Bürgernähe informierte die Bürger und erreichte damit die breite Masse der bayerischen Bevölkerung.

Zusätzlich wurden die Medien eingeschaltet, und Pro Rauchfrei e. V. agierte offensiv. Ab 2006 trat der Vorsitzende des Verbandes fast jede zweite Woche im Fernsehen auf oder wurde von verschiedenen Zeitungen und Zeitschriften interviewt. Die Arbeit mit den Medien wurde vor allem dazu eingesetzt, das wenig positive Bild der Initiative zu verändern bzw. Sachverhalte bzgl. der Gesetze transparent und wertfrei darzustellen. Die meisten Redakteure und Journalisten seien selbst betroffene Raucher, und in der Konsequenz lief die Berichterstattung eher einseitig ab.

Darüber hinaus rief Pro Rauchfrei e. V. die Bevölkerung auf, sich an einer Mailkampagne zu beteiligen, bei der sie Mails an alle Abgeordneten in Bund und Ländern verfassen konnten, mit denen sie darauf aufmerksam machten, dass sie den Gesetzgebungsprozess beobachteten und Veränderungen in der Umsetzung wünschten.

Pro Rauchfrei e. V. organisierte in vielen großen Städten Bayerns (mit über 70.000 Einwohnern) Informationsstände, um herauszufinden, wie die Stimmungslage in der Bevölkerung hinsichtlich eines Volksbegehrens war. Diese Aktion veranlasste die Presse zu berichten, was dazu beitrug, dass mehr Bürger zu den Informationsveranstaltungen kamen, was wiederum die spätere Abstimmung zugunsten des Volksbegehrens positiv beeinflusste.

Pro Rauchfrei e. V. war während des Prozesses Antreiber und Verfechter seiner Grundsätze. Die Gegenseite war vor allem finanziell wesentlich besser ausgestattet und reagierte zumeist mit Kampagnen, die dem Image des Verbandes schaden sollten.

Die Botschaften und Argumente
Kernbotschaft des Volksentscheides in Bayern war, dass Gesetze für jeden gültig sind. Darüber hinaus war es Pro Rauchfrei e. V. wichtig, deutlich zu machen, dass Rauchen in der Öffentlichkeit und im Fernsehen immer noch gestattet ist und sogar „respektiert" wird, dass einzelne Würdenträger das Privileg haben, auch in der Öffentlichkeit rauchen zu dürfen, und dafür von der Gesellschaft auch noch Anerkennung erhalten würden. Des Weiteren war es ihnen wichtig, klar und deutlich aufzuzeigen, dass die ratifizierten Richtlinien der Weltgesundheitsorganisation (WHO) und der Europäischen Union in der Bundesrepublik nicht eingehalten werden. Zur Erreichung des gesetzten Ziels setzte das Aktionsbündnis Plakataktionen ein, die die Bürger zur Abstimmung beim Volksentscheid bewegen sollten. Das Motto lautete: „Ja zum Nichtraucherschutz – Bayern atmet auf".

Die Argumentation von Pro Rauchfrei e. V. stützte sich grundsätzlich auf die Bestimmungen des Grundgesetzes und des BGB, was vor allem wichtig war, um deutlich zu machen, dass Rauchen kein Normalzustand ist, sondern Menschen, die Zigaretten konsumieren, durch bestimmte Suchtstoffe abhängig gemacht werden und dies nicht die Normalität in einer Gesellschaft sein kann. Insbesondere verfolgte der Verband Pro Rauchfrei e. V. die Argumentation, dass er nicht den Rauchern das Rauchen abgewöhnen will, sondern eine Gesellschaft schaffen will, in der Rauchen nicht mehr in Gaststätten oder öffentlichen Einrichtungen stattfindet und Menschen, die nicht rauchen, nicht mehr vom Qualm beeinträchtigt oder geschädigt werden. Das heißt, Pro Rauchfrei e. V. möchte eine rauchfreie Gesellschaft schaffen, in der jeder Mensch unbeschadet leben kann, obwohl das Rauchen an sich nicht verboten ist.

Die Instrumente
Pro Rauchfrei e. V. hat verschiedene Instrumente zur Durchsetzung seiner Initiative eingesetzt, darunter das Verfahren des Volksbegehrens und des späteren Volksentscheids, den Mailgenerator, die Beschwerdestelle sowie Pressemitteilungen.

Das Volksbegehren in Bayern war ein umfangreiches Verfahren. Ein erfolgreiches Volksbegehren ist die Grundlage für den Einsatz eines Volksentscheides. Die Hürde von 25.000 Unterschriften zur Zulassung wurde im Jahr 2009 schnell erreicht und das Volksbegehren mit

1,3 Millionen „Ja"-Stimmen locker gewonnen (30 Prozent über Soll!), sodass dann der Volksentscheid im Jahr 2010 in Bayern in Angriff genommen werden konnte.

Das zweite erfolgreiche Instrument war der Mailgenerator, der für jeden Bürger auf der Homepage des Verbandes frei zugänglich war. So konnte jeder Bürger einen individuellen Brief an die Abgeordneten seiner Wahl verfassen, wobei der Generator die Anschreiben personalisierte. So war es möglich, dass die Bürger ohne administrative und bürokratische Hürden ihre Meinung kundtun konnten und diese die richtigen Adressaten erreichte. Es ergab sich eine große Stoßkraft, da zahlreiche E-Mails in kurzer Zeit versandt werden konnten. Die Aktivitäten des Verbandes, die dadurch von den Bürgern mitgetragen wurden, hielten so in den politischen Alltag Einzug und konnten Druck auf politische Entscheidungsträger ausüben.

Des Weiteren hat sich die Beschwerdestelle, die juristische Abteilung von Pro Rauchfrei e. V., im Verlauf des Prozesses als sehr hilfreich erwiesen. Diese Stelle dient der Benachrichtigung über Verstöße gegen den Nichtraucherschutz bundesweit. Bürger können Verstöße in Gaststätten etc. melden und die Ordnungsämter können viel gezielter und effektiver die Verstöße kontrollieren und ahnden. Durch diese Initiative wurden Verstöße für die Bevölkerung sichtbarer und die Aktionen zeigten die große Effektivität des Aktionsbündnisses.

Um alle Aktionen zu unterstützen, veröffentlichte Pro Rauchfrei e. V. eigene Pressemitteilungen über seine Erfolge und über die Missstände, die in der Gesellschaft noch vorhanden waren.

Die Umsetzung

Der Gesetzgebungsprozess wurde nicht nur angestoßen, sondern auch die gesamte Zeit vor allem durch pressewirksame Aktionen, wie Informationsveranstaltungen in großen bayrischen Städten oder das Auftreten des Vorsitzenden im Fernsehen sowie zahlreiche Interviews für Zeitungen und Zeitschriften, begleitet und in die Öffentlichkeit getragen, um vor allem die Position von Nichtrauchern darzustellen und ihr auch Gehör zu verschaffen.

Die Umsetzung des vorhandenen Gesetzes wurde von verschiedenen Akteuren teilweise behindert. Dazu zählen einige Gewerkschaften, wie z. B. die Gewerkschaft der Nahrungsmittel- und Genussindustrie, die sehr stark von der Tabakindustrie und ebenso von dem Deutschen Hotel- und Gaststättenverband beeinflusst worden ist.

Unerwartet unterstützten einige Ärzteorganisationen die Bemühungen von Pro Rauchfrei e. V. erst zu einem späteren Zeitpunkt, nach dem erfolgreichen Abschneiden des Volksbegehrens. Jedoch behinderten zwei Organisationen den Prozess nicht unwesentlich: durch Passivität zum einen die Bundeszentrale für gesundheitliche Aufklärung (BZgA), der jahrelang ein Lobbyist der Tabakindustrie vorsaß, sowie die Deutsche Krebshilfe e. V., die zwar nach Meinung von Pro Rauchfrei e. V. den Opfern des Rauchens hilft, jedoch nicht die Ursachen bekämpft. Des Weiteren war das Nicht-aktiv-Werden der breiten Masse der Nichtraucher ein großes Problem. Ein letzter Hemmschuh der Initiative waren die geringen finanziellen Mittel, denn der Volksentscheid und das Verfahren kosteten viel Geld, welches der Verband mit knapp 2000 Mitgliedern allein nicht hätte aufbringen können, wobei zu betonen ist, dass es keinen obligatorischen Mitgliedsbeitrag gibt.

Das Ergebnis

Der Volksentscheid am 04. Juli 2010 brachte ein klares Ergebnis für den Nichtraucherschutz. Zwei Drittel der abgegebenen Stimmen (60,86 Prozent JA-Stimmen) stimmten für einen geregelten Nichtraucherschutz in der bayrischen Gastronomie, d. h. 23 Prozent aller Wahlberechtigten stimmten für einen Nichtraucherschutz ohne Ausnahmen. Ein für einen Volksentscheid hervorragendes Ergebnis.

Äußere Einflüsse, wie z. B. der Umgang und die Berichterstattung der Presse, haben den Prozess erschwert. Wie bereits angedeutet, stellten vor allem die nicht vorhandenen finanziellen Ressourcen eine große Schwierigkeit dar, die durch die Gewinnung neuer zahlender Mitglieder für zukünftige Aktionen gelöst werden soll. Im Gegensatz dazu haben andere Faktoren, wie z. B. die engagierte Mitarbeit vieler Ehrenamtlicher und Mitglieder sowie die finanzielle Unterstützung einiger Großspender, den Prozess erleichtert bzw. unterstützt.

Für die Zukunft möchte Pro Rauchfrei den Professionalisierungsgrad seiner Mitarbeiter erhöhen und neues Personal einstellen sowie die vielen Nichtraucherinitiativen, die es bereits gibt, miteinander ins Gespräch bringen und ihre gemeinsamen Interessen bündeln, um so mit einer lauteren Stimme für den Nichtraucherschutz eintreten zu können.

Drei Tipps

1. Ein guter Interessenvertreter handelt professionell und der Situation angemessen!
2. Jeder Mensch, aber auch jeder, der Interessen vertritt, sollte für diese eintreten und sie nach bestem Wissen und der Wahrheit entsprechend in der Gesellschaft und der Öffentlichkeit darstellen!
3. Seriöses Auftreten, ohne die Gegenseite zu diffamieren, ist unverzichtbar für das erfolgreiche Arbeiten eines Interessenvertreters!

Verband Deutscher Privatschulverbände e. V.
Kampagne zur Bundestagswahl 2013

Florian Becker, stellv. Bundesgeschäftsführer und Pressesprecher
Ellen Jacob, Referentin
im Gespräch mit Norma Ostermeyer

 Berufsverband    Bildungswesen    Bund, Öffentlichkeit    5 (4)

Die Ausgangssituation

Der Verband deutscher Privatschulverbände e. V. (VDP) setzt sich seit seiner Gründung 1901 für die Interessen von freien Bildungseinrichtungen auf Bundesebene und im europäischen Raum ein. Diese können im Bereich der allgemein- und berufsbildenden Schulen sowie in der Erwachsenenbildung und im Hochschulbereich tätig sein. Bei dem VDP handelt es sich um einen weder weltanschaulich oder konfessionell noch parteilich gebundenen Verband. Gemeinsam mit den beiden konfessionellen Privatschulverbänden, dem Bund der Freien Waldorfschulen und der Vereinigung Deutscher Landerziehungsheime bildet der Verband die Arbeitsgemeinschaft Freier Schulen.

Die Tätigkeiten des VDP konzentrieren sich vor allem auf den Bereich der Lobbyarbeit zur Stärkung der gesellschaftspolitischen, rechtlichen und wirtschaftlichen Rahmenbedingungen für das freie Bildungswesen. Der Verband engagiert sich vorwiegend für die Pluralität und den qualitätsfördernden Wettbewerb im Bildungswesen, ebenso wie für das Grundrecht der Bildungsinteressierten, aus unterschiedlichen Angeboten und Anbietern wählen zu können. Zusammen mit seinen zehn Landesverbänden vertritt der VDP in diesem Sinne die Interessen seiner Mitglieder. Er pflegt kontinuierlich seine Kontakte zu Politikern, Ministerien und Behörden aller Ebenen und wirkt mit seiner Arbeit zu den Themengebieten Privatschulen, schulische und berufliche Bildung sowie Weiterbildung auf die Gesetzgebung und das Regierungshandeln ein. Ebenso ist der Verband in zahlreichen Gremien organisiert und arbeitet eng mit anderen Verbänden, Organisationen und wissenschaftlichen Einrichtungen zusammen.

Im Folgenden geht es um die Aktivitäten des VDP zum Wahlkampf der Bundestagswahl 2013. Das Ziel des Verbandes dabei war es, seine Interessen im Wahlprogramm und den Koalitionsverhandlungen frühzeitig zu positionieren. Bei einem Regierungswechsel kann es grundlegende Entscheidungen und Richtungsänderungen geben. Die Mitglieder erwarten von ihrem Dachverband, dass die politischen Interessen wahrgenommen bzw. durchgesetzt und wichtige Kontakte für die nächsten Jahre geknüpft werden.

Die Akteure

Beteiligt am Wahlkampf waren unterschiedliche Akteure, zum einen die hauptamtlichen Interessenvertreter des Verbandes auf Bundes- und Länderebene und die Partnerverbände sowie die Medien als Teil der Zielgruppe. Im Unterschied zu anderen Politikbereichen sind Kampagnen und Gespräche im Wahlkampfumfeld anders als die direkte Einflussnahme auf die Gesetzgebung. Es gibt keine konkreten Forderungen, sie sind deutlich breiter angelegt und sehr viel öffentlicher. Es geht primär darum, Inhalte und Zielsetzungen allgemein an die zuständigen Politiker und die Öffentlichkeit zu bringen. Bei einem Gesetzgebungsverfahren kann nur reagiert werden, im Wahlkampf hat der Verband mehr Möglichkeiten, aktiv eigene Themen zu setzen und dafür zu sorgen, dass sie für die nächsten Jahre Gehör bekommen.

Die Strategie

Die Strategie, die der Verband während des Wahlkampfs verfolgte, setzt sich aus unterschiedlichen Elementen zusammen. An erster Stelle stand, die wichtigsten Themen der Branche und der Mitglieder zu platzieren, damit diese in die Wahlprogramme der Parteien bzw. die Koalitionsverhandlungen aufgenommen werden können. Ebenso wichtig war es jedoch, die Aufmerksamkeit auf den VDP zu richten und dessen Bekanntheitsgrad weiter zu steigern, nicht nur bei Politikern, die den Verband kennen, sondern vor allem auch bei denen, die neu in den Bundestag kommen. Außerdem gehörten öffentlichkeitswirksame Aktivitäten und die Zusammenarbeit mit Unterstützern, die die Forderungen des Verbandes teilen, zur Strategie. Zusammenfassend hat der Verband sehr offensiv und aktiv gehandelt, da ein reaktives Verhalten im Wahlkampf keine Erfolge hervorbringen würde.

Die Botschaften und Argumente

Zur Unterstützung und Stärkung der Position nutzte der Verband hauptsächlich Studien und Untersuchungen, die die eigene Argumentation stärken. Ebenso ließ der VDP Wissenschaftler für ihre Anliegen sprechen, die ähnliche Positionen vertreten wie der Verband und die in dem wissenschaftlichen und auch politischen Kontext schon bekannt sind. Die Kampagne bezieht sich auf die jahrelange Arbeit des Verbandes und kann nicht losgelöst davon betrachtet werden. Im Wahlkampf wurden die Positionen und die Argumentation des Verbandes kontinuierlich weiterentwickelt und forciert.

Die Instrumente

Der VDP bediente sich in seiner Wahlkampfkampagne typischer Instrumente der Lobbyarbeit, zum einen, um inhaltliche Themen aufzubauen, und zum anderen, um sich Gehör im Bundestag und bei der Öffentlichkeit zu verschaffen. Öffentlichkeitswirksame Instrumente, wie z. B. regelmäßige Pressemitteilungen, das Verbandsmagazin, die Internetseite etc., dienten dazu, sich bei der Öffentlichkeit und den Zielgruppen ins Gedächtnis zu rufen und immer aktuelle Informationen bereitzustellen. Ebenso wurden Positionspapiere und Forderungskataloge entworfen und Parlamentarische Abende veranstaltet. Laut dem Verband erwiesen sich jedoch die persönlichen Kontakte als erfolgreichstes Instrument, da sie am gezieltesten genutzt werden können. Trotzdem reichen gute Kontakte nicht aus, um Forderungen durchzusetzen. Es bedarf dazu vor allem einer ausschlaggebenden Argumentation.

Die Umsetzung

Zur Durchführung der Kampagne zum Wahlkampf veröffentlichte der VDP zunächst Anfang des Jahres ein Themenpapier mit dem Titel „Bildung braucht Freiheit – Freiheit braucht Bildung". Drei Forderungen zur Vertretung des Bildungsbereichs wurden aufgestellt. Zum einen wollte der VDP eine wettbewerbliche Gleichbehandlung von Bildungseinrichtungen in öffentlicher Hand und von freien Trägern. Denn nur durch einen qualitätsfördernden Wettbewerb können Anreize geschaffen und Innovationen gefördert werden. Zum anderen sollte im Bereich der Arbeitsmarktpolitik die Weiterbildung so ausgestaltet werden, dass Geringqualifizierte und Langzeitarbeitslose arbeitsmarktfähig optimal gefördert werden können. Dadurch soll der hohen Langzeitarbeitslosigkeit und auch dem Fachkräftemangel entgegengewirkt werden. Als dritte Forderung diente eine Vision für den Verband und das Bildungswesen, um besser zusammenarbeiten zu können. Der VDP fordert eine nationale Bildungsstrategie, da Bildung als politische Querschnittsaufgabe anzusehen ist. Diese Forderung zielte vor allem darauf ab, auf das Kooperationsverbot von Bund und Ländern in der Bildung einzuwirken und dieses zu lockern. Denn eine systematische Verbindung von Bildungs-, Wirtschafts- und Sozialpolitik führt zu mehr Effizienz und Effektivität im gesamten Bildungswesen. Dazu erfolgte eine enge Zusammenarbeit mit den Landesverbänden, um eine stärkere Einflussnahme auf Landesebene zu erreichen.

Im Anschluss an Gespräche mit Abgeordneten, in denen diesen die Forderungen nähergebracht wurden, fand im Juni kurz vor der Sommerpause als Höhepunkt der Dramaturgie der Kampagne ein Parlamentarischer Abend statt. Gemeinsam mit einem weiteren Bildungsverband wurde mit verschiedenen Abgeordneten des Bundestages nochmals über die nationale Bildungsstrategie diskutiert.

Anschließend nutzte der Verband die Sommerpause, um seine Mitglieder intern über den Verlauf des Wahlkampfs zu informieren und die Strategie weiter auszubauen. Darauf folgte ca. 14 Tage vor der Bundestagswahl ein Pressetermin, um den eigenen Standpunkt nochmals zu verdeutlichen und die Öffentlichkeit dafür zu sensibilisieren, da sie durch die Wahl einen entscheidenden Einfluss auf das Ergebnis der Aktivitäten des Verbandes hat. Ab diesem Zeitpunkt waren Einzelgespräche kaum noch möglich. Nachdem das Wahlergebnis feststand, begann für den Verband die nächste Arbeitsphase. Bereits bestehende Kontakte zu MdBs, die nach der Wahl noch im Parlament vertreten waren, wurden für persönliche Treffen genutzt. Ebenso wurde versucht, neue Kontakte zu knüpfen. Nachdem die Koalitionsverhandlungen zwischen der CDU/CSU und der SPD begannen, konkretisierte der Verband seine Forderungen nochmals und veröffentlichte einen weiteren Forderungskatalog für die zukünftige Bundesregierung. Eine weitere Phase für die Arbeit des Verbandes würde nach Abschluss der Koalitionsverhandlungen beginnen.

Das Ergebnis

Die Forderungen, die der VDP stellte, wurden zum Großteil erfolgreich in die Wahlprogramme der Parteien aufgenommen. Auch im Koalitionsvertrag sind einige Forderungen des Verbandes enthalten. Dieser Erfolg kann auf den VDP zurückgeführt werden, da die Forderungen sehr speziell sind und ähnliche Forderungen nicht von anderen Akteuren gestellt wurden. Dahingegen wurden andere Forderungen des Verbandes nicht in die endgültige Fassung des Koalitionsvertrages übernommen. Gründe dafür sind zum Teil die äußeren Einflüsse auf solche Verhandlungen. Sie können auf der einen Seite negativ sein, weil z. B. Themen wie die Pkw-Maut oder die NSA-Affäre zu dem Zeitpunkt dominanter waren als die Themenschwerpunkte des Verbandes und es dadurch viel schwerer fiel, die eigenen Themen durchzusetzen. Ebenso kann die allgemeine gesellschaftliche bzw. politische Debatte aber auch von Vorteil für den Verband sein, wenn sie die eigenen Forderungen thematisiert.

Ungeachtet dessen, dass nicht alle Forderungen umgesetzt werden konnten, hat der Verband im Vergleich mit dem Wahlkampf zur Bundestagswahl 2009 schon einige Fortschritte vorweisen können. Zur Verbesserung der Ergebnisse möchte sich der VDP das nächste Mal evtl. auf weniger Themen beschränken und sich stattdessen intensiver mit ihnen auseinandersetzen bzw. noch mehr Partner und Unterstützer in den Prozess mit einbinden. Ebenso kann nicht früh genug begonnen werden, die Kampagne vorzubereiten. Der Kontakt zu allen Politikern und Ansprechpartnern muss über die gesamten vier Jahre aufrechterhalten und gepflegt werden, um die eigenen Anliegen voranzubringen. Die persönlichen Kontakte sollten sich außerdem nicht nur auf die Regierungsparteien beschränken, denn es kann nie vorhergesehen werden, welche Parteien nach der Wahl noch im Bundestag vertreten sind und welche entscheidenden Kontakte durch das Ausscheiden einer Partei verloren gehen können.

Drei Tipps
1. Nutzen Sie die Zeit des Wahlkampfs auch für die Arbeit nach innen. Es ist ein guter Zeitpunkt, die Mitglieder über die Aktivitäten und Leistungen des Verbandes zu informieren und diese sichtbar zu machen.
2. Arbeiten Sie stetig an Ihrer Kampagne sowie Ihren Forderungen und beginnen Sie rechtzeitig mit der strategischen Planung. Es ist ein kontinuierlicher Prozess, der wachsen muss.
3. Bleiben Sie flexibel. Durch unvorhersehbare äußere Einflüsse kann es passieren, dass die Strategie geändert oder angepasst werden muss.

Allianz der öffentlichen Wasserwirtschaft e. V.
Umsetzung einer EU-Richtlinie in deutsches Recht
Christa Hecht, Geschäftsführerin
im Gespräch mit Claudia-Catherina Baudach

 Interessenverband  Wasserwirtschaft, Umwelt  EU, Bund, Länder, Öffentlichkeit  4 (1)

Die Ausgangssituation
Die Allianz der öffentlichen Wasserwirtschaft e. V. (AöW) ist die Interessenvertretung der öffentlichen Wasserwirtschaft in Deutschland. Seit ihrer Gründung im Jahr 2007 sind in der AöW ausnahmslos Aufgabenträger der öffentlichen Wasserwirtschaft organisiert. So zählen zu den Mitgliedern Kommunen und Unternehmen, die selbst oder durch verselbstständigte Einrichtungen jegliche Leistungen der Abwasser- und Wasserversorgung erbringen und vollständig in öffentlicher Hand sind. Darüber hinaus zählen Wasser- und Bodenverbände und wasserwirtschaftliche Zweckverbände zu den Mitgliedern der Allianz. Die AöW verfolgt den Zweck, die öffentliche Wasserwirtschaft zu fördern, indem Interessen und Kompetenzen der kommunalen und verbandlichen Wasserwirtschaft durch die gemeinsame Allianz gebündelt werden. Der Verband vertritt die Kompetenzen öffentlicher Wasserwirtschaft gegenüber Politik, Verwaltung, Wirtschaft und Öffentlichkeit. Auf EU-Ebene werden die Interessen der öffentlichen Wasserwirtschaft durch die AöW sowohl direkt gegenüber der Europäischen Kommission und dem Parlament vertreten als auch durch deren Mitgliedschaft in Verbänden bzw. weiterführenden Kooperationen.

Zu den bedeutendsten Zielen für die AöW zählen die Sicherung und Achtung des Wassers als Lebensgrundlage für alle Menschen, dessen Qualität und Zugang nur durch kommunale öffentliche Wasserwirtschaft hinreichend gewährleistet werden kann. Denn: Wasser ist kein handelbares Wirtschaftsgut und der Zugang zu sauberem Wasser und Sanitätsversorgung ein allgemeines Menschenrecht.

Im Rahmen der Umsetzung der EU-Richtlinie 2009/31/EG vom 23.04.2009 über die geologische Speicherung von Kohlendioxid (CO_2) mit der CCS-Technologie (Carbon, Capture and Storage) in deutsches Recht sah die AöW die Wasserversorgung massiv gefährdet. Unter Anwendung dieser Technologie sollen große Mengen Kohlendioxid mit hohem Druck in den Untergrund gepresst werden, was nachweisbar gefährliche Auswirkungen für das Grundwasser hat und somit die Nachhaltigkeit von sauberem Trinkwasser insbesondere für künftige Generationen ernsthaft gefährdet. Deshalb hat sich die AöW mit ihren Mitgliedsverbänden eindeutig gegen CCS positioniert und sich im Rahmen einer Lobbying-Strategie für den Grundwasserschutz starkgemacht.

Die Akteure
Da die AöW mit ihrer Lobbying-Strategie gegen die CCS-Technologie gleichzeitig auch gegen die Umsetzung einer EU-Richtlinie in deutsches Recht vorgegangen ist, zählten zu den invol-

vierten Akteuren sämtliche politischen Instanzen, die an einem solchen Gesetzgebungsverfahren beteiligt sind: die Europäische Kommission und das Parlament auf EU-Ebene, der Bundestag und der Bundesrat als gesetzgebendes Legislativorgan in der Bundesrepublik Deutschland, Ministeriumsvertreter auf Bundes- und Länderebene, die sich mit Wasser- und Umweltfragen befassen; weiterhin als nicht politische Akteure in diesem Fall die Mitglieder der AöW und andere Interessenverbände der Wasserwirtschaft und des Umweltschutzes. Die Besonderheit dieses Politikbereichs zeichnet sich durch die hohe Bedeutung und Relevanz des Gutes „Wasser" für alle Menschen aus. Schließlich ist Wasser ein elementarer Bestandteil unserer menschlichen Grundexistenz und ein lebenswichtiges Thema. Folglich ist der Umgang mit dem Thema durch politische Akteure und daraus resultierende gesetzliche Änderungen äußerst brisant – und gleichzeitig für jeden einzelnen Menschen besonders wichtig.

Die Strategie

Die AöW beobachtet stets gezielt den für sie relevanten politischen Raum und konnte dadurch sofort auf die erste Veröffentlichung des Gesetzesentwurfs zur Umsetzung der EU-Richtlinie über die Speicherung von CO_2 reagieren. Außerdem ist die AöW in der öffentlichen Liste über die beim Bundestag registrierten Verbände und Vertreter eingetragen und erhält verbandsrelevante Informationen, wodurch ebenfalls die für die Allianz wichtigen Themen aufgedeckt werden können.

Beim Thema CCS-Technologie bestand nicht von Beginn an inhaltlicher Konsens innerhalb der AöW. Dieser musste intern zunächst über eine Abstimmung im Präsidium herbeigeführt werden. Im Prozess der Positionierung hat die Allianz sich sogar von einem Mitglied trennen müssen – konnte dann aber in der Folge als geschlossene Einheit auftreten und eine gemeinsame offensive Strategie verfolgen. Hierbei hat die AöW ein Positionspapier verfasst und zur CCS-Technologie und zu der Umsetzung der EU-Richtlinie umfassend Stellung bezogen mit dem Ziel, den Gesetzesentwurf scheitern zu lassen. Dieses Positionspapier wurde aktiv, konsequent und weitreichend verbreitet: durch E-Mail-Versand an wasserpolitische Verbände, Umweltorganisationen, Umweltministerien und jegliche Ansprechgruppen und Empfänger, für die das Thema Grundwasserversorgung und -erhaltung von entscheidender Bedeutung ist. Dies erforderte eine umfassende Recherchearbeit seitens der Geschäftsführung der AöW. Durch die weite Verbreitung des Positionspapiers ist ein viraler Effekt eingetreten, der den Druck auf die politischen Entscheidungsträger maßgeblich erhöhte. Zahlreiche Verbände haben eigene Positionspapiere zum Thema CCS und dessen gesetzlicher Umsetzung verfasst oder das Positionspapier der AöW zusätzlich weitergeleitet.

Die Botschaften und Argumente

Da das Thema zielgruppenübergreifende Relevanz hat, wurde keine weitere strategische Unterteilung vorgenommen, um die Botschaften und Argumente zu verbreiten. Die AöW konnte in ihrem Positionspapier vor allem mit ihren Argumenten punkten. Da Wasser als Lebensmittel Nr. 1 gilt, ist die Bereitstellung und Gewährleistung von sauberem Trinkwasser durch die Mitgliedsunternehmen der Allianz der überzeugende Grund schlechthin und wird durch die Liste der „Allgemeinen Menschenrechte der Vereinten Nationen" untermauert. Dort ist der

Zugang zu sauberem Wasser und Sanitätsversorgung als Menschenrecht deklariert, sodass die Aktivitäten der AöW zum Schutz des Trinkwassers in Deutschland unabweisbar legitimiert sind. Die Gefahren, die durch die CCS-Technologie entstehen, sind im Positionspapier dargelegt und die Allianz beruft sich weiterhin auf das Vorsorgeprinzip als Bestandteil der aktuellen Umwelt- und Gesundheitspolitik in Europa, nach dem Schäden und Belastungen für die Umwelt und die menschliche Gesundheit vermieden oder bestmöglich verringert werden sollen. Aufgrund der unklaren Gefahrenlage hinsichtlich der Kohlendioxidspeicherung im Untergrund hat sich die Allianz auf die Missachtung des Vorsorgeprinzips durch die Kohlendioxidspeicherung berufen können – und somit überzeugend argumentiert.

Die bereits in der Ausgangssituation aufgeführten Kernbotschaften und Ziele der AöW wurden auch bei der strategischen Verbreitung des Positionspapiers konsequent dargelegt. Im Positionspapier gegen die CCS-Technologie wurde auf die nicht auszuschließenden Gefahren hingewiesen und der Vorrang des Schutzes des Grundwassers vor anderen (wirtschaftlichen) Interessen vehement eingefordert. Außerdem wurde von der Bundesregierung und den Abgeordneten des Bundestages erwartet, dass diese sauberes Wasser als Menschenrecht ernst nehmen und im Sinne des Vorsorgeprinzips die Genehmigung der CCS-Technologie ablehnen.

Die Instrumente

Als wichtigstes und erfolgreichstes Instrument kann im Rahmen dieser Lobbying-Strategie das Positionspapier zur Umsetzung der EU-Richtlinie bezeichnet werden. Durch die massive Verbreitung (und den damit verbundenen viralen Effekt) der zentralen Argumente und Kernbotschaften der AöW gegen die Kohlendioxidspeicherung im Untergrund konnte auf das Gesetzgebungsverfahren Einfluss genommen werden. Durch die Rückmeldungen und Stellungnahmen der kontaktierten Verbände, Organisationen und Bürgerinitiativen sind darüber hinaus wichtige Zusammenarbeiten entstanden, die für die erfolgreiche Umsetzung der Strategie von Bedeutung waren.

Da die CCS-Technologie aus technischen Gründen nicht in allen Bundesländern umgesetzt werden könnte, hat sich die AöW entschieden, zwei Informationsveranstaltungen in den stark betroffenen Ländern Brandenburg und Niedersachsen durchzuführen. In diesen Teilen Deutschlands sind sowohl die betroffene Bevölkerung als auch politische Entscheidungsträger und Fachverbände viel stärker für das Thema sensibilisiert und zugänglich. Das Veranstaltungsprogramm beinhaltete einen informativen Part, in dem Fakten und Informationen zur CCS-Technologie vorgestellt wurden. Im weiteren Verlauf wurden politische Vertreter mit ihrer Sicht angehört, um im Anschluss die Position der AöW und ihrer Mitglieder zu verdeutlichen. Im Rahmen von Podiumsgesprächen wurde eine Diskussion mit Politikern, Verbandsvertretern, Umweltverbänden, Bürgerinitiativen und Wissenschaftlern zur aktuellen Situation in Bezug auf das Gesetzesvorhaben geführt, sodass die Veranstaltung einen Rundumblick zum Thema bieten konnte.

Es haben außerdem während des gesamten Gesetzgebungsverfahrens immer wieder Hintergrundgespräche mit Abgeordneten des Bundestages stattgefunden. Von Anzeigenschaltungen wurde aufgrund des begrenzten Budgets abgesehen. Demonstrationen wurden nicht durch die AöW organisiert, haben aber auf anderen Wegen stattgefunden.

Die Umsetzung
Die Strategie wurde durch ein intensives Begleiten des Gesetzgebungsprozesses umgesetzt. Jede Anhörung wurde ausgewertet und durch Stellungnahmen seitens der AöW kommentiert, die auf deren Homepage veröffentlicht wurden. Darüber hinaus dienten auch die Hintergrundgespräche mit politischen Funktionsträgern dazu, auf die Umsetzung der EU-Richtlinie Einfluss zu nehmen.

Während des Verfahrens traten einige kritische Faktoren und Aktionen auf, die die AöW bei der Verfolgung ihrer Strategie vor Herausforderungen stellte. Zum einen haben namenhafte Energiekonzerne, die ein wirtschaftliches Interesse an der Implementierung der CCS-Technologie haben, große Kampagnen gestartet, um ihre Anliegen in die Öffentlichkeit zu tragen, zum anderen musste ein Konflikt zwischen Bundesrat und Bundestag beim gemeinsamen Gesetzeserlass überwunden werden. Im Bundesrat herrschte Uneinigkeit bzgl. des Gesetzesentwurfs, da einige Bundesländer von der CCS-Technologie überhaupt nicht betroffen sind, da die Kohlendioxidspeicherung aufgrund der technischen und geologischen Voraussetzungen nur in wenigen Gebieten Deutschlands möglich ist. Die stärker betroffenen Bundesratsmitglieder sprachen sich gegen die Umsetzung der EU-Richtlinie in deutsches Recht aus, sofern keine entsprechenden Änderungen vorgenommen werden, die die Nutzung von CCS-Technologie einschränken würden.

Das Ergebnis
Durch die Lobbying-Strategie der AöW konnte letztendlich eine wichtige Änderung des Gesetzesentwurfs herbeigeführt werden. Durch die hinzugefügte Klausel im Bundesgesetz wurde den einzelnen Bundesländern das Recht eingeräumt, eigene Gesetze zu erlassen, die den Einsatz der CCS-Technologie individuell regeln. Bis dato wurde in keinem deutschen Bundesland die Speicherung von Kohlendioxid zugelassen. Es wurden bisher auch keine EU-Forschungsmittel beantragt, um die CCS-Technologie umzusetzen oder um generelle Implementierungsmöglichkeiten zu analysieren. Ganz im Gegenteil: Die nicht abgerufenen EU-Fördermittel wurden letztendlich für die Erforschung erneuerbarer Energien eingesetzt.

Die Kampagnen der Energiekonzerne stellten im gesamten Verfahren die größte Hürde dar und haben die Zielerreichung der AöW erschwert. Der virale Effekt, der durch die massive Verbreitung des eigenen Positionspapiers eingetreten ist, kann als größter Erfolgsindikator identifiziert werden. Die daraus entstandene Zusammenarbeit mit anderen Verbänden und Organisationen war ebenfalls ein wichtiger Faktor für die letztendlich erfolgreiche Einflussnahme auf das Gesetz.

Grundsätzlich würde die AöW bei einer ähnlichen Lobbying-Strategie in der Zukunft mehr Studien durchführen, um die eigenen Argumente und Kernbotschaften noch besser abzusichern, da diese einen zentralen Erfolgsfaktor darstellen. Dies scheiterte im Fall CCS am fehlenden Budget.

Drei Tipps
1. Formulieren Sie überzeugende Kernbotschaften. Eine erfolgreiche Lobbying-Strategie steht und fällt mit den zugrunde liegenden Argumenten und deren Überzeugungskraft. Es gilt, die wichtigsten Kernbotschaften leicht verständlich und nachvollziehbar zu formulieren, um die eigenen Anliegen erfolgreich übermitteln zu können.
2. Machen Sie nicht zu viel. Konzentrieren Sie sich auf die relevanten Zielgruppen und Empfänger und treten Sie immer dann in Kontakt, wenn Sie ein konkretes Anliegen haben. Der richtige Zeitpunkt in der Kommunikation ist dabei genauso entscheidend wie der Anlass. Durch übermäßiges Auftreten können wichtige Botschaften Ihres Verbandes untergehen.
3. Nicht nur klotzen! Vielmehr gilt es, ein seriöses Auftreten anzustreben und die eigene Position kurz und knapp zu vermitteln – und im Idealfall einen viralen Effekt zu erzeugen.

Bundesverband der obst-, gemüse- und kartoffelverarbeitenden Industrie e. V.
EU-Verordnung zu Lebensmittelzusatzstoffen

Werner Koch, Geschäftsführer
im Gespräch mit Thekla Werner

 Industrieverband Lebensmittelsicherheit, EU   7 (1)
Lebensmittelrecht

Die Ausgangssituation
Der Bundesverband der obst-, gemüse- und kartoffelverarbeitenden Industrie e. V. (BOGK) ist die Interessenvertretung der überwiegend mittelständischen Unternehmen, die in der obst-, gemüse- und kartoffelverarbeitenden Ernährungsindustrie tätig sind. Ziel des BOGK ist es, die politischen sowie wirtschaftlichen Interessen der Mitglieder zu bündeln, diese sowohl auf Bundes- als auch auf europäischer Ebene mit einer Stimme zu vertreten und deren Anliegen durchzusetzen. Er ist der einzige Fachverband für diesen Industriezweig in Deutschland.

Der Verband steht derzeit vor mehreren politischen Herausforderungen. Da auf europäischer Ebene mittlerweile 99 Prozent der Gesetze für diesen Industriezweig hinsichtlich Lebensmittelsicherheit/-recht für alle EU-Mitgliedsstaaten einheitlich geregelt werden, besteht die Herausforderung im Lebensmittelrecht hinsichtlich der Kennzeichnung von Lebensmitteln einerseits und Zusatzstoffen andererseits. So versucht der BOGK seit 2007/2008, sich so einzubringen, dass die Regelungen für diesen Industriebereich praktikabel sind. Ferner besteht die Aufgabe des BOGK hinsichtlich des Erneuerbare-Energien-Gesetzes (EEG) zum einen hinsichtlich der entstehenden Kosten für die Industrie und zum anderen hinsichtlich der Verwendung von Pflanzen zur Energiegewinnung. Nach Meinung der BOGK ist es nicht hinnehmbar, dass Pflanzen für Diesel o. Ä. angebaut werden. Des Weiteren besteht die Herausforderung auf Bundesebene im Bereich Arbeitsrecht: Hier setzt sich der Verband dafür ein, dass für Saisonarbeitskräfte kein Mindestlohn eingeführt wird, und versuchte dies auch in die Koalitionsvereinbarungen zu integrieren.

Ausgangspunkt für den ausgewählten Fall der Änderungsverordnung hinsichtlich der Verwendung von „Süßungsmitteln in gewissen Frucht- und Gemüseaufstrichen" war die im Juni 2013 verabschiedete EU-Verordnung zu „Lebensmittelzusatzstoffen", bei der das diesbezügliche Lebensmittelrecht für alle EU-Mitgliedstaaten vereinheitlicht wurde und für den Rechtsanwender durch die vorgenommene Kategorisierung vereinfacht und transparenter gestaltet wurde. Allerdings sind dabei Fehler unterlaufen, da der eine oder andere bis dato erlaubte Zusatzstoff vergessen wurde und daher die gesamte Lebensmittelindustrie ein Problem hatte, da diese nicht mehr legitim waren. So ist dies für die gesamte lebensmittelverarbeitende Industrie, die brennwertverminderte Frucht- und Gemüseaufstriche im europäischen Raum herstellt, von besonders hoher Relevanz. Ohne die Erlaubnis der Benutzung von Zusatzstoffen hätten die Produkte vom Markt genommen werden müssen, da sie nicht mehr hätten produziert werden dürfen. Auch für die Verbraucher, gerade für ernährungsbewusste Menschen und Diabetiker, wäre das zum Problem geworden. Im Fall der Konfitüren betraf dies fast 100 Prozent der deutschen Konfitürenindustrie, wie z. B. Zentis, Schwartau, Maintal etc., aber auch alle europäischen Anbieter. Der Verband setzte sich dafür ein, dass Süßungsmittel, die für brennwertverminderte Brotaufstriche notwendig sind, d. h. Aufstriche mit einem geringeren oder gar keinem Zuckeranteil, die dafür aber Süßungsmittel enthalten, in die Verordnung aufgenommen werden und diese Produkte nach wie vor in Europa vermarktet werden dürfen.

Die Akteure
Bei der Änderungsverordnung hinsichtlich der Verwendung von Süßungsmitteln in bestimmten Brotaufstrichen aus Obst oder Gemüse war der BOGK in Kooperation mit dem europäischen Verband der obst-, gemüse- und kartoffelverarbeitenden Industrie neben der EU-Kommission aktiv beteiligt. Das Zusammenspiel dieser Akteursgruppen ist besonders interessant, da in Kooperation mit dem europäischen Verband alle Interessen der betroffenen Lebensmittelindustrie aller EU-Mitgliedstaaten gebündelt werden können und mit Überzeugungskraft sowie den richtigen Argumenten sehr viel erreicht werden kann. Dies liegt auch im Selbstverständnis des Verbandes, der sich als Mitspieler der Politik sieht. Ziel des Verbandes ist es nicht, die Politik zu beeinflussen, sondern zu überzeugen, denn der einzelne Politiker kann nicht alles wissen; stattdessen möchte er über Sachverhalte aufgeklärt werden. Es ist vielmehr ein Geben und ein Nehmen gemäß dem Motto: „Helfen Sie uns und wir helfen Ihnen!" Die Aufgabe eines Lobbyisten bzw. eines Verbandes besteht nicht darin, Dinge zu fordern, sondern diese zu erklären. Daher ergeben sich die meisten Anliegen von selbst.

Der Politikbereich Lebensmittelsicherheit/-recht unterscheidet sich von anderen Politikbereichen hinsichtlich der Relevanz und der Akteure. Es gibt Politikbereiche mit Themen, bei denen viel mehr Akteure bzw. Menschen betroffen sind, wie z. B. im Energiebereich hinsichtlich Energiekosten. Dort wäre die gesamte Industrie betroffen. Daher spielen größere Industrieverbände, wie z. B. die Automobilindustrie oder Metallindustrie, als Akteure eine gewichtigere Rolle hinsichtlich der Interessenvertretung. Während der BOGK hier nur ein kleiner Mitspieler ist, stellt er im Bereich Lebensmittelsicherheit/-recht den Hauptakteur dar und muss agieren und argumentieren – ansonsten werden die Interessen der Mitglieder nicht vertreten.

Die Strategie
Der Verband verfolgt das politische Geschehen sowohl auf Bundes- als auch auf Europaebene sehr stark. Da Regelungen im Lebensmittelrecht primär in Brüssel erfolgen, besteht die Möglichkeit, durch das Brüsseler Büro Handlungsbedarf schon früh zu erkennen. Bereits während des Gesetzgebungsprozesses zur Verordnung der Lebensmittelzusatzstoffe wurden die fehlenden Bestimmungen bezüglich Süßungsmitteln in brennstoffverminderten Brotaufstrichen und weiteren Zusatzstoffen bemerkt. Allerdings wollten die Entscheidungsträger die Verordnung fristgerecht verabschieden, damit diese Rechtssicherheit erhält.

Um auch die europäischen Entscheidungsträger zu überzeugen, wurde als Hauptstrategie die Face-to-Face-Strategie verfolgt. Nachdem der Verband auf das Problem aufmerksam geworden war, erfolgte eine interne Umfrage bei den Mitgliedern, inwieweit Süßungsmittel in bestimmten Brotaufstrichen benötigt werden. Innerhalb des BOGK bestand breiter Konsens, dass diese zur Herstellung unabdingbar sind. Anschließend wurde das Problem im europäischen Verband der obst-, gemüse- und kartoffelverarbeitenden Industrie thematisiert und sich nach dem diesbezüglichen Bedarf anderer europäischer Länder erkundigt. Da der Bedarf bestand, wurde auf Basis dieser Gespräche ein Positionspapier verfasst, welches dann dem zuständigen Kommissionsbeamten für Zusatzstoffe der Generaldirektion für Lebensmittelsicherheit/-recht zugeleitet wurde, mit der Bitte um Anhörung und dem Hinweis, mit welchen Akteuren das Gespräch stattfinden soll. Im persönlichen Gespräch zwischen dem zuständigen Kommissionsbeamten für Zusatzstoffe, dem Geschäftsführer des europäischen Verbandes, Herrn Koch, als Geschäftsführer des BOGK, seiner Assistentin und einem Verbandsmitglied aus der Praxis wurde zudem eine konkrete Gesprächsstrategie angewandt. Der BOGK versuchte mit sachlichen Argumenten, den Entscheidungsträger von der Richtigkeit des Anliegens zu überzeugen. Mit der Unterstützung des europäischen Verbandes wurden die Argumente dahingehend gestützt, dass das Anliegen europaweit besteht und es daher Mitstreiter gibt. Ferner konnte die Überzeugungskraft durch den Praxisvertreter ausgebaut werden, der mit Fakten aus der Praxis die Argumente unterstützte sowie aufkommende praktische Fragen im Gespräch genau erläutern konnte.

Wie immer hat sich der BOGK offensiv positioniert. Das ist nicht unbedingt eine taktische Frage. Vielmehr verfügt der Verband in der Politik über ein gutes Image, d. h., wenn der Verband um ein Gespräch bittet, dann besteht tatsächlich ein Problem. Daher können Dinge offensiv angegangen sowie offen darüber geredet werden. Im umgekehrten Fall wird der Verband auch selbst von den Entscheidungsträgern um Rat gefragt.

Die Botschaften und Argumente

In der Kommunikation wurde lediglich ein einziges Argument als Kernbotschaft eingesetzt, da das Thema sehr ausschlaggebend für die Zukunft der lebensmittelverarbeitenden Industrie war. Es wurde damit argumentiert, dass die Erlaubnis für Zusatzstoffe in brennstoffverminderten Frucht- und Obstaufstrichen notwendig sei, da sonst eine komplette Produktgruppe im ganzen europäischen Raum verschwinden würde. Dies kann weder im Sinne der Verbraucher und der Hersteller noch der Politik sein. Hilfreich war natürlich auch die Tatsache, dass diesbezügliche Regelungen bereits in der vorherigen EU-Richtlinie enthalten waren. Eine Differenzierung hinsichtlich Zielgruppen war nicht nötig.

Die Instrumente

Im Wesentlichen wurden lediglich zwei Instrumente benutzt, die im Zusammenspiel die volle Wirkkraft entfalten konnten. So wurde neben dem Positionspapier, das auf Basis der verbandsintern geführten Gespräche sowie in Abstimmung mit dem europäischen Verband verfasst wurde, die Stellungnahme des Verbandes ausführlich dargelegt. Diese diente als Grundlage für das zweite Instrument, d. h. das persönliche Gespräch mit dem zuständigen Beamten der Generaldirektion für Lebensmittelsicherheit/-recht, das in der oben erwähnten Zusammensetzung stattfand.

Obwohl die beiden Instrumente für diesen Fall entscheidend waren, war dennoch das erfolgreichste Instrument das persönliche Gespräch bei der EU-Kommission aufgrund der Zusammensetzung: Durch die Repräsentanz der europäischen Lebensmittelindustrie durch den europäischen Verband konnte die Kommission erkennen, dass das Anliegen nicht nur in Deutschland vorhanden ist, sondern in allen 28 Mitgliedstaaten. Ferner konnte durch ein Mitglied das Problem mit Argumenten aus der Praxis beleuchtet werden.

Die Umsetzung

Der vorangegangene Gesetzgebungsprozess der EU-Verordnung zu Zusatzstoffen wurde vom Verband kritisch begleitet, indem die Entwürfe der Kommission zum einen im Verband selbst geprüft wurden und zum anderen auch innerhalb des europäischen Verbandes kontrolliert wurden. Ebenfalls wurden die Mitglieder mit eingebunden, indem ihnen die Entwürfe im Vorfeld zugeleitet wurden mit der Bitte um Durchsicht und dem Hinweis auf mögliche Ergänzungen. Schon in diesem Stadium brachte sich der BOGK mit Änderungsanträgen bezüglich verschiedener Regelungen hinsichtlich von Zusatzstoffen in Lebensmitteln ein, mitunter auch zur Regelung der Süßungsmittel in Brotaufstrichen. Problem des ganzen Gesetzgebungsprozesses war jedoch, dass seitens der gesamten Lebensmittelindustrie so viele Änderungsanträge eingereicht wurden, dass aufgrund des Zeitmangels, der durch die fristgerechte Verabschiedung der Verordnung herrschte, um Rechtssicherheit der Verordnung zu erlangen, nicht alle Änderungen mit aufgenommen werden konnten. Dies hatte allerdings keine weiteren Auswirkungen, da solche Gesetze auch nach Inkrafttreten permanent geändert werden können. Daher wurde die EU-Kommission im Nachhinein auf die fehlende Regelung bezüglich der Süßungsmittel in Brotaufstrichen aufmerksam gemacht. Dies wurde intensiv begleitet und vorangetrieben – insbesondere durch das Positionspapier und das Gespräch mit dem zuständigen Kommissionsmitarbeiter. Durch die erreichte Überzeugung wurde der Anhang II der Verordnung zu Lebensmittelzusatzstoffen neu formuliert. Nach einem Gutachten der Europäischen Behörde für Lebensmittelsicherheit hinsichtlich einer lebensgefährdenden Unbedenklichkeit der zu erlaubenden Süßungsmittel und der befürwortenden Stellungnahme des Ständigen Ausschusses für die Lebensmittelkette und Tiergesundheit wurde die Änderungsverordnung von der EU-Kommission am 23. September 2013 erlassen und trat 20 Tage danach in Kraft.

Der BOGK konnte sich mit klaren Praxisargumenten Gehör verschaffen. Dies erfolgte im Vorfeld mit dem Positionspapier, das dem zuständigen Kommissionsmitarbeiter zugesandt wurde. So konnte dieser von der Notwendigkeit und Wichtigkeit eines Gespräches hinsichtlich des Anliegens überzeugt werden. Schließlich konnten nach intensiver Vorbereitung im Gespräch mit dem Kommissionsmitarbeiter die Argumente persönlich, praxisnah und verständlich erläutert werden, indem auch der europäische Verband der obst-, gemüse- und kartoffelverarbeitenden Industrie die Position des BOGK unterstützt hat.

In diesem Fall gab es keine unerwarteten Probleme oder Wendungen, da es sich hierbei um einen Fall handelt, der bei der Überarbeitung der Verordnung zu Lebensmittelzusatzstoffen lediglich vergessen wurde und die Tatsache der Notwendigkeit von Süßungsmitteln in Brotaufstrichen keiner weiteren Erklärung bedarf.

Das Ergebnis

Der Verband erreichte durch sein Vorgehen die Aufnahme der fehlenden Formulierungen in die EU-Verordnung zu Zusatzstoffen durch die Änderungsverordnung, welche dann im Herbst 2013 verabschiedet sowie anschließend im Amtsblatt der Europäischen Union veröffentlicht wurde und ab November in Kraft trat, sodass Brotaufstriche nach wie vor Süßungsmittel enthalten dürfen.

Die Tatsache, dass es sich hierbei um eine Angelegenheit handelte, die seit dem Erlass der ersten diesbezüglichen europäischen Richtlinien immer erlaubt war, erleichterte die Zielerreichung. In diesem Fall gab es keine Erschwernisse durch äußere Einflüsse.

Es besteht keine Notwendigkeit zur Änderung der Strategie oder der Instrumente bei ähnlichen Fällen, da seitens des Verbandes alles richtig gemacht wurde. Es konnte vielmehr daraus gelernt werden, dass das Vorgehen als Erfolg zu werten ist und ein Positivbeispiel darstellt, wie bei vergleichbaren Fällen vorgegangen werden muss. Eine wichtige Erkenntnis ist auch auf den Aspekt der Glaubwürdigkeit zurückzuführen, denn wenn man glaubwürdig sein möchte, muss das bestehende Anliegen bzw. das vorliegende Problem erläutert werden. In den seltensten Fällen trifft man auf Unverständnis. Zudem besteht oft keine böse Absicht bei politischen Entscheidungsträgern, wenn gewisse Gesetzesaspekte vergessen werden. Politiker haben viele Fachgebiete, Interessenvertreter dagegen sind vielmehr „Fachidioten" und konzentrieren sich lediglich auf ein Thema und können daher mit Praxisargumenten überzeugen. Die Aufgabe von Interessenvertretern besteht somit darin, den Politikern Argumente aus der Praxis zu liefern, die diese aufgrund ihrer Fachfremdheit gar nicht kennen können.

Drei Tipps

1. Wichtig ist, eine persönliche bzw. menschliche Ebene zu schaffen. Bei aller Ernsthaftigkeit eines Themas sollte versucht werden, nicht zu verkrampft und nicht zu bestimmend aufzutreten, sondern das Anliegen sollte persönlich und glaubwürdig, im Sinne von seriösem Verhalten und einer gewissen Zurückhaltung, vermittelt werden. Das Wichtigste, was ein Interessenvertreter beherrschen sollte, sind Glaubwürdigkeit und Seriosität.
2. Ein Interessenvertreter muss fachliche Kompetenz und sachliche Vorbereitung mitbringen. Es ist wichtig, die richtigen Argumente darzulegen. Das sind in der Regel die sachlichen und praktischen Argumente, denn Gesetze schaffen Rahmenbedingungen, die für die Praxis passen müssen. Ist dies an der einen oder anderen Stelle nicht gegeben, muss mit Sachkenntnis und den entsprechenden Vertretern als Team aufgetreten werden, um die Angelegenheit möglichst zügig zu klären.
3. Ferner sind der Aufbau eines eigenen Interessennetzwerkes sowie die Pflege der Kooperationspartnerschaften unabdingbar, denn es müssen Sachverhalte auf- und vorbereitet werden. Gemeinsam ist das leichter. Zudem kann man sich dadurch größeres politisches Gehör verschaffen.

WWF Deutschland
EU-Fischereigesetz
Alois Vedder, Leiter Policy
im Gespräch mit Mario Kümmel

 Naturschutzverband   Naturschutz   EU, Öffentlichkeit   145 (4)

Die Ausgangssituation
Der World Wide Fund for Nature (WWF) ist eine der größten Naturschutzorganisationen der Welt und in über 100 Ländern aktiv. Alle zehn Jahre, so auch im Jahr 2013, wird die gemeinsame EU-Fischereipolitik reformiert. Fischerei und Meere sind ein wichtiges Thema für den WWF, da diese Bereiche von der Politik stiefmütterlich behandelt werden. Für den WWF ist diese europäische Reform daher von großer Bedeutung, da entschieden wird, wie und mit welchen Methoden, mit welchen Grenzen, wie nachhaltig und wie umweltfreundlich oder nicht die Fischerei in Europa in den nächsten zehn Jahren geregelt wird. Das betrifft nicht nur die europäischen Gewässer, sondern auch die europäischen Flottenfischer außerhalb Europas, z. B. vor Afrika. Daher war und ist es für dieses Thema und die zukünftige biologische Vielfalt der Meere entscheidend, dass diese Reform im Sinne der Ziele des WWF genutzt wird.

Der WWF hatte in den Verhandlungen mehrere Ziele, im Wesentlichen aber die Vermeidung von Beifang, da gerade mit dem Beifang Leben ohne Sinn und Nutzen zerstört wird. Unter Beifang wird alles verstanden, was während des Fischens mitgefangen wird, aber wieder über Bord geht. Beifang macht einen hohen Prozentsatz des gesamten Fangs aus. Zudem wollte der WWF mehr Verantwortung in regionale Fischerei-Organisationen legen, nachhaltig zu fischen und das auch nachzuweisen. Zudem wurde eine Mengenbegrenzung angestrebt. Dabei geht es um die Frage, wie groß ein Fang sein darf, damit die Fischbestände sich erst erholen und dann auch stabil bleiben, gleichzeitig aber auch die größtmöglichen Mengen an Fisch für Lebensmittel gewonnen werden können. Zu diesen wesentlichen Zielen kamen noch Themen wie die Flottenausrüstung oder Subventionen für neue Schiffe bzw. Subventionen für weniger Schiffe. Für all dies gab es vonseiten des WWF einen konkreten Katalog an Vorstellungen und Forderungen.

Die Akteure
Neben dem WWF gibt es als weitere Akteure im Prozess zunächst die Gesetzgeber, in diesem Fall also die EU-Kommission, die nach langer Debatte einen Gesetzesvorschlag unterbreitet. Diese in der Regel lang anhaltende Debatte wird anhand eines sogenannten „Green Papers" geführt, das die EU-Kommission mit dem Zweck veröffentlicht, eine öffentliche und wissenschaftliche Diskussion herbeizuführen und grundlegende politische Ziele in Gang zu setzen. Während dieser Debatte versucht sich der WWF so stark wie möglich einzubringen, sodass die Nachhaltigkeitsgesichtspunkte später im Gesetzesentwurf berücksichtigt werden. Weitere Akteure auf dieser Ebene sind das EU-Parlament und der Europäische Rat, in diesem Fall vertreten durch den Ministerrat für Landwirtschaft und Fischerei. Diese zuletzt genannten

beiden Akteure bestimmen den weiteren Gesetzgebungsprozess, die EU-Kommission koordiniert und moderiert. Auf EU-Ebene ist der Ministerrat am Ende mächtiger als das Parlament, obwohl das Parlament in diesem Fall volles Mitspracherecht hatte. Gegen den Willen des Parlaments konnte es also keine Entscheidung geben.

Auf der anderen Seite stehen als Akteure eine Vielzahl an Interessenverbänden, Fischer, die fischverarbeitende Industrie und große Fischereiflotten. Südeuropa ist dabei ganz anders gelagert als die Länder im Norden, speziell Deutschland. Deutschland hat eine relativ kleine Flotte, in Spanien oder Portugal ist die Fischerei dagegen Teil der Identität und die großen Küstenländer haben gleichzeitig eine hohe Zahl an Arbeitsplätzen in der Fischereibranche.

Des Weiteren spielen Umweltverbände bzw. -organisationen eine Rolle. Der WWF hat ein gutes Dutzend Büros in den betroffenen Ländern und ein zentrales Büro für europäische Politikfragen in Brüssel, das „European Policy Office". Dazu kommen noch Sozialverbände, Gewerkschaften, aber auch Entwicklungsorganisationen, wenn es z. B. darum geht, wie sich die Fischerei auf afrikanische Küstenländer auswirkt. Und letztlich gibt es auch Verbände, die Branchen wie den Handel vertreten, die abhängig davon sind, dass auch in Zukunft genug Fisch vorhanden ist und verkauft werden kann.

In den Medien schafft es dieser Prozess nicht unbedingt jeden Tag in die Headlines, spezialisierte Medien jedoch beobachten die Vorgänge, wie auch europäische Medien in Brüssel. Die breite Medienlandschaft wird erst aktiv, wenn sich der Prozess kurz vor oder nach einer Entscheidung befindet oder wenn der deutsche Minister eine entscheidende Rolle spielt.

Generell sind je nach Thema immer unterschiedliche Akteure bzw. Interessengruppen betroffen. Die Fischerei als solche fällt nicht in die gleiche Kategorie wie andere Themen, bei denen große Energie- oder Agrarkonzerne eine Rolle spielen. So muss man sich bei der Fischerei noch viel tiefer mit allem auseinandersetzen bzw. mit Teilen dieser Gemeinschaften Gemeinsamkeiten suchen. Es gibt Gruppen, die schon viel weiter nach vorn denken und sagen, dass sich die Branche komplett umstellen muss, um sich selber zu erhalten, sprich rücksichtsvoller zu sein und nicht an dem Ast zu sägen, auf dem die Branche sitzt. Jedoch sind Akteure, die sich auf diese Weise äußern, in der Regel nicht die Wortführer. Traditionell wird die Debatte von Vertretern der größeren Flotten gelenkt. Trotzdem hat der WWF mit fortschrittlichen Gruppen gearbeitet und ist mit ihnen in der Öffentlichkeit aufgetreten, um zu zeigen, dass es auch in diesen Kreisen Menschen gibt, die das Thema anders sehen.

Die Strategie
Es reicht nicht, erst dann anzufangen, Einfluss zu nehmen, wenn der Gesetzesvorschlag bereits fertig ist. Der WWF arbeitet seit Jahrzehnten an diesem Thema. Die letzte Reform war im Jahr 2002. Die Arbeit beginnt schon in der Mitte dieser Periode, zu dem Zeitpunkt, wenn auch die EU-Kommission in die Evaluierungsphase eintritt und sich selber Fragen stellt wie: „Was hatte die letzte Entscheidung für Folgen?", oder auch: „Was bedeutet das für die nächste Reform?" So ist es notwendig, kontinuierlich diese Themen zu begleiten, und es reicht nicht, erst anzufangen, wenn der Gesetzentwurf auf dem Tisch liegt. Alle Möglichkei-

ten müssen entsprechend vorbereitet werden und es müssen frühzeitig Antworten auf Fragen gefunden werden wie z. B.: Wo kann man Koalitionen bilden? Was kann mit Partnern erreicht werden? Wann müssen wir die Konfrontation suchen? Wer sind mögliche Verbündete im EU-Parlament? Wie wurde das letzte Mal abgestimmt?

Natürlich muss sich der WWF zuallererst selbst organisieren und die verschiedenen Erfahrungen, auch aus den unterschiedlichen Teilen Europas, die auf den WWF einströmen, sortieren. Denn es ist auch innerhalb des WWF so, dass Menschen, die näher dran sind, in der spanischen oder dänischen Fischerei z. B., einen ganz anderen Erfahrungshintergrund haben. Diese unterschiedlichen Stimmen müssen alle zusammengebracht werden, um herauszufinden, was der WWF gemeinsam vertritt, denn er muss mit einer Stimme sprechen, sonst kann er sich in Brüssel nicht durchsetzen.

Zu Beginn wird über Schriftverkehr kommuniziert, es werden Vorschlagspapiere erstellt, die diskutiert werden. Wenn es dann zum gemeinsamen Agieren kommt, in Brüssel wie auch in den Hauptstädten der Mitgliedsländer, dann gibt es in der Regel ein größeres Kick-off- oder Strategie-Treffen, um den Stand der Dinge auszudiskutieren. Es ist nicht immer einfach, aber es muss ein Konsens erzielt werden. Dies geschieht in der Regel nicht über eine Abstimmung, denn das Ziel ist es, alle in dasselbe Boot zu holen.

Der WWF hatte ein Manifest mit Positionen, Forderungen und Erfahrungen auf 20 bis 30 Seiten und hat dieses an die entsprechenden Kommissionsmitglieder, an die Minister, die Staatssekretäre in den Mitgliedsländern, an die Fischereisprecher, in den Bundestag und auch das spanische Parlament gegeben, um deutlich zu machen, was die Ausgangssituation und was die Ziele sind. Dies wurde auch als Anlass genutzt, erste Gespräche anzufragen.

Die Botschaften und Argumente

In einem ersten Schritt fordert der WWF Maßnahmen, die zu ausgeglichener Fischerei führen und zu einem Ausgleich von Fang und Nachwachsen sowie auch zur Bewahrung der Vielfalt und der Meeresböden beitragen. Auch wenn der WWF nicht alles wissen kann, beansprucht die Organisation für sich, auf wissenschaftlicher Basis zu argumentieren, was in diesem Fall besonders sinnvoll und hilfreich ist, da die Wissenschaft schon zuvor Expertise an die Politiker geliefert hat. Die Politik müsste jedoch wesentlich konsequenter Regeln festlegen, um die Ziele zu erreichen, die von der Wissenschaft gefordert werden. Doch hält sich die Politik schon seit 20 Jahren nicht an die wissenschaftlichen Empfehlungen.

Es geht dem WWF aber nicht nur darum, auf ideale Weise die Meeresumwelt zu schützen, sondern auch um die Zukunft der Fischerei. Wenn man sieht, dass 80 Prozent der Fischbestände weltweit schon überfischt sind oder an der Grenze der Überfischung stehen, dann ist das ökologisch ein Drama. Darüber hinaus hat es sowohl für die Versorgung der Menschheit mit Proteinen als auch für den Berufsstand der Fischer dramatische Konsequenzen, insbesondere in Ländern, in denen eine viel höhere Abhängigkeit von der Versorgung aus dem Meer besteht. Deshalb wurde gezielt sowohl die Kommunikation mit kleineren Fischerbetrieben gesucht als auch dem Handel verdeutlicht, dass er dabei ist, ein Produkt zu verlieren.

Daher sind das zum Teil auch die gewichtigsten Partner, sodass der WWF nicht nur allein zu den Abgeordneten im Europaparlament gegangen ist, sondern auch Veranstaltungen mit großen Unternehmen des Fischhandels organisieren konnte.

Die Instrumente

Im Brüsseler Parlament gab es Veranstaltungen mit Abgeordneten, Handelsorganisationen, Fischereiverbandsvertretern und Europaparlamentariern. Auch wurden MdBs zum Parlamentarischen Frühstück eingeladen, um bei dieser Gelegenheit zu erläutern, wie es um die Debatte in Brüssel steht, und zu verdeutlichen, welchen Beitrag die Bundesregierung leisten könnte. Denn auch die Abgeordneten haben die Möglichkeit, z. B. mit Anträgen, aktuellen Stunden etc., die Regierung zu beeinflussen.

Kampagnenaktivitäten hat der WWF in Brüssel vor dem Parlamentsgebäude, vor der Europäischen Kommission, aber auch hier in Deutschland, z. B. mit Jugendlichen, veranstaltet. Zum Teil macht die Organisation das allein, zum Teil gemeinsam mit anderen Organisationen und Partnern in Brüssel vor entscheidenden Sitzungen. Gerade die Medien brauchen einen Aufhänger, um über Themen zu berichten. Kampagnen, Events und Aktionen sind dabei hilfreich. Der WWF beteiligt sich jedoch grundsätzlich nicht an Aktionen, bei denen zur Blockade oder zur Nutzung ähnlicher Protestformen aufgerufen wird. Der WWF will allein durch symbolische Aktionen, Maßnahmen und Protestformen wahrgenommen werden.

In der entscheidenden Phase gab es z. B. eine Onlineaktion, an der Menschen in fast allen europäischen Mitgliedsländern teilnehmen konnten, um ihre Abgeordneten aufzufordern, die WWF-Forderungen zu unterstützen. Diese war sehr erfolgreich.

Das beste Instrument laut WWF ist die Kombination aus seriöser Vorarbeit mit entsprechenden Positionen und Argumentationen sowie Kontinuität zusammen mit Öffentlichkeits- und Aktionselementen, ergänzt durch die Kooperation mit ungewöhnlichen Partnern wie etwa großen Handelsketten. Der WWF hat in Brüssel auch sehr eng mit anderen Umweltorganisationen zusammengearbeitet, die teilweise einen anderen Stil pflegen und somit Zugang zu anderen Gruppen und Parlamentariern haben. Jeder dieser Partner bringt seine expliziten Stärken ein, was dazu führt, dass eine Zusammenarbeit auch funktioniert, wenn man nicht zu 100 Prozent übereinstimmt.

Die Umsetzung

Die Umsetzung lag vor allem in den Händen der Brüsseler WWF-Kollegen. In einer entscheidenden Abstimmung gab es über 2.500 Änderungs- und Ergänzungsvorschläge, welche die unterschiedlichsten Punkte betrafen. Sich an dieser Stelle einen Überblick zu verschaffen bedeutet sehr viel Arbeit. Dabei müssen die Änderungs- und Ergänzungsvorschläge identifiziert werden, die am stärksten von den eigenen Standpunkten abweichen, um auf diese reagieren zu können. Als Nächstes muss geklärt werden, mit welchen Partnern oder Parteimitgliedern im Parlament erneut gesprochen werden muss. In jeder der größeren Parteien gibt es Vertreter, die auf Umweltfragen fokussiert sind. Gelingt es, diese sogenannten Multiplikatoren von den Standpunkten des WWF zu überzeugen, lassen sich davon auch andere Parteimitglieder beeinflussen. Denn werden bestimmte Standpunkte von fachlich versierten Parteikollegen vermittelt, hat das eine andere Bedeutung, als wenn Standpunkte direkt von einer Organisation wie dem WWF übernommen werden. Im konkreten Fall war es so, dass es eine konservative Gruppe im Europa-Parlament gab, die am schwierigsten von den Standpunkten des WWF zu überzeugen war. Das Kunststück bestand darin, von dieser Gruppe ausreichend viele Mitglieder zu überzeugen, um in der Summe genug Stimmen auf der Seite des WWF zu haben. Der Vorteil auf der Ebene des Europaparlaments ist, dass die Abgeordneten sich immer noch mehr als Abgeordnete verstehen, die ihrem eigenen Gewissen verpflichtet sind und im Zweifel auch gegen die eigene Fraktion stimmen. Im Bundestag ist dies in dieser Form nicht möglich.

Komplizierter gestaltete sich aber die Überzeugungsarbeit im Rat der Mitgliedsländer, in diesem Fall also dem Ministerrat, da an dieser Stelle die partikularen Interessen der Staaten vertreten werden, unabhängig von Nachhaltigkeits- oder Umweltaspekten. Es standen mehrere große Entscheidungen an, was die Gefahr erhöhte, dass Deals gemacht werden, bei denen Aspekte herangezogen werden, die mit der Sache nichts zu tun haben. Deswegen ist hier auch das Netzwerk des WWF in den einzelnen Mitgliedsländern so wichtig. Die WWF-Kollegen können mit den Regierungen vor Ort sprechen und rückmelden, dass dort z. B. die deutsche Position noch nicht vernommen wurde. Der WWF Deutschland ist dann in der Lage, der deutschen Regierung seine Standpunkte mitzuteilen und diese dazu aufzufordern, ihre Position aktiv zu vertreten.

Das Ergebnis

Von den grundsätzlichen Formulierungen her wurden ca. drei Viertel der Vorstellungen des WWF durchgesetzt. Das wäre ein ausgesprochen gutes Ergebnis, wenn es zwischenzeitlich nicht sogar so gewirkt hätte, dass noch mehr von den Standpunkten des WWF übernommen worden wären. Das Parlament wäre zwar dazu bereit gewesen, jedoch musste es in einer offensichtlich harten nächtlichen Debatte mit dem Ministerrat einige Zugeständnisse machen, was die Zufriedenheit über den Ausgang der Debatte beim WWF letztendlich schmälerte.

Im Nachhinein wäre der WWF gern noch früher in die offensive Phase gegangen, denn es wurde sehr lange auf die Kraft der Argumente und Überzeugungen gesetzt. Letztlich musste der WWF jedoch feststellen, dass ab einem bestimmten Punkt die Zuspitzung noch stärker zunehmen muss, damit die Dinge klar und deutlich auf den Tisch kommen und Druck in eine gewisse Richtung erzeugt werden kann. Es bedarf ab einem bestimmten Punkt eindeutiger Botschaften im Sinne von „Wenn nicht, dann ..." oder „Jetzt geht's um alles". Festzustellen war für den WWF, dass sich die Experten manchmal schwertun, sich auf eine Kernbotschaft zu einigen. Da diese Kernbotschaft ungemein wichtig ist, hätte diese früher entwickelt werden sollen, um auch den Kollegen von der Öffentlichkeitsarbeit frühzeitig sagen zu können, dass die entscheidende Phase beginnt und mithilfe der Kernbotschaft auch die Öffentlichkeit mobilisiert wird.

Drei Tipps
1. Interessenvertreter müssen die Materie beherrschen und kontinuierlich an der Sache arbeiten.
2. Sie müssen die richtigen Partnerschaften zur richtigen Zeit suchen und an der richtigen Stelle die richtigen öffentlichen Botschaften setzen.
3. Dagegen sollten sie sich nicht in Details verbeißen und nicht von vornherein die Konfrontation suchen und damit die zu überzeugende Seite in die Defensive zu drängen, denn so lässt sich in der Regel kein Konsens erzeugen.

Transparency International Deutschland e. V.
UN-Konvention gegen Korruption (UNCAC)

Dr. Christian Humborg, Geschäftsführer
im Gespräch mit Linda Underwood

 Antikorruptions-
organisation
 Korruption
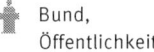 Bund, Öffentlichkeit
 6 (2)

Die Ausgangssituation

Transparency International ist eine gemeinnützige, parteipolitisch unabhängige Bewegung von gleichgesinnten Menschen aus aller Welt, die sich dem globalen Kampf gegen die Korruption verschrieben haben. Transparency International wurde 1993 von Dr. Peter Eigen und seinen Mitstreiterinnen und Mitstreitern in London und Berlin gegründet und ist international tätig. Das internationale Sekretariat von Transparency International trägt die globale Arbeit der Organisation. Es unterstützt und koordiniert die Arbeit der Nationalen Sektionen, die heute in über 90 Ländern eigenständig tätig sind. Die Nationalen Sektionen sind an der Willensbildung von Transparency International auf internationaler Ebene voll beteiligt. Transparency International arbeitet mit vielen nationalen und internationalen Organisationen zusammen – einschließlich der Europäischen Union, den Vereinten Nationen, der OECD, der Weltbank, den Regionalen Entwicklungsbanken und der Internationalen Handelskammer (ICC) in Paris.

Die konkrete politische Herausforderung von Transparency International Deutschland ist, dass Deutschland die Ratifizierung der UN-Konvention gegen Korruption (UNCAC) verweigert. Die UNCAC ist das bedeutendste Ereignis auf der Ebene der Vereinten Nationen. Im Jahr 2003 verabschiedete die Vollversammlung der Vereinten Nationen diesen ersten globalen, völkerrechtlich bindenden Vertrag zwischen ihren 193 Mitgliedstaaten, welcher im Dezember 2005 in Kraft trat. Die UNCAC verwirklicht ein global anwendbares, umfassendes Regelwerk gegen Korruption für den präventiv-organisatorischen und strafrechtlichen Bereich sowie zur Verbesserung der internationalen Zusammenarbeit. Die Nicht-Ratifizierung der UNCAC macht Deutschland im internationalen Kampf gegen Korruption unglaubwürdig und schadet dem nationalen sowie internationalen Ansehen enorm. Daher hat die Ratifizierung der UNCAC nicht nur für Transparency, sondern auch für Politik, Zivilgesellschaft und Wirtschaft in Deutschland eine sehr hohe Relevanz.

Deutschland unterzeichnete das Abkommen zwar bereits 2003, hat aber bis heute – im Gegensatz zu 168 anderen Staaten – das Abkommen nicht ratifiziert, also in innerstaatliches Recht umgesetzt. Deutschland nimmt damit neben acht weiteren Staaten wie Sudan, Syrien oder Japan eine Außenseiterrolle ein, indem es die Bindungswirkung dieses völkerrechtlichen Vertrages nicht anerkennt.

Deutschland erfüllt die Vorgaben der Konvention bereits in manchen Teilen. Zentral ist für Transparency das politische Anliegen, dass Deutschland die bislang unerfüllten Punkte der Konvention umsetzen muss, um diese ratifizieren zu können. Hierzu gehört vor allem die

Verschärfung des Straftatbestandes zur Abgeordnetenbestechung im § 108e StGB. Der § 108e StGB steht seit geraumer Zeit im Fokus der Diskussionen in Deutschland, denn derzeit ist in Deutschland nur die Bestechung/Bestechlichkeit von Parlamentariern im Zusammenhang mit einem Stimmenkauf bzw. -verkauf bei Wahlen und Abstimmungen strafbar. Um die Konvention zu ratifizieren, muss jedoch das verwerfliche Beeinflussen eines Abgeordneten auch bei der sonstigen Wahrnehmung seines Mandats, wie die bisher straffreie Annahme von Geschenken oder Geld, erfasst werden.

In der letzten Legislaturperiode haben Union und Liberale eine Änderung des Gesetzes verhindert und die Gesetzesentwürfe von Grünen, Linken und SPD mit der Begründung abgelehnt, dass Amts- und Mandatsträger nicht miteinander vergleichbar und die Vorschläge zu streng oder teilweise zu unkonkret seien. Im Gegensatz zur UN-Konvention unterscheidet das deutsche Gesetz zwischen Amtsträgern und Mandatsträgern. Erstere müssen sich an Gesetze und Vorschriften im Sinne der Gemeinwohlorientierung halten, Mandatsträger hingegen sind in ihren Entscheidungen und ihrer Interessenvertretung frei. Kritiker fürchten, dass die Verschärfung des Straftatbestands der Abgeordnetenbestechung zu ähnlich strengen Bestimmungen wie für Amtsträger führt. Damit verbunden ist die Angst, dass es öfter zu Ermittlungsverfahren gegen Abgeordnete mit dem entsprechenden Reputationsverlust kommen könnte.

Die Akteure
Der Gesetzesentwurf zur Verschärfung des Straftatbestandes zur Abgeordnetenbestechung soll aus der Mitte des Parlaments kommen, da die Abgeordneten unmittelbar selbst betroffen sind. Die Zielgruppe, die überzeugt werden muss, sind die Abgeordneten als politische Akteure, vor allem die der CDU.

Für das Ziel der Ratifizierung streiten neben Transparency auch andere Nichtregierungsorganisationen (NGO) und die deutsche Wirtschaft. Inzwischen haben auch NGOs wie LobbyControl, Campact oder abgeordnetenwatch.de das Thema aufgegriffen. Weitere wichtige Akteure sind die größten Wirtschaftsverbände wie der Bundesverband der Deutschen Wirtschaft (BDI), die Bundesvereinigung der Deutschen Arbeitgeberverbände (BDA) und der Deutsche Industrie- und Handelskammertag (DIHK), die sich im Rahmen des CSR-Forums der Bundesregierung verstärkt für die Ratifizierung einsetzten und sich in einem Schreiben an den Bundestagspräsidenten wandten. Zudem beklagten sich unter dem Dach der Internationalen Handelskammer (ICC) Deutschland 26 der 30 Dax-Konzerne in einem Schreiben an die Fraktionsvorsitzenden im Bundestag, dass das Ausbleiben der Ratifizierung der UN-Konvention gegen Korruption ihrem Ansehen bei Auslandsgeschäften schadet.

Die Medien werden in der Hoffnung bedient, dass sie die Nichtratifizierung thematisieren, einer breiteren Öffentlichkeit zugänglich machen und Druck auf die Abgeordneten ausüben. Allerdings ist es schwierig, das Thema auf die Agenda zu bringen, da viele Journalisten das Thema mitunter nicht (mehr) spannend finden, da über einen längeren Zeitraum nichts passiert ist und es keine aktuelle Story gibt.

Bei dem Thema einzigartig für Transparency ist, dass hierbei nur die Auseinandersetzung mit Abgeordneten entscheidend ist, wohingegen bei anderen rechtspolitischen Themen eine viel höhere Interaktion mit den Ministerialbeamten stattfindet.

Die Strategie

Für Transparency hat dieses Übereinkommen immer eine wesentliche Rolle in ihrer Arbeit gespielt. Transparency war die einzige Nichtregierungsorganisation, die seit der Entstehung der UNCAC beteiligt war und die die knapp zweijährigen Verhandlungen kritisch begleitete. Entscheidend war dabei für Transparency, weltweite Standards zur Korruptionsprävention und zur Verfolgung korrupten Handelns im öffentlichen und privaten Sektor zu etablieren. Dabei bestand selbsterklärend von vornherein Konsens bei Transparency in der Kernfrage, dass auch Deutschland die Anforderungen der UN-Konvention gegen Korruption umsetzen und ratifizieren muss.

Die politische sowie die kommunikative Strategie besteht im Wesentlichen aus drei Bereichen: der Zielgruppenkommunikation zur Information und Aufklärung, dem Austausch und Zusammenschluss mit Kooperationspartnern, um Druck aufzubauen, sowie der Schaffung von Anlässen. Diese müssen schließlich genutzt werden, um das Thema fortlaufend auf das politische Parkett zu bringen. Dem voraus gehen die inhaltliche Positionierung, die Zieldefinition und die Festlegung der Maßnahmen.

Die Art der Positionierung von Transparency wandelte sich im Laufe der letzten zehn Jahre seit Bestehen der UN-Konvention gegen Korruption. Dachte Transparency anfangs, dass es selbstverständlich für Deutschland sei, die Konvention zeitnah umzusetzen, trat bald Ernüchterung ein. Demnach suchte Transparency zu Beginn eher fast kooperativ das Gespräch mit der Politik, um die Ratifizierung voranzubringen. Mittlerweile ist Transparency viel deutlicher und radikaler. So greift Transparency beispielsweise verschärft Abgeordnete an und wirft diesen vor, dass sie ihrer Verantwortung nicht gerecht werden.

Die Botschaften und Argumente

Transparency verwendet keine explizit zugespitzte Kernbotschaft. Der schärfste Satz, welcher sich direkt an die Selbstverpflichtung der Abgeordneten richtete, war der Appell: „Regelt euch selbst!" Der Begriff der Korruption wurde hier bewusst nicht angebracht, da Transparency nicht den falschen und unverantwortlichen Eindruck erwecken möchte, dass es keine Regeln zur Abgeordnetenbestechung gebe und alle Abgeordneten korrupt seien. Da Transparency keine Kampagnen im klassischen Sinne einsetzt, sondern sich eher als Advocacy-Organisation versteht, bestand demnach auch keine Notwendigkeit, sich auf eine zugespitzte Kernbotschaft zu konzentrieren.

Zur Stärkung der Positionierung hat Transparency verschiedene Argumente verwendet. Ein Argument ist die hohe internationale Verantwortung, die Deutschland trägt, gerade vor dem Hintergrund, dass Deutschland im Rahmen der „Good Governance" mit größter Selbstverständlichkeit von anderen Staaten eine wirksame Korruptionsbekämpfung sowie die Ratifizierung der UN-Konvention fordert und dies auch finanziell mit GIZ-Mitteln unterstützt. Ein weiteres Argument ist, dass unter den § 108e StGB des Straftatbestandes zur Abgeordnetenbestechung nicht nur die 631 Bundestagsabgeordneten, sondern auch die über 100.000 kommunalen Mandatsträger in Deutschland fallen, die somit auch zumindest theoretisch von verwerflicher Beeinflussung gefährdet sind. Gerade auf kommunaler Ebene gibt es ein viel höheres Gefährdungspotenzial, da hier Abgeordnete aufgrund des fehlenden Gehaltes deutlich anfälliger sind und es eine sehr enge Verschränkung von Privatem und Öffentlichem gibt.

Die Instrumente
Wichtigster Ausgangspunkt jeder Aktivität für Transparency ist das Positionspapier, um den Standpunkt und die damit verbundenen Ziele argumentativ darzulegen. Daneben wurden sehr viele Gespräche mit Abgeordneten, Ministerialvertretern, mit der Wirtschaft und mit anderen Nichtregierungsorganisationen zum Thema der UN-Konvention gegen Korruption geführt und unzählige Schreiben sowie Pressemitteilungen an die Parteien, die Fraktionen und einzelne Abgeordnete verfasst.

Exakt zehn Jahre nach der deutschen Unterzeichnung der UNCAC fand am 09. Dezember 2013 eine Veranstaltung von Transparency und dem Deutschen Global Compact Netzwerk (DGCN) in Berlin statt. Hier äußerten sich Experten von Transparency, vom Büro der Vereinten Nationen für Drogen- und Verbrechensbekämpfung (UNODC), vom BDI und vom DGCN zur internationalen Bedeutung der Konvention und zur Situation in Deutschland.

Ebenfalls ist das politische Anliegen auch auf Pressekonferenzen von Transparency das Thema Nr. 1, auf welches immer wieder aufmerksam gemacht wird. Weiterhin fanden unterschiedliche Aktionen wie das Sammeln von 60.000 Unterschriften in Zusammenarbeit mit Campact und LobbyControl im Jahr 2012 statt, um transparente Nebeneinkünfte und wirksame Gesetze gegen Abgeordnetenbestechung einzufordern. Diese Unterschriften wurden zur Anhörung zum Thema Abgeordnetenbestechung an Mitglieder des Rechtsauschusses und an die Parlamentarischen Geschäftsführer von SPD, FDP, Grünen und Linken überreicht. Im Sommer 2008 wurden viele Abgeordnete der Regierungsfraktionen aufgefordert, sich öffentlich auf der Internetplattform abgeordnetenwatch.de zur Verschärfung der Abgeordnetenbestechung zu äußern.

Anzeigen dagegen werden von Transparency mangels finanzieller Ressourcen nicht geschaltet. Auch zu Demonstrationen gegen die deutsche Nicht-Ratifizierung der UN-Konvention gegen Korruption hat Transparency bisher nicht aufgerufen, da fragwürdig ist, ob ausreichend Demonstranten mobilisiert werden können, und ebenso nicht klar ist, ob sich der Organisationsaufwand hinsichtlich der hohen Demonstrationsdichte in Berlin rechtfertigen lassen würde. Dabei ist der politische Prozess so komplex, dass die Zielerreichung auch von Zufällen abhängig ist und nicht einem Instrument als Erfolgsgarant zuzuschreiben ist. Daher gibt es für Transparency nicht das „goldene" Instrument, um ihr politisches Anliegen durchzusetzen.

Die Umsetzung

Transparency hat den Gesetzgebungsprozess dahingehend aktiv begleitet, dass sie beispielsweise ein Gespräch mit der damaligen stellvertretenden SDP-Fraktionsvorsitzenden führte, in dem sehr konkret diskutiert wurde, wie die Neugestaltung des Straftatbestandes zur Abgeordnetenbestechung rechtlich formuliert werden könnte. Dabei hat Transparency allerdings nie einen eigenen Formulierungsvorschlag hervorgebracht, da die Organisation das Schreiben von Gesetzen nicht als ihre Aufgabe ansieht. Weiterhin war Transparency zur Anhörung im Rechtsausschuss eingeladen, in dem sie auch ihre Position dargelegt und eine mehrseitige Stellungnahme verfasst hat.

Ihren Argumenten konnte Transparency mal leichter, mal schwerer Gehör verschaffen. Entscheidend ist der mediale Druck. Selbst wenn Transparency viele Gespräche mit Abgeordneten oder Ministerialvertretern führt, es aber keinen medialen Druck gibt, ist die Wahrscheinlichkeit, dass sich in Bezug auf den Straftatbestand zur Abgeordnetenbestechung etwas ändert, geringer.

Überraschend und sehr ungewöhnlich für Transparency ist der Brief der 26 von 30 DAX-Vorstandsvorsitzenden an die Fraktionsvorsitzenden des Deutschen Bundestages. Dies wird seitens Transparency sehr begrüßt.

Das Ergebnis

Das Thema der Verschärfung des Straftatbestandes zur Abgeordnetenbestechung, um die UN-Konvention gegen Korruption zu ratifizieren, ist immer mehr Journalisten und auch Abgeordneten bekannt. Bisher gibt es fünf Gesetzgebungsentwürfe. Die Änderung des § 108e StGB ist mittlerweile in verschiedenen Parteiprogrammen formuliert und alle Oppositionsparteien haben in der letzten Legislaturperiode eigene Vorschläge eingebracht. Das am weitesten gehende Ergebnis ist im Koalitionsvertrag zwischen Union und SPD zu finden. Die Strafbarkeit von Abgeordnetenbestechung war eines der großen Streitthemen der vergangenen Legislaturperiode, deren Neuregelung die CDU blockiert hat. Auf Seite 152 heißt es nun unter der Überschrift „Transparenter Staat" im Koalitionsvertrag: „Wir werden die Strafbarkeit von Abgeordnetenbestechung neu regeln."

Erschwerend für die Zielerreichung ist, dass die Diskussion um die Verschärfung des § 108e StGB für die Bürger eher abstrakt ist und sie von den Konsequenzen, anders als beispielsweise bei Rentenkürzungen, nicht unmittelbar betroffen sind. Es gibt daher keinen objektiven Problemdruck bei der Bevölkerung, sondern höchstens einen moralischen. Letzteres ist zwar auch hilfreich, allerdings ist der Druck seitens der Bevölkerung auf die Politik bei diesem Thema nicht stark ausgeprägt.

Vorteilhaft für die Arbeit von Transparency ist, dass zu ihrem Team viele Spezialisten gehören, die sich mit dem Thema schon länger als die zuständigen Politiker auseinandersetzen und so die Hintergründe, Akteure etc. kennen.

Transparency würde in Zukunft bei einem ähnlich gearteten Fall schneller noch drastischer und lauter gegenüber der Politik auftreten und nicht, wie geschehen, anfangs eher auf Kooperation setzen. Von unglaublichem Vorteil für die Verschärfung des Straftatbestandes zur Abgeordnetenbestechung wäre ein *Policy Window*. In dem Moment, wenn einem Bundestagsabgeordneten schwere Bestechung nachgewiesen werden könnte, hätte sich die Diskussion um den bislang unzulänglichen § 108e StGB schlagartig erledigt.

Drei Tipps
1. Ausschließlich Termine unter der Prämisse wahrnehmen, dass beide Parteien offenlegen können, dass sie sich getroffen haben und zu welchem Thema gesprochen wurde.
2. Nicht in großem Stil einladen lassen, sondern es bei „Plätzchen und einem Glas Wasser" belassen. Ansonsten gilt der Grundsatz, dass beide Parteien selbstverständlich ihre eigene Rechnung bezahlen und der Lobbyist nicht den Politiker zum Drei-Gänge-Menü ins Adlon einlädt.
3. Kern aller Aktivitäten muss immer die inhaltliche Positionierung bleiben.

Literatur

Althaus, Marco (2006): Effizienzmessung – politisch wünschenswert? Risiken und Methoden der Evaluierung von Regierungskommunikation. In: Köhler, Miriam Melanie / Schuster, Christian H. (Hrsg.): Handbuch Regierungs-PR. Wiesbaden. S.479–499.

Althaus, Marco / Rawe, Sven (2006): Einfluss und Erfolgsfaktoren im Lobbying der Wirtschaftsverbände. In: Althaus, Marco (Hrsg.): Public Affairs Manager 2: Verbandslobbying und Verbandsmanagement: Einfluss und Erfolgsfaktoren in Berlin und Brüssel. Wiesbaden. S. 4–18.

Althaus, Marco / Geffken, Michael / Rawe, Sven (Hrsg.) (2005): Handlexikon Public Affairs. Public Affairs und Politikmanagement 1. Münster.

Andersen, Uwe / Woyke, Wichard (Hrsg.) (2003): Handwörterbuch des politischen Systems der Bundesrepublik Deutschland, 5., aktualisierte Aufl. Opladen.

Bender, Gunnar / Reulecke, Lutz (2004): Handbuch des deutschen Lobbyisten. Wie ein modernes und transparentes Politikmanagement funktioniert, 2. Aufl. Frankfurt/M.

Brandt, Karsten (2013): Corporate Social Responsibility: Ein Thema für Verbände? In: Verbändereport, Nr. 03/2013, S. 6–14.

Bruns, Tissy (2007): Republik der Wichtigtuer. Ein Bericht aus Berlin. Freiburg.

Bundesministerium des Inneren (2011): Gemeinsame Geschäftsordnung der Bundesministerien (GGO). http://www.bmi.bund.de/SharedDocs/Downloads/DE/Veroeffentlichungen/ggo.pdf?__blob=publicationFile (15.02.204).

Deutscher Bundesrat (2013): Plenarsitzung. Die Stimmabgabe. http://www.bundesrat.de/DE/bundesrat/br-plenum/stimmabgabe/stimmabgabe-node.html (29.04.2014)

Dach, Peter (1989): Das Ausschußverfahren nach der Geschäftsordnung und in der Praxis. In: Schneider, Hans-Peter / Zeh, Wolfgang (Hrsg.): Parlamentsrecht und Parlamentspraxis in der Bundesrepublik Deutschland: Ein Handbuch. Berlin / New York. S. 1103–1130.

Deutscher Bundestag – Referat Parlamentsdokumentation (Hrsg.) (2013): Statistik der Gesetzgebung – Überblick 17. Wahlperiode. http://www.bundestag.de/dokumente/parlamentsdokumentation/gesetzgebung_wp17.pdf (13.03.2014).

Deutscher Bundestag (Hrsg.) (2013a): Geschäftsordnung des Deutschen Bundestages und Geschäftsordnung des Vermittlungsausschusses. https://www.btg-bestellservice.de/pdf/10080000.pdf (08.02.2014).

Deutscher Bundestag (Hrsg.) (2013b): Verhaltensregeln für Mitglieder des Deutschen Bundestages. https://www.bundestag.de/blob/194754/bc08b4bfbc8a9852b65b6be0b6b99b67/web_verhaltensregeln_2013-data.pdf (14.05.2014).

Eising, Rainer (2007): Nationale Verbände und soziale Bewegungen in Europa. In: Willems, Ulrich / Winter, Thomas von (Hrsg.): Interessenverbände in Deutschland. Wiesbaden. S. 513–538.

Europäische Gemeinschaften (Hrsg.) (2001): Grünbuch – Europäische Rahmenbedingungen für die soziale Verantwortung der Unternehmen. Brüssel.

Europäisches Parlament / Europäische Kommission (Hrsg.) (2013): Jahresbericht über das Transparenzregister 2013. Brüssel.

Hermann, Simon (2012): Kommunikation bei Krisenausbruch. Wiesbaden.

Höbel, Peter / Hofmann, Thorsten (2014): Krisenkommunikation. Konstanz.

Jarren, Ottfried / Dongens, Patrick (2006): Politische Kommunikation in der Mediengesellschaft. Eine Einführung, 2. überarbeitete Auflage. Wiesbaden.

Jona, Martina / Üster, Deniz (2012): Mitgliederzeitschrift III: Vorsprung durch analytische Visualisierung. In: Schuster, Christian H. (Hrsg.): Verbandskommunikation für Einsteiger. Ratgeber für Presse- und Öffentlichkeitsarbeit, Lobbying, Mitgliederkommunikation und Fundraising. Berlin/München/Brüssel.

Journalistenzentrum Wirtschaft und Verwaltung (JWW) / TU Dortmund (Hrsg.) (2010): Im Fokus. Die Kommunikation zwischen Pressestellen und Medien. Berlin.

Köppl, Peter (2003): Power Lobbying: Das Praxishandbuch der Public Affairs. Wie professionelles Lobbying die Unternehmenserfolge absichert und steigert. Wien.

Leif, Thomas / Speth, Rudolf (Hrsg.) (2006): Die fünfte Gewalt. Lobbyismus in Deutschland. Bonn.

Linn, Susanne / Sobolewski, Frank (2013): So arbeitet der Deutsche Bundestag. Organisation und Arbeitsweise des Bundes, 26. Aufl. Rheinbreitbach.

Lippmann, Walter (1922): Public Opinion. New Brunswick / London.

Lösche, Peter (2007): Verbände und Lobbyismus in Deutschland. Stuttgart.

McNutt, John / Boland, Katherine (2007): Astroturf. Technology and the Future of Community Mobilization: Implications for Nonprofit Theory. In: Journal of Sociology & Social Welfare, Volume 34, Issue 03/2007, S. 165-178.

Meffert, Heribert / Burmann, Christoph / Kirchgeorg, Manfred (2008): Marketing – Grundlagen marktorientierter Unternehmensführung. Wiesbaden.

Nohlen, Dieter (Hrsg.) (2001): Kleines Lexikon der Politik. München.

Olfe-Kräutlein, Barbara (2012): Public Affairs in der deutschen Hauptstadt – eine kommunikationswissenschaftliche Untersuchung der Konzernrepräsentanz der DAX-Unternehmen in Berlin. http://www.diss.fu-berlin.de/diss/servlets/MCRFileNodeServlet/FUDISS_derivate_000000011274/barbara_olfe-kraeutlein_dissertation.pdf;jsessionid=5B3B92F215C3ED6E6156306A2D498513?hosts= (16.02.2014).

Perl, Lisa M. (2013): Podiumsdiskussion. Verbandskommunikation interaktiv gestalten. In: Der Verbandsstratege, Nr. 05/2013, S. 4-6.

Pohl, Ines (2012): Schluss mit Lobbyismus! 50 einfache Fragen, auf die es nur eine Antwort gibt. Frankfurt/M.

Prenzel, Thorben (2007): Lobbyarbeit konkret. Schwalbach/Ts.

Priddat, Birger P. (2009): Politik unter Einfluss. Netzwerke, Öffentlichkeiten, Beratungen, Lobby. Wiesbaden.

Püschner, Michael (2009): Der Fraktionsreferent – ein politischer Akteur? In: Aus Politik und Zeitgeschichte, Nr. 38/2009, S. 33-38.

Raupp, Juliana (2005): Evaluation. In: Althaus, Marco / Geffken, Michael / Rawe, Sven (Hrsg.): Handlexikon Public Affairs. Münster. S. 19-22.

Rohwer, Lars / Schuster, Christian H. (2013): Stellungnahme. Zentraler Baustein politischer Kommunikation. In: Der Verbandsstratege, Nr. 09/2013, S. 4-7.

Rosenstiel, Lutz von (1969): Psychologie der Werbung. Rosenheim.

Röttger, Ulrike (Hrsg.) (2009): PR-Kampagnen. Über die Inszenierung von Öffentlichkeit. Wiesbaden.

Sakkas, Konstantin (2012): Doppelmoral. Transparenz ist die Tugend der Lumpen. In: Cicero. Magazin für politische Kultur. http://www.cicero.de/salon/transparenz-ist-die-tugend-der-lumpen/52488/seite/2 (23.02.2014).

Schlicht, Anja (2007): Planung als Grundlage für die Evaluation von Public Affairs. In: Deutsches Institut für Public Affairs (Hrsg.): Public Affairs Manager 3. Wertbeitrag und Evaluation für Lobbying und Strategische Kommunikation. Münster. S. 26–31.

Schneiders, Martina K. (2012): Die Pressekonferenz. Konstanz.

Schwaneck, Stefan / Schuster, Christian H. / Üster, Deniz (2012): Lobbying in der Praxis: Die erfolgreiche Kontaktaufnahme. Berlin/München/Brüssel.

Schubert, Klaus / Klein, Martina (2011): Das Politiklexikon. 5., aktualisierte Aufl. Bonn.

Schuster, Christian H. (2014): Krisenprävention. Lassen Sie nichts anbrennen! In: Der Verbandsstratege, Nr. 03/2014, S. 4–8.

Schuster, Christian H. (Hrsg.) (2012): Verbandskommunikation für Einsteiger. Ratgeber für Presse- und Öffentlichkeitsarbeit, Lobbying, Mitgliederkommunikation und Fundraising. Berlin/München/Brüssel.

Schuster, Christian H. (2011): Stakeholder-Analyse. Entscheider im Fokus. In: Der Verbandsstratege, Nr. 07/2011, S. 5–6.

Schwarz, Andreas / Pforr, Franziska (2010): Krisenkommunikation deutscher Verbände. In: Hoffjann, Olaf / Stahl, Roland (Hrsg.): Handbuch Verbandskommunikation. Wiesbaden. S. 353–378.

Spiller, Ralf / Vaih-Baur, Christina / Scheurer, Hans (Hrsg.) (2011): PR-Kampagnen. Konstanz.

Thierse, Wolfgang (2013): Wir sind angewiesen auf Expertise von außerhalb. Interview im Deutschlandfunk vom 21.02.2013. http://www.deutschlandfunk.de/wir-sind-angewiesen-auf-expertise-von-ausserhalb.694.de.html?dram:article_id=238157 (27.02.2014).

Vondenhoff, Christoph / Busch-Janser, Sandra (2008): Praxishandbuch Lobbying. Berlin/München/ Brüssel.

Voss, Kathrin (2010): Grassrootscampaigning und Chancen durch neue Medien. In: Aus Politik und Zeitgeschichte, Nr. 19/2010, S. 28–33.

Willms, Julian (2012): Politische Fach- und Hintergrundgespräche: Optimaler Nutzen durch strategische Vor- und Nachbereitung. In: Schuster, Christian H. (Hrsg.): Verbandskommunikation für Einsteiger. Ratgeber für Presse- und Öffentlichkeitsarbeit, Lobbying, Mitgliederkommunikation und Fundraising. Berlin/München/Brüssel. S. 123–126.

„Wir sehen uns in der Lobby"

Zielgerichtete Unterstützung bei der Wahrnehmung Ihrer politischen Interessen

Wir unterstützen Sie bei allen Fragen rund um das Thema Lobbying.

- ☑ **Erstellung von Positionspapieren**
- ☑ **Planung von politischen Events**
- ☑ **Herstellung und Pflege von Kontakten**
- ☑ **Schulungen von Haupt- und Ehrenamtlern**
- ☑ **Erarbeiten Ihrer individuellen Lobbying-Strategie**

JETZT INFORMIEREN!
Individuelles Angebot anfordern
lobbying.agentur-adverb.de

Literatur für den Einstieg & die tägliche Arbeit!

Die Ratgeberbücher für Verbandskommunikation

Verbandskommunikation für Einsteiger
Christian H. Schuster

Experten geben in den über 30 Schritt-für-Schritt-Anleitungen Tipps für die tägliche Arbeit. Die wichtigsten Kommunikationsinstrumente werden anschaulich für Einsteiger und Fortgeschrittene erklärt.

„Noch nie zuvor hat es für Einsteiger eine derart leicht verständliche und komprimierte Möglichkeit gegeben, das Wissen zu vertiefen."
Kathrin Jäckel, Pressereferentin,
VGF Verband Geschlossene Fonds e. V.

146 Seiten mit zahlr. Abb. **nur € 30,00**

**Lobbying in der Praxis –
Die erfolgreiche Kontaktaufnahme**
Stefan Schwaneck, Christian H. Schuster, Deniz Üster

Das Buch erklärt, warum bestimmte Briefe den Weg auf den Tisch des Abgeordneten schaffen und andere nicht. Die Studie gibt Tipps für den richtigen Aufbau, Inhalt und Kontext von Anschreiben.

„Eine spannende Studie, die Einblicke in die Filter- und Selektionsroutinen im Politikalltag gibt. Fundiert aufgearbeitet und aufschlussreich."

Prof. Dr. Marco Althaus, TH Wildau

117 Seiten mit zahlr. Abb. **nur € 30,00**

Bestellen Sie Ihre Ratgeber für Verbandskommunikation jetzt hier:
shop.ifk-berlin.org

BRIEF & SIEGEL
Ihre Firmenanschrift in Berlin

Ihre neue Adresse
in Berlin-Mitte

✓ direkt im Regierungsviertel
✓ rechtsgültige Anschrift
✓ professioneller Service
✓ Postannahme & -weiterleitung

www.brief-siegel-berlin.de

ab **85,00** €/mtl.

Die geballte Dosis
Hoch dosierter Wirkstoff für erfolgreiche Verbandskommunikation

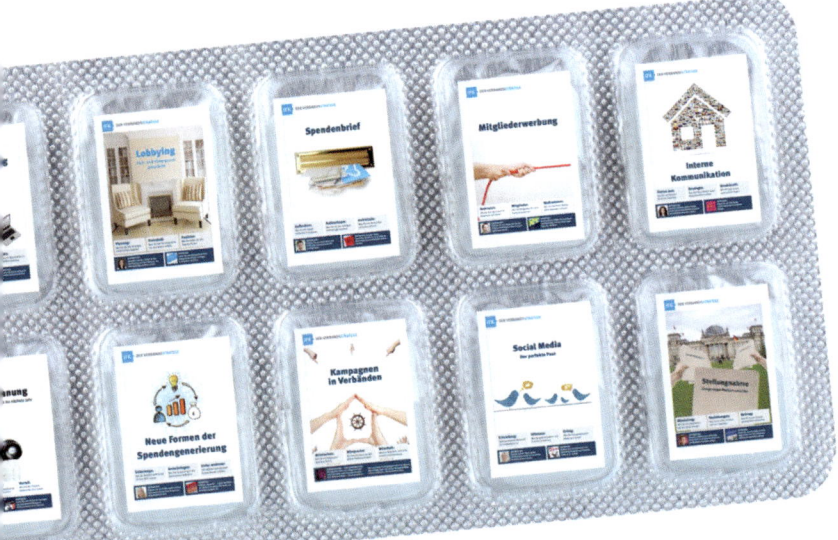

www.verbandsstratege.de

NEBENWIRKUNGEN Nach regelmäßiger Lektüre des Magazins berichten viele Verbandsvertreter über deutlichen Mitgliederzuwachs, erhöhte Berichterstattung, gesteigerte Spendeneinnahmen und mehr Social-Media-Fans. **DOSIERUNG** Zur Vorbeugung von Frustration und Einfallslosigkeit sollte eine Ausgabe monatlich konsumiert werden. Bei akuten Beschwerden sollten die Experten für Verbandskommunikation von der Agentur Adverb zurate gezogen werden. **WIRKSTOFFE** Über 1.500 Zeichen konzentrierte Expertentipps; 5.000–10.000 Zeichen detaillierte Schritt-für-Schritt-Anleitungen; 5.000 Zeichen geballte Literaturempfehlungen.

JETZT GRATIS BESTELLEN!
Ihr kostenloses Abonnement
geschenk.verbandsstratege.de